Andreas Wald

Netzwerkstrukturen und -effekte in Organisationen

Herausgeber / Editors:

Prof. Dr. Profs. h. c. Dr. h. c. Klaus Macharzina
Universität Hohenheim, Stuttgart

Prof. Dr. Martin K. Welge
Universität Dortmund

Prof. Dr. Michael Kutschker
Universität Eichstätt, Ingolstadt

Prof. Dr. Johann Engelhard
Universität Bamberg

In der mir-Edition werden wichtige Ergebnisse der wissenschaftlichen Forschung sowie Werke erfahrener Praktiker auf dem Gebiet des internationalen Managements veröffentlicht.

The series mir-Edition includes excellent academic contributions and experiential works of distinguished international managers.

Andreas Wald

Netzwerkstrukturen und -effekte in Organisationen

Eine Netzwerkanalyse
in internationalen Unternehmen

Bibliografische Information Der Deutschen Bibliothek
Die Deutsche Bibliothek verzeichnet diese Publikation in der Deutschen Nationalbibliografie;
detaillierte bibliografische Daten sind im Internet über <http://dnb.ddb.de> abrufbar.

Bibliographic information published by Die Deutsche Bibliothek
Die Deutsche Bibliothek lists this publication in the Deutsche Nationalbibliografie;
detailed bibliographic data is available in the Internet at <http://dnb.ddb.de>.

Dissertation Universität Mannheim, 2002

Dr. Andreas Wald ist wissenschaftlicher Mitarbeiter am Lehrstuhl für Politische Wissenschaft I
der Universität Mannheim und Lehrbeauftragter für Betriebswirtschaftslehre an der Berufs-
akademie Mannheim.

Dr. Andreas Wald is research assistant at the Chair of Political Science I, University of Mannheim, and lecturer of business administration at the University of Cooperative Education,
Mannheim.

Abonnenten von mir – Management International Review erhalten auf die in der mir-Edition
veröffentlichten Bücher 10 % Rabatt.

Subscribers to mir – Management International Review are entitled to a 10 % price reduc-
tion on books published in mir-Edition.

1. Auflage Februar 2003

Alle Rechte vorbehalten
© Betriebswirtschaftlicher Verlag Dr. Th. Gabler GmbH, Wiesbaden 2003

Lektorat: Ralf Wettlaufer / Renate Schilling

Der Gabler Verlag ist ein Unternehmen der Fachverlagsgruppe BertelsmannSpringer.
www.gabler.de

 Das Werk einschließlich aller seiner Teile ist urheberrechtlich geschützt. Jede Ver-
wertung außerhalb der engen Grenzen des Urheberrechtsgesetzes ist ohne Zu-
stimmung des Verlags unzulässig und strafbar. Das gilt insbesondere für
Vervielfältigungen, Übersetzungen, Mikroverfilmungen und die Einspeicherung
und Verarbeitung in elektronischen Systemen.

Die Wiedergabe von Gebrauchsnamen, Handelsnamen, Warenbezeichnungen usw. in diesem Werk
berechtigt auch ohne besondere Kennzeichnung nicht zu der Annahme, dass solche Namen im
Sinne der Warenzeichen- und Markenschutz-Gesetzgebung als frei zu betrachten wären und daher
von jedermann benutzt werden dürften.

Druck und buchbinderische Verarbeitung: Hubert & Co., Göttingen
Gedruckt auf säurefreiem und chlorfrei gebleichtem Papier
Printed in Germany

ISBN 3-409-12395-4

Meinen Eltern

Vorwort der Herausgeber

Die internationale Geschäftstätigkeit ist für Unternehmen, die davon berührten Länder und die Weltwirtschaft zum Schlüsselfaktor des Erfolgs geworden. Die Herausgeber beabsichtigen mit der Schriftenreihe **mir-Edition**, die multidimensionalen Managementanforderungen der internationalen Unternehmenstätigkeit wissenschaftlich zu begleiten. Die **mir-Edition** soll zum einen der empirischen Feststellung und der theoretischen Verarbeitung der in der Praxis des internationalen Managements beobachteten Phänomene dienen. Zum anderen sollen die hierdurch gewonnenen Erkenntnisse in Form von systematisiertem Wissen, Denkanstößen und Handlungsempfehlungen verfügbar gemacht werden.

Diesem angewandten Wissenschaftsverständnis fühlt sich seit nunmehr dreißig Jahren auch die in über 40 Ländern gelesene und jüngst von 1380 US-Professoren als "best rated journal" im internationalen Management platzierte internationale Fachzeitschrift **mir** - Management International Review - verpflichtet. Während dort allerdings nur kurzgefasste Aufsätze publiziert werden, soll hier der breitere Raum der Schriftenreihe den Autoren und Lesern die Möglichkeit zur umfänglichen und vertieften Auseinandersetzung mit dem jeweils behandelten Problem des internationalen Managements eröffnen. Der Herausgeberpolitik von **mir** entsprechend, sollen auch in der Schriftenreihe innovative und dem Erkenntnisfortschritt dienende Beiträge einer kritischen Öffentlichkeit vorgestellt werden. Es ist beabsichtigt, neben Forschungsergebnissen, insbesondere des wissenschaftlichen Nachwuchses, auch einschlägige Werke von Praktikern mit profundem Erfahrungswissen im internationalen Management einzubeziehen.

Das Auswahlverfahren sieht vor, dass die Herausgeber gemeinsam über die Veröffentlichung eines in der Reihe erscheinenden Werkes entscheiden. Sie laden zur Einsendung von Manuskripten in deutscher oder englischer Sprache ein, die bei Auswahl jeweils in der Originalsprache publiziert werden.

Die Herausgeber hoffen, mit dieser Schriftenreihe die fachliche Diskussion und praktische Lösung von Problemen des internationalen Managements zu stimulieren, und wünschen der **mir-Edition** eine positive Aufnahme in den Zielgruppen von Wissenschaft, Praxis und Studium des internationalen Geschäfts.

Klaus Macharzina, Martin K. Welge,
Michael Kutschker, Johann Engelhard

Foreword of the Editors

Recognizing the importance of international business for firms, countries and the global economy at large, the Series aims at covering the managerial requirements, objectives and tools of international business activity from the standpoint of applied research. The goal of **mir-Edition** is to explore and analyze the real world phenomena of international management and to offer on a more general level systematic knowledge and advice in terms of practical recommendations to problem solution.

This basic understanding of research has also guided the editorial policy of **mir** - Management International Review - which has had its readers in more than 40 countries for thirty years. While in the Journal naturally there is only room for relatively short treatment of the respective subject matters the Series opens up the possibility for comprehensive an in-depth study and discussion of international management problems. Similar to the editorial policy of **mir** the volumes of the Series should contribute in an innovative manner to the progress of discovery both in the theoretical and practical dimension. It is therefore intended to include in the Series excellent academic contributions, particularly of the young generation of researchers, but also experiential works of distinguished international managers.

Similar to the high aspiration level which has been achieved in **mir** and which has led to the Journal being ranked number one in International Management by 1380 US professors recently, only contributions of very high quality will be accepted in the Series. The selection decision will be made collectively by the Editors. Manuscripts are invited in English and German; they will be published in the original form.

The Editors sincerely hope to stimulate the discussion and to assist in the solution of problems in the area of international management by way of the Series. They wish that **mir-Edition** will receive a positive welcome among the major target groups which comprises academics, students and mangers in international business.

Klaus Macharzina, Martin K. Welge,
Michael Kutschker, Johann Engelhard

Geleitwort

Die hier vorgelegte Monographie ist aus einem interdisziplinären Forschungsprojekt hervorgegangen. Herr Prof. Dr. Manfred Perlitz, Inhaber des Lehrstuhls für Allgemeine Betriebswirtschaftslehre und internationales Management an der Universität Mannheim, und ich als Politikwissenschaftler an derselben Universität haben bei der Volkwagen-Stiftung dieses Projekt beantragt und bewilligt erhalten. Für die Förderung dieses Forschungsvorhabens bedanken wir uns bei der Volkswagenstiftung. Dieses Projekt hat es einem jungen Wissenschaftler erlaubt, eine ebenfalls interdisziplinäre Dissertation zu schreiben. Dem Autor, Andreas Wald, ist die interdisziplinäre Zusammenarbeit vielleicht leichter gefallen als den Antragstellern, weil er im Magisterstudiengang Betriebswirtschaftslehre und Politikwissenschaft als gleichberechtigte Hauptfächer studiert hat. Konkret stellt Herr Wald in dieser Monographie drei Fragen, die er mit Hilfe einer vergleichenden Fallstudie beantwortet.

1. Wie kann man auf die Führungsentscheidungen eines internationalen Unternehmens das Konzept der Netzwerkorganisation übertragen und konkret operationalisieren?
2. Hat man die für Führungsentscheidungen wichtigen Beziehungen zwischen den Unternehmensteilen empirisch erfasst, wie lässt sich dann die formale von der informellen Struktur des Unternehmens unterscheiden?
3. Und schließlich als Hauptfrage, wie wirken sich bestimmte Arten von Netzwerkstrukturen auf die Führungsentscheidungen aus?

Herr Wald setzt sich zunächst mit dem Begriff der Netzwerkorganisation auseinander und greift dabei auf die in der Politikwissenschaft entwickelt Theorie der strukturellen Einbettung von Tauschbeziehungen zurück. Führungsentscheidungen werden nicht als einseitige Entscheidungen der hierarchischen Spitze konzeptualisiert, sondern als Tauschvorgänge, bei denen die autoritative Entscheidung der Führung gegen Ressourcen, die von den Unternehmensteilen gehalten werden, wie insbesondere Expertise und aktive Unterstützung der Unternehmensziele, getauscht werden. Das Innovative des Forschungsprojekts, aus dem die Arbeit hervorgegangen ist, besteht schließlich darin, dass diese konkreten Tauschbeziehungen für zwei große international tätige Unternehmen tatsächlich empirisch erhoben wurden.

Mit diesen Daten kann dann entschieden werden, inwieweit sich die formale Organisationsstruktur, die in Organigrammen darstellbar ist, mit den tatsächlichen Beziehungsstrukturen, die Wald auch als informelle Strukturen bezeichnet, übereinstimmen.

Für die empirische Fallstudie wurden zwei Unternehmen ausgewählt, deren formale Organisationsstrukturen verschieden sind, einmal eine Matrixorganisation und zum anderen die Organisationsform einer Management-Holding. Konkret stellten sich zum einen die BASF in Ludwigshafen und zum anderen FUCHS Petrolub in Mannheim für diese Untersuchung zur Verfügung. Die Projektleiter bedanken sich bei den Unternehmen für diese aktive Unterstützung unseres wissenschaftlichen Vorhabens. Dank gebührt den Unternehmen auch dafür, dass wir die Identität nicht verschleiern müssen. Die Ergebnisse werden aber so dargestellt, dass Rückschlüsse auf einzelne Unternehmensteile innerhalb der beiden Unternehmen nicht möglich sind.

Wir hatten in dem Projekt anfangs die Hypothese erwogen, dass sich globalisierte Unternehmen dadurch auszeichnen, dass Unternehmenszentrum und Unternehmensperipherie in geographischer Hinsicht in ihrem Einfluss auf die strategischen Unternehmensentscheidungen nicht mehr unterscheidbar seien. An ihrer Stelle sollten funktionale Differenzierungen treten. Entgegen dieser Erwartung zeigt sich in beiden Unternehmen ein Zentrum-Peripherie-Gefälle, das den postulierten Eigenschaften für Netzwerkunternehmen widerspricht. Unabhängig von der formalen Organisationsstruktur ist die Entscheidungsmacht eindeutig beim Vorstand konzentriert und insofern entsprechen sich in beiden Unternehmen auch die Soll- und die tatsächlich gefundene Ist-Struktur. Trotzdem gibt es auch Unterschiede zwischen Matrix- und Holdingorganisation, weil bei ersterer die Tauschbeziehungen insgesamt, d.h. auch zwischen den einzelnen Unternehmensteilen, dichter sind als bei letzterer.

Abschließend sei noch ein Ergebnis dieses interdisziplinären Projekts betont, das über die vorliegende Monographie hinausgeht. Die Zusammenarbeit in diesem interdisziplinären Projekt hat gezeigt, dass die Erfahrungen bei der Erklärung politischer Entscheidungen sehr nützlich für die Untersuchung von Unternehmensentscheidungen sind und umgekehrt. Modelle, die für den einen Bereich entwickelt worden sind, lassen sich mit nur geringen Modifikationen auf den anderen Bereich übertragen. Ein Unterschied bleibt allerdings bestehen zwischen den Gesetzesberatungen in modernen Parlamenten und den Führungsentscheidungen internationaler Unternehmen. Letztere finden immer im Schatten der Hierarchie statt, was kurzfristig gesehen Vorteile hat.

Mannheim, den 12.12.2002   Franz Urban Pappi

Vorwort des Verfassers

Die vorliegende Arbeit entstand aus einem von der Volkswagen-Stiftung im Schwerpunkt "Globale Strukturen und deren Steuerung" geförderten Forschungsprojekt. Für die finanzielle Unterstützung möchte ich mich an dieser Stelle vielmals bedanken.

Der interdisziplinäre und empirische Charakter der Studie bringt es mit sich, dass der Kreis der Personen, denen ich zum Dank verpflichtet bin, weit über die Universität Mannheim hinausreicht. Zunächst möchte ich mich in diesem Zusammenhang bei den zahlreichen Interviewpartnern bei der BASF AG und bei der Fuchs Petrolub AG bedanken. Besonderer Dank gilt den Ansprechpartnern in den Unternehmen, Herrn Dr. Marcinowski, Herrn Heuck und Herrn Dr. Diercks bei der BASF sowie Herrn Dr. Fuchs und Herrn Schmitt bei FUCHS, die trotz knapper zeitlicher Ressourcen stets mit Rat und Tat zur Seite standen.

Universitätsintern gilt mein Dank vor allem meinem Doktorvater, Herrn Prof. Dr. Pappi, der mir im Rahmen der Betreuung den notwendigen Freiraum für das fachübergreifende Forschungsvorhaben einräumte. Herrn Prof. Dr. Perlitz danke ich für die Übernahme des Zweitgutachtens sowie die gute Zusammenarbeit im Projekt.

Mein ganz besonderer Dank gilt Christian Henning, der mich während der gesamten Arbeit in vielfältigster Weise unterstützt hat. Stellvertretend seien die wertvolle Hilfe bei der Modellierung sowie unzählige inspirierende Gespräche genannt, die nicht zuletzt dazu geführt haben, dass meine Espresso-Maschine fast zu 100% ausgelastet war.

Darüber hinaus haben mich eine Vielzahl von Kollegen an der Universität Mannheim unterstützt. Insbesondere waren dies Michael Stoiber, Evelyn Bytzek, Nuray Mamaç, Angelika Czerny, Boucounta Sene, Christian Melbeck, Axel Becker und Susumu Shikano. Euch allen herzlichen Dank. Die reibungslose lehrstuhlübergreifende Kooperation wurde im wesentlichen durch Olaf Rank ermöglicht, dem ich hierfür sowie für die gute Zeit bei unseren gemeinsamen "hochspannenden" Forschungsreisen danken möchte.

Die Arbeit wäre ohne den Rückhalt und die Unterstützung durch meine Familie und Freunde sicherlich nicht zustande gekommen. Birgit Wald und Stefan Wald danke ich vielmals für das Korrekturlesen des Manuskriptes. Einen besonderen Dank möchte ich Thomas Lorentz für seine Freundschaft aussprechen. Mein allerherzlichster Dank gilt Anja Jezela und meinen Eltern für ihre Liebe.

Mannheim, im Dezember 2002   Andreas Wald

Inhalt

Inhaltsverzeichnis	XIII
Abkürzungen	XV
Abbildungen	XV
Tabellen	XVI

1	**Netzwerkeffekte in Unternehmen**	**1**
1.1	Unternehmensnetzwerk, Netzwerktheorie und Netzwerkanalyse	1
1.2	Aufbau und Vorgehensweise	5
2	**Die Netzwerkorganisation und der Netzwerkeffekt**	**8**
2.1	Netzwerke als Organisationsform zwischen Markt und Hierarchie	9
2.1.1	Märkte und Hierarchien als diskrete Strukturalternativen	10
2.1.2	Netzwerke als Hybridform	14
2.2	Der Netzwerkeffekt	16
2.2.1	Die strukturelle Einbettung als Basis Sozialen Kapitals	17
2.2.2	Märkte und Hierarchien als Netzwerke	23
2.3	Netzwerke als Organisationsform internationaler Unternehmen	25
2.3.1	Strategie im Spannungsfeld zwischen Globalisierung und Lokalisierung	26
2.3.2	Integriertes Netzwerk, polyzentrische Organisation und Heterarchie	29
2.4	Formale und informelle Organisationsstrukturen	35
2.4.1	Formale Organisationsstrukturen internationaler Unternehmen	37
2.4.1.1	Die Matrixorganisation	40
2.4.1.2	Die Management-Holding	43
2.4.2	Netzwerke informeller Strukturen	46
2.5	Forschungsfragen und Leithypothesen	50
3	**Die Modellierung des Netzwerkeffektes**	**56**
3.1	Das Modell von Coleman	59
3.1.1	Darstellung des Grundmodells	59
3.1.2	Ein relationales Machtkonzept	67
3.1.3	Kritik am Grundmodell von Coleman	69
3.2	Das Modell von Henning	70
3.2.1	*Mean-Voter*-Entscheidungsregel und externe Effekte	73
3.2.2	Transaktionskosten und segmentierte Märkte	75
3.2.2.1	Das Ressourcenangebot: Zugang und *Brokerage*	77
3.2.2.2	Das Tauschgleichgewicht in segmentierten Märkten	84
3.2.3	Ein strukturelles Machtkonzept: Macht und Soziales Kapital	86

4	**Eine komparative Fallstudie in internationalen Unternehmen**	**90**
4.1	Die Auswahl der Fälle: Ein "*dissimilar case design*"	92
4.1.1	Führungsstrukturen in der BASF	93
4.1.2	Führungsstrukturen in der Fuchs Petrolub AG	99
4.2	Die Auswahl der Netzwerke	104
4.2.1	Strategische Entscheidungen als steuerungsrelevante Größe	105
4.2.2	Identifikation und Messung der Netzwerke	106
4.3	Die Auswahl der Akteure	110
4.4	Spezifikation der Hypothesen	112
4.4.1	Hypothesen - BASF	114
4.4.2	Hypothesen - FUCHS	120
5	**Formale Strukturen und realisierte Netzwerke**	**126**
5.1	Formale Strukturen und realisierte Netzwerke bei der BASF	126
5.1.1	Grundeigenschaften der Netze	126
5.1.2	Zentrum-Peripherie-Strukturen bei der BASF	132
5.1.3	Muster der Ressourcenflüsse: Eine Blockmodellanalyse	141
5.1.4	Die Ressourcenallokation in der BASF	151
5.2	Formale Strukturen und realisierte Netzwerke bei FUCHS	157
5.2.1	Grundeigenschaften der Netze	157
5.2.2	Zentrum-Peripherie-Strukturen bei FUCHS	160
5.2.3	Muster der Ressourcenflüsse: Eine Blockmodellanalyse	166
5.2.4	Die Ressourcenallokation bei FUCHS	172
5.3	Zwischenresümee	175
6	**Die Auswirkung des Netzwerkeffektes: Anwendung des Modells**	**177**
6.1	Spezifikation der Modellversionen	177
6.1.1	Die formale Entscheidungsmacht	178
6.1.2	Die Wahl der Segmentierung	180
6.1.3	Die Berücksichtigung interner und externer Ressourcen	184
6.2	Netzwerkeffekte bei der BASF	187
6.2.1	Interessen und Ressourcenangebot bei der BASF	188
6.2.2	Ausmaß und Wirkung des Netzwerkeffektes bei der BASF	191
6.2.3	Macht und Soziales Kapital bei der BASF	195
6.3	Netzwerkeffekte bei FUCHS	200
6.3.1	Interessen und Ressourcenangebot bei FUCHS	200
6.3.2	Ausmaß und Wirkung des Netzwerkeffektes bei FUCHS	204
6.3.3	Macht und Soziales Kapital bei FUCHS	207
6.4	Ergebnisse der empirischen Analysen	211
7	**Bewertung der Ergebnisse**	**215**
Literatur		**217**
Anhang		**237**
Anhang 1.1	Hypothesen und Ergebnisse BASF Gruppe	237
Anhang 1.2	Hypothesen und Ergebnisse Fuchs Petrolub AG	238

Abkürzungen

Abb.	Abbildungen
AG	Aktiengesellschaft
AktG	Aktiengesetz
CM	Coleman-Modell
CONCOR	Convergence of iterated correlations
EBIT	earnings before interests and taxes
Gl.	Gleichung
GmbH	Gesellschaft mit begrenzter Haftung
GPM	Global Product Manager
MDS	Multidimensionale Skalierung
QAP	Quadratic Assignment Procedure
Tab.	Tabelle
TOT	Terms of Trade

Abbildungen

2-1	Die strukturelle Einbettung von Akteuren	18
2-2	Globalisierungs-/Lokalisierungsschema	28
2-3	Organisationsstruktur in Abhängigkeit von Strategie und Wettbewerbsumfeld	39
2-4	Grundaufbau der Matrixorganisation	40
2-5	Graphendarstellung der formalen und informellen Struktur	48
3-1	Ressourcentausch in Unternehmen	72
3-2	Netzwerk des Informationstransfers	77
3-3	Zerlegung des Gesamtangebots	80
3-4	Berechnung des Gesamtangebots im Segment "West"	83
3-5	Berechnung des Kontrollvektors im Segment "West"	84
4-1	Die formale Organisationsstruktur der BASF	96
4-2	Die formale Organisationsstruktur von FUCHS	102
5-1	Distanzen im Netz der formalen Organisationsstruktur - BASF	134
5-2	Distanzen in den Netzen Information und Unterstützung - BASF	136
5-3	Distanzen im Netz der sozialen Beziehungen - BASF	138
5-4	Zentrum-Peripherie-Modell	139
5-5	Distanzen im Netz der formalen Organisationsstruktur - FUCHS	161
5-6	Distanzen in den Netzen Information und Unterstützung - FUCHS	163
5-7	Distanzen im Netz der sozialen Beziehungen - FUCHS	165

Tabellen

2-1	Strukturhypothesen Matrixorganisation - Netzwerkdichten	53
2-2	Strukturhypothesen Management-Holding - Netzwerkdichten	55
3-1	Interesse-, Kontroll- und Interessenverflechtungsmatrix	60
3-2	Kontrollverflechtungsmatrix W	62
3-3	Preise für die Ereignisse und Macht der Akteure	65
3-4	Kontrollverteilung vor und nach dem Tausch	66
3-5	Positionen und vorhergesagter Entscheidungsausgang	67
3-6	Empirisch beobachtetes Transfernetz	78
3-7	Berechnungsschritte 2-5	79
3-8	Regionale Ressourcenausstattung und Brokeranteile	82
4-1	Internationalisierungsgrad der BASF	94
4-2	Umsatzstruktur der BASF	95
4-3	Internationalisierungsgrad von FUCHS	100
4-4	Umsatzstruktur von FUCHS	101
4-5	Übersicht über die erhobenen Netzwerke	110
4-6	Hypothesen Informations- und Unterstützungsnetz - BASF	117
4-7	Hypothesen Informations- und Unterstützungsnetz - FUCHS	123
5-1	Dichten, Bestätigungsgrad und Distanzen der Netzwerke - BASF	127
5-2	Multiplexität und Korrelationskoeffizienten - BASF	130
5-3	Zentrum-Peripherie-Struktur bei der BASF	140
5-4	Netzwerkdichten Informationsnetz - BASF	142
5-5	Netzwerkdichten Unterstützungsnetz - BASF	143
5-6	Blockmodell-Lösung (CONCOR) - BASF	147
5-7	Dichten zwischen den Blöcken - BASF	149
5-8	Degree-Prestige im Reputationsnetz -BASF	154
5-9	Prestige und Zentralität im Informationsnetz - BASF	155
5-10	Prestige und Zentralität im Unterstützungssnetz - BASF	156
5-11	Dichten, Bestätigungsgrad und Distanzen der Netzwerke - FUCHS	157
5-12	Multiplexität und Korrelationskoeffizienten - FUCHS	159
5-13	Zentrum-Peripherie-Struktur bei FUCHS	166
5-14	Netzwerkdichten Informationsnetz - FUCHS	167
5-15	Netzwerkdichten Unterstützungsnetz - FUCHS	167
5-16	Blockmodell-Lösung (CONCOR) - FUCHS	169
5-17	Dichten zwischen den Blöcken - FUCHS	171
5-18	Degree-Prestige im Reputationsnetz - FUCHS	172
5-19	Prestige und Zentralität im Informationsnetz - FUCHS	173
5-20	Prestige und Zentralität im Unterstützungssnetz - FUCHS	174

6-1	Verteilung der formalen Entscheidungsmacht	180
6-2	Segmentierung gemäß der formalen Organisationsstruktur	181
6-3	Alternative Segmentierung gemäß der formalen Organisationsstruktur	182
6-4	Segmentierung gemäß der realisierten Netzwerkstruktur	183
6-5	Interesse an den Ressourcen - BASF	188
6-6	Interesse an den Ressourcen gemäß Segmentierung 3 - BASF	189
6-7	Ressourcenangebot - BASF	190
6-8	Ressourcenangebot gemäß Segmentierung 3 - BASF	191
6-9	Ressourcenpreise - BASF	192
6-10	Ressourcenallokation im Gleichgewicht - BASF	193
6-11	Ressourcenbilanz - BASF	195
6-12	Macht - BASF	196
6-13	Segmentspezifische Ressourcenpreise Modellversion S 3 - BASF	198
6-14	Soziales Kapital - BASF	199
6-15	Interesse an den Ressourcen - FUCHS	201
6-16	Interesse an den Ressourcen gemäß Segmentierung 3 - FUCHS	202
6-17	Ressourcenangebot - FUCHS	202
6-18	Ressourcenangebot gemäß Segmentierung 3 - FUCHS	203
6-19	Ressourcenpreise - FUCHS	204
6-20	Ressourcenallokation im Gleichgewicht - FUCHS	205
6-21	Ressourcenbilanz - FUCHS	206
6-22	Macht - FUCHS	208
6-23	Segmentspezifische Ressourcenpreise Modellversion 3 - FUCHS	210
6-24	Soziales Kapital - FUCHS	211

1 Netzwerkeffekte in Unternehmen

1.1 Unternehmensnetzwerk, Netzwerktheorie und Netzwerkanalyse

Internationale Großunternehmen gehören zu den komplexesten Organisationsformen überhaupt.[1] Neben der Organisationsgröße sind es insbesondere die hohe Anzahl organisatorischer Einheiten, die kulturelle Unterschiedlichkeit der Zielmärkte sowie die breite Produktpalette, welche die Komplexität bedingen. Unternehmen wie ABB, IBM oder Fujitsu beschäftigen jeweils weit über 100.000 Mitarbeiter, sind mit mehreren hundert Tochtergesellschaften sowie Niederlassungen weltweit tätig und bieten eine Vielzahl unterschiedlicher Produkte und Dienstleistungen an. Dabei agieren viele internationale Unternehmen in einem sogenannten "transnationalen" Wettbewerbsumfeld, welches dadurch gekennzeichnet ist, dass zwei sich in einem gewissen Maße ausschließende Anforderungen vorliegen: Einerseits muss eine flexible Anpassung an lokale Besonderheiten in den bedienten Märkten geleistet werden. Andererseits ist eine unternehmensweite Koordination der einzelnen Aktivitäten erforderlich, um die Realisierung von Skaleneffekten sowie Synergien zu ermöglichen und die Ausrichtung auf ein übergeordnetes Gesamtziel zu gewährleisten (vgl. Bartlett/Ghoshal 1989; White/Poynter 1989a; Ghoshal/Nohria 1993: 26-27; Osterloh/Weibel 1996: 127-130; Rall 1997: 665-673; Westney 1999: 61). Auch in Bezug auf die Organisation von Unternehmen in transnationalen Wettbewerbsumfeldern liegen zum Teil widersprüchliche Anforderungen vor. Während sich Flexibilität und Marktnähe durch Dezentralisierung herstellen lässt, wird die Erzielung weltweiter Skaleneffekte und Synergien eher durch Zentralisierung ermöglicht. Traditionelle Organisationsstrukturen von Unternehmen berücksichtigen in der Regel nur eine der beiden Anforderungen und sind deshalb unzulängliche Antworten auf dieses Problem.[2]

Als Lösung für das Problem wird in der betriebswirtschaftlichen Literatur postuliert, dass eine sogenannte "netzwerkartige" Organisation einen geeigneten Rahmen darstellt, um transnationale Strategien erfolgreich umzusetzen. Dadurch sollen sich gleichzeitig die einzelnen Aktivitäten der weltweit verstreuten Einheiten im Hinblick auf ein übergeordnetes Gesamtziel koordinieren lassen sowie die notwendige Flexibilität und Eigenständigkeit erhalten bleiben (vgl. Hedlund 1986; Prahalad/Doz 1987; White/Poynter 1989a/b; Bartlett/Ghoshal 1989; Snow et al. 1992; Böttcher 1996: 77-94; Riedl 1999: 41-49). Die Autoren treffen eine Reihe von Annahmen bezüglich der Ausgestaltung "netzwerkartiger" Organisationsstruktu-

---

[1] In der Literatur finden sich neben dem Begriff "internationale Unternehmen" Bezeichnungen wie "transnationale", "globale" oder "multinationale Unternehmen" (vgl. Bartlett/Ghoshal 1989: 65). Hinter diesen Begriffen verbergen sich in der Regel spezifische Konzepte u.a. hinsichtlich der Organisationsform und der Koordinationsmechanismen (vgl. Kreikebaum 1998: 118-120; Riedl 1999: 46-47; Perlitz 2000: 11). In der vorliegenden Studie wird der Begriff "internationale Unternehmen" in einem neutralen Sinn gebraucht. Darunter sollen Unternehmen verstanden werden, die in einer Vielzahl von unterschiedlichen Ländern tätig sind und deren ausländische Aktivitäten ein breites Spektrum der Wertschöpfungskette umspannen.
[2] Eine Ausnahme stellt in diesem Zusammenhang die Matrixorganisation dar. Diese ist deshalb auch Untersuchungsgegenstand im empirischen Teil der Studie.

ren. Wenn in dieser Arbeit von "Netzwerkunternehmen" die Rede ist, sind Unternehmen gemeint, die diese strukturellen Merkmale aufweisen. Eine gemeinsame Aussage der Arbeiten zu "Netzwerkunternehmen" ist, dass es weniger die formalen Organisationsstrukturen seien, welche das Handeln der Akteure im Unternehmen und damit die Effizienz betrieblicher Prozesse beeinflussen, sondern die informellen Strukturen, verstanden als die tatsächlich realisierten Strukturen. "Netzwerkartige" Strukturen, so eine wesentliche Annahme, ermöglichen einen "freien" Austausch von führungsrelevanten Ressourcen und stellen somit eine effiziente organisatorische Lösung dar. Dies bedeutet, dass insbesondere keine Tauschbarrieren bestehen, die den Ressourcenfluss behindern.

Neben einer theoretischen Unschärfe muss an den Ansätzen zur netzwerkartigen Organisation von Unternehmen eine fehlende empirische Fundierung bemängelt werden (vgl. Melin 1992: 107-111; Westney 1999: 57-63; Riedl 1999: 55). Die vermuteten Zusammenhänge zwischen Struktur und Handeln sind weder eindeutig formuliert noch hinreichend empirisch untersucht worden. Zudem ist die Frage ungeklärt, ob sich in der Praxis überhaupt Unternehmen beobachten lassen, welche die strukturellen Merkmale von Netzwerkunternehmen aufweisen.

Das erste Hauptziel der Arbeit ist es, dieses Forschungsdefizit zu schließen. Die Auswirkung der Struktur auf das Handeln der Akteure in Unternehmen wird empirisch untersucht, wobei die realisierte (informelle) Struktur im Mittelpunkt der Betrachtung steht. Die Relevanz dieses Ziels ergibt sich aus der grundlegenden Annahme, dass die informelle Struktur den Austausch führungsrelevanter Ressourcen zwischen den organisatorischen Einheiten beeinflusst und damit auch die Effizienz dieses betrieblichen Prozesses.

Von der gesamten Organisationsstruktur wird die Teilmenge betrachtet, die bezüglich der Führung des gesamten Unternehmens relevant ist.[3] Diese Teilmenge umfasst die obersten Hierarchieebenen. Untersucht wird die Wirkung dieser Struktur auf das Führungshandeln. Die Führung von Unternehmen wird im wesentlichen durch das Treffen von Entscheidungen und die Umsetzung derselben vollzogen (vgl. Hahn 1998: 564). Um den Einfluss der Struktur auf die Führung von Unternehmen zu untersuchen, ist daher von Interesse, welche Auswirkungen diese auf Unternehmensführungsentscheidungen hat. In einer komparativen Fallstudie in zwei internationalen Unternehmen wird die Auswirkung der (informellen) Struktur auf den Ressourcentausch im Rahmen strategischer Entscheidungen analysiert.

Internationale Unternehmen werden in dieser Arbeit als intraorganisatorische Netzwerke aufgefasst und als "Unternehmensnetzwerke" bezeichnet. Dieser Begriff wird im Gegensatz zu "Netzwerkunternehmen" in einem neutralen Sinn gebraucht, da keine A-Priori-Annahmen bezüglich der Ausprägung der Struktur getroffen werden. Die Knoten dieser Netze sind, einem korporativen Akteurskonzept folgend, die organisatorischen Einheiten, z.B. die

---

[3] Die Begriffe "Führung", "Koordination" und "Steuerung" werden in dieser Studie synonym in Sinne der Abstimmung arbeitsteiliger Verrichtungen auf ein übergeordnetes Gesamtziel verwendet.

einzelnen Divisionen oder Tochtergesellschaften. Die Beziehungen zwischen diesen Einheiten können sowohl formaler Art als auch informeller Natur sein. Das Muster der Beziehungen wird als Struktur bezeichnet. Um die formale Struktur handelt es sich bei dem Muster aus den bewusst geschaffenen Beziehungen, welches einen Soll-Zustand beschreibt, der vom Management angestrebt wird. Der entsprechende Ist-Zustand ist die informelle Struktur. Diese spiegelt die tatsächlich beobachtbaren Muster der Beziehungen in Organisationen wider (vgl. Irle 1963: 14-16, 41; Meyer/Rowan 1977: 340-343; Monge/Contractor 2001: 445). Die informelle Struktur wird im folgenden synonym auch als "tatsächliche Struktur" oder "realisierte Netzwerke" bezeichnet.[4]

Formale und informelle Strukturen werden mit der Methode der quantitativen Netzwerkanalyse verglichen.[5] Da die Netzwerkanalyse gerade die Muster der Beziehungen untersucht, gilt sie als Hauptmethode der (Sozial-)Strukturanalyse (vgl. Wellman 1988; Pappi 1993: 86; Emirbayer, 1997: 298; Trezzini 1998a: 515-519). Netzwerkanalytische Verfahren gehören zum methodischen Standardarsenal in der amerikanischen Management- und Organisationsforschung. Eine Vielzahl von Studien über intra- und interorganisatorische Strukturen bedient sich der quantitativen Netzwerkanalyse (vgl. Tichy et al. 1979; Brass 1984; Burt 1992; Gerlach 1992; Tsai/Ghoshal 1998; Manev/Stevenson 2001; Tsai 2001; Cross et al. 2002). Was die betriebswirtschaftliche Forschung im deutschsprachigen Raum betrifft, muss hingegen ein erhebliches Forschungsdefizit festgestellt werden.[6]

Den genannten Beiträgen, welche bereits intraorganisatorische Strukturen mit netzwerkanalytischen Verfahren untersucht haben, liegt ebenfalls die Vermutung zugrunde, dass die Netzwerkstruktur Auswirkungen auf das Handeln der Akteure in Unternehmen hat und damit die Effizienz betrieblicher Prozesse beeinflusst (vgl. Hansen 1999; Tsai 2000; Manev/Stevenson 2001). Im Gegensatz zu den Arbeiten zur "netzwerkartigen" Organisation internationaler Unternehmen werden bei diesen Studien die theoretisch vermuteten Zusammenhänge in Form von Hypothesen formuliert und empirisch überprüft. Allerdings wurde noch keine in sich konsistente Theorie entwickelt, die präzise angibt, in welchem Ausmaß und in welcher Weise die Netzwerkstruktur das Handeln beeinflusst.

---

[4] Hervorzuheben ist, dass hier unter der informellen Struktur nicht nur soziale Beziehungen zwischen Mitarbeitern verstanden werden sondern auch aufgabenbezogene Ressourcenflüsse, sofern diese tatsächlich realisiert werden, also den Ist-Zustand darstellen.
[5] Die Netzwerkanalyse zählt, wie die vielen Anwendungen in den Disziplinen der Anthropologie, Psychologie, Soziologie und Politikwissenschaft sowie das inzwischen breite Angebot an einführenden Lehrbüchern belegen, zu den etablierten Methoden der empirischen Sozialforschung (vgl. Pappi 1987; Scott 1991; Degenne/Forsé 1994; Wasserman/Faust 1994: 5-11; Jansen 1999: 31-43). Im Gegensatz zu traditionellen statistischen Methoden sind bei netzwerkanalytischen Verfahren nicht die Attribute der Fälle die untersuchten Variablen, sondern die Relationen, d.h. Beziehungen zwischen den Fällen.
[6] So wurde zwar häufig auf die Eignung der quantitativen Netzwerkanalyse zur Untersuchung von Organisationsstrukturen hingewiesen (vgl. Mag 1970; Matiaske 1993; Böttcher 1996: 96-110; Renz 1998: 114-123; Riedl 1999: 60-66; Wald 2000), empirische Anwendungen sind jedoch äußerst selten und reichen in der Regel nicht über die Berechnung einfachster Maßzahlen und die Darstellung von Netzwerkgraphen hinaus (vgl. Meyer 1994; Freygang 1999).

Das zweite Hauptziel dieser Arbeit ist es, auch dieses Forschungsdefizit zu schließen. Um die Auswirkung der Netzwerkstruktur auf das Handeln in Form des Ressourcentauschs zu untersuchen, wird eine "Netzwerktheorie" herangezogen. Die Grundannahmen dieser Theorie lassen sich mit dem von Granovetter (1985) geprägten Begriff der "*structural embedded action*" zusammenfassen. Demnach hat die Einbettung von Individuen und korporativen Akteuren in Netzwerke eine Auswirkung auf das Handeln derselben. Akteure, welche über eine gute strukturelle Einbettung verfügen, profitieren davon und können "Soziales Kapital" generieren. Eine mangelhafte Einbettung hingegen geht für die betreffenden Akteure mit Transaktionskosten einher. Die Abbildung dieses "Netzwerkeffektes" erfolgt anhand eines Modells, welches ökonomisches und soziales Handeln als Tausch darstellt. Mit dem Modell von Henning (2000a) wird der Ressourcentausch im Rahmen strategischer Entscheidungen in Unternehmen abgebildet. Dabei können die Organisationseinheiten für strategische Entscheidungen relevante Ressourcen wie Information oder Unterstützung gegen Kontrolle über die Entscheidungen eintauschen. Der Tausch wird innerhalb empirisch erhobener (informeller) Tauschnetzwerke modelliert. Der Netzwerkeffekt wird berücksichtigt, indem Organisationseinheiten mit einer guten Netzwerkeinbettung viele Ressourcen anbieten können und auf der Nachfrageseite über viel Kaufkraft verfügen und somit von ihrer strukturellen Einbettung profitieren. Einheiten, die hingegen schwach in die Tauschnetzwerke eingebettet sind, können aufgrund mangelnden Zugangs zu Tauschpartnern wenig Ressourcen anbieten und nachfragen und müssen Transaktionskosten zur Überwindung der Zugangsbarrieren aufwenden.

Da der Netzwerkbegriff in der gesamten Arbeit eine zentrale Rolle spielt, soll hier explizit hervorgehoben werden, in welchen Zusammenhängen dieser verwendet wird. Dies ist vor dem Hintergrund der aktuellen Hochkonjunktur von "Netzwerkansätzen" in den Sozial- und Wirtschaftswissenschaften notwendig. Es besteht sonst die Gefahr, dass der Netzwerkbegriff zu einem Modewort verkommt, unter dem sich eine Vielzahl von Ansätzen mit theoretischen und methodischen Unschärfen oder gar nur einer metaphorischen Verwendung des Begriffs tummeln (vgl. Wellman 1988: 19-20; Nohria 1992: 3; Kappelhoff 2000a: 25).[7] Dazu erweist sich die Trennung von drei Analyseebenen als hilfreich. Zu unterscheiden ist, ob es sich bei Netzwerken um ein Phänomen handelt, welches zu erklären ist,[8] oder um eine Theorie, die zur Erklärung eines Phänomens herangezogen wird.[9] Darüber hinaus dient der Netz-

---

[7] Von Oliver/Ebers (1998) wurden beispielsweise in vier führenden Zeitschriften während des Zeitraums von 1980-96 insgesamt 158 Artikel gezählt, die sich nur mit dem Phänomen interorganisatorischer Netzwerke befassen. Dabei ließen sich allein siebzehn unterschiedliche theoretische Ansätze identifizieren.

[8] Auf der Phänomenebene werden zum einen interorganisatorische Verbindungen wie "Strategische Allianzen", regionale Netzwerke, Innovationsnetze oder Policy-Netze untersucht (vgl. Sydow 1992: 19-54; Pappi 1993: 88-93; Weyer 1999: 18-25). Andererseits ist von Netzwerken als Phänomen die Rede, wenn intraorganisatorische Beziehungen wie Informationsflüsse zwischen den Abteilungen eines Unternehmens betrachtet werden (vgl. Tichy et al. 1979; Brass 1984; Krackhardt 1990; Hansen 1999).

[9] Andere Theorien zielen darauf ab, zu erklären, wann es zur Entstehung von Netzwerken kommt und inwiefern diese Vorteile gegenüber alternativen Organisationsformen ökonomischen Austauschs haben. Ebenfalls in die

werkbegriff als Bezeichnung für eine Forschungsmethode. In der vorliegenden Arbeit wird der Netzwerkbegriff ebenfalls auf diesen drei Ebenen verwendet:

1. Auf der Phänomenebene werden internationale Unternehmen betrachtet und neutral als "Unternehmensnetzwerke" aufgefasst. Ziel ist es, die Auswirkung des Netzwerkeffektes auf die Führung von Unternehmen zu untersuchen sowie zu überprüfen, ob sich tatsächlich dem Idealtyp des "Netzwerkunternehmens" entsprechende Strukturen beobachten lassen.
2. Methodisch wird die quantitative Netzwerkanalyse herangezogen, um formale und informelle Strukturen zu untersuchen und zu vergleichen. Dabei handelt es sich um eine Strukturanalyse der obersten Hierarchieebenen in zwei internationalen Unternehmen. Im Gegensatz zu den häufig vorzufindenden, auf der Attributebene verhafteten Netzwerkstudien, werden tatsächlich relationale Daten, d.h. die Muster der Beziehungen zwischen den Einheiten, untersucht.
3. Das vielfach bemängelte Theoriedefizit bei netzwerkanalytischen Studien soll überwunden werden. Dazu wird mit dem Tauschmodell von Henning (2000a) ein theoretisch konsistentes Modell herangezogen, um den Netzwerkeffekt abzubilden.

1.2 Aufbau und Vorgehensweise

Der Aufbau der Arbeit orientiert sich an der vorgenommenen Einteilung in Netzwerkphänomen, Netzwerktheorie und Netzwerkmethode. In den Kapiteln zwei und drei werden die der Studie zugrunde liegenden inhaltlichen Fragestellungen aus der Literatur abgeleitet und die theoretischen Grundlagen für die empirische Untersuchung geschaffen. Der Schwerpunkt liegt hier auf dem Netzwerkphänomen und der Netzwerktheorie. Die empirische Netzwerkanalyse und die empirische Anwendung des Modells erfolgen anschließend in den Kapiteln vier bis sechs.

Im zweiten Kapitel wird zunächst auf die Idealtypen der Organisation ökonomischen Tausches - Markt, Netzwerk, Hierarchie - eingegangen und die Merkmale derselben vorgestellt (vgl. Williamson 1975, 1991; Powell 1996). Der Fokus liegt auf der Rolle, welche der strukturellen Einbettung der Akteure bei den einzelnen Idealtypen im Hinblick auf die Koordination der Handlungen zugeschrieben wird. Für das Netzwerk als idealtypische Organisationsform wird "Vertrauen" als wesentlicher Koordinationsmechanismus genannt. Dieses entsteht im Zuge der Einbettung der Akteure in Beziehungsnetze.

Auf dieser Basis erfolgt die Darstellung des Netzwerkeffektes, d.h. der Wirkung, welche die strukturelle Einbettung der Akteure auf das Handeln derselben ausübt (vgl. Granovetter 1985; Uzzi 1996/1997; Jones et al. 1997). Aus Sicht eines einzelnen Akteurs

---

Kategorie der Netzwerktheorien fallen Ansätze, die Aussagen über Steuerung von Netzwerken treffen (vgl. Sydow 1992: 127-235; Alter/Hage 1993: 22-43; Jones et al. 1997; Ebers 1997; Staber 2000: 59-65).

kann sich der Netzwerkeffekt sowohl positiv als auch negativ auswirken. Profitiert ein Akteur von seiner Position in den Netzen, wird dies als "Soziales Kapital" bezeichnet. Soziales Kapital wird als individuelle Ressource aufgefasst, die sich aus der strukturellen Einbettung ergibt (vgl. Burt 2001: 32). Die Ausführungen zu den Basisformen der Organisation ökonomischen Tauschs werden mit dem Argument abgeschlossen, dass es aus analytischen Gründen zwar sinnvoll ist, zwischen den drei Idealtypen zu unterscheiden, für die Untersuchung realer Phänomene jedoch davon auszugehen ist, dass auch in Arrangements, die dem Idealtyp des Marktes oder der Hierarchie ähneln, die strukturelle Einbettung das Handeln der Akteure beeinflusst. Märkte und Hierarchien (Unternehmen) können ebenfalls als Netzwerke aufgefasst werden, da auch hier der Netzwerkeffekt wirkt.

In den weiteren Abschnitten des zweiten Kapitels werden zunächst Gemeinsamkeiten der Ansätze herausgearbeitet, die eine "netzwerkartige" Organisation internationaler Unternehmen fordern, welche als für transnationale Wettbewerbsumfelder geeignet erachtet wurde (vgl. Bartlett/Ghoshal 1989; White/Poynter 1989a/b; Hedlund 1986). Aus den Annahmen, die diese Arbeiten über die Struktur von "Netzwerkunternehmen" treffen, ergibt sich die erste inhaltliche Fragestellung dieser Arbeit: Lassen sich in internationalen Unternehmen tatsächlich die strukturellen Merkmale von "Netzwerkunternehmen" identifizieren? Die Verbindung zu den Hauptzielen der Arbeit, der empirischen Untersuchung und der Abbildung des Netzwerkeffektes besteht darin, dass postuliert wurde, dass in "netzwerkartigen" Organisationen ein ungehinderter Austausch führungsrelevanter Ressourcen möglich ist. Der Netzwerkeffekt sollte hier daher gering ausfallen. Darüber hinaus heben die Arbeiten zur netzwerkartigen Organisation internationaler Unternehmen insbesondere auf informelle Strukturen ab. Da sich aber durch das Management direkt nur die formale Organisationsstruktur gestalten lässt, bezieht sich die zweite Fragestellung auf den Zusammenhang der beiden Strukturen: Inwiefern stimmen die formale Struktur und die informelle Struktur überein? Der empirische Teil der Studie ist als komparative Fallstudie angelegt. Verglichen werden zwei Unternehmen, die formale Strukturen aufweisen, welche für transnationale Wettbewerbsfelder geeignet sind. Mit einer "Matrixorganisation" und einer "Management-Holding" werden zwei Unternehmen untersucht, die bezüglich ihrer formalen Struktur "*dissimilar cases*" darstellen. Es wird erwartet, dass der Netzwerkeffekt in den beiden Unternehmen unterschiedlich hoch ausfällt. Nach der Vorstellung der beiden formalen Strukturalternativen werden am Ende des zweiten Kapitels Hypothesen für die empirische Analyse abgeleitet. Diese beziehen sich hauptsächlich auf das Ausmaß und die Wirkung des Netzwerkeffektes sowie die Ausprägung der informellen Strukturen in Matrix- und Holdingorganisationen.

Das zur Abbildung des Netzwerkeffektes herangezogene Tauschmodell von Henning (2000a) wird im dritten Kapitel vorgestellt. Da es sich hier um die erste Anwendung des Modells auf das Forschungsfeld "internationale Unternehmen" handelt, ist eine ausführliche Darstellung des Modells notwendig. Nach Vorstellung des Modells von Coleman wird das Modell von Henning besprochen, welches auf ersterem basiert.[10] Der Schwerpunkt liegt auf der für die empirische Anwendung relevanten Abbildung des Netzwerkeffektes. Im Gegensatz zu den Arbeiten von Henning (1994, 2000a) sowie Pappi/Henning (1998a) stehen weniger die theoretischen Eigenschaften sowie die Herleitung der Modellgleichungen im Vordergrund, als vielmehr die für eine empirische Anwendung notwendigen Grundlagen. Das Kapitel wird beendet, indem gezeigt wird, wie sich auf Basis des Modells das Soziale Kapital der Akteure bestimmen lässt, welches diese aufgrund ihrer strukturellen Einbettung generieren können.

Zu Beginn des empirischen Teils der Arbeit wird im vierten Kapitel das Design der Studie vorgestellt. Nachdem die Anlage der Untersuchung als komparative Fallstudie begründet wurde, folgt die Darstellung der formalen Strukturen in den beiden untersuchten Unternehmen, der BASF Gruppe und der Fuchs Petrolub AG. Anschließend werden die zu erhebenden realisierten (informellen) Netzwerke bestimmt und eine Systemabgrenzung vorgenommen, bei der die relevanten Organisationseinheiten identifiziert werden. Am Ende des Kapitels erfolgt eine nähere Spezifikation der Hypothesen aus dem zweiten Kapitel, indem diese auf die konkrete Ausprägung der formalen Strukturalternativen "Matrix" und "Management-Holding" in den beiden untersuchten Unternehmen bezogen werden.

Die empirische Netzwerkanalyse in Kapitel 5 dient primär zur Überprüfung der aus der zweiten Forschungsfrage abgeleiteten Hypothesen bezüglich der Übereinstimmung formaler und informeller Strukturen. Zu diesem Zweck werden, neben dem visuellen Vergleich der Netzwerke, Korrelations- sowie Blockmodellanalysen durchgeführt. Daneben erfolgt anhand von Zentralitätsmaßen sowie eines Zentrum-Peripherie-Modells auch die Überprüfung von Hypothesen hinsichtlich der "netzwerkartigen" Organisation der beiden Unternehmen.

Durch Anwendung des Tauschmodells im sechsten Kapitel lässt sich das Ausmaß und die Wirkung des Netzwerkeffektes sowie das dadurch generierte Soziale Kapital untersuchen. Auch die übrigen Hypothesen, in denen Annahmen über den vorherrschenden Koordinationsmechanismus in Netzwerkunternehmen sowie die Allokation von steuerungsrelevanten Ressourcen getroffen werden, werden mittels der Ergebnisse der Modellanwendung überprüft. Der empirische Teil der Arbeit wird mit einer Zusammenfassung der Ergebnisse aus den Kapiteln 5 und 6 abgeschlossen.

Im siebten Kapitel erfolgt eine abschließende Bewertung der erzielten Ergebnisse. Da in dieser Arbeit die Auswirkung des Netzwerkeffektes auf der Ebene einzelner Akteure bzw. Gruppen von Akteuren im Mittelpunkt steht, wird die Frage diskutiert, inwiefern sich auf Basis der Ergebnisse auch Aussagen über die Auswirkung des Netzwerkeffektes auf der Makroebene treffen lassen.

---

[10] Das Modell von Henning basiert auf dem ursprünglichen Modell von Coleman (1966a/b). Es stellt insofern eine bedeutende Neuerung dar, als es die wesentlichen Kritikpunkte, welche in der Literatur an Tauschmodellen geäußert wurden, überwindet.

2 Die Netzwerkorganisation und der Netzwerkeffekt

In den folgenden Abschnitten werden die drei Idealtypen der Organisation ökonomischen Tauschs - Markt, Hierarchie, Netzwerk - besprochen. Es wird argumentiert, dass grundsätzlich alle empirisch beobachtbaren Formen ökonomischer Organisation, d.h. insbesondere auch vermeintliche Hierarchien und Märkte, Netzwerke darstellen. Dies ist der Fall, da einerseits Märkte und Hierarchien in ihrer Reinform nur analytische Kategorien darstellen, welche so in der Realität nicht anzutreffen sind (vgl. Bradach/Eccles 1989: 97-99) sowie andererseits, bei allen Organisationsformen davon auszugehen ist, dass die strukturelle Einbettung der Tauschpartner das Handeln derselben beeinflusst und somit Netzwerkeffekte vorliegen.

Allerdings macht es trotzdem Sinn, unter bestimmten Voraussetzungen von Netzwerkorganisationen zu sprechen. Netzwerke umspannen zwar als intermediäre Form zwischen den beiden idealtypischen Extremen das weite Spektrum empirischer Fälle, lassen sich aber ebenso als idealtypische, diskrete Strukturalternative darstellen. Diese unterscheidet sich durch spezifische strukturelle Eigenschaften sowie durch damit einhergehende, dominierende Koordinationsmechanismen von Märkten und Hierarchien. In der Praxis lassen sich sowohl Organisationsformen beobachten, die sich relativ nah an den Idealtyp der Hierarchie annähern, als auch Organisationsformen, die dem Idealtyp des Marktes ähneln.

Ebenso wird in der Literatur über die Organisation internationaler Unternehmen postuliert, dass eine "netzwerkartige" Organisation dieser Unternehmen eine den jeweiligen Umweltanforderungen gerechte Struktur darstellt (vgl. Hedlund 1986; Hedlund/Rolander 1990; Miles/Snow 1986, 1995; Prahalad/Doz 1987; Bartlett/Ghoshal 1989; White/Poynter 1990; Obring 1992). Trotz der teilweise normativen Aussagen dieser Ansätze ist zu erwarten, dass sich empirisch Unternehmen identifizieren lassen, die sich dem Idealtyp der Netzwerkorganisation annähern, d.h. eine entsprechende Organisationsstruktur und damit einhergehende, dominierende Koordinationsmechanismen aufweisen. Um im empirischen Teil dieser Studie Unternehmen im Hinblick darauf untersuchen zu können, ob und inwiefern diese dem Typus der Netzwerkorganisation entsprechen, müssen zunächst die Eigenschaften dieses Idealtyps festgestellt werden. Auf dieser Grundlage erfolgt dann die Fallauswahl für die empirische Untersuchung sowie die Ableitung von Hypothesen über die zu erwartenden strukturellen Merkmale der betrachteten Unternehmen.

Bei den Ausführungen zu den Basisformen der Organisation ökonomischen Austauschs geht es weniger um einen Überblick über die umfangreiche Literatur, die sich mit den Eigenschaften dieser Basisformen auseinandersetzt sowie um die damit einhergehenden Kontroversen (vgl. Stinchcombe 1985; Perrow 1986; Thorelli 1986; Bradach/Eccles 1989; Siebert 1991; Teubner 1991, 1992; Mayntz 1992a, 1993; Sydow 1992; Scharpf 1993, Powell 1996), als vielmehr darum, die für Netzwerke charakteristischen Eigenschaften herauszustellen.[1] Aus dem Blickwinkel der Transaktionskostenökonomie identifiziert Williamson (1975, 1991) neben Märkten und Hierarchien das Netzwerk bzw. die sogenannte Hybridform als dritte Basisform.[2] Die Organisationsformen unterscheiden sich neben den bereits erwähnten Koordinationsmechanismen durch unterschiedliche Anreizintensitäten für die beteiligten Akteure sowie durch die Fähigkeit der Organisation, sich an Störungen anzupassen und sind daher für unterschiedliche Transaktionsarten mehr oder weniger geeignete institutionelle Rahmen (vgl. Williamson 1991).[3]

Obwohl die meisten Beiträge unter Netzwerken interorganisatorische Arrangements verstehen, die aus einzelnen (rechtlich) selbstständigen Einheiten bestehen, lässt sich analog auch für die in dieser Studie analysierten intraorganisatorischen Strukturen von Netzwerken sprechen (vgl. Lincoln 1982; Krackhardt/Brass 1994; Jones et al. 1997). Dies ist insbesondere dann der Fall, wenn man Netzwerke als eine Zwischenform auf einem Kontinuum zwischen Markt und Hierarchie auffasst. Auf diesem Kontinuum sind intraorganisatorische Netzwerke, wie Unternehmen, tendenziell näher bei der Hierarchie und interorganisatorische Gebilde, wie "Strategische Netzwerke", näher bei dem Markt angesiedelt (vgl. Sydow 1992: 104).[4]

2.1 Netzwerke als Organisationsform zwischen Markt und Hierarchie

Im folgenden werden die Basisformen ökonomischer Organisation zunächst in ihrer "Reinform" besprochen. Hennart (1993) hat in diesem Zusammenhang darauf hingewiesen, dass es notwendig ist, zwischen der Form der ökonomischer Organisation (Markt und Hierarchie) und den Koordinationsmechanismen (Preis und Weisung) zu trennen. Die Koordinationsmechanismen unterscheiden sich, wie bereits erwähnt, im wesentlichen durch ihre Koordinationsleistung sowie die Fähigkeit, regelkonformes Verhalten der Tauschpartner zu gewährleisten.[5]

---

[1] Trotz weitgehend identischer Terminologie bestehen unterschiedliche Auffassungen bezüglich der Eigenschaften von Netzwerken. Beispielhaft sei auf die Kontroverse hingewiesen, ob Netzwerke eine intermediäre Form zwischen Markt und Hierarchie (Williamson 1991; Sydow 1992) oder eine eigenständige Form neben Markt und Hierarchie (vgl. Powell 1996) darstellen (vgl. Krebs/Rock 1994; Renz 1998: 9-15; Kappelhoff 2000a: 25).
[2] Die Abgrenzung von Märkten und Hierarchien als Strukturalternativen wurde bereits von Coase (1937) vorgenommen. Die in den folgenden Ausführungen zu den Strukturalternativen häufig vorkommenden Begriffe wie "Transaktionskosten" oder "Vertragsformen" stammen aus dem Begriffsarsenal der Institutionenökonomie, zu der neben der Transaktionskostentheorie auch die Theorie der Verfügungsrechte sowie die Agenturtheorie zählen. Für einen Überblick über die Grundkonzepte dieser Theorien sei auf Ebers/Gotsch (1995) verwiesen.
[3] In diesem Zusammenhang muss erwähnt werden, dass eine Reihe weiterer, teilweise abweichender, Klassifizierungen vorgenommen wird (vgl. Ouchi 1980; Gotsch 1987: 35-43; Scharpf 1993: 58; Schneider/Kenis 1996: 19). Die Identifikation von weiteren Organisationsformen neben dem Markt, der Hierarchie und dem Netzwerk, erfolgt meist im Rahmen der Diskussion über soziale Steuerungsformen. Diese geht über die Analyse der Basisformen ökonomischer Organisationen hinaus und wird daher an dieser Stelle nicht weiter verfolgt.
[4] Unter "Strategischem Netzwerk" versteht Sydow eine dauerhafte Kooperationsbeziehung zwischen rechtlich selbstständigen Unternehmen, bei denen ein oder mehrere Unternehmen eine strategische Führungsrolle ausüben (vgl. Sydow 1992: 78-83; Jarillo 1993: 127ff.).
[5] Die Koordination ist sowohl in Bezug auf die multilaterale Abstimmung der Akteure untereinander im Hinblick auf ein gemeinsames Ziel, als auch der autonomen Anpassung derselben an Angebots- und Nachfrageveränderungen zu verstehen.

Die Informationsverarbeitungskapazität des jeweiligen Koordinationsmechanismus beeinflusst die mit diesem einhergehenden Transaktionskosten und somit die Effizenz der organisatorischen Lösung (vgl. Hennart 1993: 159-164).

In der Realität herrscht in Märkten und Hierarchien einer der beiden Koordinationsmechanismen vor. Es wird jedoch immer auch von dem anderen Koordinationsmechanismus Gebrauch gemacht. Wenn in den Abschnitten 2.1.1 und 2.1.2 von Märkten, Hierarchien und Netzwerken die Rede ist, wird gerade von diesen realen Erscheinungsformen ökonomischer Organisation abstrahiert und ein Bild von Idealtypen skizziert. Diese wurden in der Literatur auch als "diskrete Strukturalternativen" bezeichnet (vgl. Williamson 1991:270). In Bezug auf Netzwerke wird dabei zunächst nicht unterschieden, ob es sich um interorganisatorische oder intraorganisatorische Erscheinungsformen handelt.

2.1.1 Märkte und Hierarchien als diskrete Strukturalternativen

Wirtschaftlicher Austausch auf Märkten ist durch spontane Transaktionen von präzise spezifizierten Leistungen zwischen anonymen Tauschpartnern charakterisiert. Es handelt sich um diskrete Transaktionen, bei denen sämtliche Informationen in den Preisen enthalten sind. Das bedeutet, dass die Beziehungen zwischen den Tauschpartnern, die sich gegebenenfalls in Folge einer gemeinsamen Tauschhistorie ergeben haben, keinen Einfluss auf die Tauschhandlungen ausüben (vgl. Macneil 1978: 856-857; Uzzi 1996: 676; Dyer/Singh 1998: 662; Burt 2001: 33-34). Dies liegt in der weitgehenden Unabhängigkeit der Transaktionspartner, der großen Anzahl alternativer Tauschpartner sowie in der exakten Spezifikation der Tauschgüter begründet.[6] Insofern sind marktliche Beziehungen kompetitiv und flüchtig (vgl. Williamson 1991: 217; Sydow 1992: 98). Leistung und Gegenleistung in einer Markttransaktion sind im Gegensatz zu denen in Hierarchien und Netzwerken transparent, so dass die Tilgung der Schuld sowie gegebenenfalls die Defektion eines Akteurs offensichtlich ist. Die Konformität der Marktteilnehmer wird durch die herrschende Konkurrenzsituation sowie klare rechtliche Regelungen sichergestellt (vgl. Powell 1996: 219-223).

In Märkten bestimmen allein die Preise die Produktion und den Austausch von Gütern, daher besteht nicht die Notwendigkeit einer zentralen systemweiten Steuerung. Während Hierarchien geschaffene Organisationsformen darstellen, sind Märkte spontan entstandene Ordnungen, die keine strukturelle Kopplung aufweisen (vgl. Blau 1964: 199; Mayntz 1992a: 24).[7] Insofern genügt der Marktpreis als alleiniger Steuerungsmechanismus, da er eine Koordination der Aktivitäten zwischen den Marktteilnehmern, d.h. die gegenseitige Anpassung von An-

---

[6] Williamson spricht im Zusammenhang von marktlichem Austausch von "klassischen Verträgen", in denen die Bedingungen der Leistungserfüllung präzise geregelt sind (vgl. Williamson 1991: 271).
[7] Unter "struktureller Kopplung" wird die gegenseitige Beeinflussung der einzelnen Elemente eines Systems verstanden. Bei loser Kopplung hat der Ausfall eines Elements, z.B. eines Anbieters, keine (sehr geringe) Auswirkungen auf das Gesamtsystem, z.B. den Marktpreis. (vgl. Weick 1976; Perrow 1986: 196; Sydow 1992: 82).

gebot und Nachfrage, herstellt.[8] Die Koordinationsleistung von Märkten ist allerdings nicht im Sinne einer Integration der einzelnen Aktivitäten, d.h. der Ausrichtung auf gemeinsame übergeordnete Ziele der Akteure zu verstehen. Dies gerade kann der Preismechanismus nicht leisten (vgl. Powell 1996: 223).

Aus dem Blickwinkel der Transaktionskostentheorie sowie verwandter Ansätze werden dem Markt als Basisform ökonomischer Organisationen in Abhängigkeit von den Eigenschaften der abzuwickelnden Transaktionen eine Reihe von Vor- und Nachteilen zugeschrieben. Beurteilungskriterium im Sinne der Transaktionskostentheorie sind immer die mit der ökonomischen Organisationsform einhergehenden Transaktionskosten. Darunter sind einerseits Ex ante-Kosten zu verstehen, die bei der Anbahnung von einer Transaktion (z.B. Informationskosten) sowie der Vereinbarung der Leistungen (z.B. Verhandlungskosten) entstehen. Andererseits fallen sämtliche Ex post-Kosten darunter, die im Zuge der Leistungserfüllung auftreten, d.h. insbesondere Kontrollkosten, Durchsetzungskosten und Anpassungskosten (vgl. Ouchi 1980: 130-131; Picot 1982: 270; Ebers/Gotsch 1995: 209).

Märkte sind für Transaktionen geeignet, die geringe spezifische Investitionen[9] und gegenseitigen Abstimmungsbedarf erfordern sowie mit geringer Unsicherheit[10] verbunden sind. In diesem Fall entstehen in Märkten aufgrund der kostengünstigen autonomen Anpassungsfähigkeit der Marktteilnehmer sowie der hohen Anreizintensität geringe Transaktionskosten (vgl. Williamson 1991: 282-284; Ebers/Gotsch 1995: 221-222). Umgekehrt stellen Märkte nur eine mangelhafte, d.h. transaktionskostenträchtige, organisatorische Lösung dar, wenn hohe transaktionsspezifische Investitionen vorliegen sowie hoher multilateraler Anpassungsbedarf und hohe Unsicherheit bestehen.[11] Daneben können auch Informationsasymmetrien, Skaleneffekte sowie externe Effekte zu Marktversagen führen (vgl. Ouchi 1980: 13-134; Stinchcombe 1985: 121-127; Perrow 1986: 238-239; Sydow 1992: 131-133; Hild 1997: 76-78). Beim Austausch von komplexen Gütern und Dienstleistungen können nicht alle Informationen durch Preise kommuniziert werden. Die dezentrale Informationsallokation auf Märkten wird ineffizient. In diesem Fall stellen Hierarchien mit einer zentralisierten Informationsallokation die effizientere Lösung für den Austausch dar (vgl. Hennart 1993: 160-163).

---

[8] Die Begriffe "Koordinationsmechanismus" und "Steuerungsmechanismus" werden hier synonym im Sinne einer gegenseitigen Abstimmung arbeitsteiliger Aktivitäten verwendet.
[9] Darunter sind Investitionen in spezielle Anlagen, Humankapital, Reputation (z.B. Marken), Standorte, etc. zu verstehen, die im Zuge der Transaktion getätigt werden und daher "transaktionsspezifisch" sind (vgl. Williamson 1990: 60-64).
[10] Unsicherheit kann sowohl bezüglich des Verhaltens der Marktpartner bestehen als auch im Hinblick auf die situativen Bedingungen der Transaktion (vgl. Williamson 1990: 64-68).
[11] Unter autonomer Anpassung (*a-adaptation*) wird die Anpassung aus Sicht der einzelnen Transaktionspartner, unter multilateraler Anpassung (*c-adaptation*) die gegenseitig aufeinander abgestimmte Anpassung an veränderte Umweltbedingungen verstanden (vgl. Williamson 1991: 278-279). Macneil (1978: 859) verwendet synonym die Begriffe "*external flexibility*" und "*internal flexibility.*"

Wirtschaftlicher Austausch in Hierarchien findet im Rahmen von dauerhaften und kooperativen Beziehungen zwischen den Mitgliedern der Organisation statt.[12] Während auf Märkten Leistung und Gegenleistung weitgehend festgelegt sind, sind die getauschten Güter in Hierarchien eher unspezifischer Natur, so dass die Leistungserfüllung schwer und nur ungenau gemessen werden kann (vgl. Powell 1996: 222).[13] Alchian/Demsetz (1972: 779) sprechen in diesem Zusammenhang von *team production*, bei der die Gesamtleistung der Organisation mehr ist, als die Summe der Einzelleistungen. Das bedeutet auch, dass die Anteile der Einzelleistungen zu der Gesamtleistung nicht eindeutig zu messen sind. Damit einhergehend bestehen in Hierarchien deutlich geringere Anreize für die Akteure, die Ressourcen effizient einzusetzen, als auf Märkten (vgl. Williamson 1991: 275-276).

Hierarchien sind geschaffene Ordnungen welche, im Gegensatz zu Märkten, als korporative Akteure ein übergeordnetes Ziel verfolgen (vgl. Blau 1964: 199; Vanberg 1982 8-15). Die spezialisierten, in hohem Maße arbeitsteiligen Verrichtungen der einzelnen Akteure hängen stark voneinander ab, d.h. es besteht eine feste Kopplung (vgl. Mayntz 1992a: 24). Durch die bessere Informationslage hinsichtlich der Kombinationsmöglichkeiten der Inputfaktoren kann eine im Vergleich zum Markt deutlich zielgerichtetere Abstimmung der einzelnen Leistungen aufeinander erfolgen. Die Informationsallokation in Hierarchien ist zentralisiert (vgl. Hennart 1993: 161-162; Ebers/Gotsch 1995: 217). Da keine unilaterale Koordination, sondern vielmehr bi- und multilaterale Abstimmungsprozesse notwendig sind, stellt der Preis einen ungeeigneten Koordinationsmechanismus für Hierarchien dar. Für die Steuerung des Austauschs von Gütern und Dienstleistungen in Hierarchien ist die formale Autoritätsstruktur, d.h. die Weisungsbeziehungen zwischen den Organisationseinheiten maßgeblich. Der dominierende Koordinationsmechanismus ist die Anweisung.

In Hierarchien finden keine diskreten Transaktionen statt, sondern relationale Transaktionen. Dies bedeutet, die Beziehungen zwischen den Tauschpartnern haben einen Einfluss auf das Handeln der Akteure und somit auf die Koordination der Aktivitäten derselben. Allerdings sind es in der idealtypischen Hierarchie nur die formalen Weisungsbeziehungen, die das Handeln beeinflussen. Die strukturelle Einbettung in gewachsene, d.h. im Zuge einer gemeinsamen Tauschhistorie entstandenen Beziehungen, spielt keine Rolle. Die Organisationsmitglieder haben im Tausch gegen ihr Gehalt ihre Bereitschaft zur Verfügung gestellt, eine angebare Menge von Tätigkeiten auszuführen. Die formale Hierarchie wird von den Organisationsmitgliedern in den Arbeitsverträgen anerkannt (vgl. Simon 1951, 1991; Arrow 1974: 25,

---

[12] Die Begriffe "Hierarchie" und "Organisation" werden hier synonym gebraucht.
[13] Der sogenannte "Relationale Vertrag" als rechtliche Grundlage der Hierarchie ist daher durch eine große Offenheit hinsichtlich der Spezifikation von Leistung und Gegenleistung gekennzeichnet. Auftretende Konflikte im Zuge der Vertragserfüllung werden in der Regel ohne Einschaltung von Gerichten geregelt (vgl. Williamson 1991: 274). Die Klassifizierung der den diskreten Strukturalternativen zugrundeliegenden Vertragsformen basiert auf dem US-amerikanischen Vertragsrecht (Macneil 1978: 855; Ebers/Gotsch 1995: 214).

64; Ouchi 1980: 133-134; Williamson 1991: 274).[14] Die Abstimmung der arbeitsteiligen Verrichtungen erfolgt im Idealtyp der Hierarchie allein über formale Weisungsbeziehungen, die im Sinne der Weberischen Amtshierarchie in einem dauerhaft festgelegten System von Über- und Unterordnungen verankert sind (vgl. Weber 1956: 559-560; Krüger 1985: 293).

Wichtige Vorraussetzung für das Funktionieren von Hierarchien ist, dass die Akteure weisungskonform handeln (vgl. Gotsch 1987: 37). Die Konformität mit den in der formalen Autoritätsstruktur festgelegten Regeln, Zielen und Aufgaben wird nicht wie auf Märkten durch den Preismechanismus und die Konkurrenzsituation hergestellt, sondern durch Sanktionsmechanismen, indem regelkonformes Verhalten belohnt (z.B. durch Beförderung) und nichtkonformes, opportunistisches Verhalten bestraft wird. Dem entspricht eine, im Vergleich zu Märkten, hohe Kontrollmöglichkeit des Handelns der Akteure in Hierarchien (vgl. Simon 1991: 33-34; Williamson 1991: 275-276).

Hierarchische Lösungen können als vorteilhaft bezeichnet werden, wenn es um komplexe, langfristige Transaktionen geht, bei denen im Zuge der Leistungserfüllung großer gegenseitiger Anpassungsbedarf (hohe Unsicherheit) besteht, die Leistungen der Tauschpartner schwer ex ante zu spezifizieren und hohe spezifische Investitionen erforderlich sind (vgl. Stinchcombe 1985: 121; Williamson 1991: 279). Ebenso wie es zu Marktversagen kommen kann, stößt auch die Hierarchie an ihre Grenzen, wenn bestimmte Transaktionscharakteristika vorliegen. Dies ist einerseits der Fall wenn, wie bereits im Zusammenhang mit den Vorzügen der marktlichen Organisation erwähnt, keine spezifischen Investitionen, keine Unsicherheit und nur geringer multilateraler Abstimmungsbedarf bestehen. Andererseits kommt es zu Hierarchieversagen, wenn Organisationen eine gewisse Größe und Komplexität übersteigen. Hier werden hybride Arrangements als geeigneter erachtet (vgl. Sydow 1992: 134-135).[15] Neben dem Problem opportunistischen Verhaltens, welches aufgrund mangelnder Kontrollmöglichkeiten entsteht, liegt wegen der zentralen Informationsallokation ein Informationsproblem vor. Bei zunehmender Organisationsgröße kommt es entweder zu Informationsknappheit oder zu Informationsüberlastung an der Hierarchiespitze mit der Folge suboptimaler oder verzögerter Entscheidungen. Auch die Delegation von Entscheidungsbefugnissen an hierarchisch untergeordnete Einheiten kann dem nur begrenzt und in dem Maße entgegenwirken, wie Entscheidungen in einzelne voneinander unabhängige Teildimensionen zerlegbar sind (vgl. Scharpf 1993: 61-65, 1997: 176).

Sollen die Leistungen einer großen Anzahl von Tauschpartnern im Hinblick auf ein gemeinsames Ziel koordiniert werden und dabei gleichzeitig die negativen Folgen einer hie-

---

[14] Simon (1951: 294, 1991: 31) spricht hier von einer "area of acceptance" die ein Angestellter gegen sein Gehalt eintauscht. Die Größe der Zone hängt von der Höhe des Gehalts sowie den verfügbaren Alternativen ab (vgl. Sinchcombe 1985: 128).
[15] Die Ausführungen hinsichtlich des Hierarchieversagens sind ausschließlich in Bezug auf die intraorganisatorische Hierarchie von Unternehmen zu verstehen. In Bezug auf staatliche Hierarchien (Staats- und Bürokratieversagen) werden teils identische teils ergänzende Gründe genannt (vgl. Hild 1997: 78-81)

rarchischen Lösung in Form von Informationsüberlastung, Bürokratisierung und opportunistischen Verhaltens vermieden werden, bieten sogenannte Hybridformen die (transaktions-) kostengünstigste Alternative.

2.1.2 Netzwerke als Hybridform

Netzwerke können entweder als Hybridform auf einem Kontinuum zwischen Markt und Hierarchie (vgl. Stinchcombe 1985; Thorelli 1986; Williamson 1991; Sydow 1992) oder als eigenständige Organisationsform neben Markt und Hierarchie (vgl. Powell 1996; Krebs/Rock 1995) aufgefasst werden. Unabhängig davon, welchen der beiden Standpunkte man vertritt, lässt sich hinsichtlich der Eigenschaft dieser Basisform ökonomischen Austauschs ein weitgehender Konsens feststellen:[16] Netzwerke kombinieren marktliche mit hierarchischen Elementen (vgl. Sydow 1992: 102-103; Wilkesmann, 1993: 53). Insofern vereinen sie die Vorteile und die Nachteile der beiden Strukturalternativen. Da sie sowohl hinsichtlich der Anreizintensität als auch der autonomen sowie der multilateralen Anpassungsfähigkeit mittlere Werte aufweisen, sind Netzwerke für Transaktionen geeignet, die durch mittlere Unsicherheit und gegenseitigen Anpassungsbedarf sowie der Erfordernis mittlerer spezifischer Investitionen gekennzeichnet sind (vgl. Williamson 1991: 281-284).

Jones et al. (1997: 918-923) arbeiten, basierend auf den Beiträgen Williamsons sowie Powells, differenzierter heraus, wann Netzwerke die geeignete Organisationsform für ökonomischen Austausch darstellen. Bei der Umweltunsicherheit sind es demnach primär Unsicherheiten bezüglich der Nachfrage, die Netzwerken aufgrund ihrer höheren Flexibilität hinsichtlich der autonomen Anpassungsfähigkeit der Akteure Vorteile gegenüber der Hierarchie verschaffen, da nur eine schwache Koppelung vorliegt (vgl. Mayntz 1992a: 24). Dies bedeutet, dass Netzwerke eine größere "Marktnähe" ermöglichen.

Zudem weisen Netzwerke geringere Bürokratiekosten auf: „Netzwerke sind leichtfüßiger als Hierarchien" (Powell 1996: 224). Die im Vergleich zu Märkten niedrigeren Verhandlungs- und Koordinationskosten von Netzwerken bei multilateraler Anpassung kommen zum Tragen, wenn spezifische Investitionen bezogen auf die Nachfrageseite und ein hoher gegenseitiger Abstimmungsbedarf der einzelnen Tätigkeiten unter Zeitdruck bestehen.[17] Daneben haben Netzwerke bei häufig wiederkehrenden Transaktionen einen Vorteil gegen-

---

[16] Ausgenommen werden Ansätze, die aus einer systemtheoretischen Perspektive Netzwerke als autopoietische (selbstreferrentielle) Systeme betrachten (vgl. Teubner 1992; Mirrow et al. 1996; Kirsch/ Knyphausen 1991). Diese Ansätze sind für die theoriegeleitete empirische Analyse sowohl aus theoretischen als auch forschungspraktischen Gründen problematisch. Theoretisch ist es fragwürdig, ob die Übertragung originär naturwissenschaftlicher Konzepte überzeugende Beiträge zur Erklärung sozialwissenschaftlicher Phänomene liefern kann. Dies gilt sowohl für die Übertragung ganzer Theorienkomplexe, als auch für einzelne Theorieelemente (vgl. Mayntz 1992b). Die primär assoziative und metaphorische Verwendung dieser Konzepte vereitelt die Möglichkeit der Ableitung von Hypothesen, die einer Operationalisierung und empirischen Überprüfung zugänglich sind (vgl. Kappelhoff 2000b: 351-354, 379-380). Daher werden diese Ansätze hier nicht weiter berücksichtigt.
[17] Jones et al. (1997: 919-920) nennen hier insbesondere spezifische Investitionen, die sich aus einer weitgehenden Anpassung der Produkte und Dienstleistungen an die Bedürfnisse einzelner Kunden(gruppen) ergeben.

über dem Markt, indem sie aufgrund von Lernprozessen sowie der Herausbildung von Verhaltenserwartungen die multilaterale Abstimmung verbessern (vgl. Uzzi 1996: 678; Jones et al. 1997: 919-922). Zusammenfassend liegen die Vorteile von Netzwerken gegenüber dem Markt und der Hierarchie darin begründet, dass sie sowohl eine relativ hohe autonome als auch eine relativ hohe multilaterale Anpassungsfähigkeit aufweisen.

Die Zwischenposition von Netzwerken bezieht sich auch auf die entsprechende vertragstheoretische Grundlage. Während auf Märkten sogenannte "klassische Verträge" mit präziser Leistungsdefinition und kurzer Dauer den Austausch regeln, werden im Rahmen "neoklassischer Verträge" in Netzwerken nicht alle möglicherweise im Zuge der Transaktion eintretenden Ereignisse antizipiert, d.h. die Verträge sind unvollständig. Für eventuellen Anpassungsbedarf im Verlauf der Vertragserfüllung werden jedoch Anpassungsklauseln festgeschrieben. Wie bei den relationalen Verträgen in Hierarchien spielen die Beziehungen zwischen den Akteuren bezüglich der Koordination von Netzwerken eine Rolle. Allerdings sind dies keine formalen hierarchischen Beziehungen, sondern im Zuge wiederholten Austauschs gewachsene (vgl. Jones et al. 917).[18] Der informelle, nicht hierarchische Charakter der Beziehungen in Netzwerken erfordert einen eigenen Koordinationsmechanismus. An Stelle des rein kompetitiven Preismechanismus auf Märkten treten in Netzwerken kooperative Formen der Zusammenarbeit. Die mit Weisungen verbundenen Über- und Unterordnungsverhältnisse von Hierarchien werden durch Vertrauen ersetzt (vgl. Siebert 1991: 294; Semmlinger 1993: 330ff.). Der Koordinationsmechanismus in Netzwerken könnte daher als "vertrauensvolle Kooperation" bezeichnet werden (vgl. Kappelhoff 2000a: 25-29).[19] Dieser Begriff ist jedoch insofern mit Vorsicht zu genießen, als dem hybriden Wesen entsprechend, Netzwerke aufgrund der hohen Eigenständigkeit der Akteure auch kompetitive Elemente beinhalten.

Vertrauen ist als Koordinationsmechanismus in Netzwerken deshalb besonders bedeutsam, da wie in Hierarchien Leistung und Gegenleistung nicht exakt quantifizierbar sind und häufig zeitlich auseinander fallen.[20] Infolge dessen ist auch hier der Leistungsbeitrag der einzelnen Akteure und somit auch eine potentielle Defektion schwer zu messen (vgl. Powell 1996: 222, 225). Vertrauen wird jedoch nicht wie die Weisung in Hierarchien durch formale Regelungen geschaffen. Für die Bildung von Vertrauen ist die Einbettung der Akteure in die bereits erwähnten informellen Beziehungen relevant (vgl. Bradach/Eccles 1989: 105-110). Wie Vertrauen in Netzwerken entsteht und welchen Einfluss dieses auf das Handeln der Akteure ausübt, wird im Folgenden näher betrachtet. Es wird argumentiert, dass eine starke Ein-

---

[18] Dies bedeutet jedoch nicht, dass in Netzwerken aufgrund der fehlenden formalen hierarchischen Struktur keine Machtunterschiede zwischen den Akteuren bestehen können.
[19] Einige Autoren sprechen auch von der Verhandlung als spezifischer "Netzwerklogik" (vgl. Mayntz 1992a: 25, 1993: 45, Hild 1997: 97), oder bezeichnen Netzwerke als Verhandlungssysteme (vgl. Wilkesman 1993: 52-55). Die Verhandlung als Koordinationsmechanismus in Netzwerken wird in Abschnitt 2.3.2 näher betrachtet.
[20] Vertrauen wird hier verstanden als "(...) a type of expectation that alleviates the fear that one's exchange partner will act opportunistically" (Bradach/Eccles 1989:104).

bettung in Netzwerke es einem Akteur ermöglicht, sogenanntes "Soziales Kapital" zu generieren. Eine mangelhafte Einbettung geht hingegen mit hohen Transaktionskosten einher.

2.2 Der Netzwerkeffekt

Das Konzept der "*structural embedded action*" geht im wesentlichen auf Granovetter zurück, wurde aber bereits früher auch von anderen Autoren beschrieben (vgl. z.B. Burt 1982). Granovetter kritisiert sowohl übersozialisierte als auch untersozialisierte Konzepte menschlichen Handelns. Das Akteurskonzept neoklassischer Ansätze ist insofern untersozialisiert, als von eigennutzorientiertem Handeln ausgegangen wird, welches sich alleine an Preis- und Mengeninformationen orientiert.[21] Das Gegenstück bilden übersozialisierte Konzepte, die menschliches Handeln als ausschließlich durch internalisierte Normen und Regeln geleitet betrachten. Beide Konzepte gehen von atomistischen Akteuren aus, bei denen die Beziehungen zwischen denselben keinen Einfluss auf das Handeln ausüben (vgl. Granovetter 1985: 483-485, 1992: 28-32). Jegliche Art menschlichen Handelns wird jedoch durch die Einbettung der Akteure in Beziehungsnetzwerke beeinflusst: "*Embeddedness* refers to the fact that economic action and outcomes, like all social action and outcomes, are affected by actors' dyadic (pairwise) relations *and* by the structure of the overall network of relations" (Granovetter 1992: 33, Hervorhebung im Original). Dabei lassen sich, bezogen auf Unternehmen, eine ganze Reihe von Beziehungsarten anführen, in die einzelne Mitarbeiter sowie organisatorische Einheiten eingebettet sind. Diese reichen von formalen Weisungsbeziehungen über Güter- und Finanztransfers bis hin zum Austausch von Ressourcen wie Information oder auch soziale Beziehungen zwischen Mitarbeitern.

Die Auswirkung der strukturellen Einbettung auf das Handeln wird auch als "Netzwerkeffekt" bezeichnet. Am Beispiel von interorganisatorischen Netzwerken wurde empirisch untersucht, unter welchen Umständen dieser positive Auswirkungen auf die Transaktionen hat und unter welchen Bedingungen der Austausch durch die Einbindung in eine soziale Struktur behindert wird (Uzzi 1996, 1997; Abraham 2001). Jones et al. (1997) haben jüngst den Versuch unternommen, das Konzept der *structural embeddedness* mit der Transaktionskostentheorie zu verbinden, um genauer erklären zu können, was die Vorteile einer netzwerkartigen Organisation sind. Auch in Bezug auf die intraorganisatorischen Netzwerke internationaler Unternehmen wurde die Bedeutung der strukturellen Einbettung für den Ressourcentausch hervorgehoben (vgl. Ghoshal/Nohria 1989: 325; Gupta/Govindarajan 1991: 770-771; Hansen 1999: 82-86; Tsai 2000: 925).

Im Gegensatz zu den Arbeiten, welche die Wirkung des Netzwerkeffektes bereits empirisch untersucht haben, erfolgt in dieser Studie eine theoretisch konsistente Abbildung des

---

[21] Granovetter (1985: 493-503) kritisiert insbesondere auch Williamsons Transaktionskostenansatz. Dieser hat zwar bereits auf die Bedeutung von Reputationseffekten hingewiesen, gleichzeitig jedoch davor gewarnt, die Wirkung derselben zu überschätzen (vgl. Williamson 1991: 290-291).

Netzwerkeffektes mit dem Modell von Henning (vgl. Kapitel 3). Bei der Anwendung des Modells auf die intraorganisatorischen Netzwerke der beiden untersuchten Unternehmen wird die Wirkung der strukturellen Einbettung auf den Ressourcentausch zwischen den organisatorischen Einheiten modelliert. Konkret werden Transaktionskosten abgebildet, die sich aus einer mangelnden Einbettung einzelner Akteure in die Tauschnetzwerke ergeben. Akteure, die hingegen über eine gute Einbettung in die Tauschnetzwerke verfügen, profitieren davon, da sie als Broker für Akteure fungieren können, die aufgrund geringer Einbettung Zugangsbarrieren zu potentiellen Tauschpartnern haben. Dieser Effekt wurde in der Literatur auch als "Soziales Kapital" bezeichnet (vgl. Burt 1992). Darüber hinaus, so wird in Abschnitt 2.2.2 argumentiert, spielt die strukturelle Einbettung für alle beobachtbaren Organisationsformen ökonomischen und sozialen Tauschs eine Rolle, da Märkte und Hierarchien im Sinne der diskreten Strukturalternativen, in der Realität nicht existieren.[22]

Da die Vorstellung des Tauschmodells von Henning im dritten Kapitel recht formaler Natur ist, erscheint es angemessen, zuvor die Grundlogik des Netzwerkeffektes, d.h. die Wirkung struktureller Einbettung im folgenden Abschnitt zu erläutern.

2.2.1 Die strukturelle Einbettung als Basis Sozialen Kapitals

Jones et al. unterscheiden zwei Problemdimensionen, auf welche die strukturelle Einbettung eine positive Auswirkung haben kann. Die erste Dimension betrifft die Koordination der einzelnen Handlungen im Sinne einer multilateralen Anpassung. Die zweite Dimension bezieht sich auf die Vermeidung opportunistischen Verhaltens einzelner Akteure (vgl. Jones et al. 1997: 926-927). Diese Dimension kann auch als Motivationsproblem bezeichnet werden (vgl. Scharpf 1993: 62-64).

Wie mehrfach erwähnt, hat der Netzwerkeffekt Auswirkungen auf das Handeln der Akteure sowie auf die Bildung Sozialen Kapitals. Soziales Kapital unterscheidet sich grundsätzlich vom ökonomischen- oder Humankapital dadurch, dass kein einzelner Akteur allein sämtliche Verfügungsrechte darüber ausübt, da dieses aus der Einbettung der Akteure in die Sozialstruktur, d.h. im Rahmen sozialer Beziehungen, entsteht (vgl. Coleman 1988: S98-S100, Esser 2000: 239). Gleichwohl können aber sowohl individuelle Akteure als auch ganze Organisationen oder gar Gesellschaften davon profitieren. Auch andere Autoren heben die strukturelle Einbettung als Basis Sozialen Kapitals hervor (vgl. Bourdieu 1983: 190; Putnam 1993: 167; Nahapiet/Ghoshal 1998: 243-244).[23]

---

[22] Hier wird der Definition Kappelhoffs (1993: 26-30) gefolgt. Dieser versteht ökonomischen Tausch im Sinne des idealtypischen Markttausches, bei dem der Tausch exakt spezifizierter Leistungen Zug um Zug erfolgt. Sozialer Tausch hingegen beinhaltet Transaktionen, bei denen weitgehend unspezifizierte Leistungen getauscht werden, die häufig zeitlich auseinanderfallen, ohne dass ein geldäquivalentes Wertaufbewahrungsmittel existiert.
[23] Neben dieser Gemeinsamkeit unterscheiden sich die Konzepte Sozialen Kapitals hinsichtlich ihrer Annahmen über die Eigenschaften und Auswirkungen desselben (vgl. Haug 1997).

In dieser Studie wird Soziales Kapital als Ressource aufgefasst, die sich aus zwei Merkmalen der struktureller Einbettung von Akteuren ergeben kann. Dabei steht weniger das Soziale Kapital auf der (Makro-)Systemebene, sondern stärker Soziales Kapital auf (Mikro-) Ebene der einzelnen Akteure im Vordergrund.

Einerseits ergibt sich Soziales Kapital für einen Akteur aus einer starken direkten Einbettung in die Beziehungsnetzwerke. Diese Dimension Sozialen Kapitals wurde insbesondere von Coleman (1988) hervorgehoben (vgl. Burt 2001: 37-38). In Abbildung 2-1 wird dies anhand eines einfachen Beispiels verdeutlicht. Die Abbildung enthält ein Netzwerk mit insgesamt 11 Akteuren (Knoten) die über eine Menge von Beziehungen (Linien) miteinander verbunden sind. Akteur C1 ist hier sehr stark in das Netzwerk eingebettet, da er von allen Akteuren die meisten Beziehungen aufweist und daher über ein hohes Soziales Kapital verfügt.

Andererseits kann ein Akteur Soziales Kapital aufbauen, wenn er als Broker zwischen zwei Akteuren oder Akteursgruppen fungiert, die untereinander nicht direkt verbunden sind. Diese Dimension Sozialen Kapitals wurde von Burt (1992) in seinem Konzept der *structural holes* hervorgehoben. In Abbildung 2-1 stellen die A-Akteure, die B-Akteure sowie die C-Akteure jeweils solche Gruppen dar. Die Akteure der einzelnen Gruppen sind zwar alle untereinander verbunden, zwischen den Akteuren der Gruppe A und der Gruppe C bestehen aber keine direkte Beziehungen, d.h. das Netzwerk weist strukturelle Löcher auf. Akteur B1, der das strukturelle Loch überwinden kann, profitiert von dieser Situation, indem er den Ressourcenfluss zwischen der Gruppe A und der Gruppe C kontrollieren kann und/oder Provision für seine Maklertätigkeit kassiert (vgl. Burt 1992: 30-34; 1997: 340-342).

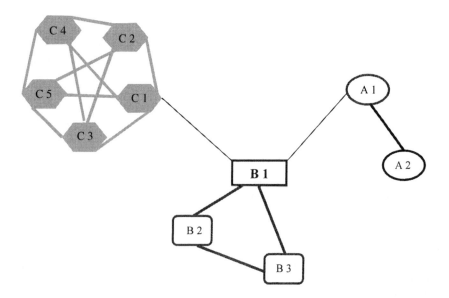

Abb. 2-1: Die strukturelle Einbettung von Akteuren

Die beiden Konzepte Sozialen Kapitals stehen in einem gewissen Widerspruch. Dem Konzept Coleman's folgend, geht es aus Sicht eines Akteurs darum, in möglichst viele Beziehungen mit anderen Akteuren eingebettet zu sein, welche wiederum auch untereinander verbunden sind. Diese *network closure* widerspricht dem Konzept Burt's welcher fordert, die Einbettung derart zu optimieren, dass redundante Beziehungen, d.h. Beziehung zu untereinander ebenfalls verbundenen Akteuren, zu vermeiden sind. Redundante Beziehungen sind demnach ineffiziente Beziehungen, da diese, trotz des zusätzlichen Aufwandes, keinen Zugang zu weiteren alternativen Ressourcen bieten (vgl. Gargiulo/Benassi 2000: 184-186; Burt 2001: 32-38). Der Widerspruch lässt sich auf der individuellen Ebene zumindest teilweise aufheben. Aus Sicht eines Akteurs ist es zunächst einmal förderlich, über viele Beziehungen, d.h. alternative Tauschpartner, zu verfügen (*network closure*). Diese Beziehungen sind dabei um so wertvoller, je mehr sie nicht nur Zugang zu alternativen Tauschpartnern sondern auch zu alternativen Ressourcen ermöglichen (*structural holes*).

Der Netzwerkeffekt lässt sich analytisch in einen relationalen und ein strukturellen Effekt zerlegen.[24] Diese haben sowohl getrennt als auch in Kombination Auswirkungen auf das Handeln der Akteure sowie auf die Bildung Sozialen Kapitals. Da der relationale und der strukturelle Netzwerkeffekt die Bildung von Sozialem Kapital auf verschiedene Weise beeinflussen, wird die Wirkung der beiden Effekte im folgenden erläutert.[25]

Der *relationale* Effekt der Einbettung resultiert aus der direkten dyadischen Beziehung zwischen zwei Akteuren (vgl. Granovetter 1992: 34-35). Eine Tauschbeziehung ist *embedded*, sobald die Tauschpartner neben den Preis- und Mengeninformationen, welche die Tauschleistungen im engeren Sinne betreffen, nichtökonomische Informationen über den jeweiligen Gegenüber erlangen. Diese Informationen verdichten sich im Zuge wiederholter Transaktionen und führen dazu, dass Verhaltenserwartungen und Vertrauen zwischen den Tauschpartnern entstehen (vgl. Granovetter 1992: 42; Uzzi 1996: 676; Brass et al. 1998: 17; Buskens 1999: 11-12). Die Herausbildung von Vertrauen kann dabei, wie Axelrod (1981, 1987) gezeigt hat, auch zwischen rationalen Egoisten entstehen. Am Beispiel des iterativen Gefangenendilemmas wird verdeutlicht, dass sich die kooperative Strategie, im Gegensatz zum nichtwiederholten Spiel, als Gleichgewichtslösung erweist, sofern der Wert zukünftiger Transaktionen von beiden Spielern hoch genug eingeschätzt wird, d.h. der Diskontsatz hinreichend gering ist. Der Barwert, den die Akteure aus den zukünftigen Transaktionen ziehen, muss positiv sein. Dieser "*Schatten der Zukunft*" veranlasst die Akteure zu kooperativem Verhalten

---

[24] In der Literatur werden teilweise abweichende Bezeichnungen für die beiden Effekte verwendet. Buskens (1999: 5) beispielsweise unterscheidet zwischen "*temporal embeddedness*" und "*network embeddedness*".
[25] Granovetters Unterscheidung von struktureller und relationaler Einbettung wurde von Nahapiet/Ghoshal 1998: 243-244) auf Soziales Kapital übertragen. Sogenanntes "Relationales" Soziales Kapital bezieht sich auf die Mikroebene (Akteure) während "strukturelles" Soziales Kapital sich auf die Makroebene (Gesamtsystem) bezieht. Daneben wird eine "kognitive" Dimension vorgeschlagen, die gemeinsame Werthaltungen und Interpretationsmuster beinhaltet. Diese lässt sich jedoch grundsätzlich auf die relationale und strukturelle Einbettung zurückführen, so dass sie hier nicht als eigenständige Dimension aufgefasst wird (vgl. Esser 2000: 239-241, 265).

(vgl. Axelrod 1981: 308, 311). Insofern hat der relationale Effekt positive Auswirkungen auf das Problem opportunistischen Verhaltens. Akteure, die eine Vielzahl von intensiven direkten Beziehungen pflegen, können daraus Soziales Kapital bilden, da sie aufgrund von Vertrauen niedrigere Transaktionskosten beim Tausch aufwenden müssen sowie Zugang zu wichtigen Informationen haben. Dies ist die Dimension Sozialen Kapitals, die insbesondere Coleman (1988: S104) hervorgehoben hat (vgl. Burt 2001: 37). In Abbildung 2-1 sind beispielsweise die Akteure innerhalb der Gruppe C über viele direkte und intensive Beziehungen (*strong ties*) verbunden und verfügen daher über Soziales Kapital. Die *strong ties* sind durch dicke Verbindungslinien gekennzeichnet.

Vertrauen ist ein effizienter Koordinationsmechanismus, da er ermöglicht, Transaktionskosten einzusparen (vgl. Arrow 1974: 23). Dadurch ist es in Netzwerken möglich, weitgehend unspezifische Güter zu tauschen, bei denen Leistung und Gegenleistung zeitlich weit auseinander liegen (Powell 1996: 225-226). Werden unspezifische Leistungen hingegen auf Märkten getauscht, entstehen sehr hohe Verhandlungs- und Kontrollkosten. Durch Vertrauen werden die mit der Transaktion verbundenen Verhaltensunsicherheiten in Netzwerken reduziert, so dass die entsprechenden Aufwendungen geringer ausfallen als auf Märkten (vgl. Uzzi 1996: 678; Dyer/Singh 1998: 669-670). Vertrauen, welches alleine durch die Einbettung in dyadische Beziehungen entsteht, ist allerdings sehr labil, sofern eine hinreichend große Anzahl alternativer Tauschpartner vorliegt. Bestehen daneben keine über rein ökonomische Nutzenerwägungen hinausgehende soziale Beziehungen, denen ein eigener Wert beigemessen wird, ist die Gefahr nicht-kooperativen Verhaltens sehr hoch. In diesem Fall wird der Wert zukünftiger Transaktionen gering ausfallen, bzw. der aus einer Defektion entstehende Verlust, so dass kein Anreiz zur Kooperation besteht (vgl. Henning 2000a: 121). Der strukturelle Effekt der Eingebundenheit kann jedoch bewirken, dass auch in diesem Fall niedrige Transaktionskosten anfallen.

Der *strukturelle* Effekt der Einbettung ergibt sich aus der Gesamtheit der Beziehungen im Netzwerk und hat einen indirekten Einfluss auf das Handeln der Akteure (vgl. Granovetter 1992: 35). Da nicht nur isolierte dyadische Tauschbeziehungen eines Egos zu verschiedenen Alteri vorliegen, sondern die Alteri möglicherweise untereinander ebenfalls verbunden sind, weisen Netzwerke eine hohe Informationseffizienz auf. Das bedeutet, dass generell Informationen schnell im Netzwerk kommuniziert werden. Dies schließt auch Informationen über nicht-kooperatives Verhalten von Akteuren ein, welches zu Reputationsverlusten derselben führt. So würde beispielsweise ein nicht-kooperatives Verhalten von Akteur C2 gegenüber Akteur C1 unmittelbar den Akteuren C3, C4, C5 und B1 bekannt werden, da diese direkt mit C1 verbunden sind (vgl. Abbildung 2-1). In Verbindung mit der Möglichkeit kollektiver Bestrafung können so auch die indirekten Beziehungen Erwartungssicherheit schaffen und somit Transaktionskosten senken (vgl. Coleman 1988: S105-S108; Granovetter 1992: 44; Jones et al. 1997: 931-933; Brass et al. 1998: 19-20; Buskens 1999: 18-19). Konkret lässt sich vorstellen, dass über den Reputationseffekt die Chancen eines defektierenden Akteurs sinken, in Zukunft Tauschpartner zu finden, oder dass dieser erhöhte Transaktionskosten in Form von Sicherungsleistungen aufwenden muss, um tauschen zu können. Auch das Soziale Kapital in Form einer hohen Informationseffizienz sowie der Möglichkeit kollektiver Bestrafung, welches sich aus dem strukturellen Effekt ergibt, spielt bei Coleman (1988) eine wichtige Rolle.

Neben dem positiven Effekt, den die strukturelle Einbettung auf die Kooperationsbereitschaft der Akteure, d.h. auf Kontroll- und Überwachungskosten ausübt, werden auch Transaktionskosten in Form von Informations- und Koordinationskosten gesenkt. Die Qualität von Information wird in eingebetteten Tauschbeziehungen tendenziell erhöht, da sowohl eine präzisere Abstimmung im Hinblick auf die Informationserfordernisse der Transaktionspartner ermöglicht wird, als auch von einer höheren Zuverlässigkeit hinsichtlich der Glaubwürdigkeit der Information auszugehen ist (vgl. Uzzi 1996: 678, 1997: 45-47; Tsai 2000: 928). Die Einbettung in Netzwerke führt insgesamt zu einer effizienteren Informationsverarbeitung, da qualitativ hochwertige Informationen schnell fließen können (vgl. Dyer/Singh 1998: 664-665). Die positive Wirkung der strukturellen Einbettung wurde daher vor allem in Studien über Branchen untersucht, in denen Information und Know-how einen besonders kritischen Erfolgsfaktor darstellen. Powell et al. (1996) zeigen dies beispielweise für interorganisatorische Netzwerke in der Biotechnologie. Auch für intraorganisatorische Netzwerke in Unternehmen wurde die Bedeutung der strukturellen Einbettung für den Informationsfluss zwischen den Organisationseinheiten hervorgehoben (vgl. Gupta/Govindarajan 1991; Ibarra 1993; Hansen 1999; Tsai 2000, 2001).

Ebenfalls koordinationskostensenkend wirkt sich die Entstehung gemeinsamer Werte- und Verhaltensnormen aus, die sich aus der strukturellen Einbettung der Akteure ergeben kann. Auch dieser Aspekt Sozialen Kapitals wird von Coleman (1990: 303, 315) hervorgehoben. Vorraussetzung für die Existenz einer solchen "Makrokultur" ist, dass eine hohe Netzwerkdichte vorliegt, d.h. dass möglichst viele Akteure über möglichst viele *strong ties* miteinander verbunden sind (vgl. Granovetter 1985: 35, 1973: 1361). In Ergänzung zu der bereits im Zusammenhang mit dem relationalen Effekt erläuterten Erwartungssicherheit kann eine gemeinsame Problemsicht, die innerhalb einer Makrokultur entsteht, die Koordinationskosten verringern. So müssen beispielsweise grundsätzliche Verhaltensregeln nicht vertraglich geregelt und vor jeder Transaktion neu verhandelt werden (vgl. Jones et al. 1997: 929-931; Tsai/Ghoshal 1998: 465).

Unter bestimmten Umständen kann sich der Netzwerkeffekt auch negativ auf die Effizienz der Transaktion auswirken. Dies gilt sowohl für das gesamte Netzwerk als auch insbesondere für einzelne Akteure, die wenig in das Netzwerk eingebunden sind, d.h. mangelnden Zugang zu potentiellen Tauschpartnern aufweisen.

Auf der Ebene des Gesamtnetzwerkes aber auch des einzelnen Akteurs können hohe Netzwerkdichten zu einer *overembeddedness* führen. Das bedeutet, dass die Akteure fast ausschließlich über interne *strong-ties* verbunden sind. In diesem Fall wird zwar intern viel Information getauscht und eine multilaterale Anpassung vollzogen, eine autonome Anpassung an netzwerkexterne Umweltanforderungen findet jedoch nur unvollständig und zögerlich statt, da neue (externe) Informationen nur schwer in das Netzwerk aufgenommen werden können (vgl. Uzzi 1997: 57-59; Hansen 1999: 86; Gargiulo/Benassi 1999). In Abbildung 2-1 sind beispielsweise die Akteure innerhalb der Gruppen (A,B,C) jeweils über *strong ties* miteinander verbunden. Verbindungen zwischen den Gruppen können jedoch nur über *weak-ties* (dünne Linien in der Abbildung) mittels Akteur B1 hergestellt werden. Während *strong-ties* eher die Bildung von Vertrauen sowie die gegenseitige Koordination ermöglichen, schaffen *weak-ties*, d.h. wenig intensive unregelmäßige Beziehungen zu netzwerkexternen Akteuren, Zugang zu neuen Informationen (vgl. Granovetter 1973, 1983: 209-210; Dollinger 1984; Friedkin 1982: 283-285; Krackhardt 1992a: 216-219). *Overembeddedness* liegt also vor, wenn ein Akteur zwar viele starke Beziehungen innerhalb des Netzwerks unterhält, diese jedoch nur Zugang zu redundanten Informationen verschaffen. Die Investitionen zum Aufbau und Unterhalt der einzelnen Beziehungen sind hier schlecht angelegt. Gilt dies für sämtliche Akteure, kann auch auf der Ebene des Gesamtnetzwerkes von *overembeddedness* gesprochen werden.

Nicht nur auf das Informations- und Koordinationsproblem kann sich der Netzwerkeffekt negativ auswirken, sondern auch hinsichtlich der Problematik opportunistischen Verhaltens. Die strukturelle Einbettung schafft, wie bereits erläutert, eine Basis für das Entstehen von Vertrauen zwischen den Akteuren. Im Rahmen dieser Beziehungen werden nun auch, im Gegensatz zu Markttransaktionen im idealtypischen Sinn, vertrauliche Informationen ausgetauscht. Durch die Preisgabe vertraulicher Informationen werden die Akteure verwundbarer. Dies bedeutet, dass ein nicht-kooperatives Verhalten der Tauschpartner unter Ausnutzung der Information gravierendere Folgen zeitigen würde, als ein nicht-kooperatives Verhalten seitens eines anonymen Tauschpartners auf Märkten (vgl. Granovetter 1985: 491-493).

Einen sowohl positiven als auch negativen Effekt auf die Transaktionskosten haben die durch die Netzwerkstrukturen geschaffenen Zugangsbarrieren. Bezogen auf die Koordination der Aktivitäten der eingebetteten Akteure wirken Zugangsbarrieren kostensenkend, da nur eine begrenzte Anzahl von Aktivitäten aufeinander abgestimmt werden muss. Daneben ist eine geringe Anzahl an Tauschpartnern für die Bildung von Vertrauen förderlich und wirkt sich somit ebenfalls positiv auf das Motivationsproblem aus (vgl. Jones et al. 1997: 927-929). Gleichzeitig gehen die Zugangsbarrieren für nicht am Tausch beteiligte, d.h. wenig eingebettete Akteure mit hohen Transaktionskosten einher. Diese haben es aufgrund mangelnden Vertrauens schwer, Zugang zu den eingebetteten Akteuren zu finden (vgl. Powell 1996: 226-227). Um die Zugangsbarrieren zu überwinden, können Broker eingeschaltet werden, welche die strukturellen Löcher im Netzwerk überbrücken (vgl. Uzzi 1996: 679; Brass et al 1998:

21). Das Konzept des Sozialen Kapitals von Burt (1992, 2001: 35-37) basiert auf dieser Mittlerrolle von Akteuren, die von ihrer Position im Netzwerk profitieren.[26]

Zusammenfassend lässt sich der Netzwerkeffekt, der in Folge der strukturellen Einbettung der Akteure in Beziehungsnetzwerke entsteht, als transaktionskostensenkend bezeichnen. Dies gilt sowohl in Bezug auf Koordinations- als auch Motivationsprobleme. Akteure, die stark in die Netzwerke eingebettet sind, profitieren grundsätzlich von ihrer Position, die mit niedrigen Transaktionskosten einhergeht, d.h. sie verfügen über Soziales Kapital. Wenig eingebundene oder gar isolierte Akteure müssen hingegen hohe Kosten aufwenden, um tauschen zu können. In bestimmten Fällen kann sich der Netzwerkeffekt auch negativ auf Koordinations- und Motivationsprobleme auswirken. In diesem Fall liegt eine *overembeddedness* vor.

Der Netzwerkeffekt wurde, wie schon angedeutet, deshalb ausführlich besprochen, da dieser nicht nur in Organisationsformen wirkt, die der diskreten Strukturalternative Netzwerk ähneln, sondern jegliches soziale und ökonomische Handeln durch die strukturelle Einbettung beeinflusst wird. Insofern lassen sich, wie im folgenden Abschnitt ausgeführt wird, sowohl marktähnliche Arrangements als auch hierarchische Lösungen als Netzwerk auffassen.

2.2.2 Märkte und Hierarchien als Netzwerke

Grundsätzlich lassen sich alle Formen ökonomischen und sozialen Tauschs als Netzwerk beschreiben, in dem die Einheiten die Knoten des Netzwerkes und die zwischen diesen bestehenden Beziehungen die Kanten des Netzwerkes darstellten (vgl. Nohria 1992: 4-6; Kappelhoff 2000a: 26). Auch Märkte sind nach diesem Verständnis Netzwerke, mit den Marktteilnehmern als Knoten und den Transaktionen als Beziehungen zwischen denselben. Auf dem anderen Extrempol stellen die Weisungsverhältnisse in Hierarchien die Beziehung zwischen den Einheiten dar, so dass sich auch letztere als Netzwerk auffassen lassen (vgl. Abschnitt 2.4.2). Märkte und Hierarchien lassen sich aber nicht nur formal als Netzwerk abbilden. Die Betrachtung aller Organisationsformen ökonomischen Tauschs aus einer Netzwerkperspektive macht aus zwei Gründen auch theoretisch Sinn.

Erstens sind die Kategorien Markt und Hierarchien für die Erfassung realer Phänomene wenig hilfreich, da beide Strukturalternativen in ihrer Reinform in der Realität nicht vorkommen: "There are strong elements of markets within hierarchies. On the other hand, markets have strong elements of hierarchy within them. The distinction between markets and hierarchies is greatly overdrawn" (Perrow 1986: 255). Die weisungsbezogene Koordination in Hierarchien wird häufig durch den Einbezug marktlicher Elemente ergänzt, um eine höhere

---

[26] Krackhardt (1999) hat darauf hingewiesen, dass die Mittlerposition nicht immer zum Vorteil für den Broker sein muss. Basierend auf der Triadenanalyse von Simmel (1950) zeigt Krackhardt, dass die Mittlerposition von Akteur A zwischen zwei jeweils durch *strong ties* (*simmelian ties*) verbundenen Triaden (Cliquen) b und c für diesen zu einer Belastung anstatt einer Quelle Sozialen Kapitals werden kann. Dies ist der Fall, wenn Akteur A gleichzeitig Mitglied in beiden Cliquen ist und in den beiden Cliquen widersprüchliche Verhaltenserwartungen und Normen bestehen. Akteur A unterliegt gleichzeitig zwei Beschränkungen bezüglich seiner Handlungsfreiheit, die sich auch noch gegenseitig ausschließen (vgl. Krackhardt 1999: 189-191).

autonome Anpassungsfähigkeit sowie Anreize zu schaffen (vgl. Hennart 1993: 165, 172-173). Als Beispiel seien Transfer- und Verrechnungspreissysteme in Unternehmen genannt, durch welche unternehmensinterne Märkte geschaffen werden (vgl. Bradach/Eccles 1989: 101-102).[27] Umgekehrt enthalten auch marktliche Austauschbeziehungen hierarchische Elemente. Die Beziehungen zwischen Automobilherstellern und Zulieferungsbetrieben werden oft als Beispiel genannt. Diese eigentlich marktlichen Beziehungen weisen eine Reihe hierarchischer Steuerungselemente auf, die eine höhere multilaterale Anpassungsfähigkeit der Akteure bewirken sollen. So werden in der Regel langfristige Verträge mit einem großen Regelungsumfang geschlossen. Mitunter reicht dies bis hin zur interorganisatorischen Verknüpfung von Wertketten, z.B. in Form integrierter Logistiksysteme von Herstellern und Zulieferbetrieben (vgl. Semmelinger 1993: 317-322; Meyer, 1994: 222-226).

Was die Ebene empirisch beobachtbarer Phänomene angeht, lässt sich festhalten, dass die idealtypischen Organisationsformen Markt und Hierarchie in der Realität nicht vorkommen. Märkte enthalten hierarchische Elemente und Hierarchien enthalten marktliche Elemente, so dass ausschließlich Mischformen, d.h. Netzwerke vorliegen. Perrow (1986: 255) hat diesen Sachverhalt anschaulich anhand eines Fußballs beschrieben. Märkte und Hierarchien bilden die Pole der Kugel mit den Mischformen auf der Achse zwischen diesen. Das Volumen des Balls über den einzelnen Punkten entspricht der empirischen Häufigkeit der jeweiligen Mischform. An den Polen beträgt das Volumen null.

Zweitens, dies wurde bereits im vorherigen Abschnitt erwähnt, sind ökonomischer und sozialer Tausch immer in soziostrukturelle Kontexte eingebunden (vgl. Powell 1996: 219). Die als Netzwerkeffekt bezeichnete Wirkung der strukturellen Einbettung lässt sich selbst bei Organisationsformen beobachten, die der diskreten Strukturalternative des Marktes sehr nahe kommen. So hat Baker (1984) herausgefunden, dass die strukturelle Einbettung der Händler sogar die Preisbildung auf Wertpapierbörsen beeinflusst. Es konnte u.a. ein Zusammenhang zwischen Netzwerkdichten und der Volatilität von Optionspreisen festgestellt werden.[28] Eine neuere Studie hat gezeigt, wie die Zahlungsmoral von Geschäftspartnern positiv durch die soziale Einbettung beeinflusst wird (vgl. Abraham 2001). Andererseits lässt sich der Netzwerkeffekt auch in Arrangements beobachten, die näher an dem hierarchischen Idealtyp angesiedelt sind. Die bereits erwähnte *weak tie*-Hypothese von Granovetter beispielsweise, wonach über schwache und unregelmäßige Beziehungen eher neuartige Informationen erhältlich sind als durch *strong ties*, wurde von Hansen für den Wissenstransfer zwischen den Abteilungen eines großen Elektronikkonzerns untersucht. Wesentliches Ergebnis der Studie war, dass die *weak ties* zwar schnelleren Zugang zu Information verschaffen, komplexes *know how* jedoch langsamer transferiert wird als über *strong-ties* (vgl. Hansen 1999).

---

[27] Transfer- und Verrechnungspreise können dabei sowohl zur Verringerung des Koordinationsproblems als auch des Motivationsproblems eingesetzt werden (vgl. Eccles 1985; Freese 1995; Ossadnik 1996; Perlitz et al. 1999).
[28] Zum Konzept der Dichte vgl. Abschnitt 5.1.1

Als Fazit ist festzuhalten, dass alle Formen ökonomischen und sozialen Tauschs als Netzwerk abgebildet und analysiert werden können, da der Tausch grundsätzlich vom Netzwerkeffekt beeinflusst wird. Die strukturelle Einbettung hat Auswirkungen auf die Koordination der einzelnen Aktivitäten, auf die Qualität und Quantität der zur Verfügung stehenden Information sowie auf das Motivationsproblem. Somit spielt die strukturelle Einbettung der Organisationseinheiten auch bei der Steuerung von internationalen Unternehmen eine Rolle.

Unternehmen werden hier noch aus einem weiteren Grund als Netzwerk betrachtet. In der Literatur, die sich mit der Steuerung und Organisation von internationalen Unternehmen befasst, lässt sich eine Vielzahl von Beiträgen finden, die fordern, dass sich diese "netzwerkartig" organisieren sollen. Dies gilt besonders für Unternehmen, die sich mit dem Spannungsfeld von hohen Lokalisierungserfordernissen und hohen Globalisierungserfordernissen konfrontiert sehen. Im empirischen Teil dieser Arbeit werden die qualitativen und teilweise metaphorischen Aussagen dieser Ansätze bezüglich der Struktur sowie des Ausmaßes des mit derselben einhergehenden Netzwerkeffektes operationalisiert und überprüft. In den nächsten Abschnitten werden dazu die Gemeinsamkeiten dieser Arbeiten im Hinblick auf Aussagen zur (idealen) Organisationsstruktur internationaler Unternehmen herausgearbeitet.

2.3 Netzwerke als Organisationsform internationaler Unternehmen

Die für die bisherigen Ausführungen zu Netzwerken als Organisationsform herangezogene Literatur geht primär von interorganisatorischen Netzwerken, d.h. den Verbindungen zwischen rechtlich und wirtschaftlich unabhängigen Unternehmen aus. Während einige Autoren auch die Netzwerke internationaler Unternehmen als interorganisatorische Verbindungen bezeichnen (vgl. Ghoshal/Bartlett 1990: 604; Bartlett/Ghoshal 1993: 79), wird hier mit Böttcher (1996: 125-126) die Auffassung vertreten, dass internationale Unternehmen intraorganisatorische Netzwerke darstellen. Intra- und interorganisatorisch unterscheiden sich dabei in einem entscheidenden Punkt: Der Frage des Vorhandenseins von formalen hierarchischen Weisungsbeziehungen, die durch *Ownership Ties* zwischen den Einheiten begründet werden. Grundsätzlich sind alle Unternehmen, auch "netzwerkartige" Organisationen, was die formale Struktur betrifft, hierarchisch aufgebaut (vgl. Mirow/Aschenbach/Liebig 1996: 129). Auch in Unternehmen, bei denen die Entscheidungsbefugnisse weitgehend auf untere Hierarchieebenen verlagert (Dezentralisation) sowie Aufgaben und Kompetenzen an nachgelagerte Stellen zugewiesen werden (Delegation), besteht weiterhin die Möglichkeit der hierarchischen Weisung. Insofern stellt die dezentrale (vgl. Hirsch-Kreinsen 1995, 1998b) oder auch "föderalistische" Organisation (vgl. Himmel 1996) von Unternehmen nur eine spezifische Ausprägung der Hierarchie dar (vgl. Krüger 1985: 297-299). Es ist in diesem Zusammenhang unerheblich, ob und in welcher Form die Zentrale von ihrem Weisungsrecht Gebrauch macht. Das Vorhandensein der Option genügt als Abgrenzungskriterium.[29] Scharpf (1997: 197-199) hat diese Option bildlich als "Schatten der Hierarchie" bezeichnet. Im Gegensatz zu interorganisatorischen Netzwerken ist für die Koordination in internationalen Unternehmen davon auszugehen, dass hierarchische Weisungsbeziehungen nach wie vor eine Rolle spielen (vgl. Flecker/ Simsa 2001: 170-173).

Nach erfolgter Begriffsklärung wird in den nächsten Abschnitten auf die betriebswirtschaftliche Literatur eingegangen, welche sich mit der Organisation von internationalen Unternehmen befasst und sich dabei einer "Netzwerkterminologie" bedient. Zuvor wird kurz das Wettbewerbsumfeld skizziert, in dem die "netzwerkartig" organisierten Unternehmen agieren. Wichtigstes Merkmal ist hier das Spannungsfeld, das sich aus dem gleichzeitigen Vorliegen von sowohl hohen Erfordernissen hinsichtlich der Anpassung an lokale Besonderheiten als auch hohen Erfordernissen hinsichtlich der Erzielung weltweiter Synergie- und Skaleneffekte ergibt.

2.3.1 Strategie im Spannungsfeld zwischen Globalisierung und Lokalisierung

Der Begriff der Globalisierung war in jüngerer Zeit Gegenstand zahlloser Veröffentlichungen sowie kontroverser wissenschaftlicher Debatten.[30] Es geht hier nicht darum, diese nachzuzeichnen, sondern vielmehr die wesentlichen Anforderungen an internationale Unternehmen hervorzuheben, die sich aus dem Prozess der Globalisierung oder neutraler, der Internationalisierung der Märkte ergeben haben.[31] Aus Sicht internationaler Unternehmen ist das Phänomen der Globalisierung dadurch gekennzeichnet, dass sich die Märkte für Produkte, Dienstleistungen, Arbeit und Kapital zunehmend aus nationalen Kontexten lösen und daher der Wettbewerb nicht mehr innerhalb von einzelnen, national begrenzten Märkten stattfindet, sondern auf internationalen Märkten bzw. einem "Weltmarkt". In der Folge wird die Konkurrenzsituation verschärft, da nicht nur die Wettbewerber in den angestammten Absatzmärkten zu berücksichtigen sind, sondern weltweit sämtliche Anbieter von Konkurrenzprodukten (vgl. Snow et al. 1992: 7; Hirsch-Kreinsen 1995: 422). Ein zusätzlicher Wettbewerbsdruck entsteht durch die zunehmende Technologieintensivität der Produkte bei gleichzeitiger Verkürzung

---

[29] Krüger (1985: 293) definiert Hierarchie weitgefasst als Menge von Einheiten, zwischen denen Weisungsbeziehungen bestehen. Dieses Hierarchieverständnis umfasst auch dezentrale Organisationen.
[30] Die unscharfe Verwendung des Globalisierungsbegriffs wird am Beispiel der Versuche den Globalisierungsgrad zu messen besonders deutlich. Die Uneinigkeit bezüglich des zu operationalisierenden Konzeptes führt zu den unterschiedlichsten Indikatoren, die zur Messung herangezogen werden. Dies gilt sowohl für die Messung der Globalisierung von Wirtschaftssektoren und Branchen (vgl. Germann et al. 1999) als auch, wenn es darum geht, festzustellen, wie globalisiert einzelne Unternehmen sind (vgl. Sullivan 1994; Ietto-Gillies 1998; Hassel et al. 2000; Oesterle/Fisch 2000).
[31] Eine der wesentlichen Debatten dreht sich darum, ob die Globalisierung ein tatsächlich neuartiges Phänomen darstellt, da bereits zu Beginn des 20. Jahrhunderts ein sehr hoher Grad grenzüberschreitender ökonomischer Verflechtung zu beobachten war (vgl. Weiss 1998; Hirsch-Kreinsen 1998a: 17-18; Germann/Raab/Setzer 1999: 1-2). Ferner wird diskutiert, ob es sich bei den unter dem Globalisierungsbegriff zusammengefassten Entwicklungen nicht eher um eine Regionalisierung handelt, die sich auf die Triade Nordamerika, Westeuropa und Japan konzentrieren (vgl. Ruigrok/van Tulder 1995; Rugman 2000).

der Produktlebenszyklen. Dadurch wird es notwendig, in möglichst kurzer Zeit möglichst viele Produkte abzusetzen um Skalen- und Erfahrungskurveneffekte sowie Fixkostendegression zu realisieren. Diese Ziele werden im Rahmen sogenannter "globaler Strategien" erreicht, die darauf abzielen, die weltweiten Aktivitäten zu integrieren. Die Integration der Aktivitäten erfordert eine weitgehende Zentralisierung von Entscheidungsbefugnissen. Dadurch können die Ressourcen des Unternehmens effizient eingesetzt und Kosten gespart werden (Prahalad/ Doz 1987: 14-20, Bartlett/Ghoshal 1989: 5-7, Kutschker 1999: 20-22).

Das bereits erwähnte Spannungsfeld zwischen Globalisierung und Lokalisierung, mit dem sich internationale Unternehmen konfrontiert sehen, ergibt sich aus der Begebenheit, dass viele Unternehmen nicht nur hohen Globalisierungserfordernissen Rechnung tragen müssen, sondern gleichermaßen gezwungen sind, sich an lokale Besonderheiten in den bedienten Märkten anzupassen. Diese Besonderheiten können dabei sowohl kundenspezifisch sein, als auch durch rechtliche Regelungen oder technische Standards bedingt. Die Berücksichtigung lokaler Besonderheiten erfolgt im Rahmen einer sogenannten "multilokalen Strategie", bei der die organisatorischen Einheiten einen hohen Grad an Autonomie besitzen, um marktnah agieren und ein differenziertes Produkt- und Dienstleistungsportfolio anbieten zu können. Die multilokale Strategie geht mit einer weitgehenden Dezentralisierung von Entscheidungskompetenzen einher (vgl. Prahalad/Doz 1987: 20-21; Bartlett/Ghoshal 1989: 8-10; Hirsch-Kreinsen 1995: 422-423). Globale und multilokale Strategien verfolgen zwei sich in einem gewissen Maße ausschließende Ziele, da einerseits lokal ausgerichtete, autonome Einheiten differenzierte Leistungen erstellen sollen und andererseits eine weltweit koordinierte Nutzung der gemeinsamen Ressourcen notwendig ist (vgl. Bartlett/Ghoshal 1989: 58-59; Freese/Blies 1997: 295-296; Macharzina/Oesterle 1997: 631-634). Werden die beiden Ziele gleichzeitig verfolgt, so hat das betreffende Unternehmen eine sogenannte "transnationale Strategie" eingeschlagen. Da für eine steigende Anzahl von Branchen transnationale Wettbewerbsumfelder vorliegen, wird die transnationale Strategie für immer mehr Unternehmen relevant (vgl. Bartlett/Ghoshal 1989: 54; Osterloh/Weibel 1996: 130; Westney 1999: 61).

In Abbildung 2-2 werden die Internationalisierungsstrategien in Abhängigkeit von Globalisierungs- und Lokalisierungserfordernissen dargestellt. Das Globalisierungs-/Lokalisierungsschema geht ursprünglich auf Prahalad (1975) zurück. Die überwiegende Zahl der Typologien zu Internationalisierungsstrategien lässt sich auf dieses Schema zurückführen (vgl. Macharzina/Oesterle 1997: 631).

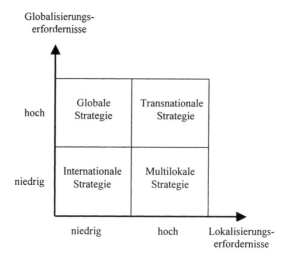

Abb. 2-2: Globalisierungs-/Lokalisierungsschema
Quelle: In Anlehnung an Prahalad/Doz (1987: 24-25); Meffert (1986: 65)

Eine netzwerkartige Organisation, so wird von den in Abschnitt 2.3.2 betrachteten Ansätzen argumentiert, ist besonders geeignet für Unternehmen, die in einem transnationalen Umfeld agieren (vgl. White/Poynter 1989b: 58-59; Bartlett/Ghoshal 1989: 57-59). Netzwerkunternehmen, so wird angenommen, sind in der Lage, gleichzeitig zwei konträre Ziele zu verfolgen: Die Anpassung an lokale Besonderheiten sowie die globale Integration der Aktivitäten. Hier lassen sich Parallelen zum Netzwerk als diskrete Strukturalternative erkennen (vgl. Abschnitt 2.1.2). Auch diese werden als geeignet erachtet, um gleichzeitig zwei konfliktäre Ziele zu erreichen: Die Koordination der Akteure im Hinblick auf ein übergeordnetes Ziel sowie eine weitgehende Autonomie der Einheiten, die eine flexible Anpassung an die Umwelterfordernisse ermöglicht.

Die Arbeiten zu netzwerkartigen internationalen Unternehmen verwenden teilweise explizit den Netzwerkbegriff, um die von ihnen beschriebene Organisationsform zu bezeichnen. Bartlett/Ghoshal (1989: 89-94) sprechen beispielsweise von *Integrated Networks*. Auch andere Ansätze wie die *Horizontal Organization* (vgl. White/Poynter 1990: 104-106) oder die *Heterarchical Organization* (vgl. Hedlund 1986: 20-27) fassen internationale Unternehmen als Netzwerke auf. Die verschiedenen Ansätze verwenden zwar eine zum Teil unterschiedliche Terminologie, hinsichtlich ihrer zentralen Aussagen über die Organisationsstruktur und die Koordination von Unternehmensnetzwerken lässt sich jedoch ein hoher Grad an Übereinstimmung feststellen (vgl. Böttcher 1996: 77-78). Diese Gemeinsamkeiten werden im nächsten Abschnitt herausgearbeitet. Ziel ist es insbesondere aufzuzeigen, dass in den "Netzwerkansätzen" neben den Aussagen bezüglich der Organisationsstruktur sowie der Koordinationsmechanismen indirekt auch Aussagen über das Ausmaß des Netzwerkeffektes getroffen werden. Dadurch sollen die stellenweise metaphorischen Konzepte der Ansätze exakter erfasst werden. Dies ist notwendig, um in Abschnitt 2.5 Hypothesen ableiten zu können, welche die zu erwartenden strukturellen Merkmale von Netzwerkorganisationen beinhalten. Die folgenden Ausführungen beschränken sich daher weitestgehend auf die Organisationsstrukturen von Unternehmensnetzwerken sowie die damit einhergehenden dominierenden Koordinationsmechanismen. Darüber hinausgehende Aspekte, wie beispielsweise die Auswahl geeigneter "*management tools*" (vgl. Prahalad/Doz 1987: 186-216) oder die Bedeutung der Unternehmensgeschichte für die Koordination des Unternehmens (vgl. Bartlett/Ghoshal 1989: 35-55), werden hier nicht näher beleuchtet.

2.3.2 Integriertes Netzwerk, polyzentrische Organisation und Heterarchie

Die Ansätze zur netzwerkartigen Organisation internationaler Unternehmen wurden unter dem Kriterium der Häufigkeit ihrer Verbreitung in der Literatur ausgewählt. Es wird also nicht der Anspruch erhoben eine vollständige Übersicht zu leisten. Besonders auf Arbeiten, die primär interorganisatorische Netzwerke untersuchen, wird nicht eingegangen. In diesem Zusammenhang ist vor allem der häufig rezipierte "schwedische Netzwerkansatz" zu nennen. (vgl. Kutschker 1985; Johanson/Mattsson 1987, 1994; Håkansson 1987).[32] Konkret werden die Arbeiten zu den *Integrated Networks* (vgl. Bartlett/Ghoshal 1989), der *Horizontal Organization* (vgl. White/Poynter 1989a/b, 1990), der *Heterarchical Organization* (vgl. Hedlund 1986), der *Ideal DMNC*[33] (vgl. Prahalad/Doz 1987), des *Internal Network* (vgl. Snow et al. 1992)[34] und der *Polyzentrischen Organisation* (vgl. Obring 1992) berücksichtigt.[35] Bei der Identifikation der Gemeinsamkeiten der Ansätze bezüglich der Organisationsstruktur und der Koordinationsmechanismen kann auf die Arbeiten von Böttcher (1996) und von Riedl (1999) zurückgegriffen werden. Diese haben bereits die Aufgabe übernommen, das terminologische und konzeptionelle Dickicht dieser Ansätze zu lichten, um Gemeinsamkeiten herauszuarbeiten. Im folgenden werden, wie schon im einleitenden Kapitel erwähnt, netzwerkartig organisierte Unternehmen als "Netzwerkunternehmen" bezeichnet, um diese von dem neutralen Begriff des Unternehmensnetzwerkes abzugrenzen.

---

[32] Einen umfassenden Überblick über diese Ansätze vermittelt die Arbeit von Renz (1998). Die sogenannte "schwedische Schule" ging im wesentlichen aus der internationalen *Industrial Marketing and Purchasing Group*, einer internationalen Forschergruppe, hervor, die sich mit interorganisatorischen Netzwerken im Investitionsgütermarketing beschäftigte (vgl. Kutschker/Schmid 1995: 7-8; Renz 1998: 68-69).
[33] Ideal DMNC = Ideal diversified multinational corporation (vgl. Prahalad/Doz 1987: 1).
[34] Der Ansatz von Miles/Snow/Coleman behandelt sowohl interorganisatorische als auch intraorganisatorische Netzwerke. Ausgangspunkt war das sogenannte *Dynamic Network* (vgl. Miles/Snow 1986: 64-66), welches ein aus vertikaler Disaggregation resultierendes, interorganisatorisches Netzwerk beschreibt. Diesem wurden später das *Internal Network* als intraorganisatorisches Netzwerk sowie das *Stable Network* als Mischform gegenübergestellt (vgl. Snow et al. 1992: 11-17).
[35] Die Arbeiten von Prahalad/Doz (1987), Bartlett/Ghoshal (1989) und Hedlund (1986) werden auch der sogenannten "*Process School of MNCs*" zugeordnet, welche im wesentlichen auf dem Globalisierungs-/ Lokalisierungsschema aufbaut und eher an "praxisnahen" Konzepten als an theoretisch stringenten Modellen interessiert ist (vgl. Melin 1992: 107, 110).

Eine erste Gemeinsamkeit der Beiträge liegt in ihrem Fokus auf den organisatorischen Voraussetzungen, die gegeben sein müssen, um transnationale Strategien implementieren zu können. Das bedeutet, der Strategieinhalt wird grundsätzlich als gegebene Notwendigkeit vorausgesetzt. Die Schaffung einer angemessenen Organisationsstruktur stellt demnach den Engpass bei der erfolgreichen Umsetzung transnationaler Strategien dar (vgl. White/Poynter 1989a: 86; Kogut 1987: 387; Bartlett/Ghoshal 1989: 29-30; Böttcher 1996: 77).

Die weitest gehende Gemeinsamkeit der Ansätze liegt in der Betrachtung internationaler Unternehmen als intraorganisatorische Netzwerke. Die Einheiten (Knoten) des Netzwerkes sind korporative Akteure (Divisionen, Tochtergesellschaften). Die Beziehungen zwischen den Einheiten reichen vom Austausch von Gütern, Dienstleistungen sowie begleitenden finanziellen Strömen bis hin zum Tausch von Information und Unterstützung (vgl. Bartlett/Ghoshal 1989: 61; Gupta/Govindarajan 1991: 770). Der Schwerpunkt der Betrachtung liegt auf Tauschgütern wie Information und *know how* (vgl. White/Poynter 1990: 103-104; Ghoshal/ Bartlett 1990: 606). Die strukturelle Einbettung von einzelnen organisatorischen Einheiten in Beziehungsnetzwerke wird deshalb hervorgehoben, da sich hier die hohe Interdependenz der Akteure in Netzwerkunternehmen manifestiert. Tochterunternehmen und andere organisatorische Einheiten sind nicht einseitig von der Unternehmenszentrale abhängig. Die Tochterunternehmen sind ebenso gegenseitig aufeinander angewiesen, wie auch die Zentrale für die unternehmensweite Koordination von den Ressourcen dieser Einheiten abhängt (vgl. Bartlett/ Ghoshal 1989: 92-94; Böttcher 1996: 147-148; Westney 1999: 57-58).

Die dezentrale Ressourcenallokation wird ebenfalls als charakteristisches Merkmal von Netzwerkunternehmen genannt. Aufgrund der weitgehenden Delegation von Kompetenzen auf dezentrale Unternehmenseinheiten (z.B. Tochtergesellschaften) kommt es zur Herausbildung von mehreren Entscheidungszentren (vgl. Hedlund 1986: 21-22) Die Delegation von Entscheidungskompetenzen ist notwendig, um eine schnelle Anpassung an lokale Besonderheiten zu ermöglichen. Netzwerkunternehmen stellen Marktnähe durch Dezentralisierung her. Dies entspricht der autonomen Anpassungsfähigkeit, die dem Netzwerk als diskrete Strukturalternative zugeschrieben wird. Die Existenz mehrgipfeliger Führungsstrukturen, die Obring (1992: 3, 109-110) auch als "polyzentrische" Strukturen bezeichnet, beruht aber nicht nur auf der formalen Delegation von Kompetenzen. Sie ist darüber hinaus in der Begebenheit begründet, dass steuerungsrelevante Ressourcen wie Informationen nicht mehr ausschließlich in der Zentrale gebündelt sind, sondern originär von den unterschiedlichen Einheiten im Unternehmen generiert werden (vgl. Bartlett/Ghoshal 1989: 89-90).[36] Dabei können die einzel-

---

[36] Der Begriff des "Polyzentrismus" taucht im Zusammenhang mit internationalen Unternehmen bereits in Perlmutters Typologie von Führungskonzepten auf (vgl. Perlmutter 1969; Heenan/Perlmutter 1979). Dabei wurden auch Aussagen über die Organisationsstruktur und die Muster des Informationsflusses in unterschiedlichen Typen von internationalen Unternehmen getroffen. Interessanterweise weist das als "geozentrisch" bezeichnete Führungskonzept Perlmutters einen hohen Grad an Übereinstimmung mit den Eigenschaften von "Netzwerkorganisationen" in den hier besprochenen neueren Ansätzen auf.

nen organisatorischen Teileinheiten aufgrund ihrer Ressourcen unterschiedliche Rollen im Unternehmensverbund einnehmen. So kann beispielsweise eine Tochtergesellschaft, die eigene Forschungs- und Entwicklungstätigkeiten auf einem bestimmten Gebiet leistet, auf diesem Gebiet eine strategische Führungsrolle für das gesamte Unternehmen ausüben, während andere Gesellschaften eher mit der Implementierung von Strategien betraut sind (vgl. Bartlett/ Ghoshal 1989: 105-113).[37]

Was die Koordination des gesamten Netzwerkes betrifft, erweist sich die hierarchische Steuerung durch die Zentrale aufgrund der dezentralen Allokation steuerungsrelevanter Ressourcen sowie der Organisationsgröße und Komplexität als wenig geeignet (vgl. Ghoshal/ Bartlett 1990: 607). Die Steuerung von Netzwerkunternehmen vollzieht sich im Rahmen von Verhandlungsprozessen zwischen der Zentrale und den organisatorischen Einheiten. Dominierender Koordinationsmechanismus ist einerseits die Verhandlung (vgl. Obring 1992: 253-254, 264), andererseits wird postuliert, dass die Ausprägung einer starken Unternehmenskultur, verstanden als ein gemeinsam von allen Einheiten getragenes Wertgerüst, eine Art "Selbststeuerung" derselben ermöglicht und kooperatives Verhalten der Einheiten sicherstellt (vgl. Hedlund 1986: 24; Bartlett/Ghoshal 1989: 176-195; White/Poynter: 1990: 106-107). Verhandlung und Kultur sind dabei komplementäre Elemente der Koordination.

Auch in Bezug auf das Netzwerk als diskrete Strukturalternative wurde die Verhandlung als Koordinationsmechanismus genannt (vgl. Mayntz 1992: 25, 1993: 45; Hild 1997: 97; Wilkesman 1993: 52-55). Verhandlungen sind geeignet, da sie einerseits die multilaterale Koordination der interdependenten Akteure im Hinblick auf ein gemeinsames Ziel, gleichzeitig aber auch die Berücksichtigung der akteursspezifischen Interessen ermöglichen (vgl. Gotsch 1987: 38-39). Allerdings ist auch für die Verhandlung in Netzwerken Vertrauen eine notwendige Voraussetzung, da nur so opportunistisches Verhalten, das weder durch den Preismechanismus noch durch die hierarchische Kontrolle vermieden wird, begrenzt werden kann. Bei mangelndem Vertrauen käme das "Verhandlungsdilemma", welches sich aus dem Spannungsverhältnis zwischen kompetitiven und kooperativen Verhalten ergibt, voll zum tragen (vgl. Lax/Sebenius 1986: 38-41; Scharpf 1993: 65-66). Dieses Vertrauen, so wurde in Abschnitt 2.2.3 argumentiert, ist eine Folge des Netzwerkeffektes und entsteht im Rahmen der Einbettung in Beziehungsnetzwerke. In den betriebswirtschaftlichen Ansätzen zu Netzwerkunternehmen wird dies unterstrichen. Demnach wird die Schaffung und der Erhalt einer *"strong business culture"* wesentlich durch die Pflege sozialer Beziehungen zwischen den

---

[37] In der Managementliteratur wurde eine Reihe von Typologien entwickelt, die den einzelnen Tochterunternehmen internationaler Unternehmen verschiedene Rollen zuordnen, die diese im Gesamtunternehmen spielen. Die Zuordnung zu den Rollen erfolgt dabei anhand jeweils unterschiedlicher Kriterien, wie dem Grad der Lokalisierungs- und Globalisierungserfordernisse oder dem Grad der Entscheidungsautonomie, den die betreffenden Tochtergesellschaften besitzen. Gupta/Govindarajan (1991, 1994) beispielsweise nehmen die Einteilung anhand der strukturellen Einbettung der Gesellschaften in die Informationsnetze des Unternehmens vor. Für einen Überblick über die verschiedenen Ansätze sei auf die Arbeiten von Schmid et al. (1998) und Rank (2000) verwiesen.

Managern unterstützt (vgl. Hedlund 1986: 24; White/Poynter 1989b: 59-60; Bartlett/Ghoshal 1989: 175-195; DiMaggio 1992: 133-137; Andrews et al. 1999: 221-225).[38]

Die Grundvoraussetzung für das Zustandekommen von Verhandlungen ist, dass eine Verhandlungsmasse besteht, d.h. die Verhandlungspartner über Ressourcen verfügen, die zum einen für den Gegenüber von Bedeutung, zum anderen für diesen nicht kostenlos erhältlich sind. Auch unter diesem Aspekt entsprechen Netzwerkunternehmen dem Netzwerk als diskrete Strukturalternative. In der idealtypischen Hierarchie haben, wie in Abschnitt 2.1.1 erläutert, die Mitarbeiter im Tausch gegen ihr Gehalt eine *area of acceptance* bereitgestellt. Die im Rahmen der Tätigkeit erworbenen Ressourcen, wie Information, stellen Mitarbeiter in Hierarchien daher kostenlos zur Verfügung. Für die organisatorischen Einheiten internationaler Unternehmen würde dies bedeuten, dass die Ressourcen nicht eingetauscht, sondern unentgeltlich an die Zentrale geliefert werden. Dies ist gerade nicht der Fall, wenn Verhandlungen einen bedeutenden Koordinationsmechanismus darstellen. Die dezentralen Einheiten verlangen hier für ihre Ressourcen einen Preis. Das Einflusspotential derselben basiert beispielsweise auf der Möglichkeit, Information zurückzuhalten oder zu verfälschen. Je kritischer die entsprechende Ressource für die Zentrale ist, desto höher wird der Preis ausfallen.

Die Ansätze zu den Netzwerkunternehmen weisen noch eine weitere Gemeinsamkeit auf, welche die Organisationsstruktur internationaler Unternehmen betrifft. Um der hohen Umweltdynamik transnationaler Wettbewerbsumfelder in Form schneller und kostengünstiger Anpassung gerecht zu werden, ist eine hohe Flexibilität der Organisationsstrukturen erforderlich. Diese "*organizational capability*" kann durch die Schaffung einer angemessenen formalen Organisationsstruktur nicht hinreichend hergestellt werden. Formale Strukturen werden als zu starr erachtet, um die erforderliche Flexibilität zu gewährleisten (vgl. Hedlund/ Rolander 1990: 20; White/Poynter 1990: 96-99; Rall 1997: 668-669). Wenn in den genannten Ansätzen von Netzwerkstrukturen die Rede ist, sind daher primär informelle Strukturen in Form von Informationsflüssen und persönlichen Beziehungen Gegenstand der Betrachtung (vgl. Bartlett /Ghoshal 1989: 32-33; Bovasso 1992: 87; Ghoshal/Nohria 1993: 27).

Flexibilität wird im wesentlichen durch eine hohe Informationsverarbeitungskapazität erreicht. Eine hohe Informationsverarbeitungskapazität wird durch den ungehinderten Fluss steuerungsrelevanter Ressourcen im Unternehmen ermöglicht. Informationen über unternehmensinterne und -externe Veränderungen können so schnell an die betreffenden Einheiten kommuniziert werden. Transaktionskosten, die den Tausch von Ressourcen erschweren, müssen möglichst gering gehalten werden. Wie in Abschnitt 2.2 in Bezug auf den Netzwerkeffekt erläutert, ist dies der Fall, wenn eine starke strukturelle Einbettung sämtlicher Akteure in die

---

[38] Es ist jedoch umstritten ob eine starke Unternehmenskultur in internationalen Unternehmen tatsächlich eine so bedeutsame Rolle bei der Koordination der weltweiten Aktivitäten spielen kann. Dies ist insbesondere dann fraglich, wenn ein Unternehmen in sehr unterschiedlichen nationalen Kulturkreisen agiert (vgl. Hofstede 1985; Riedl 1999: 53-55).

Netzwerke des Ressourcentauschs besteht, d.h. insbesondere keine Barrieren in Form von Zugangsbeschränkungen bestehen. Der Netzwerkeffekt sollte in "Netzwerkunternehmen" gering ausfallen, da es weder Akteure gibt, die von ihrer besonders guten Einbettung profitieren, noch Akteure, die aufgrund ihrer mangelhaften Einbettung hohe Transaktionskosten aufwenden müssen, um Zugangsbarrieren zu überwinden.

Zusammenfassend lässt sich das (idealtypische) Netzwerkunternehmen als eine Organisationsform charakterisieren, die sowohl hohen Globalisierungs- als auch Lokalisierungserfordernissen gerecht wird und dabei eine hohe Flexibilität aufweist. Steuerungsrelevante Ressourcen sind dezentral vorhanden, wobei ein dichtes Netz von Austauschbeziehungen verhindert, dass nur eine lose Föderation von Tochterunternehmen existiert. Vielmehr können die verteilten Ressourcen überall im Netz genutzt werden. Die organisatorischen Einheiten sind in hohem Maße interdependent. Was die unternehmensweite Koordination betrifft, spielen hierarchische Weisungen durch die Zentrale eine untergeordnete Rolle. Die Aktivitäten werden im Rahmen von Verhandlungen aufeinander abgestimmt, wobei einer starken Unternehmenskultur eine tragende Rolle zukommt. Letztere wird ebenfalls durch dichte Beziehungsnetzwerke zwischen den Einheiten geschaffen und aufrechterhalten. Die genannten Beziehungsnetzwerke sind eher Bestandteil der informellen Struktur, so dass die formale Organisationsstruktur nur eine vergleichsweise geringe Bedeutung für die Koordination hat.

Obwohl die Ansätze zu Netzwerkunternehmen eine Vielzahl von intuitiv einleuchtenden Merkmalen aufzählen, durch die sich netzwerkartig organisierte Unternehmen von traditionellen Organisationsformen internationaler Unternehmen unterscheiden, weisen die Konzepte theoretische und methodische Schwachpunkte auf. Insgesamt muss der präskriptive Charakter der Beiträge kritisiert werden. Zwar enthalten diese ein Vielzahl von Gestaltungsempfehlungen, wie internationale Unternehmen zu organisieren sind, diese Empfehlungen werden aber nicht aus einem konsistenten theoretischen Rahmen abgeleitet und sind nur mangelhaft empirisch fundiert (vgl. Melin 1992: 110-111, Böttcher 1996: 86; Westney 1999: 63; Riedl 1999: 55).[39] Dabei ist fraglich, ob und in welchem Ausmaß sich in internationalen Unternehmen tatsächlich "integrierte Netzwerkstrukturen" beobachten lassen (vgl. Taggart/ McDermott 1993: 193).

Dieser Kritikpunkt würde an sich nicht so schwer wiegen, böten die Konzepte die Möglichkeit einer Operationalisierung und empirischen Überprüfung. Die häufig metaphorische und unspezifische Verwendung von Begriffen und Konzepten erschwert jedoch eine Operationalisierung derselben. So bezeichnet beispielsweise Obring (1992: III) seine Arbeit als "generatives Sprachspiel" welches er explizit von geschlossenen Aussagesystemen ab-

---

[39] Bartlett/Ghoshal stützen ihre Aussage auf eine empirische Studie in neun internationalen Unternehmen. Dabei wurden jeweils in einigen bewusst ausgewählten Tochterunternehmen schriftliche Befragungen durchgeführt. (vgl. Bartlett/Ghoshal 1989: 219-237). White/Poynter (1989a: 84, 1990: 111) verweisen darauf, dass ihre Erkenntnisse auf einer empirischen Studie basieren, die sie jedoch nicht weiter vorstellen. Ähnlich ungenau sind auch Prahald/Doz (1987: 3-4) bei der Beschreibung ihrer Forschungsmethode und Datenbasis.

grenzt, und als Hauptziel die "reichhaltige" Beschreibung von Phänomenen beinhaltet. Infolge dessen, so Riedl (1999: 56), sind viele der von den Netzwerkansätzen getroffenen Aussagen "falsifikationsimmun".

Arbeiten, die den Versuch unternommen haben die Konzepte empirisch zu überprüfen, kommen, was den Verbreitungsgrad von Netzwerkunternehmen angeht, zu einer zurückhaltenden Einschätzung. Die Typologie von Bartlett und Ghoshal wurde beispielsweise von Leong/Tan (1993) auf einer breiten Datenbasis von 131 Unternehmen überprüft. Dabei war die Kategorie "Transnational", d.h. Unternehmen, die gemäß Abbildung 2-2 eine transnationale Strategie verfolgen, am dünnsten besetzt. Eine weitere Studie von Malnight (1996), die auf qualitativen Interviews und Dokumentenanalysen beruht, zeigt hingegen die Transformation von dezentralen- zu Netzwerkstrukturen anhand eines Fallbeispiels.

Während die Studie von Malnight auf qualitativen Methoden basiert, haben Leong/ Tan im Rahmen von Interviews quantitative Daten erhoben, um ihre Hypothesen zu testen. Erstaunlich ist dabei, dass ausschließlich attributive Daten verwendet werden, obwohl es im wesentlichen um die Überprüfung von Strukturhypothesen geht (vgl. Leong/Tan 1993: 453). Um die Strukturmuster von Netzwerkunternehmen, d.h. die vorhandenen und nicht-vorhandenen Beziehungen zwischen den Einheiten zu analysieren, wären relationale Daten geeignet, da diese die benötigten Informationen enthalten. Noch erstaunlicher ist, dass die Arbeiten von Böttcher und Riedl, welche die Bedeutung der quantitativen Netzwerkanalyse für die Untersuchung von Organisationsstrukturen explizit hervorheben, in ihrer empirischen Untersuchung darauf verzichten, eine Netzwerkanalyse durchzuführen. Beide widmen jedoch in ihrer Arbeit der Methode der Netzwerkanalyse ein eigenes Kapitel (vgl. Böttcher 1996: 95-110; Riedl 1999: 59-66). In Fall Böttchers mag dies daran liegen, dass die Strukturhypothesen einen vergleichsweise geringen Anteil der gesamten Studie ausmachen und der Datenerhebungsaufwand bereits für die attributiven Daten einen bemerkenswerten Umfang aufweißt. Das Forschungsdesign Riedls hingegen wird von diesem explizit als "Netzwerkansatz" tituliert. Allerdings werden selbst originär soziometrische Maße wie die Netzwerkdichte mittels Ratingskalen erhoben, d.h. mit attributiven Daten gemessen (vgl. Riedl 1999: 59, 95, 116).

Wie in der Einleitung erläutert, soll im Rahmen der vorliegenden Arbeit dieses Forschungsdefizit geschlossen werden. Dazu werden aus den Ansätzen zu den Netzwerkunternehmen Strukturhypothesen abgeleitet (vgl. Abschnitte 2.5 und 4.4), die anhand relationaler Daten empirisch überprüft werden (vgl. Kapitel 5 und 6). Theoretische Grundlage bildet dafür das im dritten Kapitel vorgestellte Tauschmodell, welches eine Abbildung des strukturell eingebetteten Ressourcentauschs in Unternehmensnetzwerken ermöglicht. Im folgenden Abschnitt werden die Grundlagen der formalen Organisationsstrukturen internationaler Unternehmen vorgestellt. Der Schwerpunkt liegt auf den für transnationale Wettbewerbsumfelder geeigneten Strukturalternativen. In Organisationen bestehen neben der bewusst geschaffenen formalen Struktur immer auch informelle Strukturen (vgl. Simon 1976: 148-149). Da davon ausgegangen wird, dass diese für die Steuerung von Netzwerkunternehmen eine besondere Rolle spielen und ein Zusammenhang zwischen der Ausprägung der beiden Strukturen besteht, wird auch auf die Eigenschaften der informellen Struktur näher eingegangen.

2.4 Formale und informelle Organisationsstrukturen

Bereits in der Einleitung erfolgte eine knappe Arbeitsdefinition zu formalen und informellen Organisationsstrukturen. Unterschieden wurden diese danach, ob es sich um bewusst geschaffene, dies entspricht den formalen Strukturen, oder gewachsene, dies entspricht den informellen Strukturen, handelt.[40] Diese Definition soll aufgrund der zentralen Bedeutung, den formale und informelle Strukturen in dieser Studie einnehmen, noch weiter präzisiert werden.

Ausgangspunkt für die formale Struktur sei das sehr weitgefasste Verständnis von Kieser/Kubicek (1992: 18), die "die Gesamtheit aller formalen Regeln zur Arbeitsteilung und zur Koordination als die formale Organisation" bezeichnen. Diese Definition wird für den hier verfolgten Zweck in mehrfacher Hinsicht eingeschränkt. Erstens soll unter der formalen Organisationsstruktur nur die Aufbauorganisation des Unternehmens verstanden werden und zweitens wird von der gesamten Aufbauorganisation nur der Ausschnitt der organisatorischen Grundstruktur betrachtet. Darunter werden die Gliederungsprinzipien auf den obersten Hierarchieebenen, konkret der zweiten Ebene, verstanden. Diese eingeschränkte Betrachtung erscheint angemessen, da es um die Analyse von Führungsstrukturen geht und zudem davon auszugehen ist, dass die organisatorische Grundstruktur die Gliederung auf den unteren Hierarchieebenen in starkem Maße prägt (vgl. Daniels et al. 1984: 296; Habib/Victor 1991: 595-596; Wolf 2000: 23). Diese Grundstruktur wird auch als "Konfiguration", "Leitungssystem" oder "Führungsstruktur" bezeichnet (vgl. Pugh et al. 1968: 76-78; Kieser/Kubicek 1992: 126-127). Ferner wird unter der formalen Organisation nur die führungsbezogene Struktur verstanden. Die statutarische Struktur, welche die rechtlichen Beteiligungsverhältnisse widerspiegelt, wird ausgeklammert, da sie für die Führung des Unternehmens eine eher untergeordnete Rolle spielt (vgl. Wolf 2000: 21-22).

Eine derart eingeschränkte organisatorische Grundstruktur kann im Einklang mit einer Vielzahl von Autoren dann als formal bezeichnet werden, wenn es sich um eine bewusst geschaffene Struktur handelt, die darauf abzielt, die Erreichung der Unternehmensziele zu unterstützen. Insofern stellt die formale Organisationsstruktur eine "Soll-Organisation" dar, die vorgibt, wie die Beziehungen zwischen den Organisationseinheiten gestaltet werden sollten. Häufig werden die Regelungen der formalen Organisation in Form von Organigrammen publiziert und somit den Organisationsmitgliedern öffentlich bekannt gemacht (vgl. Mayntz

---

[40] Einige Autoren unterscheiden auch formelle von informellen, formale von informalen und offizielle von inoffiziellen Strukturen (vgl. Kesten 1998: 33).

1958: 12-15; Lepsius 1958: 127; Irle 1963: 15-28, Etzioni 1967: 69; Simon 1976: 147-148; Meyer/ Rowan 1977: 341-342).[41]

Die informelle Organisationsstruktur unterscheidet sich von der formalen Struktur dadurch, dass es sich weniger um geschaffene als um gewachsene Strukturen handelt.[42] Sie spiegelt die tatsächlich im Unternehmen ablaufenden Prozesse sowie Beziehungen zwischen den Organisationsmitgliedern wieder. Beziehungsinhalt können sowohl aufgabenbezogene Ressourcenflüsse wie Informationstransfers, als auch soziale Beziehungen sein. "The distinction between the 'formal' and the 'informal' organization of the firm is one of the oldest in literature, and it hardly needs repeating that observers who assume firms to be structured in fact by the organization chart are sociological babes in the wood" (Granovetter 1985: 502, Hervorhebung im Original). Bei der informellen Organisationsstruktur handelt es sich um eine "Ist-Organisation". Krackhardt/Hanson (1993) bezeichnen diese treffend als *the company behind the chart* und weisen damit auf die Eigenschaft informeller Strukturen hin, keine "offizielle" Gültigkeit zu besitzen. Informelle Strukturen werden nicht in Organigrammen skizziert oder in Organisationshandbüchern beschrieben. Dabei können die informellen Strukturen mit den formal vorgesehenen Strukturen sowohl übereinstimmen, d.h. Soll- und Istzustand entsprechen sich, als auch von diesen abweichen. Insofern muss hier eine deutliche Abgrenzung gegenüber den Ansätzen erfolgen, die a priori einen bestimmten Zusammenhang von formaler und informeller Struktur postulieren. Es ist eine empirische Frage, ob die informelle Struktur die formale ergänzt, oder dieser zuwiderläuft (vgl. Krackhardt/Hanson 1993: 104).

Im folgenden Abschnitt werden zwei formale Strukturmodelle vorgestellt, die für das skizzierte transnationale Wettbewerbsumfeld geeignet sind. Die Organisationsformen "Matrix" und "Holding" sind auch Gegenstand der Analysen im empirischen Teil der Arbeit. Die Eignung der beiden Strukturmodelle für transnationale Wettbewerbsumfelder wird aus dem auf Chandler (1962) zurückgehenden Strategie-Struktur Paradigma abgeleitet. Dieses auf kontingenztheoretischen Erwägungen basierende Konzept postuliert, dass diejenigen Unternehmen erfolgreich (effizient) wirtschaften, deren Internationalisierungsstrategie und Organisationsstruktur sowohl untereinander in einem stimmigen Verhältnis stehen, als auch für das jeweilige Wettbewerbsumfeld geeignet sind.[43] Das Strategie-Strukturparadigma war in jüngerer Zeit Gegenstand der Kritik. Insbesondere von den hier besprochenen Netzwerkansätzen wurde bemängelt, dass es sich auf formale Strukturen beschränkt, welche die wirklichen Prozesse und Strukturen im Unternehmen nicht adäquat wiedergeben. Das Augenmerk muss daher

---

[41] Ob die formale Struktur, wie von einigen Autoren angeführt wird, unflexibel ist sowie innovations- und motivationshemmend wirkt, ist eine empirische Frage, die bei der Begriffsdefinition nicht berücksichtigt wird (vgl. Irle 1963: 25-29; Chisholm 1989: 12, 20-39).
[42] Grundsätzlich können auch informelle Beziehungen "bewusst" von den beteiligten Akteuren im Unternehmen etabliert werden. Informelle Beziehungen werden jedoch nicht, wie formale Strukturen, von der Unternehmensleitung geschaffen, um die Unternehmensziele zu erreichen (vgl. Lepsius 1958: 131, 1960: 23).
[43] In der deutschsprachigen Literatur wird die Kontingenztheorie auch als "situativer Ansatz" bezeichnet (vgl. Kubicek/Welter 1985: 3-6; Welge 1987: 76-78; Kieser 1995: 155-157).

vielmehr auf den realisierten (informellen) Strukturen liegen (vgl. Prahalad/Doz 1987: 171-185; Bartlett/Ghoshal 1989: 29-33; Hedlund/Rolander 1990: 20; Ghoshal/Nohria 1993: 27). In Abschnitt 2.4.2 wird das Strategie-Struktur-Paradigma dahingehend erweitert, dass neben dem *fit* von formaler Struktur, Strategie und Wettbewerbsumfeld auch ein *fit* von formaler und informeller Struktur gefordert wird. Nur in diesem Fall ist sichergestellt, dass die intendierten Strukturen und Prozesse auch in der Realität umgesetzt werden.

2.4.1 Formale Organisationsstrukturen internationaler Unternehmen

Die in der Praxis anzutreffende, schwer überschaubare, Vielzahl von formalen Strukturalternativen bezüglich der Organisation internationaler Unternehmen lässt sich auf wenige dominierende Strukturmodelle reduzieren. Wolf (2000: 79-148) identifiziert insgesamt sieben Grundmodelle. Ältere Beiträge kommen mit noch weniger Alternativen aus. Stoppford/Wells (1972), Williamson/Bhargava (1972) sowie Egelhoff (1982, 1991) unterscheiden jeweils zwischen vier bis sechs verschiedenen Modellen. Alle Klassifikationsrahmen reichen dabei von einfachen Strukturen wie der Divisionalstruktur, bis hin zu komplexen, mehrdimensionalen Strukturen und Mischformen (vgl. Stoppford/Wells 1972: 11-29; Davis 1979: 199-207; Daniels et al. 1984: 295, 1985: 223-224). Konsens besteht in der Organisationsliteratur darüber, dass es kein optimales Strukturmodell an sich gibt, sondern die Wahl einer Alternative in Abhängigkeit von einer Reihe von unternehmensinternen Faktoren sowie Umweltfaktoren erfolgen soll (vgl. Tushman/Nadler 1978: 613; Hedlund/Rolander 1990: 18; Ghoshal/Nohria 1993: 23). Als bedeutende Umweltfaktoren werden u.a. die vorherrschende Marktdynamik, die Intensität des Wettbewerbs, die angewandten Technologien in der Branche sowie die Heterogenität der bedienten Absatzmärkte genannt. Als unternehmensinterne Faktoren kommen die Größe der Organisation, der Internationalisierungsgrad, der Diversifizierungsgrad der Produktpalette, die zwischen den Organisationseinheiten bestehenden Interdependenzen, etc. in Betracht (vgl. Williamson/Bhargava 1972: 128; Kieser 1992: 199ff.; Wolf 2000: 52-58).

Empirische Studien, die den Zusammenhang von den genannten Einflussfaktoren und den jeweils gewählten Strukturalternativen untersuchen, beschränken sich häufig auf wenige Faktoren. Die vielzitierte Arbeit von Stoppford/Wells (1972) beispielsweise beschreibt die Entwicklung der Organisationsstruktur in Abhängigkeit von den zwei Dimensionen "Anteil des Auslandsumsatzes am Gesamtumsatz" sowie "Grad der Produktdiversifizierung im Ausland". Für Unternehmen mit geringem Auslandsumsatz und geringem Diversifizierungsgrad im Ausland werden einfache Divisionalstrukturen mit einer für das ausländische Geschäft zuständigen internationalen Division vorgeschlagen. Umgekehrt wird bei hoher Ausprägung auf beiden Dimensionen eine nach Regionen und Produkten gegliederte Matrixorganisation empfohlen (vgl. Habib/Victor 1991: 590-593).[44]

Die Übereinstimmung der Strukturalternative mit den genannten internen- (der Strategie) und externen Anforderungen (dem Wettbewerbsumfeld) wird, wie bereits erwähnt, in der Literatur als "*fit*" bezeichnet. Dabei wird von einem positiven Zusammenhang zwischen dem Unternehmenserfolg und dem Vorliegen eines *fits* ausgegangen (vgl. Rumelt 1974; Galbraith/ Nathanson 1978: 59; Ghoshal/Nohria 1993: 31; Schewe 1999: 65).[45] Dieser wurde in einer Reihe von empirischen Untersuchungen bestätigt (vgl. Caves 1980: 78-79; Donaldson 1987; Grant et al. 1988; Kim et al. 1989; Habib/Victor 1991; Hamilton/Shergill 1993).[46]

Netzwerkunternehmen, so wurde argumentiert, sind für ein Wettbewerbsumfeld geeignet, das gleichzeitig hohe Anforderungen bezüglich der Anpassung an lokale Besonderheiten sowie hohe Anforderungen bezüglich der Globalisierung stellt (vgl. Ghoshal/Bartlett 1989; Kogut 1990: 49-53; White/Poynter 1990: 95-98; Ghoshal/Nohria 1993: 24). Eine derartige Konstellation wurde als transnationales Umfeld bezeichnet. In Abhängigkeit von den vorherrschenden Lokalisierungs- und Globalisierungserfordernissen wurden unterschiedliche Internationalisierungsstrategien vorgeschlagen (vgl. Abbildung 2-2). Mit den Strategien korrespondieren bestimmte Strukturalternativen für die Organisation internationaler Unternehmen. Diese werden als die geeignete Struktur erachtet, um die entsprechende Strategie zu verfolgen. Herrschen beispielsweise hohe Globalisierungserfordernisse zusammen mit niedrigen Lokalisierungserfordernissen vor, bietet eine nach Produkten differenzierte Divisionalstruktur die besten Vorraussetzungen, um die anvisierten Größeneffekte und Synergien zu erzielen. In diesem Fall sind die Produktdivisionen weltweit für ihr Geschäft verantwortlich und können die Aktivitäten innerhalb ihrer Division aufeinander abstimmen. Umgekehrt ist eine nach Regionen differenzierte Divisionalstruktur vorzuziehen, wenn die Lokalisierungserfordernisse hoch und die Globalisierungserfordernisse niedrig sind. Innerhalb der Regionaldivisionen können die jeweiligen lokalen Besonderheiten berücksichtigt werden (vgl. Abbildung 2-3).

---

[44] Das Konzept von Stoppford/Wells wird auch als "Stages Model" (vgl. Ghoshal/Nohria 1993: 23) oder Struktur-Stadien-Modell (vgl. Kreikebaum 1998: 96-102; Perlitz 2000: 623) bezeichnet, da es eine bestimmte zeitliche Abfolge des organisatorischen Wandels von internationalen Unternehmen beschreibt.
[45] Während das Vorliegen eines *fits* zwischen der Unternehmensstrategie, d.h. der oben genannten internen Faktoren, der Organisationsstruktur und der Unternehmensumwelt grundsätzlich als notwendige Prämisse für den Unternehmenserfolg erachtet wird, besteht ein Dissens bezüglich des Zusammenhangs von Strategie und Struktur. Kontrovers diskutiert wird, ob die Strategie Auswirkungen auf die Strukturwahl hat oder umgekehrt. Ausgehend von der These Chandlers (1962), wonach die Strategie die Strukturwahl bestimmt, wurden eine Reihe von unterschiedlichen kausalen Zusammenhängen zwischen den beiden Variablen postuliert und teilweise empirisch nachgewiesen (vgl. Caves 1980: 67-77; Melin 1992: 105-106; Schewe 1999; Wolf 2000: 26-37).
[46] In älteren Studien konnte die Erfolgswirkung des Strategie-Struktur-*fits* jedoch nicht immer nachgewiesen werden (vgl. Welge/Al-Laham 1998: 875).

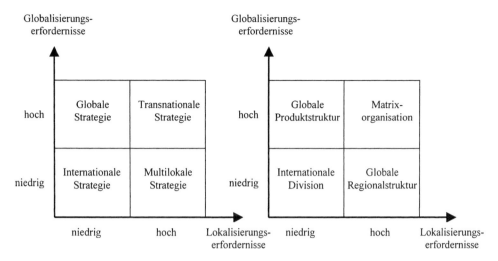

Abb. 2-3: Organisationsstruktur in Abhängigkeit von Strategie und Wettbewerbsumfeld
Quelle: In Anlehnung an Prahalad/Doz (1987: 25); Meffert (1986: 691)

Für ein transnationales Umfeld, bei dem sowohl hohe Globalisierungs- als auch hohe Lokalisierungserfordernisse bestehen, folgt konsequenterweise, dass die angemessene Struktur beiden Erfordernissen gerecht werden soll (vgl. Caves 1980: 75-76). Insofern wird eine Matrixorganisation vorgeschlagen, die sowohl nach Produkten als auch nach Regionen gegliedert ist. Die Matrixorganisation wurde vornehmlich in den 70er und 80er Jahren als Lösung für immer komplexere Umweltanforderungen gesehen. Viele der Unternehmen, die eine Matrix eingeführt haben, sind jedoch wieder zu einfacheren Organisationsstrukturen zurückgekehrt. In der Praxis gingen Matrixorganisationen oft mit unklarer Zuordnung von Verantwortung, schwerfälligen Entscheidungsprozessen und hohem Konfliktpotential einher. Die Matrixorganisation erwies sich häufig als überkomplexe Organisationsform (vgl. Bartlett/Ghoshal 1989: 31-32, 1990: 140; Ford/Randolph 1992: 273-277, Kreikebaum 1998: 101).

Ein in jüngerer Zeit zu beobachtender Trend war die zunehmende Etablierung von Holdingstrukturen bei Groß- und Mittelunternehmen (vgl. Kreikebaum 1998: 104). Holdingstrukturen bilden gewissermaßen das Gegenstück zur Matrixorganisation, da sie in ihrer Grundlogik Komplexität verringern sollen. Ähnlich wie bei der Matrix, werden zwei konfliktäre Ziele verfolgt. Dies wird jedoch nicht durch eine institutionalisierte Koordination zwischen den Unternehmenseinheiten geleistet, sondern durch einen hohen Grad an Dezentralisierung und Kompetenzzuweisung an die Konzerngesellschaften. Es wird versucht, den Vorteil großer Unternehmen (Marktmacht, Größeneffekte) mit dem Vorteil kleiner flexibler Einheiten zu verbinden. (vgl. Bühner 1991: 142; Bernhardt/Witt 1995: 1345-1346). Insofern kann auch die Holding als Strukturalternative betrachtet werden, die für transnationale Strategien geeignet ist. Allerdings liegt hier das Augenmerk etwas stärker auf den Lokalisierungserfordernissen als auf der Erzielung von Skalen- und Synergieeffekten.

2.4.1.1 Die Matrixorganisation

Der grundsätzliche Aufbau einer Matrixorganisation ist in Abbildung 2-4 skizziert. Die Matrixleitung (Unternehmensleitung) trägt die Gesamtverantwortung für die beiden in der Matrix berücksichtigten Dimensionen. Auf der zweiten Hierarchieebene folgen die Matrixstellen, die jeweils eine der beiden Dimensionen vertreten. Dabei können die Dimensionen nach Funktion, Regionen oder Produkten differenziert sein.[47] Auf der dritten Ebene sind die sogenannten Matrixzellen angesiedelt. Diese sind den beiden Matrixstellen unterstellt und damit doppelt berichtspflichtig. Idealtypisch besteht eine perfekte Gleichberechtigung der beiden Dimensionen hinsichtlich der Entscheidungsbefugnisse, d.h. im Falle von auftretenden Konflikten gibt es keine dominierende Matrixstelle (vgl. Wolf 2000: 34). In der Praxis sind jedoch, abweichend vom Idealtyp, die Entscheidungsbefugnisse der beiden Matrixstellen näher spezifiziert und auf jeweils sich ausschließende Bereiche beschränkt (vgl. Knight 1988: 86).

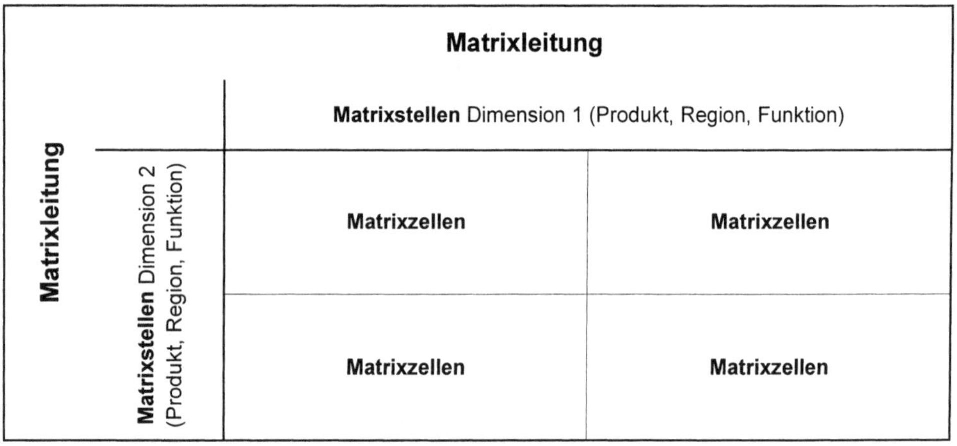

	Matrixleitung	
	Matrixstellen Dimension 1 (Produkt, Region, Funktion)	
Matrixleitung / **Matrixstellen** Dimension 2 (Produkt, Region, Funktion)	Matrixzellen	Matrixzellen
	Matrixzellen	Matrixzellen

Abb. 2-4: Grundaufbau der Matrixorganisation

Wesentliches Unterscheidungsmerkmal der Matrix gegenüber anderen Strukturalternativen ist, dass diese gleichzeitig zwei oder mehrere Dimensionen auf einer Hierarchieebene berücksichtigt. Derartige Mehrliniensysteme stellen eine Abkehr vom traditionellen "*One-*

---

[47] Matrixorganisationen werden häufig im Zusammenhang mit temporären Projektorganisationen geschaffen. Funktional differenzierte Einliniensysteme können durch Hinzufügen einer zweiten nach Projekten differenzierten Dimension zu einer Matrixorganisation ausgebaut werden (vgl. Ford/Randolph 1992).

Boss-Prinzip".[48] Die hierarchische Gliederung der Organisation wird durch eine horizontale Gliederung überlagert (vgl. Caves 1980: 75; Knight 1988: 84; Ford/Randolph 1992: 269). Insofern werden die horizontalen Beziehungen, die in Einliniensystemen in der Regel informeller Natur sind, in der formalen Struktur berücksichtigt. Dadurch soll eine gegenüber Einliniensystemen höhere Informationsverarbeitungskapazität erreicht werden. Es können Synergien realisiert werden, die bei Berücksichtigung nur einer Dimension entfallen. In Einliniensystemen müssen Entscheidungen, welche die nicht berücksichtigte Dimension betreffen, häufig von der Unternehmensleitung koordiniert werden, womit lange Informationswege einhergehen. Solche Koordinationsprozesse können in der Matrix direkt auf der betroffenen Hierarchieebene abgewickelt werden, was zu deutlich kürzeren Informationswegen beiträgt (vgl. Prahalad 1988: 115; Bartlett/Ghoshal 1990: 139; Wolf 2000: 133; Wolf/Egelhoff 2002: 182).

Insgesamt wird die Unternehmensleitung von operativen Entscheidungen entlastet, verfügt aber trotzdem über einen guten Informationsstand, da die Zahl der Hierarchieebenen relativ gering gehalten werden kann. Die Vorteile der Matrix bezüglich der Informationsverarbeitungskapazität bestehen einerseits in einer höheren Menge an simultan verarbeiteter Information, andererseits in einer effizienteren, d.h. schnelleren Informationsverarbeitung. Dieser Vorteil geht mit einer hohen Flexibilität, d.h. Anpassungsfähigkeit an sich wandelnde Umweltanforderungen, einher, da Veränderungen schneller in der Organisation kommuniziert werden und entsprechend schnelle Reaktionen erfolgen können. Die Matrix bietet darüber hinaus auch Potential zu einer effektiveren und effizienteren Umsetzung der Entscheidungen. Die Einheit, in der die Entscheidung getroffen wird, ist häufig identisch mit der Einheit, die die Umsetzung vornimmt (vgl. Kolodny 1988: 34-36).

Ein weiterer Vorteil der mehrdimensionalen Strukturen zugeschrieben wird, ist die effizientere Nutzung von Ressourcen. Zum einen ergibt sich durch das wettbewerbsartige Verhältnis der Matrixstellen ein Anreiz zur wirtschaftlichen Nutzung der Ressourcen. Ressortegoismen werden durch die gemeinsame Verantwortung beider Dimensionen weitgehend vermieden (vgl. Wolf 2000: 137). Zum anderen werden bei der Entscheidungsfindung die Aspekte beider Dimensionen berücksichtigt, was mit qualitativ besseren Entscheidungen einhergeht. Matrixstrukturen gelten als motivations- und innovationsfördernd (vgl. Knight 1988: 90-91; Ford/Randolph 1992: 274).

Die bisher genannten potentiellen Vorteile mehrdimensionaler Strukturen basieren auf theoretischen Erwägungen. In der Praxis hat sich gezeigt, dass nicht alle diese Vorteile realisiert werden können. In Unternehmen, die matrixartig organisiert sind, lassen sich häufig eine Reihe von negativen Auswirkungen dieser Strukturalternative beobachten, die einige Autoren dazu veranlasst haben, die Matrix als überkomplexe Struktur zu bezeichnen und deren grund-

---

[48] Existieren mehr als zwei Dimensionen, spricht man von Tensorstrukturen, die aber nur eine graduelle Erweiterung zur Matrix darstellen (vgl. Wolf 2000: 141).

sätzliche Eignung als Strukturalternative für internationale Unternehmen zu bezweifeln (vgl. Bartlett/Ghoshal 1989: 31-32; Egelhoff 1991: 363; Kreikebaum 1998: 101).

Eine der wesentlichen Schwachstellen der Matrixorganisation ist auf die Existenz mehrerer hierarchisch gleichgestellter Einheiten aus unterschiedlichen Dimensionen (Produkt, Region, Funktion) zurückzuführen. Diese Konstellation birgt ein enormes Konfliktpotential zwischen den Matrixstellen der beiden Dimensionen. Letzteres ist um so höher, je mehr sich die Organisation an die idealtypische Matrixform annähert, d.h. je unspezifischer die Entscheidungsbefugnisse und Verantwortungsbereiche der einzelnen Dimensionen geregelt sind. Vorherrschend sind dabei Konflikte bezüglich der Allokation von Ressourcen (vgl. Knight 1988: 95-96; Miles/Snow 1992: 62). Derartige "Kompetenzgerangel" können der eigentlichen Intention, schnelle und flexible Entscheidungsstrukturen zu schaffen, zuwiderlaufen und den gegenteiligen Effekt, d.h. hohe Entscheidungskosten aufgrund langwieriger Verhandlungen zwischen den beteiligten Akteuren, bewirken. Konflikte werden nach oben weitergereicht, was zu einer Belastung anstelle der beabsichtigten Entlastung der Matrixleitung mit operativen Aufgaben führt. Insofern sind in Matrixorganisationen oft Zentralisierungstendenzen zu erkennen. Als Folge werden, um das Konfliktpotential zu senken, häufig detaillierte formale Regelwerke zur Lösung der Konflikte eingeführt. Die Einführung sowie Durchführung dieser Regeln geht wiederum mit einem beträchtlichen Aufwand einher. So fallen beispielsweise Overheadkosten für Mitarbeiter an, welche die institutionalisierten Konfliktlösungsmechanismen überwachen (vgl. Egelhoff 1988: 4; Ford/Randolph 1992: 276). Die Schaffung von formalen Konfliktlösungsmechanismen und formalen horizontalen Informationskanälen kann insgesamt zu einer bürokratischen und unflexiblen Organisation führen.

Zusammenfassen lassen sich die genannten Schwachstellen der Strukturalternative Matrix damit, dass im ungünstigen Fall Strukturen geschaffen werden, die gerade den Effekt hervorrufen, der vermieden werden soll. Die Einführung von komplexen, mehrdimensionalen Strukturen ist nur dann zu empfehlen, wenn aufgrund komplexer und dynamischer Umwelten hohe Anforderungen an die Informationsverarbeitungskapazität vorliegen und gleichberechtigt Informationen bezüglich zweier Dimensionen (z.B. Region und Produkt) berücksichtigt werden müssen (vgl. Davis/Lawrence 1977: 7-8; Ford/Randolph 1992: 279-282; Wolf 2000: 135). In diesem Fall würden auch bei weniger komplexen, eindimensionalen Strukturen Kosten für die Schaffung von formalen horizontalen Informationskanälen entstehen, so dass die Matrix, im Vergleich zu diesen, keine aufwendigere Lösung darstellen würde. Darüber hinaus sind eine Reihe von Faktoren bei der Ausgestaltung von Matrixstrukturen zu beachten, welche die oben genannten Schwachstellen dieser Organisationsform vermindern. So wird gefordert, dass die Kompetenzen der Matrixstellen eindeutig und möglichst überschneidungsfrei definiert sowie formale Richtlinien zur Konfliktlösung geschaffen werden (vgl. Knight 1988: 99-100). Ferner argumentieren einige Autoren, dass eine funktionierende Matrixorganisation neben einem kooperativen Führungsstil eine spezielle Unternehmenskultur erfordert und insbesondere nicht ohne hohen Anpassungsaufwand implementiert werden kann (vgl. Lawrence/ Kolodny/Davis 1988; Kolodny 1988; Bartlett/Ghoshal 1990).

2.4.1.2 Die Management-Holding

Holdingstrukturen stellen die organisatorische Entsprechung des rechtlichen Konzernbegriffs dar (vgl. Bühner 1992: 34; Kreikebaum 1998: 105). Eine Holding (auch Holdinggesellschaft) ist ein Unternehmen, dessen Hauptzweck die dauerhafte Beteiligung an anderen rechtlich selbstständigen Unternehmen ist (vgl. Keller 1993: 32; Bernhardt/Witt 1995: 1342). Zu unterscheiden sind dabei die Grundformen Finanzholding und Führungsholding. Während erstere sich darauf beschränkt, die Beteiligungen zu halten und zu verwalten (zu kontrollieren), übt bei der Führungsholding die Holdinggesellschaft auch Führungsaufgaben aus (vgl. Keller 1993: 35-38). Die folgenden Ausführungen beziehen sich ausschließlich auf den Typ der Führungsholding. Betrachtet wird die Unterkategorie "Strategische Management-Holding", da diese im Vergleich zur Matrixorganisation bezüglich der formalen Struktur einen *"dissimilar case"* darstellt (vgl. Abschnitt 4.1), ähnlich wie diese aber als geeignete Strukturalternative für komplexe und dynamische Umwelten genannt wird (vgl. Keller 1997: 709ff.).[49]

Die Management-Holding besteht im einfachsten Fall aus einer konzernleitenden Obergesellschaft, d.h. der Holding-Leitung, sowie mehreren rechtlich selbstständigen Tochterunternehmen. Unterstützt wird die Holding-Leitung durch eine Reihe von Zentralabteilungen.[50] Diese Organisationsform zeichnet sich durch eine sehr einfache formale Struktur mit flachen Hierarchien und relativ großen Leitungsspannen aus. Dadurch lassen sich Koordinationskosten verringern und insbesondere schnelle und effiziente Entscheidungsstrukturen schaffen (vgl. Bühner 1991: 148-149; Kreikebaum 1998: 107). Insofern wird die Management-Holding besonders für technologieintensive und produktorientierte Unternehmen empfohlen (vgl. Theisen 1997: 430). Aufgrund der Identität von statutarischer (rechtlicher) Struktur und Führungsstruktur lassen sich zudem neue Geschäftsbereiche in Form von zugekauften Gesellschaften schnell und relativ kostengünstig in den Konzern integrieren, so dass die Holding eine für stark expandierende Unternehmen sowie für Fusionen geeignete Struktur ist (vgl Bühner 1992: 87).

Der wesentliche Vorzug dieser Strukturalternative ist, dass mit der Holding der Vorteil von Großunternehmen mit dem Vorteil von kleinen und mittelständischen Unternehmen verbunden wird. Durch die Bündelung der einzelnen Tochterunternehmen unter die konzernleitende Obergesellschaft ergeben sich die Möglichkeiten von Großunternehmen bezüglich der Finanzierungsmöglichkeiten, der Ausübung von Marktmacht sowie der Realisierung von Ska-

---

[49] Finanz- und Führungsholding bestehen jeweils aus einer Menge von Unter- und Zwischenformen auf die hier nicht näher eingegangen werden kann. Hierzu sei auf die Arbeiten von Bühner 1992; 1993 und Keller 1993 verwiesen.
[50] In der Praxis existieren auch komplexere, mehrstufige Holdingstrukturen mit mehreren Zwischenholdings (vgl. Keller 1993: 191-197)

len- und Synergieeffekten. Die Flexibilität und Marktnähe von kleinen und mittelständischen Unternehmen wird durch einen hohen Dezentralisierungsgrad von Entscheidungsbefugnissen auf die einzelnen Gesellschaften erreicht (vgl. Bühner 1991: 142). Die Tochterunternehmen besitzen weitest gehende Autonomie hinsichtlich der operativen Führung ihrer Geschäfte und sind als Profit Center organisiert, d.h. sie tragen volle Ergebnisverantwortung. Die einzelnen Gesellschaften reichen in ihrer Größe und, damit einhergehend, in ihrer organisatorischen Komplexität kaum über die von mittelständischen Unternehmen hinaus und sind in der Regel für die Festlegung der eigenen Geschäftsfeldstrategie zuständig. So gesehen, stellt die Management-Holding eine Sonderform der Spartenstruktur (auch Geschäftsbereichsorganisation) dar und unterscheidet sich von dieser im wesentlichen durch die rechtliche Selbstständigkeit der einzelnen Sparten/Tochterunternehmen sowie eine weitergehende Dezentralisation der operativen Verantwortung auf dieselben (vgl. Wolf 2000: 104; 113-114). Darüber hinaus verfügen die einzelnen Gesellschaften oft über hochspezialisierte auf die jeweiligen Marktanforderungen zugeschnittene Produktprogramme.

Die Koordination der verstreuten Tochterunternehmen, d.h. die Ausrichtung auf übergeordnete Konzernziele, wird maßgeblich durch die Holding-Leitung geleistet. Durch die kleinen, dezentralen Unternehmenseinheiten werden im Vergleich zu Großunternehmen Koordinationskosten eingespart. Die Holding-Leitung legt die Unternehmensstrategie fest und bestimmt, in welche Geschäftsfelder investiert bzw. deinvestiert werden soll (vgl. Bühner 1992: 35-38). Da Unternehmens- und Geschäftsfeldstrategien in einem hierarchischen Verhältnis zueinander stehen, lassen sich dadurch die Aktivitäten der Gesellschaften an den Zielen des Gesamtkonzerns ausrichten. Das Maß an Dezentralisierung von strategischen Entscheidungskompetenzen variiert in der Praxis allerdings beträchtlich (vgl. Keller 1993 169-179). Neben der strategischen Steuerung existieren als weitere Koordinationsinstrumente die Finanzhoheit der Holding-Gesellschaft sowie Unternehmensverträge zwischen Holding- und Tochtergesellschaften. Daneben sind die Mitglieder des Holding-Vorstandes häufig in Personalunion Geschäftsführer der größeren Tochtergesellschaften des Konzerns oder in den Aufsichtsräten derselben vertreten (vgl. Bühner 1991: 144-147).

Bei der Ausübung der Steuerungsaufgaben wird die Holding-Leitung durch Zentralabteilungen unterstützt, deren Hauptzweck darin besteht, den Informationsfluss zwischen der Unternehmensleitung und den Gesellschaften sowie zwischen den Gesellschaften zu sichern und somit die Koordination des Konzerns zu erleichtern. Dies ist von besonderer Bedeutung, da die Holding-Leitung hinsichtlich der Informationsverarbeitungskapazität des Konzerns einen Engpass darstellt (vgl. Wolf 2000: 114). Die idealtypische Holding-Leitung besteht aus den Vorständen sowie den im Verhältnis zur Mitarbeiterzahl des gesamten Konzerns wenigen

Mitarbeitern in den Zentralabteilungen.[51] Diese potentielle Schwachstelle kann vermieden werden, wenn sich die Holding-Leitung tatsächlich auf die strategische Steuerung beschränkt und der Informationsfluss zwischen der Leitung und den Tochtergesellschaften durch die Zentralabteilungen unterstützt wird. Letztere stellen darüber hinaus einige Funktionen zur Verfügung, die neben rechtlichen, steuerlichen und finanziellen Beratungsleistungen auch Synergien im Bereich der Forschung und Entwicklung, der Informationstechnologie, des Personals sowie des Marketings ermöglichen sollen (vgl. Bühner 1991: 147-148; 1993: 33-42).

Als weitere Schwachstellen der Management-Holding werden in der Literatur neben der genannten Fokussierung auf die Zentrale hinsichtlich der Verarbeitung koordinationsrelevanter Information, die personellen Verflechtungen in Form von Doppelmandaten genannt.[52] Ein ernsthaftes Problem stellen ferner die strukturimmanenten Zentrifugalkräfte dar. Durch den hohen Autonomiegrad der Tochterunternehmen können Bereichsegoismen entstehen, die die horizontale Kooperation der Gesellschaften und damit die Realisierung von Skaleneffekten und Synergien vereiteln. Darüber hinaus ist der für die Koordination relevante vertikale Informationsfluss zwischen Zentrale und Gesellschaften im Falle von Interessenkonflikten gefährdet (vgl. Bühner 1992: 130-131, 1993: 54ff.; Bernhardt/Witt 1995: 1355-1358; Kreikebaum 1998: 108). In Folge kann den Globalisierungserfordernissen transnationaler Wettbewerbsumfelder nicht hinreichend Rechnung getragen werden.

Verglichen mit der Matrix kann die Holdingstruktur insgesamt als komplexitätsreduzierend charakterisiert werden. In der Matrix hingegen wird die Komplexität institutionalisiert. Beide Organisationsformen versuchen mit unterschiedlichen Mitteln, die durch Wettbewerbsumfeld und Strategie bedingte Komplexität zu bewältigen. Gleichzeitig wird versucht, eine möglichst hohe Flexibilität zu erhalten. Insofern können sowohl die Matrix als auch die Holding als formale Organisationsstrukturen betrachtet werden, die in einem *fit*-Verhältnis mit dem transnationalen Wettbewerbsumfeld und der transnationalen Strategie stehen.

Im Rahmen der Ausführungen über die Basisformen ökonomischen Tauschs wurde argumentiert, dass die strukturelle Einbettung der Akteure in allen empirisch beobachtbaren Organisationsformen nachweisbar das Handeln derselben beeinflusst. Der Netzwerkeffekt entsteht dabei durch die Einbettung in Beziehungsgefüge, welche primär informeller Natur sind. Die Ausführungen über die Ansätze zur netzwerkartigen Organisation internationaler Unternehmen haben ebenfalls die Bedeutung der informellen Struktur für die Koordination des Unternehmens unterstrichen. Teilweise üben diese sogar explizit Kritik an der ausschließlichen Berücksichtigung formaler Strukturen im Strategie-Struktur-Paradigma (vgl. Hedlund/Rolander 1990: 20, 33). Insofern erscheint es notwendig, das Strategie-Struktur-Paradigma

---

[51] Gemäß dem Ergebnis einer empirischen Studie von Bühner (1991: 148) sind durchschnittlich nur 0,7% der gesamten Mitarbeiter in der Holding-Zentrale beschäftigt. Das Verhältnis des Verwaltungsaufwands der Zentrale zum Gesamtumsatz entspricht 0,63%.
[52] Die Problematik von Doppelmandaten in Konzernen wird von Holtmann (1989) und von Werder (1989) ausführlich untersucht.

um die informellen Strukturen zu erweitern. Um das Vorliegen des *fits* von formaler und informeller Struktur überprüfen zu können, werden in Abschnitt 2.5 Hypothesen über die zu erwartende Ausprägung der informellen Struktur von Matrix- und Holdingorganisationen abgeleitet. Verfeinert werden diese Hypothesen in Abschnitt 4.4.2, nachdem die beiden untersuchten Unternehmen näher vorgestellt wurden. Decken sich die Vorgaben aus der formalen Struktur mit der empirisch erhobenen informellen Struktur, liegt das geforderte *fit*-Verhältnis vor. In diesem Fall kann das Management die tatsächliche Struktur indirekt über die Gestaltung der formalen Organisation beeinflussen.

Es soll an dieser Stelle explizit hervorgehoben werden, dass in der Literatur sowohl hinsichtlich der formalen als auch der informellen Struktur eine Reihe von Annahmen bezüglich der Eigenschaften derselben getroffen wurden. So werden informelle Strukturen oft als problemorientierter und anpassungsfähiger als die formale Hierarchie betrachtet. Diese erleichtern, so wird angenommen, die Koordination von komplexen, interdependenten und sich wandelnden Aufgaben (vgl. Chisholm 1989: 12). Formale Strukturen werden oft mit negativen, informelle Strukturen oft mit positiven Eigenschaften assoziiert.[53] In dieser Studie werden hingegen formale und informelle Strukturen neutral als Soll- und Istorganisation aufgefasst. Ob die informelle Struktur die formale ergänzt, dieser zuwiderläuft oder Schwachstellen derselben überbrückt, ist eine empirische Frage. Allerdings werden auch in der vorliegenden Untersuchung grundsätzliche Annahmen bezüglich der Wirkung der Einbettung in tatsächliche (informellen) Strukturen getroffen. Diese wurden in Abschnitt 2.2 als "Netzwerkeffekt" bezeichnet.

Um das geforderte fit-Verhältnis zwischen formaler Struktur und informellen Strukturen überprüfen zu können, werden die informellen Strukturen, wie im nächsten Abschnitt erläutert, als Netzwerke von Beziehungen zwischen organisatorischen Einheiten aufgefasst. Die methodische Grundlage des Vergleichs bildet das Methodenarsenal der quantitativen Netzwerkanalyse. Wie sich formale und informelle Strukturen als Netzwerke abbilden lassen, wird im folgenden Abschnitt skizziert.

2.4.2 Netzwerke informeller Strukturen

Bereits früh wurde die Bedeutung informeller Strukturen für die Steuerung von Organisationen sowie die Leistung der Mitarbeiter erkannt. Ebenfalls früh wurde dabei auf netzwerkanalytische Techniken zurückgegriffen, um diese Strukturen zu analysieren. Als Pionierarbeit gelten die "Hawthorne-Studien" (vgl. Roethlisberger/Dickson 1949). Im Rahmen eines umfassenderen Forschungsprogramms wurden in den 20er Jahren im sogenannten "*Bank Wiring Room*" die sozialen Beziehungen von Arbeitern innerhalb eines Produktionsbetriebes in einem

---

[53] Im Rahmen der Interviews zu dieser Studie konnte interessanterweise häufig die Beobachtung gemacht werden, dass in der Unternehmenspraxis der Begriff der informellen Struktur eher negativ belegt ist. Dieser wird gelegentlich mit "Geklüngel" und "Seilschaften" in Verbindung gebracht.

Elektronikunternehmen untersucht. Die sozialen Beziehungen wurden damals schon als informelle Organisation bezeichnet und mittels Soziogrammen abgebildet (vgl. Roethlisberger/ Dickson 1949: 500-510).[54]

In der überwiegend amerikanischen Literatur wurde der Netzwerkansatz in Bezug auf informelle Strukturen auch in der Folgezeit nicht nur in einem metaphorischen Sinne verwendet, sondern in empirischen Studien operrationalisiert und mit den Methoden der quantitativen Netzwerkanalyse untersucht.[55] In den Arbeiten von Tichy/Fombrun (1979), Tichy et al. (1979), Stevenson (1990), Krackhardt/Hanson (1993), Molina (2000), Nelson (2001) werden bereits formale und informelle Organisationsstrukturen miteinander verglichen. Weitere Studien beschäftigten sich primär mit den informellen Strukturen. Hier stehen Fragen im Vordergrund, inwiefern eine zentrale Position der Akteure in Netzwerken eine Macht- und Einflussquelle für diese darstellt (vgl. Brass 1984; Walker 1985; Brass/Burkhardt 1993; Ibarra 1993; Krackhardt 1990; Manev/Stevenson 2001), inwiefern Akteure Soziales Kapital bilden können (vgl. Burt 1992; Tsai 2000, Tsai/Ghoshal 1998) und informelle Strukturen als Koordinationsmechanismus wirken (vgl. Lazega 1992). Auch der Ressourcentausch innerhalb internationaler Unternehmen wurde mehrfach als Netzwerk abgebildet. Im Blickpunkt stehen steuerungsrelevante Ressourcen wie der Tausch von Information und *know how* (vgl. Ghoshal/ Bartlett 1990; Gupta/Govindarajan 1991, 1994; Tsai 1998, 2001; Hansen 1999, Barsky 1999; Lazega/Pattison 1999). Formale und informelle Strukturen werden als Netzwerke abgebildet, indem die einzelnen Mitarbeiter oder organisatorischen Einheiten die Knoten des Netzwerkes bilden und die zwischen ihnen bestehenden Beziehungen durch Verbindungslinien kenntlich gemacht werden.

Die Abbildung und Analyse von Organisationsstrukturen mit den Methoden der quantitativen Netzwerkanalyse ist in der organisationssoziologischen Literatur und auch in der Managementforschung etabliert. Allerdings, dies wurde schon in der Einleitung zu dieser Arbeit erwähnt, weist die deutschsprachige betriebswirtschaftliche Forschung, insbesondere was empirische Studien angeht, diesbezüglich erhebliche Defizite auf. Die Einsatzmöglichkeit der Netzwerkanalyse zur Untersuchung von formalen und informellen Strukturen wurde hier zwar bereits in den 60er und 70er Jahren hervorgehoben (vgl. Coenenberg 1966; Sommer 1968; Mag 1970), jedoch auch neuere Arbeiten, die sich explizit mit der Methode der Netzwerkanalyse befassen, beschränken sich in der Regel darauf, diese als geeignete Methode vorzustellen

---

[54] Ein Soziogramm stellt Netzwerke in Graphenform dar. Die Akteure werden als Knoten des Netzes, die zwischen diesen bestehenden Beziehungen als Linien zwischen denselben dargestellt. Handelt es sich um gerichtete Beziehungen, kann die Richtung durch Pfeile an den Linienenden kenntlich gemacht werden. Die Soziometrie wurde im wesentlichen durch die Arbeit Morenos (1934, 1954) begründet (vgl. Wasserman/Faust 1994: 11-12).
[55] In einem Überblicksartikel über die Anwendung netzwerkanalytischer Verfahren in Studien über internationale Unternehmen wurden im Zeitraum von 1989-1999 allein 60 Artikel in den sechs führenden amerikanischen Zeitschriften identifiziert (vgl. Athanassiou 1999). Allerdings handelt es sich bei diesen Artikeln nicht ausschließlich um empirische Studien.

(vgl. Matiaske 1993; Böttcher 1996: 96-110; Zhang 1996: 136-140; Hippe 1997: 20-38; Renz 1998: 114-123; Kesten 1998: 107-113; Riedl 1999: 60-66; Wald 2000).

Wenn in diesem Abschnitt auf die Abbildung formaler und informeller Strukturen als Netzwerke eingegangen wird, geschieht dies nicht mit der Absicht, eine Einführung in die Methoden der Netzwerkanalyse zu leisten. Dazu sei auf einschlägige Lehrbücher verwiesen (vgl. Scott 1991; Degenne/Forsé 1994; Wasserman/Faust 1994; Jansen 1999). Es wird vielmehr besprochen, welche Beziehungsinhalte bei formaler und informeller Struktur verglichen werden sollen. Dies ist deshalb notwendig, da die formale Struktur in der Regel in Form von Weisungsbeziehungen vorgegeben wird, informelle Strukturen jedoch häufig in Form von Informationsflüssen oder Ähnlichem untersucht werden.

Zur Verdeutlichung wird ein einfaches Beispiel gewählt. Es handelt sich um die Daten aus der Studie von Krackhardt (1987a; Krackhardt/Hanson 1993), die in einem mittelständischen Unternehmen aus der IT-Branche formale und informelle Strukturen erhoben und verglichen haben.[56] Im Gegensatz zum korporativen Akteurskonzept, welches der vorliegenden Studie zugrunde liegt, wurden von Krackhardt die Beziehungen zwischen 21 Managern und nicht zwischen Organisationseinheiten betrachtet.

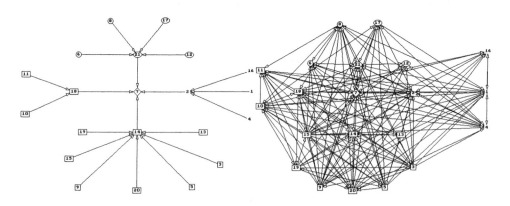

Abb. 2-5: Graphendarstellung der formalen und informellen Struktur
Quelle: Wald (2000: 704)

Abbildung 2-5 enthält sowohl die formale als auch die informelle Organisationsstruktur des Unternehmens in Graphendarstellung.[57] Die linke Seite der Abbildung enthält die formale Struktur. Beziehungsinhalt sind hierarchische Weisungsbeziehungen zwischen den Managern. Abweichend von der üblichen Darstellungsweise formaler Strukturen in Form von Organigrammen, liest sich hier die hierarchische Struktur nicht von oben nach unten, sondern

---

[56] Die Daten sowie ergänzende Informationen wurden aus Wasserman/Faust 1994: 60, 738-743) entnommen.
[57] Abbildung 2-5 wurde mit "Krackplot" erstellt (vgl. Krackhardt et al. 1994).

von innen nach außen. Der Geschäftsführer des Unternehmens, Akteur Nr. 7, ist im Zentrum des Graphen angesiedelt. Auf der zweiten Hierarchieebene folgen die Abteilungsleiter (Nr. 2, 14, 18, 21) sowie auf der dritten Ebene die Unterabteilungsleiter (alle übrigen Akteure). Die Pfeile an den Linienenden kennzeichnen die direkten Unterstellungsverhältnisse. So ist beispielsweise die Nr. 10 direkt dem Abteilungsleiter Nr. 18 unterstellt und dieser wiederum dem Geschäftsführer. Die unterschiedliche Form der Knoten symbolisiert die Zugehörigkeit zu einer der vier Abteilungen des Unternehmens.

Die informelle Struktur des Unternehmens ist auf der rechten Seite der Abbildung 2-5 dargestellt. Die räumliche Anordnung der Akteure stimmt mit der Anordnung bei der formalen Struktur überein. Beziehungsinhalt sind Kommunikationsbeziehungen.[58] Auch in den übrigen Untersuchungen zur informellen Organisation wurden schwerpunktmäßig Netzwerke der Kommunikation, Zusammenarbeit, gegenseitiger Unterstützung sowie sozialer Beziehungen (z.B. Freundschaften) erhoben (vgl. Tichy/Fombrun 1979: 931; Walker 1985: 107; Stevenson 1990: 120; Lazega 1992: 570; Molina 2000: 73-78; Manev/Stevenson 2001: 193). Die Auswahl der Beziehungen erfolgt dabei jeweils in Abhängigkeit von der Fragestellung.

Beim Vergleich der formalen und informellen Struktur in Abbildung 2-5 erweist sich der Beziehungsinhalt als problematisch. Zwar lässt sich einfach feststellen, dass das informelle Netzwerk eine wesentlich höhere Dichte aufweist, als das Netz der formalen Struktur, der Erkenntnisgewinn ist jedoch äußerst gering, da es sich bei der formalen Struktur um hierarchische Weisungsbeziehungen handelt, während das informelle Netz die arbeitbezogene Kommunikation der Manager zum Inhalt hat. Es werden Netzwerke mit unterschiedlichem Beziehungsinhalt verglichen. Auch in der vorliegenden Studie, so wird in Abschnitt 4.2 erläutert, werden die informellen Strukturen der beiden untersuchten Unternehmen in Form von Informationsflüssen, Unterstützungsverhältnissen und sozialen Beziehungen erhoben. Um das geforderte *fit*-Verhältnis zu überprüfen, sollen diese nicht mit den formalen Weisungsverhältnissen verglichen werden. Vielmehr werden aus der formalen Struktur Vorgaben über eine angemessene Ausprägung der Netzwerke des Informationsflusses sowie der Unterstützungsverhältnisse abgeleitet. Diese Vorgehensweise wurde auch in den bisherigen Studien gewählt, in denen ein Vergleich von formaler und informeller Struktur durchgeführt wurde (vgl. Tichy/Fombrun 1979: 931-933; Stevenson 1990:116; Molina 2000: 70-72). So lässt sich beispielsweise für das Einliniensystem der formalen Struktur in Abbildung 2-5 erwarten, dass die Akteure innerhalb der vier Abteilungen sehr viel miteinander kommunizieren, während die direkte Kommunikation zwischen den Mitarbeitern der Abteilungen sehr gering ist und im wesentlichen indirekt über die Abteilungsleiter sowie den Geschäftsführer läuft (vgl. Kieser/Kubicek 1992: 130-132). Ein Blick auf die informelle Struktur in Abbildung 2-5 zeigt, dass dies in der Realität nicht der Fall ist. Es besteht eine Vielzahl von direkten Beziehungen zwi-

---

[58] Konkret handelt es sich um Kommunikation im Rahmen von Ratschlägen in Bezug auf arbeitsbezogene Probleme (vgl. Krackhardt/Hanson 1993: 105).

schen den Managern unterschiedlicher Abteilungen. Für das Beispiel scheint daher kein *fit*-Verhältnis zwischen formaler und informeller Struktur vorzuliegen. Anders würde es sich verhalten, wenn es sich bei der formalen Struktur nicht um ein Einliniensystem sondern um eine Matrixorganisation handeln würde. In diesem Fall wären die horizontalen Beziehungen, d.h. die direkte Kommunikation der Manager aus unterschiedlichen Abteilungen explizit vorgesehen, die formale und die informelle Struktur würden sich eher entsprechen.

In diesem Kapitel wurde das Netzwerk sowohl als diskrete Strukturalternative als auch als idealtypische Organisationsform für internationale Unternehmen eingeführt. Darüber hinaus wurde argumentiert, dass grundsätzlich alle empirisch beobachtbaren Organisationsformen Netzwerke darstellen, da die strukturelle Einbettung der Akteure deren Handeln beeinflusst. Schließlich wurde bezüglich des sogenannten Netzwerkeffektes sowie der Organisationsstrukturen von Netzwerkunternehmen angeführt, dass es primär informelle Strukturen sind, die den ökonomischen und sozialen Tausch beeinflussen und daher Steuerungsrelevanz besitzen. Die informellen Strukturen spiegeln die Ist-Organisation wieder, während formale Strukturen im schlimmsten Fall nur eine Absichtserklärung des Managements darstellen, welche in der Realität keine Entsprechung findet.

Damit wurde die theoretische Basis geschaffen, um im nächsten Abschnitt die grundlegenden inhaltlichen Forschungsfragen für die empirische Untersuchung zu spezifizieren. Daraus werden eine Reihe von Hypothesen abgeleitet, die anhand der erhobenen Daten überprüft werden sollen.

2.5 Forschungsfragen und Leithypothesen

Das Ziel dieser Arbeit ist es, Ausmaß und Wirkung des Netzwerkeffektes empirisch zu untersuchen. Konkret werden die Aussagen der präskriptiv geprägten Ansätze zur "netzwerkartigen" Organisation internationaler Unternehmen überprüft, die sich unter anderem auf das zu erwartende Ausmaß des Netzwerkeffektes beziehen. Daneben werden formale und informelle Strukturen verglichen und das Vorliegen eines *fits* zwischen denselben untersucht. Somit ergeben sich zwei grundlegende Forschungsfragen:

1. Inwiefern lassen sich netzwerkartig organisierte Unternehmen empirisch beobachten, beziehungsweise lassen sich die skizzierten Eigenschaften bezüglich der Organisationsstruktur und der Koordinationsmechanismen von Netzwerkunternehmen identifizieren?

2. In welchem Ausmaß weisen internationale Unternehmen, welche die formalen Anforderungen an Netzwerkunternehmen erfüllen, die skizzierten Eigenschaften auch im Rahmen der informellen Struktur auf?

Aus den beiden Forschungsfragen werden Hypothesen abgeleitet, die den Leitfaden für die empirische Untersuchung bilden. Zunächst geht es in der ersten Frage darum festzustellen, ob sich grundsätzlich "netzwerkartige" Strukturen identifizieren lassen. Die Bestätigung der entsprechenden Hypothesen im Rahmen der empirischen Überprüfung bedeutet, dass tatsächlich Netzwerkunternehmen vorliegen. Umgekehrt ist bei der Widerlegung der Hypothesen davon auszugehen, dass es sich bei den untersuchten Fällen nicht um Netzwerkunternehmen handelt. Bei den nachfolgenden Hypothesen wird zunächst von der konkreten Ausprägung der formalen Struktur abstrahiert und von einem idealtypischen Netzwerkunternehmen, einer Matrixorganisation und einer Management-Holding ausgegangen. Eine Spezifikation der Hypothesen im Hinblick auf die beiden im empirischen Teil der Arbeit untersuchten Fälle erfolgt in Abschnitt 4.4, nachdem die Unternehmen vorgestellt worden sind.

Netzwerkartig organisierte Unternehmen wurden in der Literatur auch als "Integrierte Netzwerke" bezeichnet, da zwischen den einzelnen Akteuren ein reger Austausch von Ressourcen stattfindet. Die Akteure sind in eine Vielzahl von dichten Netzwerken eingebettet.

H 1.1:
Netzwerkunternehmen stellen "integrierte Netzwerke" dar, d.h. Unternehmenszentrale, Tochterunternehmen und sonstige organisatorischen Einheiten sind über eine Vielzahl von Beziehungen miteinander verbunden. Die Netzwerkdichten sind sehr hoch.

Um die notwendige Flexibilität, d.h. die Anpassungsfähigkeit an sich wandelnde Wettbewerbsbedingungen, zu gewährleisten, müssen steuerungsrelevante Ressourcen wie Informationen schnell zwischen den Organisationseinheiten fließen. Diese werden insbesondere nicht durch Tauschbarrieren in Form mangelnden Zugangs erschwert.

H 1.2:
In Netzwerkunternehmen können steuerungsrelevante Ressourcen frei fließen. Der Tausch wird nicht oder nur in geringem Maße durch Transaktionskosten erschwert. Der Netzwerkeffekt fällt gering aus.

Die Koordination der arbeitsteiligen Aktivitäten im Hinblick auf übergeordnete Unternehmensziele erfolgt in Netzwerkunternehmen weniger durch hierarchische Weisungen als vielmehr im Rahmen von Verhandlungen. Voraussetzung für die Verhandlung ist einerseits, dass die beteiligten Akteure über Verhandlungsmasse (eigene Ressourcen) verfügen, andererseits, dass sich die Akteure kooperativ verhalten. Letzteres wird durch eine "starke" Unternehmenskultur gefördert, welche wiederum durch den in Hypothese 1.1 genannten hohen Grad an struktureller Einbettung der Akteure entsteht. Die hierarchische Weisungsmacht der Zentrale sollte im Vergleich mit den Ressourcen der Organisationseinheiten einen relativ geringen Wert aufweisen.

H 1.3:
Die Koordination von Netzwerkunternehmen vollzieht sich weniger durch hierarchische Weisungen der Unternehmensleitung als durch gegenseitige Verhandlungen. Verhandlungsmasse sind dabei steuerungsrelevante Ressourcen, denen im Verhältnis zur hierarchischen Entscheidungsmacht der Zentrale ein höherer Wert beigemessen wird.

In Netzwerkunternehmen sind die steuerungsrelevanten Ressourcen dezentral vorhanden. Es gibt kein ausgeprägtes Zentrum-Peripherie-Gefälle. Aufgrund weitgehender Dezentralisation von Entscheidungskompetenzen und Delegation von Aufgaben verfügen die Einheiten originär über Ressourcen, die von der Zentrale nachgefragt werden. Diese Ressourcen bilden eine Machtbasis für die Einheiten. Es liegen "mehrgipfelige" Führungsstrukturen vor.

H 1.4:
Die steuerungsrelevanten Ressourcen sind nicht ausschließlich in der Unternehmenszentrale gebündelt, sondern werden vielmehr originär von den organisatorischen Einheiten und Tochterunternehmen generiert.

Die Hypothesen bezüglich der zweiten Hauptfrage beziehen sich auf das Verhältnis von formaler und informeller Organisationsstruktur in Netzwerkunternehmen. Die Hypothesen werden unter der Annahme abgeleitet, dass sich formale und informelle Strukturen entsprechen, d.h. ein *fit*-Verhältnis vorliegt. Nur im Falle des Vorliegens eines *fits* ist davon auszugehen, dass das Management die tatsächliche Struktur mittels der Gestaltung formaler Strukturen beeinflussen kann.

Als angemessene formale Strukturmodelle für die Verfolgung einer transnationalen Strategie wurden die Matrix und die Management-Holding identifiziert. Dabei ist davon auszugehen, dass die Matrix dem Idealtyp des Netzwerkunternehmens näher kommt. Bei der Matrix handelt es sich um eine Organisationsform, in der die Komplexität institutionalisiert wird, während in der Holding versucht wird, diese zu reduzieren. Für die Matrix wird angenommen, dass sehr hohe Netzwerkdichten zu beobachten sind. Da neben den vertikalen Beziehungen formal vorgesehene horizontale Beziehungen existieren, sollte sich dies auch in den realisierten Netzen spiegeln.

H 2.1-M:
In der Matrixorganisation liegen insgesamt sehr hohe Netzwerkdichten vor.

Was die Koordination des Unternehmens betrifft, ist in der Matrix insbesondere die gegenseitige Abstimmung der Matrixstellen unterschiedlicher Dimension vorgesehen. Bei einer nach regional- und produktbezogenen Gesichtspunkten gegliederten Matrix sollen somit gleichzeitig Globalisierungs- und Lokalisierungserfordernisse berücksichtigt werden können. Die Netzwerkdichten zwischen den Matrixstellen unterschiedlicher Dimensionen sind daher erwartungsgemäß hoch. Um die Lokalisierungs- oder Globalisierungserfordernisse allein berücksichtigen zu können, besteht nur geringer Abstimmungsbedarf zwischen den Matrixstellen innerhalb einer Dimension. Daher sind hier niedrige Netzwerkdichten zu erwarten.

H 2.1.1-M:
Die Dichten zwischen den Matrixstellen unterschiedlicher Dimensionen sind hoch.

H 2.1.2-M:
Die Dichten zwischen den Matrixstellen derselben Dimension sind niedrig.

Da die Matrixleitung die Gesamtverantwortung für das Unternehmen trägt, ist von einem regem Austausch von Ressourcen, d.h. hohen Netzwerkdichten, zwischen der Matrixleitung und den beiden Matrixstellen auszugehen. Die operative Verantwortung wird weitestgehend an die Matrixstellen delegiert, so dass sich die Leitung auf die strategische Ausrichtung des Unternehmens konzentrieren kann. Dazu benötigt die Matrixleitung die Ressourcen der Matrixstellen. Aufgrund der Vielzahl von direkten Tauschbeziehungen zwischen den Matrixstellen müssen diese Ressourcen nicht indirekt über die Matrixleitung fließen. Es liegt kein Zentrum-Peripherie-Gefälle vor. Die Ressourcen sind nicht in der Leitung gebündelt, sondern dezentral auf die Einheiten verteilt.

H 2.1.3-M:
Die Dichten zwischen Matrixleitung und den Matrixstellen beider Dimensionen sind hoch.

H 2.2-M:
Steuerungsrelevante Ressourcen sind in der Matrix dezentral vorhanden, d.h. es liegt kein Zentrum-Peripherie-Gefälle vor.

Die Hypothesen bezüglich den zu erwartenden Netzwerkdichten zwischen den Organisationseinheiten der Matrix sind in Tabelle 2-1 zusammengefasst. Dabei wird zunächst von symmetrischen Beziehungen ausgegangen. Eine Eins als Eintrag in den Zellen der Tabelle bedeutet, dass hohe Dichten zwischen den betreffenden Akteuren vorliegen, eine Null geht mit niedrigen Dichten einher.

Dichten	Matrixleitung	Matrixstellen Produkt	Matrixstellen Region
Matrixleitung	1	1	1
Matrixstellen Produkt	1	0	1
Matrixstellen Region	1	1	0

Tab. 2-1: Strukturhypothesen Matrixorganisation - Netzwerkdichten

Für die Management-Holding wird erwartet, dass diese, was die strukturellen Merkmale angeht, etwas weiter vom Idealtyp der Netzwerkorganisation entfernt ist als die Matrix. Zwar ist auch diese zur Verfolgung einer transnationalen Strategie geeignet, Globalisierungs- und Lokalisierungsziele werden aber nicht gleichgewichtig verfolgt. Der Schwerpunkt liegt auf der Berücksichtigung lokaler Besonderheiten. Mit der Holding soll die Komplexität des Wettbewerbsumfeldes gemeistert werden, indem versucht wird, organisatorische Komplexität zu verringern. Daher sind für die Holding insgesamt deutlich geringere Netzwerkdichten zu erwarten als für die Matrix.

H 2.1-H:
In der Management-Holding liegen insgesamt relativ niedrige Netzwerkdichten vor.

Die Tochterunternehmen in der Holding verfügen über einen hohen Autonomiegrad und sind untereinander weitgehend unabhängig. Daher ist von geringen Dichten zwischen den Tochterunternehmen auszugehen. Im Gegensatz zur Matrix erfolgt die Koordination der Aktivitäten der einzelnen Gesellschaften im Hinblick auf die Ziele des Gesamtkonzerns nicht direkt zwischen den Gesellschaften sondern indirekt über die Holding-Leitung. Insofern sind eher geringe Dichten zwischen den einzelnen Tochtergesellschaften zu erwarten.

H 2.1.1-H:
Die Dichten zwischen der Holding-Leitung und den Tochtergesellschaften sind hoch.

H 2.1.2-H:
Die Netzwerkdichten zwischen den Tochtergesellschaften sind niedrig.

Wie in der Matrix soll auch in der Management-Holding die Zentrale von operativen Aufgaben entlastet werden, um sich auf die strategische Steuerung konzentrieren zu können. Im Unterschied zur Matrix fließen die zur Koordination benötigten Ressourcen nicht direkt zwischen den Gesellschaften sondern indirekt, über die Holding-Leitung. Die Ressourcen sind in der Holding-Leitung gebündelt. Es liegt ein deutliches Zentrum-Peripherie-Gefälle vor.

H 2.2-H:
Steuerungsrelevante Ressourcen sind in der Management-Holding zentral vorhanden. Es liegt ein deutliches Zentrum-Peripherie-Gefälle vor.

Für die Management-Holding sind die zu erwartenden Netzwerkdichten zwischen den Organisationseinheiten in Tabelle 2-2 zusammengefasst.

Dichten	Holding-Leitung	Tochterunternehmen
Holding-Leitung	1	1
Tochterunternehmen	1	0

Tab. 2-2: Strukturhypothesen Management-Holding - Netzwerkdichten

Die formulierten Hypothesen bilden den Leitfaden für den empirischen Teil der Arbeit. Die Hypothesen bezüglich der zweiten Forschungsfrage wurden dabei aus den idealtypischen Strukturmodellen der Matrixorganisation und der Management-Holding abgeleitet. Da diese Idealtypen in der Realität immer mit bestimmten Ausprägungsformen einhergehen, müssen die Hypothesen für die empirische Überprüfung, wie bereits erwähnt, weiter spezifiziert werden (vgl. Abschnitt 4.4).

3 Die Modellierung des Netzwerkeffektes

In diesem Kapitel wird das Modell von Henning (2000a) vorgestellt, welches die Abbildung des strukturell eingebetteten Ressourcentauschs ermöglicht. Das Tauschmodell basiert auf dem Grundmodell Colemans (1966a/b, 1973, 1986), berücksichtigt jedoch explizit Transaktionskosten, die sich abhängig von der jeweiligen Position der Akteure in der Netzwerkstruktur für diese ergeben. Mit dem Modell lässt sich der in Abschnitt 2.2.1 erläuterte Netzwerkeffekt operationalisieren. Sowohl der relationale als auch der strukturelle Effekt der Einbettung werden abgebildet. Das Tauschmodell stellt die "Netzwerktheorie" in dieser Studie dar.

Das Modell liefert auf der Makroebene des gesamten Tauschsystems sowie auf der Mikroebene der einzelnen Akteure Maßzahlen, die zur Überprüfung der Leithypothesen herangezogen werden können und damit der Beantwortung der Forschungsfragen dienen. Auf der Makroebene des gesamten Systems ergeben sich Gleichgewichtspreise für die getauschten Ressourcen. Damit lässt sich die Frage beantworten, welchen Wert hierarchische Weisungsmacht gegenüber Ressourcen wie Information in Bezug auf die Führung der Unternehmen hat. Der Ressourcentausch lässt sich sowohl unter Berücksichtigung der strukturellen Einbettung abbilden als auch als Tausch auf vollkommenen Märkten, d.h. unter Vernachlässigung von Transaktionskosten. Anhand des Vergleichs der beiden Modellversionen kann die Frage beantwortet werden, inwiefern der Tausch beziehungsweise das Tauschgleichgewicht in den untersuchten Organisationen durch Transaktionskosten beeinflusst wird, d.h. Netzwerkeffekte vorliegen.

Auf der Mikroebene der einzelnen Akteure ergibt sich im Tauschgleichgewicht das Ressourceneinkommen derselben. Gewichtet mit den jeweiligen Ressourcenpreisen, kann dieses als Macht der Akteure interpretiert werden. Im Gegensatz zu dem Grundmodell von Coleman, welches von einem rein relationalen Machtbegriff ausgeht (vgl. Abschnitt 3.1.2), beinhaltet das Machtkonzept Hennings darüber hinaus eine strukturelle Komponente. Die Macht ergibt sich hier nicht nur aus der Ressourcenausstattung der Akteure sowie der Interessenverteilung im Tauschsystem. Es wird zudem die strukturelle Einbettung, d.h. die Zugangsstruktur der Akteure, berücksichtigt. Die Macht eines Akteurs im Modell von Henning lässt sich daher in zwei Komponenten aufspalten: In eine Komponente, die sich aus der Ressourcenausstattung ergibt, und in eine strukturelle Komponente, die aus einer günstigen Position in den Netzwerken resultiert. Die strukturelle Komponente der Macht berücksichtigt dabei die zwei in Abschnitt 2.2.1 erläuterten Konzepte Sozialen Kapitals. Akteure sind demnach sowohl mächtig, wenn sie im Sinne Burts eine Maklerposition in den Netzwerken einnehmen, als auch, wenn sie direkten Zugang zu vielen (alternativen) Tauschpartnern haben. Um einer Verwirrung vorzubeugen, ist an dieser Stelle anzumerken, dass die Begriffe 'relational' und 'strukturell' in Bezug auf den Netzwerkeffekt in einer unterschiedlichen Bedeutung verwendet werden als in Bezug auf die Macht. Beim Netzwerkeffekt bezieht sich die relationale Komponente auf die direkte dyadische Einbettung und die strukturelle Komponente auf die Gesamtheit der Beziehungen im Netzwerk (vgl. Abschnitt 2.2.1). Der relationale und der strukturelle Effekt beziehen sich jedoch beide auf die konkrete Ausprägung der Netzwerkstruktur. Wenn von relationaler Macht die Rede ist, wird jedoch von der konkreten Ausprägung der Struktur abstrahiert und eine Vollstruktur angenommen, bei der alle Akteure untereinander direkt verbunden sind (vgl. Abschnitt 3.1.2). Die strukturelle Macht ergibt sich demgegenüber aus der konkreten Ausprägung der Struktur (vgl. Abschnitt 3.2.3). Diese kann sowohl auf dem relationalen als auch auf dem strukturellen Effekt der Einbettung beruhen.

Wie schon erwähnt, beruht das Modell Hennings in seinen Grundzügen auf der Arbeit von Coleman (1966a/b; 1973; 1986), welcher ursprünglich darauf abzielte, dass Unmöglichkeitstheorem von Arrow (1963) zu überwinden. Das Coleman-Modell (CM) kann zur Dekomposition und Prognose kollektiver Entscheidungen herangezogen werden. Das Phänomen auf der Makroebene, die mehrdimensionale kollektive Entscheidung, wird als Ergebnis von Handlungen auf der Mikroebene, nämlich des Kontrolltauschs über die einzelnen Entscheidungsdimensionen, abgebildet.[1] Insofern wird den drei Schritten der soziologischen "Makro-Mikro-Makro-Erklärung" gefolgt (vgl. Coleman 1990: 5-23; Esser 1993: 93-111; Matiaske 1999: 90-93). Ausgangspunkt ist die Verteilung von Verfügungsrechten auf der Makroebene. Die Akteure verfügen jeweils über ein bestimmtes Maß an Kontrolle über die zur Entscheidung anstehenden Ereignisse. Grundsätzlich ist es dabei unerheblich, ob die Verfügungsrechte aufgrund formaler Regeln oder im Rahmen informeller Prozesse entstanden sind (vgl. Matiaske 1998: 49). Die Makro-Mikro-Verbindung wird durch eine Reihe von Annahmen, wie der Geschlossenheit des Tauschsystems, hergestellt, die als Brückenhypothesen fungieren. Auf der Mikroebene wird unter der Annahme nutzenmaximierenden Verhaltens davon ausgegangen, dass die Akteure Kontrollanteile an Ereignissen, an denen sie ein hohes Interesse besitzen, eintauschen, gegen Kontrollanteile an Ereignissen, die sie weniger interessieren. Dabei werden analog zu ökonomischen Märkten Kontrollanteile wie private teilbare Güter behandelt und ein Marktgleichgewicht bestimmt. Diese Tauschlogik bildet den nomologischen Kern des Modells. Das Tauschgleichgewicht stellt wiederum das Ergebnis auf der Makroebene dar. Aufgrund der neuen Kontrollverteilung nach dem Tausch lässt sich unter Angabe einer Entscheidungsregel, welche als Transformationsregel die Mikro-Makro-Verbindung herstellt, der Ausgang der kollektiven Entscheidung vorhersagen.

---

[1] Konkret lässt sich dieser Kontrolltausch als Stimmentausch in institutionalisierten Majoritätssystemen vorstellen. Tatsächlich war das im amerikanischen Kongress praktizierte "Log Rolling" Vorbild für Colemans Modell. Der Kontrolltausch läuft dabei so ab, dass ein Abgeordneter A verspricht, seine Stimme bezüglich einer Frage, an der er wenig Interesse hat, im Sinne eines anderen Abgeordneten B einzusetzen. Abgeordneter B stimmt im Gegenzug bei einer Entscheidung, an der A großes Interesse hat, für diesen. Dadurch erhöhen beide Akteure ihren Nutzen, da sie die Kontrolle über Entscheidungen, an denen sie stark interessiert sind, vermehren indem sie Kontrolle über Entscheidungen aufgeben, an denen Sie nur geringes Interesse besitzen (vgl. Pappi et al. 1995: 328).

Empirische Anwendungen des Modells von Coleman sowie modifizierter Versionen desselben sind primär in Arbeiten aus der politischen Soziologie zu finden. Vorherrschend sind Politikfeld- und Elitestudien (vgl. Laumann/Pappi 1976; Marsden/Laumann 1977; Pappi/Kappelhoff 1984; Laumann/Knoke/Kim 1987; König 1992; Pappi et al. 1995; Schnorpfeil 1996; Brechtel 1998). Im Mittelpunkt des Interesses steht dabei einerseits die Erklärung des Entscheidungsausgangs, andererseits geht es darum, die Machtstrukturen in den untersuchten Politikfeldern zu analysieren.

Anwendungen des CM sowie modifizierter Versionen im Rahmen betriebswirtschaftlicher Fragestellungen sind bislang Mangelware. Gupta (1989) wendet eine modifizierte Version des CM auf multidimensionale Verhandlungen zwischen Handel und Hersteller an und vergleicht die Ergebnisse mit Konzepten der kooperativen Spieltheorie wie der Nash-Bargaining Solution (vgl. Nash 1950). Allerdings werden Probleme, die sich durch die strukturelle Einbettung der Akteure ergeben können, nicht thematisiert. Hervorgehoben werden muss in diesem Zusammenhang die Arbeit von Matiaske (1998, 1999). Dieser entwickelt, ebenfalls auf dem Grundmodell Colemans basierend, eine eigene Modellversion. Hier kann ein Akteur zusätzlich zu seinen originären Ressourcen Zugang zu Ressourcen Dritter anbieten und daher die Rolle eines Brokers einnehmen. Der Zugang wird, basierend auf soziometrischen Zentralitätsmaßen, gemessen (vgl. Matiaske 1999: 252-256). Das Modell von Matiaske wird allerdings nicht theoretisch konsistent aus der Maximierung einer Nutzenfunktion hergeleitet, sondern eher ad hoc eingeführt.[2]

Auch in früheren Arbeiten wurde bereits berücksichtigt, dass sozialer Tausch nicht zwischen atomistischen Akteuren auf einem perfekten Markt stattfindet, sondern die Akteure in soziale Beziehungsnetzwerke eingebunden sind (vgl. Marsden 1983; Laumann/Knoke/Kim 1987; Stokman/van den Bos 1992; Pappi et al. 1995). In Abhängigkeit von der konkreten Ausprägung der Netzwerkstruktur können Tauschbarrieren existieren, wenn nicht alle Akteure untereinander Zugang haben. Das von Pappi et al. (1995) vorgeschlagene Modell beispielsweise nimmt an, dass Akteure ohne formale Entscheidungsmacht (Interessengruppen) den Zugang zu Agenten (Politikern) tauschen können, die mit formaler Entscheidungsmacht ausgestattet sind. Der Zugang von Akteuren zu Agenten wird in diesem Fall mit einem bestätigten Netzwerk der Informationsbeziehungen zwischen diesen gemessen und stellt ein zusätzliches Tauschgut dar.

Mangelhafter Zugang zu potentiellen Tauschpartnern schafft Austauschbarrieren, die nur durch die Aufwendung von Kosten überwunden werden können. Umgekehrt können Akteure mit guten Zugangsstrukturen den Wert ihrer Ressourcen erhöhen (vgl. Marsden 1983:

---

[2] Matiaske (1998: 71-73, 1999: 252-253) verwendet das von Bonacich (1987) vorgeschlagene Zentralitätsmaß, welches die Eigenvektorzentralität der Akteure mit einem Gewichtungsfaktor versieht. Dieser wird in Abhängigkeit davon gewählt, ob es sich um positiv- oder negativ verbundene Beziehungen im Sinne von Cook et al. (1983, 1984) handelt.

686-687).[3] Coleman selbst hat sein Grundmodell erweitert und Transaktionskosten, die aufgrund von Austauschbarrieren bestehen, berücksichtigt (vgl. Coleman 1990: 892-898). Die Erweiterung Colemans sowie das darauf aufbauende Modell Brauns (1993; 1994) konzeptualisieren Transaktionskosten, indem diese aus dem Modell abgezogen (Coleman) oder dem Austausch entzogen (Braun) werden. Die Existenz von Brokern, über die Akteure mit Zugangsbarrieren handeln können, wird nicht betrachtet (vgl. Matiaske 1999: 255). Beide Versionen verfügen darüber hinaus nicht über eine mikroökonomische Fundierung der Modellannahmen (vgl. Henning 1996a). Demgegenüber bietet das in dieser Studie angewandte Modell von Henning (2000a) neben der Berücksichtigung von Transaktionskosten und "Brokerage" eine mikroökonomischen Fundierung.

Aufgrund der geringen Verbreitung in der betriebswirtschaftlichen Literatur erscheint es angebracht, der Vorstellung des Modells von Henning in Abschnitt 3.2 einen Überblick über die Grundlogik des Modells von Coleman voranzustellen. Da bereits ausführliche Analysen über die theoretischen Eigenschaften des CM vorliegen (vgl. Braun 1990; Brüderl 1990; Kappelhoff 1993) wird sich der Überblick auf die zum Verständnis des Modells von Henning notwendigen Grundlagen beschränken und diese anhand von Beispielen veranschaulichen.

3.1 Das Modell von Coleman

3.1.1 Darstellung des Grundmodells

Bei der folgenden Darstellung des CM wird im wesentlichen den Ausführungen von Coleman (1986: 85-100, 1994: 20-36) und Kappelhoff (1993: 102-118) gefolgt. Ausgangspunkt ist eine Menge von Akteuren (j=1,...m) die über eine Menge von Ereignissen (i=1,...n) entscheiden sollen. Die Akteure haben ein unterschiedlich hohes Interesse x_{ji} an den Ereignissen. Weiterhin verfügen alle an der kollektiven Entscheidung beteiligten Akteure über ein bestimmtes Maß an Kontrolle c_{ij} über die einzelnen Ereignisse. Im vorliegenden Beispiel werden ereignisspezifisch unterschiedlich hohe Kontrollmaße für die einzelnen Akteure angenommen. Eine wichtige Grundannahme des Modells ist die Geschlossenheit des Tauschsystems, d.h. alle an der Entscheidung beteiligten Akteure sowie alle zu entscheidenden Ereignisse sind im System vertreten. Interesse und Kontrolle lassen sich daher zeilenweise normieren:

(3-1) $\quad x_{ji} \geq 0, \quad \sum_{i=1}^{n} x_{ji} = 1$

---

[3] Die Ursachen für bestehende Barrieren können unterschiedlicher Natur sein (vgl. Braun 1993: 3). So kommen für den Fall weltweit verstreuter Tochterunternehmen eines internationalen Unternehmens neben sozialen und kulturellen Distanzen trivialerweise auch geographische Distanzen in Betracht.

(3-2) $c_{ij} \geq 0, \quad \sum_{j=1}^{m} c_{ij} = 1$

Im folgenden wird von einem einfachen Beispiel mit 3 Akteuren (A) und 4 Ereignissen (E) ausgegangen. Um das Beispiel auf die im Rahmen dieser Studie untersuchten internationalen Unternehmen zu beziehen, wird davon ausgegangen, dass es sich um eine Matrixorganisation handelt, bei der eine Entscheidung über eine größere Investition ansteht. Akteur 1 stellt den Leiter der produktbezogenen Matrixstelle und Akteur 2 den Leiter der regionenbezogenen Matrixstelle dar. Akteur 3 vertritt die Zentralabteilung "Steuer und Finanzen". Die Investitionsentscheidung lässt sich in vier Teildimensionen (Ereignisse) zerlegen. Ereignis 1 bezieht sich auf die Strategie in dem betreffenden Produktbereich und betrifft, was die Investitionsentscheidung angeht, unmittelbar die Höhe derselben. Die Ereignisse 2 und 3 haben Steuer- und Finanzfragen zum Inhalt während sich Ereignis 4 auf die technischen Eigenschaften der im Rahmen der Investition zu schaffenden Anlagen bezieht. Die Akteure sind, ihrem Aufgabengebiet entsprechend, mehr oder weniger an den einzelnen Ereignissen interessiert und verfügen, ihrer formalen Position in der Organisation entsprechend, über mehr oder weniger Kontrolle über die einzelnen Ereignisse. Die Interessen- und Kontrollwerte sind in Tabelle 3-1 eingetragen. Akteur 1 ist ausschließlich an der Strategie und damit einhergehend an der Höhe der Investition interessiert, während der Regionalleiter (Akteur 2) sowohl an der Höhe der Investition als auch an den technischen Eigenschaften der Anlage interessiert ist. Der Vertreter der Zentralabteilungen interessiert sich darüber hinaus auch für die mit der Investition einhergehenden steuerlichen und finanziellen Fragen.

						C				
						A 1	A 2	A 3		
						0,8	0,1	0,1	E 1	
						0,6	0,2	0,2	E 2	
						0,2	0,5	0,3	E 3	
		E 1	E 2	E 3	E 4	0,2	0,1	0,7	E 4	
	Akteur 1	1	0	0	0	0,8	0,1	0,1	A 1	
X	Akteur 2	0,7	0	0	0,3	0,62	0,1	0,28	A 2	**Z**
	Akteur 3	0,2	0,2	0,1	0,5	0,4	0,16	0,44	A 3	
						A 1	A 2	A 3		

Tab. 3-1: Interesse-, Kontroll- und Interessenverflechtungsmatrix

Durch Multiplikation der Interessenmatrix X mit der Kontrollmatrix C ergibt sich eine Matrix der Interessenverflechtung Z, die angibt, in welchem Maße die Ereignisse, an denen ein Akteur j interessiert ist, von den anderen Akteuren k kontrolliert werden:[4]

$$(3\text{-}3) \quad z_{jk} = \sum_{i=1}^{n} x_{ji} c_{ik}$$

Die Hauptdiagonale der Interessenverflechtungsmatrix (j=k) gibt an, in welchem Maße ein Akteur selbst die Kontrolle über die für ihn interessanten Ereignisse ausübt. Akteur 1 beispielsweise ist in hohem Maße unabhängig, da sich bereits 80% der Kontrolle über die Ereignisse, die ihn interessieren, in seinem Besitz befindet. Akteur 2 hingegen ist stark an Kontrollanteilen interessiert, die sich im Besitz von Akteur 1 befinden (62%). Die Z-Matrix kann auch als Abhängigkeitsmatrix interpretiert werden (vgl. Marsden 1983: 688). Allerdings implizieren die Zellen der Z-Matrix nicht notwendig eine direkte relationale Abhängigkeit des Akteurs j von k und geben keinen Aufschluss über dyadische Tauschbeziehungen (vgl. Kappelhoff 1993: 115, 161-164). Ein Anreiz zum Kontrolltausch besteht immer dann, wenn eine starke Abweichung von Kontroll- und Interessenallokation der Akteure gegeben ist, da folgende Cobb-Douglas-Nutzenfunktion (U_j = der Nutzen eines Akteurs j) angenommen wird:

$$(3\text{-}4) \quad U_j = \prod_{i=1}^{n} c_{ij}^{x_{ji}}$$

Eigenschaft der Funktion ist ein steigender Gesamtnutzen sowie ein fallender Grenznutzen bei zunehmendem Kontrollbesitz. Der Nutzenzuwachs durch Gewinn von Kontrollanteilen über Ereignisse mit hohem Interesse ist größer als der Nutzenverlust durch Abgabe von Kontrollanteilen an Ereignissen mit geringem Interesse (unter der Voraussetzung gleicher Preise für die Kontrolle).

Neben der Matrix der Interessenverflechtung ist die Matrix der Kontroll- bzw. Ereignisverflechtung W für den Anreiz zum Tausch von Bedeutung, deren Zelleinträge das Ausmaß der Kontrolle von Akteuren über das Ereignis i angeben, die an anderen Ereignissen l interessiert sind:

---

[4] Zur Lösung der Modellgleichungen sind lediglich Grundkenntnisse in der Matrixalgebra erforderlich (vgl. hierzu Luh/Stadtmüller 1989: 229-293).

$$(3\text{-}5) \quad w_{il} = \sum_{j=1}^{m} c_{ij} x_{jl}$$

Für das Beispiel ergeben sich die in Tabelle 3-2 eingetragenen Werte. Das Ereignis 1 beispielsweise wird im wesentlichen (zu 89%) durch Akteure kontrolliert, die an Ereignis 1 selbst interessiert sind, während die Akteure, die Kontrolle über Ereignis 2 ausüben, stark (zu 78%) an Kontrolle über Ereignis 1 interessiert sind.

	E 1	E 2	E 3	E 4
Ereignis 1	0,89	0,02	0,01	0,08
Ereignis 2	0,78	0,04	0,02	0,16
Ereignis 3	0,61	0,06	0,03	0,30
Ereignis 4	0,41	0,14	0,07	0,38

Tab. 3-2: Kontrollverflechtungsmatrix W

Die zentrale Verhaltensannahme des Modells ist die proportionale Ressourcenallokation. Demnach setzten die Akteure ihre Ressourcen proportional zu ihrem Interesse ein:

$$(3\text{-}6) \quad c_{ij}^{*} v_i = x_{ji} p_j$$

Je mehr ein Akteur an einem Ereignis interessiert ist, desto mehr Kontrolle fragt er unter Berücksichtigung seines Budgets p_j nach. Die Preiselastizität der Nachfrage ist -1.[5] Ein Akteur verwendet unabhängig vom Preis eines Ereignisses immer den gleichen Anteil seines Einkommens um dieses zu kaufen. Die Einkommenselastizität beträgt +1.[6] Preis-Mengen-Veränderungen verhalten sich bezüglich des Einkommens (Budgets) neutral, d.h. der Preis- und der Mengeneffekt gleichen sich aus. Dies impliziert, dass ein Akteur unabhängig von der Höhe seines Budgets immer den gleichen Anteil aufwenden wird, um ein Gut zu erwerben (vgl. Matiaske 1998: 61).

Das Budget eines Akteurs ergibt sich aus der mit den Marktpreisen v_i für die Ereignisse gewichteten Kontrollausstattung eines Akteurs, c_{ij}^{*} steht für die von einem Akteur j bei gegebenen Preisen, d.h. im Gleichgewicht, nachgefragte Kontrolle über i.

---

[5] Die Preiselastizität der Nachfrage misst die Veränderung der Nachfrage in Abhängigkeit zum Preis.
[6] Die Einkommenselastizität misst die Veränderung der Nachfrage im Verhältnis zum Einkommen.

$$(3\text{-}7) \quad p_j = \sum_{l=1}^{n} v_l c_{lj}$$

Das Modell bildet den Tausch auf einem vollkommenen Markt ab. Als Ergebnis wird ein Gleichgewicht von Angebot und Nachfrage von Kontrollanteilen erreicht. Das zugrunde liegende walrasianische Modell (vgl. Walras 1889) ist ein axiomatisches Konzept, d.h. es werden keine Annahmen über den tatsächlich ablaufenden Tauschprozess gemacht (vgl. Henning 2000a: 123). Einzelne Tauschdyaden, d.h. die Frage, welcher Akteur mit wem wie viel tauscht, wird nicht betrachtet.[7] Angenommen wird, dass sich das Marktgleichgewicht im Zuge eines sogenannten Tâtonement-Prozess ergibt. Dabei sind alle Marktteilnehmer an einem Ort versammelt und geben ihre Angebot- und Nachfragemenge nach den Tauschgütern sowie ihre jeweilige Preisbereitschaft einem Auktionator bekannt. Dieser legt die markträumenden Preise für alle Güter fest. Der Walras-Auktionator substituiert das informationseffiziente Tauschmedium Geld, wobei er selbst keine Entlohnung für seine Dienste erhält (vgl. Muhl 2001: 37).

Im Rahmen von politischem (sozialem) Tausch stellt sich die Frage, ob es in der Realität einen dem Auktionator entsprechenden Koordinationsmechanismus gibt, der das generelle Tauschmedium Geld ersetzt. Henning (1996, 2000a: 123-127) argumentiert in diesem Zusammenhang, dass die einer politischen Entscheidung vorangehende politische Debatte einem Tâtonement-Prozess entspricht. Im Rahmen der Debatte werden gegenseitige Kompromisse vorgeschlagen, die aber bis zur endgültigen Abstimmung wieder aufgelöst und durch andere, bessere Kompromisse, ersetzt werden können. Der erzielte Kompromiss kann als gegenseitiger Tausch von Kontrollanteilen verstanden werden. Es wird so lange diskutiert, bis eine Kompromisslösung erreicht ist, die ein Gleichgewicht darstellt. Dieses wird dann in der Abstimmung gegen den Status-Quo gestellt. Betrachtet man allgemein kollektive Entscheidungen als Ergebnis kooperativer Verhandlungsprozesse, lässt sich auch die Verabschiedung der Investitionsentscheidung in unserem Beispiel als Ergebnis von Kontrolltauschprozessen vorstellen. Die der Entscheidung vorangehende Verhandlung zwischen den Akteuren entspricht der politischen Debatte. Auch hier können Kompromissvorschläge wieder zurückgenommen und durch bessere ersetzt werden, bis eine endgültige (Gleichgewichts-) Lösung erreicht ist.

---

[7] In diesem Zusammenhang haben Stokman/Van Oosten 1994 ein Tauschmodell vorgeschlagen, das nicht auf Walrasgleichgewichten sondern auf dyadischem Tausch basiert. Das Modell macht auf Grundlage identischer Informationen (Kontrollausstattung, Interesse, Positionen) wie beim CM Vorhersagen über die konkret stattfindenden Tauschdyaden. Im Gegensatz zum CM werden keine Marktpreise sondern dyadische Tauschraten in Form von Veränderungen in den Abstimmungspositionen der am Tausch beteiligten Akteure berechnet. Das Modell weist allerdings, trotz seiner intuitiv vielversprechenden Grundidee, eine Reihe von theoretischen Schwachstellen auf (vgl. Wald 1996).

Das gesamte Kontrollangebot S_i der Akteure ergibt sich aus deren ursprünglicher Kontrollausstattung c_{ij} gewichtet mit den Marktpreisen v_i für die Kontrolle, wobei S_i aufgrund der Zeilennormierung der Kontrolle auf eins gerade v_i entspricht:

$$(3\text{-}8) \quad S_i = \sum_{j=1}^{m} c_{ij} v_i = v_i$$

Die gesamte Kontrollnachfrage D_i lässt sich aus der Annahme der proportionalen Ressourcenallokation aus Gleichung (3-6) ableiten:

$$(3\text{-}9) \quad D_i = \sum_{j=1}^{m} c_{ij}^* v_i = \sum_{j=1}^{m} x_{ji} p_j$$

Einsetzen von Gleichung (3-7) in Gleichung (3-9) ergibt:

$$(3\text{-}10) \quad D_i = \sum_{j=1}^{m} x_{ji} \left(\sum_{l=1}^{n} v_l c_{lj} \right) = \sum_{l=1}^{n} v_l \left(\sum_{j=1}^{m} c_{lj} x_{ji} \right)$$

Gleichsetzten von Angebot (3-8) und Nachfrage (3-10) führt zu dem Marktgleichgewicht:

$$(3\text{-}11) \quad v_i = \sum_{l=1}^{n} v_l \left(\sum_{j=1}^{m} c_{lj} x_{ji} \right)$$

Der Ausdruck in der Klammer entspricht der weiter oben berechneten Matrix der Kontrollverflechtung W=XC. Aufgrund der Reihenstochastik (Zeilennormierung) von X und C ist das Produkt W ebenfalls reihenstochastisch, so dass sich der Preisvektor v als linker Eigenvektor der Matrix W berechnen lässt. In Matrixschreibweise gilt:[8]

$$(3\text{-}12) \quad v = v \cdot W$$

---

[8] Zum mathematischen Verfahren der Eigenvektorbestimmung vgl. Opitz (1989: 353ff.). Die Berechnungen für das hier vorgestellte Beispiel wurden mit SONIS durchgeführt, das über einen leistungsfähigen Matrix-Baustein verfügt (vgl. Melbeck 1995). Gleichung 3-12 stellt ein lineares Gleichungssystem dar. Im Beispiel enthält dieses vier Unbekannte (die Ressourcenpreise) und besteht aus vier Gleichungen. Es lässt sich aufgrund der Normierung des Preisvektors auch ohne die Eigenvektorbestimmung einfach lösen.

Ereignis	Preisvektor **v**	Akteur	Budget / Machtvektor **p**
Ereignis 1	0,8213	Akteur 1	0,71
Ereignis 2	0,0363	Akteur 2	0,11
Ereignis 3	0,0182	Akteur 3	0,18
Ereignis 4	0,1242		

Tab. 3-3: Preise für die Ereignisse und Macht der Akteure

Für das vorliegende Beispiel ergeben sich die in Tabelle 3-3 abgebildeten normierten Gleichgewichtspreise für die vier Ereignisse. Demnach ist der Preis für Kontrolle über Ereignis 1, welches die Höhe der Investition beinhaltet, mit Abstand der teuerste, während Kontrolle über die Ereignisse 2 und 3 (rechtliche und finanzielle Fragen) sehr günstig ist. Die Preisverhältnisse lassen sich in Anbetracht der Interessenverteilung der Akteure (X-Matrix) über die Ereignisse in Tabelle 3-1 leicht nachvollziehen. Das Interesse der Akteure ist fast ausschließlich auf die Ereignisse 1 und 4 verteilt. Das hohe Interesse führt zu einer hohen Nachfrage nach Kontrollanteilen über diese Ereignisse, was wiederum zu hohen Preisen führt.

Nachdem der Preisvektor v bestimmt ist, kann der Vektor p, der das Budget/ Einkommen der Akteure angibt, berechnet werden. Das Einkommen p der Akteure kann direkt als Macht interpretiert werden. Im CM werden die Preise für die Ereignisse aufgrund des Angebots und der Nachfrage gebildet. Ein Akteur, der Kontrolle über für andere Akteure wertvolle Ereignisse ausübt, ist mächtig. Der Preis der Ereignisse hängt von der Nachfrage der anderen Akteure ab, welche sich wiederum aus den Interessen derselben ableitet. Der Machtvektor wird durch Einsetzen von v in Gleichung (3-6) bestimmt:

(3-13) $p = v\,C$

Die Machtverteilung zwischen den Akteuren (p) ist ebenfalls in Tabelle 3-3 eingetragen. Akteur 1 ist der mit Abstand mächtigste, was aufgrund seines hohen Kontrollanteils an dem teuren, weil für andere Akteure wertvollen Ereignis 1 nicht verwundert.

Als letzte Unbekannte bleibt die Kontrollverteilung c_{ij}^{*} zu bestimmen, die sich nach dem Tausch im Gleichgewicht ergibt. Hierzu wird Gleichung (6) umgeformt und durch einsetzen von X, p und v gelöst:

(3-14) $c_{ij}^{*} = \dfrac{x_{ji} p_j}{v_i}$

Die neue Kontrollverteilung C* ist in Tabelle 3-4 der ursprünglichen Kontrollverteilung C vor dem Tausch gegenübergestellt. Akteur 1, der Leiter der produktbezogenen Matrixstelle, hat in Übereinstimmung mit der Regel der proportionalen Ressourcenallokation, sein gesamtes Einkommen verwendet, um Kontrolle über Ereignis 1 (die Höhe der Investition) zu kaufen. Sein Kontrollanteil hat sich aufgrund des hohen Preises für Ereignis 1 (vgl. Tabelle 3-3) jedoch nur leicht erhöht (von 0,8 auf 0,86). Im Gegensatz dazu konnte der Vertreter der Zentralabteilungen, Akteur 3, aufgrund der geringen Preise volle Kontrolle über die Ereignisse 2 (Steuer) und 3 (Finanzen) erwerben, obwohl er nur ein relativ geringes Interesse an den Ereignissen besitzt. In der letzten Zeile der Tabelle 3-4 sind die Nutzenwerte der Akteure vor und nach dem Tausch eingetragen, die sich durch Einsetzen der Werte von c_{ij}, c_{ij}^* und x_{ji} in die Nutzenfunktion (Gleichung 3-4) ergeben.

	C			C*			
	Akteur 1	Akteur 2	Akteur 3	Akteur 1	Akteur 2	Akteur 3	
Ereignis 1	0,8	0,1	0,1	0,86	0,096	0,044	**Ereignis 1**
Ereignis 2	0,6	0,2	0,2	0	0	1	**Ereignis 2**
Ereignis 3	0,2	0,5	0,3	0	0	1	**Ereignis 3**
Ereignis 4	0,2	0,1	0,7	0	0,268	0,732	**Ereignis 4**
Nutzen U_j	0,8	0,1	0,34	0,86	0,13	0,46	

Tab. 3-4: Kontrollverteilung vor und nach dem Tausch

Alle Akteure haben sich durch den Kontrolltausch verbessert, d.h. einen Nutzenzuwachs realisiert. Das CM liefert Ergebnisse, die den normativen Ansprüchen des Pareto-Kriteriums gerecht werden, d.h. keiner der im System vertretenen Akteure ist nach dem Tausch schlechter gestellt als zuvor.

Die Pareto-Optimalität besteht zwingend jedoch nur beim Tausch von teilbaren Gütern. Die Eigenschaft kollektiver Entscheidungen ist es, mit externen Effekten verbunden zu sein. Das bedeutet, dass der Ausgang der im System vertretenen Entscheidung Auswirkungen auf den Nutzen aller Akteure hat. Coleman umgeht das Problem der Externalitäten, indem er eine probabilistische Entscheidungsregel anwendet und somit kollektive Entscheidungen wie teilbare Güter behandelt. Gemäß dieser Entscheidungsregel werden die Kontrollanteile nach dem Tausch (C* in Tabelle 3-4) wie Lotterielose behandelt. Zur Vereinfachung werden die Entscheidungen dichotomisiert, d.h. es sind nur Prognosen möglich, ob eine Entscheidung angenommen oder abgelehnt wird. Jeder Kontrollanteil mit positivem/negativem Vorzeichen gilt als Wahrscheinlichkeit, dass eine Entscheidung angenommen (c_i^+) beziehungsweise abgelehnt (c_i^-) wird. So macht es für die Akteure Sinn, Kontrolle auch nach Ereignissen nachzufragen, bei denen bereits über 50% der Kontrollanteile in die von ihnen präferierte Richtung zeigen (vgl. die Nutzenfunktion in Gleichung 3-4). Für die probabilistische Entscheidungsregel gilt (s_{ji} = Richtung des Interesses von Akteur j bezüglich Ereignis i):

$$(3\text{-}15) \quad c_i^+ = \sum_{\{j|s_{ji}=+\}} c_{ij}^* \quad \text{und} \quad c_i^- = \sum_{\{j|s_{ji}=-\}} c_{ij}^*$$

In Tabelle 3-5 sind die Positionen der Akteure bezüglich der Ereignisse sowie die Modellprognose hinsichtlich des Entscheidungsausgangs eingetragen. Im Grunde bleibt, wie Kappelhoff (1993: 110) anmerkt, das Tauschmodell von Coleman ein Marktmodell für teilbare Güter. Will man nicht nur das Entscheidungssystem analysieren, d.h. Machtstrukturen und Abhängigkeitsverhältnisse betrachten, sondern tatsächliche Entscheidungsausgänge prognostizieren, ist das CM nur bedingt anwendbar.

	Positionen und Prognose			
	Akteur 1	Akteur 2	Akteur 3	Prognose
Ereignis 1	Ja	Nein	Nein	Ja
Ereignis 2	Nein	Ja	Ja	Ja
Ereignis 3	Ja	Nein	Nein	Nein
Ereignis 4	Nein	Ja	Nein	Nein

Tab. 3-5: Positionen und vorhergesagter Entscheidungsausgang

Die Eignung des ursprünglichen CM zur Analyse und Prognose kollektiver Entscheidungen wurde sowohl bezüglich seiner theoretischen Eigenschaften als auch der Restriktion im Hinblick auf empirische Anwendungen kritisiert. Bevor auf die zentralen Kritikpunkte eingegangen wird, erfolgt im nächsten Abschnitt eine eingehendere Betrachtung des dem CM zugrunde liegenden Machtkonzeptes. Dieses kann als relationales Machtkonzept bezeichnet werden und unterscheidet sich in einem wesentlichen Punkt von dem strukturellen Machtkonzept des Modells von Henning.

3.1.2 Ein relationales Machtkonzept

Obwohl viele der Ansätze, die sich mit dem Phänomen der Macht beschäftigen, ihren Ausgangspunkt bei der klassischen Definition Webers nehmen, liegt eine beinahe unüberschaubare Anzahl unterschiedlicher Machtdefinitionen und –konzepte vor. Bacharach und Lawler beispielsweise unterscheiden zwischen drei "formalen" Dimensionen der Macht: Den relationalen Aspekt, den Abhängigkeitsaspekt und den Sanktionierungsaspekt (Bacharach/Lawler 1980: 15-26):[9]

1. Macht existiert immer nur im Rahmen sozialer Beziehungen und ist daher kein individuelles Attribut, das ein Merkmalsträger unabhängig von seinem sozialen Kontext besitzt (vgl. Emerson 1962: 31-32; Pfeffer 1981: 3; Bacharach/Lawler 1980: 15-18). Sowohl in der Definition Webers als auch bei anderen Autoren wird dieser relationale Aspekt der Macht hervorgehoben (vgl. z.B. Dahl 1957; Blau 1964).
2. Macht entsteht nicht in jeder beliebigen Beziehung, sondern existiert ausschließlich in Abhängigkeitsbeziehungen. Machtbeziehungen sind typischerweise asymmetrische Beziehungen. Eine solche besteht immer dann, wenn ein Akteur A auf eine Ressource angewiesen ist, die von einem anderen Akteur B kontrolliert wird. Es besteht ein funktionaler Zusammenhang zwischen der Macht eines Akteurs und seiner Abhängigkeit von anderen (Pappi/Kappelhoff 1984:89). Die soziale Tauschtheorie hat dies verdeutlicht:[10] Ist in einer Tauschbeziehung ein Akteur A von einem Akteur B abhängig, so wird diese Abhängigkeit um so größer sein, wenn für Akteur A keine alternativen Tauschpartner zur Verfügung stehen. Umgekehrt verringert sich die Abhängigkeit von A, wenn dieser auch mit anderen Akteuren tauschen kann und daher nicht auf B angewiesen ist (vgl. Emerson 1962: 33-34; Blau 1964: 118-119; Cook et al. 1983: 284-286). Die Anzahl der zur Verfügung stehenden Tauschpartner und damit das Ausmaß an Abhängigkeit hängt mit der strukturellen Einbettung eines Akteurs zusammen. Je stärker die Einbettung eines Akteurs ist, desto geringer ist die Abhängigkeit in einer einzelnen Tauschdyade, da viele Alternativen zur Verfügung stehen. Der Abhängigkeitsaspekt der Macht kann daher auch als "struktureller Aspekt" bezeichnet werden.
3. Macht als Sanktionspotential: Dieser Aspekt der Macht ist unmittelbar mit den Akteuren verbunden und bezieht sich auf die Möglichkeit eines Akteurs, Ereignisse zu kontrollieren, die für die anderen Akteure von Bedeutung sind (vgl. Bacharach/Lawler 1980: 23-26; Pfeffer 1981: 115-118).

Im Grundmodell Colemans wird der Sanktionierungsaspekt der Macht in der Kontrolle der Akteure berücksichtigt. In Gleichung (3-7) wird die Macht eines Akteurs als Kontrolle desselben über die Ereignisse, gewichtet mit den jeweiligen Preisen, definiert. Um die Berücksichtigung des relationalen Aspektes der Macht hervorzuheben, kann die Macht der Akteure äquivalent zur Gleichung (3-7) definiert werden als:

---

[9] Webers Machtdefinition betont explizit den relationalen Aspekt: "Macht bedeutet jede Chance, innerhalb einer <u>sozialen Beziehung</u> den eigenen Willen durchzusetzen, gleichviel worauf diese Chance beruht" (Weber 1984:89, Hervorhebung durch den Verfasser). Weber lässt jedoch offen, auf welcher Basis die Macht beruht.
[10] Für einen Überblick über die Grundlagen der sozialen Tauschtheorie vgl. Kappelhoff (1993: 3-25).

$$(3\text{-}16) \quad p_j = \sum_{k=1}^{n} p_k z_{kj}$$

Gemäß Gleichung (3-16) ergibt sich die Macht eines Akteurs j aus der Summe der Abhängigkeiten der übrigen Akteure k von j, gewichtet mit der Macht der Akteure k. Macht ergibt sich unmittelbar aus dem Muster Kontroll- und Interessenverteilung. Der relationale Aspekt der Macht wird insbesondere in der Matrix der Interessenverflechtung (vgl. Z-Matrix in Tabelle 3-1) verdeutlicht. Im Modell von Coleman sind Akteure mächtig, wenn sie Ereignisse kontrollieren, die für die anderen Akteure von hohem Interesse sind (vgl. Marsden 1983: 689; Matiaske 1998: 63).

Im CM wird davon ausgegangen, dass alle im Tauschsystem enthaltenen Akteure auch direkt miteinander Kontrolle tauschen können. Das Tauschnetzwerk weist eine Vollstruktur auf.[11] Die tatsächliche strukturelle Einbettung der Akteure und damit einhergehend die Frage nach der tatsächlichen Anzahl alternativer Tauschpartner wird vernachlässigt. Dabei erscheint es plausibel davon auszugehen, dass nicht jeder Akteur mit jedem tauschen kann, sondern teilweise Tauschbarrieren bestehen. Einige Akteure haben besseren Zugang zu potentiellen Tauschpartnern und können davon profitieren, während andere eher isolierte Positionen im Tauschnetzwerk besetzen (vgl. Marsden 1983: 689-690). Dieser strukturelle Aspekt der Macht wird im Grundmodell Colemans ausgeklammert.

Neben diesem Kritikpunkt wurden eine Reihe weiterer Eigenschaften des Modells kritisiert. Diese werden im nächsten Abschnitt im Hinblick auf die von Henning vorgenommene Modifikation des Modells zusammengefasst (vgl. Henning 1994, 2000a: 22-23, 73-75).

3.1.3 Kritik am Grundmodell von Coleman

Die Eignung des ursprünglichen CM zur Analyse und Prognose kollektiver Entscheidungen wurde sowohl bezüglich seiner theoretischen Eigenschaften als auch der Restriktion für empirische Anwendungen kritisiert (vgl. Henning 1994, 2000: 22-23, 73-75). Ein wesentlicher Kritikpunkt am CM ist die Vernachlässigung der externen Effekte des Stimmentauschs, die durch die Einführung der probabilistischen Entscheidungsregel nur formal entfallen. Bei politischem Tausch werden in der Regel kollektive Güter getauscht, die grundsätzlich mit Externalitäten einhergehen (vgl. Kappelhoff 1993: 108). Dies führt dazu, dass politischer Tausch im Gegensatz zum Tausch mit privaten Gütern generell nicht pareto-effizient ist. In diesem Zusammenhang taucht die Frage auf, ob überhaupt ein individueller Anreiz für die Akteure besteht, zu tauschen (vgl. Henning 2000a: 23, 136-143).

---

[11] Eine weitere implizite Annahme bezüglich des Tauschnetzwerkes ist, dass es sich um positiv verbundene Netze handelt (vgl. Kappelhoff 1993: 156). In positiv verbundenen Netzen schließt die Beziehung eines Akteurs A zu einem Akteur B weitere Beziehungen zu anderen Akteuren C, D, etc. nicht aus (vgl. Cook et al. 1983: 277-278).

Ein weiterer Kritikpunkt ergibt sich ebenfalls aus dem Unterschied zwischen sozialem und ökonomischem Tausch. Sozialer Tausch ist durch unspezifische Verpflichtungen der Tauschpartner charakterisiert. Beim ökonomischen Tausch fungiert in der Regel Geld als Wertaufbewahrungsmittel bei zeitlich auseinanderfallender Leistung und Gegenleistung und stellt somit ein allgemeines Transaktionsmedium dar (vgl. Kappelhoff 1993: 26-30). Gerade dieses Medium ist bei sozialem Tausch nicht vorhanden. Tauschgüter wie Kontrolle oder Information werden nicht physisch getauscht. Beim Tausch von Kontrolle kann nur das Versprechen gegeben werden, die Stimme im Sinne des Tauschpartners einzusetzen. Um einen solchen Tausch für einen Akteur überhaupt lukrativ erscheinen zu lassen, ist Vertrauen notwendig, das um so größer sein wird, je geringer die soziale Distanz zwischen den Transaktionspartnern ist (vgl. Marsden 1983: 691; Pappi/Kappelhoff 1984: 109). Eine große soziale Distanz geht dabei mit hohen Transaktionskosten einher. Analog zu einer riskanten Anleihe, die nur lukrativ erscheint, wenn sie eine unter Berücksichtigung des Risikos höhere Rendite erwirtschaftet als eine sichere Anlageform ist sozialer Tausch nur dann rentabel, wenn der erwartete Gewinn die Transaktionskosten zur Überwindung der sozialen Distanz übersteigt. Soziale Distanzen wurden in der Einleitung zu diesem Kapitel als Zugangsbarrieren bezeichnet, die aufgrund mangelnder struktureller Einbettung von Akteuren bestehen und dazu führen, dass diese nicht direkt sondern bestenfalls über Dritte Ressourcen tauschen können.

Die soziale Nähe, die transaktionskostensenkend wirkt, kann sich, wie bereits am Beispiel des iterativen Gefangenendilemmas erläutert, auch im Zuge wiederholter Tauschinteraktionen ergeben, bei der sich eine Vertrauensbasis bildet. Dies wurde in Abschnitt 2.2.1 als relationaler Effekt der strukturellen Einbettung bezeichnet. Allerdings stellt die wiederholte dyadische Interaktion von Akteuren keine Garantie für kooperatives Verhalten dar, sondern impliziert nur eine hohe Wahrscheinlichkeit der Kooperation (vgl. Henning 2000a: 121).

Darüber hinaus kann Vertrauen durch den sogenannten strukturellen Effekt der Einbettung entstehen. Eine enge Einbindung in Beziehungsnetzwerke wirkt sich transaktionskostensenkend aus, da sich aufgrund kollektiver Bestrafungsmöglichkeiten die Wahrscheinlichkeit für kooperatives Verhalten der Akteure erhöht. Das Modell von Henning, welches im folgenden vorgestellt wird, berücksichtigt sowohl den relationalen als auch den strukturellen Effekt der Einbettung.

3.2 Das Modell von Henning

Auf der Kritik am CM aufbauend hat Henning (1994, 2000a) ein Tauschmodell entworfen, welches neben der Berücksichtigung externer Effekte auch die Prognose auf stetigen Entscheidungsdimensionen erlaubt. Darüber hinaus und das ist besonders für die vorliegende Studie relevant, wird Ressourcentausch auf segmentierten Märkten abgebildet. Um die einzelnen Marktsegmente beliefern zu können, fallen Transaktionskosten in unterschiedlicher Höhe an. Die Höhe der Transaktionskosten hängt vom Grad der strukturellen Einbettung der in einem Marktsegment angesiedelten Akteure ab. Eine Vollstruktur, d.h. die Verbundenheit aller Akteure über direkte Beziehungen im Netzwerk würde Transaktionskosten in der Höhe von null implizieren und dem ursprünglichen Modell von Coleman entsprechen. Die Transaktionskosten werden umgekehrt unendlich hoch, wenn zwischen den Akteuren keinerlei Beziehungen bestehen. In diesem Fall findet kein Ressourcentausch statt.

Die folgende Darstellung des Modells von Henning wird sich auf die Abbildung der strukturellen Einbettung der Akteure konzentrieren (Abschnitt 3.2.2), welche für eine Anwendung des Modells zur Prognose kollektiver Entscheidungen nur die erste Stufe darstellt. Auf dieser Stufe werden die Netzwerkressourcen getauscht. In der ersten Anwendung von Henning (2000a) auf das europäische Agrarpolitikfeld wurde der Einfluss von Interessengruppen auf die Entscheidung der politischen Agenten modelliert, indem Interessengruppen ihre Ressourcen, z.B. Information, gegen die formale Entscheidungsmacht der politischen Agenten, z.B. des Ministerrates, eintauschen. In Abhängigkeit vom Grad der strukturellen Einbettung einer Interessengruppe in die Ressourcennetzwerke, d.h. der Höhe der Transaktionskosten sowie der Nachfrage der übrigen Akteure, kann diese viele oder wenige Ressourcen umsetzen und somit viel oder wenig formale Entscheidungsmacht von den politischen Agenten kaufen. Auf der ersten Stufe ergibt sich ein Marktgleichgewicht mit entsprechenden Relativpreisen für die getauschten Ressourcen sowie eine neuen Allokation derselben. Im Gleichgewicht besitzen auch Interessengruppen formale Entscheidungsmacht, die sie gegen ihre Ressourcen eingetauscht haben.

Sowohl für die Anwendung im Rahmen von Politikfeldstudien als auch zur Analyse von Entscheidungsstrukturen in Unternehmensnetzwerken liegt der Modellierung des Ressourcentauschs eine fundamentale Annahme zugrunde: Akteure, die mit formaler Entscheidungsmacht ausgestattet sind (politische Agenten), sind nicht nur an der Maximierung der formalen Entscheidungsmacht über saliente Teilentscheidungen interessiert, sondern haben auch ein Interesse an Ressourcen, die sich im Besitz anderer, nicht mit formaler Entscheidungsmacht ausgestatteter Akteure (Interessengruppen) befinden (vgl. Henning 2000a: 115-117). Zudem sind diese Ressourcen (z.B. Information) nicht kostenlos erhältlich, sondern müssen im Zuge des Austausches erworben werden.

Übertragen auf das Anwendungsgebiet internationaler Unternehmen lassen sich analog zu den Politikfeldnetzen Akteure ausmachen, die über formale Entscheidungsmacht verfügen, sowie weitere Akteure, die daran ein Interesse besitzen, Entscheidungen zu beeinflussen, aber nur über eher informelle Ressourcen wie Information verfügen. Akteure mit formaler Entscheidungsmacht sind in Abhängigkeit von der Rechtsform die Vorstände oder die Geschäftsführer von Kapitalgesellschaften, welche die Verantwortung für das gesamte Unternehmen tragen. Akteure ohne (formale) Entscheidungsmacht sind sämtliche organisatorischen Einheiten (Tochterunternehmen, Unternehmensbereiche), die der Unternehmensleitung untergeordnet sind.[12] Wie in Abschnitt 2.3.2 erläutert, kann aufgrund des hohen Dezentralisierungsgrades von "netzwerkartig" organisierten Unternehmen gerade nicht davon ausgegangen werden, dass die Ressourcen der dezentralen Einheiten der Unternehmensleitung kostenlos zur Verfügung stehen. Ein wichtiges Element bei der Koordination von Netzwerkunternehmen, so wurde argumentiert, ist die Verhandlung. Im Rahmen der Verhandlung werden die Preise für die getauschten Ressourcen festgelegt.

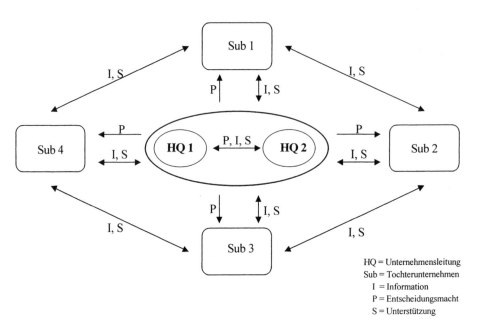

Abb. 3-1: Ressourcentausch in Unternehmen
Quelle: Eigene Darstellung in Anlehnung an Pappi/Henning 1998: 564

In Abbildung 3-1 ist der Ressourcentausch für Unternehmensnetzwerke auf der ersten Stufe des Tauschmodells schematisch dargestellt. Im Vorgriff auf den empirischen Teil der Studie werden bereits die im Rahmen der Anwendung des Modells berücksichtigten Ressourcen, Entscheidungsmacht, Unterstützung sowie Information dargestellt (vgl. Abschnitt 4.2). Die Unternehmensleitung (HQ) verfügt über sämtliche Tauschressourcen. Tochterunternehmen und sonstige organisatorische Einheiten verfügen hingegen nicht über formale Entscheidungsmacht. Die letztendlichen kollektiven Entscheidungen werden, basierend auf dem Ergebnis des Ressourcentauschs, auf der zweiten Stufe des Modells vorhergesagt. Auf dieser

---

[12] De facto wird die Unternehmensleitung Entscheidungskompetenzen teilweise auch auf die organisatorischen Einheiten delegieren, d.h. diese verfügen in einem begrenzten Bereich ebenfalls über formale Entscheidungsmacht. Diese Entscheidungsmacht ist jedoch keine originäre Ressource der Einheiten und kann jederzeit wieder zurückgenommen oder verändert werden.

Stufe findet ebenfalls ein Tausch statt. Dieser beschränkt sich jedoch, wie in dem im vorherigen Abschnitt dargestellten Grundmodell von Coleman, auf den Tausch von formaler Entscheidungsmacht über die einzelnen Entscheidungsdimensionen.

In der vorliegenden Studie bildet der Ressourcentausch das Kernstück der Modellierung, da es nicht um die Prognose von Entscheidungen, sondern um die Überprüfung der in den Abschnitten 2.5 und 4.4 abgeleiteten Hypothesen bezüglich der formalen und informellen Struktur in Netzwerkunternehmen geht. Aus diesem Grund wird in der empirischen Anwendung des Modells auch nur die erste Stufe, d.h. der strukturell eingebettete Ressourcentausch berücksichtigt.

Bevor eine ausführliche Darstellung der Modellierung des Ressourcentauschs erfolgt, wird in einem kurzen Überblick auf die neben der Berücksichtigung von Transaktionskosten beiden weiteren wesentlichen Erweiterungen des Modells eingegangen. Grundsätzlich sind sowohl die Prognose konkreter Entscheidungsausgänge als auch, damit verbunden, die Berücksichtigung externer Effekte des Stimmentauschs auch im Kontext von Entscheidungen in Unternehmen von Interesse, allerdings in der vorliegenden Studie aufgrund der Datenlage nicht möglich.

Für die folgenden Ausführungen gilt, dass es nicht das Ziel ist, die Herleitung des Modells zu diskutieren (vgl. hierzu Henning 2000a, Pappi/Henning 1998a), sondern vielmehr die für eine empirische Anwendung notwendigen Grundlagen zu schaffen. Daneben soll hervorgehoben werden, in welcher Weise der Netzwerkeffekt berücksichtigt wird. Die in den Gleichungen verborgene Modellogik wird anhand von Beispielen veranschaulicht.

3.2.1 *Mean-Voter*-Entscheidungsregel und externe Effekte

Im Gegensatz zu Coleman verwendet Henning eine eingipfelige (single-peaked) Teilnutzenfunktion. Der Nutzen u eines Akteurs j aus dem Entscheidungsausgang über ein Ereignis i berechnet sich aus der Entfernung der präferierten Position eines Akteurs y_{ji} vom tatsächlichen Entscheidungsausgang e_i. Je näher / weiter der tatsächliche Entscheidungsausgang von der präferierten Position eines Akteurs entfernt ist, desto höher / niedriger sein Nutzen:

$$(3\text{-}17) \quad u_{ji}(e_i) = 1 - \sqrt{(y_{ji} - e_i)^2}$$

Die Nutzen über die einzelnen Ereignisse werden mit einer Cobb-Douglas-Spezifikation miteinander verbunden. Der Gesamtnutzen U der Akteure j über ein Ereignis i ergibt sich aus:

$$(3\text{-}18) \quad U_j = \prod_{i=1}^{n} (u_{ji}(e_i))^{x_{ji}}$$

Auf dieser Nutzenfunktion basierend, leitet Henning die dem Modell zugrunde liegende *Mean-Voter*-Entscheidungsregel ab. Dazu wird der kollektive Entscheidungsprozess analytisch in zwei Schritte zerlegt. Im ersten Schritt erfolgt die Formulierung von Vorschlägen, wobei aus einer unendlichen Menge an Vorschlägen genau einer ausgewählt wird. In einem zweiten Schritt wird dieser Vorschlag dem Status-Quo gegenüber gestellt. Die ausgewählte Alternative muss dabei von der Mehrheit der Akteure gegenüber dem Status-Quo präferiert werden, d.h. es wird von einer einfachen Mehrheitsentscheidung ausgegangen.[13]

Unter der Annahme nutzenmaximierenden Verhaltens sowie Unsicherheit bezüglich des erwarteten Ausgangs der Entscheidung zeigt Henning, dass die *Mean-Voter*-Entscheidungsregel pareto-dominant gegenüber einer individuellen, nichtkooperativen Formulierung von alternativen Vorschlägen ist (vgl. Henning 2000a: 76-83).[14] Darüber hinaus wird gezeigt, dass unter bestimmten Bedingungen die *Mean-Voter*-Entscheidungsregel die einzig paretodominate Position ist (vgl. Henning 2000a: 83-90).

Neben der theoretisch konsistenten Herleitung des *Mean-Voters* als Entscheidungsregel hat diese die positive Eigenschaft, dass im Rahmen empirischer Anwendungen des Modells auch Entscheidungen auf stetigen Dimensionen vorhergesagt werden können. Dies bedeutet, dass sich beispielsweise die Prognose bezüglich eines geplanten Investitionsvorhabens nicht darauf beschränkt vorherzusagen, ob dieses Projekt bewilligt wird oder nicht, sondern darüber hinaus auch die Höhe des Investitionsbudgets prognostiziert werden kann. Der vorhergesagte Entscheidungsausgang O_i ergibt sich aus dem Mittelwert (*Mean*) der präferierten Positionen y_{ji} gewichtet mit der Kontrolle der Akteure im Gleichgewicht c_{ij}^*:

$$(3\text{-}18a) \quad O_i = \frac{\left(\sum_j y_{ji} c_{ij}^*\right)}{\left(\sum_j c_{ij}^*\right)}$$

Auch die Nachfrage von Kontrollressourcen im Gleichgewicht wird unter der Annahme individueller Nutzenmaximierung der Akteure und damit auf Grundlage der Nutzenfunktion in Gleichung (3-18) abgeleitet. Der Grundlogik des Modells entsprechend, erhöhen die Akteure ihren Nutzen, indem sie Kontrolle über die Ereignisse nachfragen, an denen sie ein

---

[13] Die Mean-Voter Regel wurde bereits von anderen Autoren im Rahmen von Tauschmodellen angewandt (vgl. z.B. Stockman/Van Oosten (1994), die diese jedoch ad hoc einführen, während Henning diese explizit herleitet.
[14] Dem Beweis liegen eine Reihe von relativ starken Annahmen zugrunde. So wird beispielsweise davon ausgegangen, dass die Akteure zwar die jeweilige präferierte Positionen der anderen Akteure auf den Entscheidungsdimensionen kennen, die dazugehörigen Interessenintensitäten aber unbekannt sind (vgl. Henning 2000a: 80).

großes Interesse besitzen und im Gegenzug Kontrolle über Ereignisse anbieten, an denen sie wenig interessiert sind.

Neben der Mean-Voter-Entscheidungsregel, welche die Prognose auf stetigen Entscheidungsdimensionen ermöglicht, stellt die Berücksichtigung von externen Effekten eine wesentliche Neuerung des Modells von Henning gegenüber dem CM dar. Die externen Effekte werden in Form sogenannter *commitments* berücksichtigt.[15] Die Herleitung der Mean-Voter Entscheidungsregel erfolgte unter der Annahme, dass alle Akteure die präferierten Idealpositionen der anderen Akteure kennen (vgl. Henning 1994: 10-11, 2000: 80). Aufgrund dieser Kenntnis ist es den Akteuren möglich, ihre Nachfrage nach der Kontrolle über ein Ereignis zu reduzieren, falls andere Akteure identische oder ähnliche Positionen auf dieser Entscheidungsdimension besetzen. Die sogenannten *commitments* messen, wie nah die erwartete Entscheidung auf einer Dimension bereits bei der Position eines Akteurs liegt (vgl. Henning 2000a: 111-112). Durch die *commitments* lässt sich, neben der Macht eines Akteurs bezüglich seines ressourcenbasierten Einflusspotentials auf kollektive Entscheidungen, auch eine "Glückskomponente" berechnen, die angibt, inwiefern ein Akteur von den für ihn günstigen Positionen der übrigen Akteure profitiert (vgl. Henning 2000a: 148-149).

Mit der expliziten Modellierung von externen Effekten gelingt es Henning, einen der schwerwiegenden Kritikpunkte an (politischen) Tauschmodellen zu überwinden. Allerdings werden für die theoretische Erweiterung des Modells zur Berücksichtigung des Einflusses von Interessengruppen sowie für die empirische Anwendung die *commitments* auf null gesetzt. Inhaltlich entspricht dies der Annahme, die Akteure könnten in großen Tauschsystemen die Tauschprozesse der anderen Akteure nicht antizipieren. Technisch ist dies ist notwendig, da ansonsten die formale Ableitung der Modellerweiterung hinsichtlich des Einflusses von Interessengruppen sowie die Operationalisierung für die empirische Anwendung mathematisch sehr komplex wird (vgl. Henning 2000a: 114-115, 205).[16]

Im nächsten Abschnitt wird mit der Abbildung der strukturellen Einbettung der Akteure die dritte wesentliche Erweiterung des Modells von Henning gegenüber dem ursprünglichen CM vorgestellt. Die Modellierung des Netzwerkeffektes wird ausführlich anhand von Beispielen dargestellt, da diese im empirischen Teil der Studie angewandt wird.

3.2.2 Transaktionskosten und segmentierte Märkte

Da sich die zwischen den Akteuren des Tauschsystems bestehenden akteurs- und ressourcenspezifischen Transaktionskosten schwer direkt messen lassen, schlägt Henning (2000a: 205-211) eine *reduced-form* seines Modells vor, die auch die Grundlage für die empirische An-

---

[15] Für die formale Herleitung sowie Abbildung der externen Effekte in Form der *commitments* vgl. Henning (1994: 9-15, 2000a: 109-115; Linhart 2002: 38-42).
[16] Linhart (2002: 38-42, 85-88) geht ausführlich auf die technischen Schwierigkeiten bei der Bestimmung einer Gleichgewichtslösung unter Berücksichtigung externer Effekte ein.

wendung in dieser Studie ist und daher in diesem Abschnitt vorgestellt wird.[17] Ausgangspunkt für die Modellierung des Tauschs unter Berücksichtigung der strukturellen Einbettung ist die Annahme, dass die Transfernetze T^k, d.h. die empirisch gemessenen Informations- und Unterstützungsflüsse zwischen den Akteuren, den Ressourcentransfers im Tauschgleichgewicht entsprechen (vgl. Pappi/Henning 1998: 568; Henning 2000a: 206). Ein solcher Ressourcentransfer findet statt, wenn sich nach Abzug der Transaktionskosten ein positiver Nutzensaldo für die Akteure ergibt. Für eine Ressourcenlieferung von Akteur i an Akteur j muss also nicht nur die Differenz der Schattenpreise V_{jk} - V_{ik} größer als null sein, wie dies bei Tausch auf vollkommenen Märkten der Fall ist, sondern diese zudem auch nach Abzug der Transaktionskosten noch einen positiven Wert aufweisen. Die Schattenpreise ergeben sich aus dem Differential der jeweilgen Nutzenfunktion eines Akteurs. Ist die Differenz der Schattenpreise zweier Akteure i (Lieferant) und j (Empfänger) größer 0 ($V_{jk} - V_{ik} > 0$) und auch nach Abzug der Transaktionskosten noch positiv, findet eine Transaktion statt, d.h. der Schattenpreis von j entspricht dem Marktpreis (vgl. Henning 2000a: 132-133). Da es sich um ressourcen- und akteursspezifische Transaktionskosten handelt, werden Akteure nicht beliefert, bei denen der oben genannte Nutzensaldo kleiner als null ist. In den empirisch erhobenen Transfernetzwerken sind dies die nicht vorhandenen Beziehungen.

Durch die Transaktionskosten entstehen segmentierte Tauschmärkte. Henning (2000a: 132-135) zeigt, dass für durch Transaktionskosten segmentierte Märkte ebenfalls ein Tauschgleichgewicht existiert. Formal entspricht das Tauschmodell dann einem interregionalen Handelsmodell mit Transportkosten (vgl. Takayama/Judge 1971). Die Transaktionskosten entsprechen dabei den Transportkosten für die jeweiligen Güter (Ressourcen) zwischen den einzelnen Regionen (Segmenten), wobei jeder Akteur jeweils eine Region (Segment) darstellt, welche durch segment- und ressourcenspezifische Transaktionskosten gekennzeichnet ist. Ebenso wie im interregionalen Handel bei der Belieferung abgelegener Gebirgsregionen höhere Transportkosten entstehen als bei der Belieferung von Regionen mit Autobahnanbindung, ist der Ressourcentausch mit Akteuren, die wenig in das Netzwerk eingebettet sind, mit hohen Transaktionskosten behaftet. Die Belieferung eines Akteurs hingegen, der einen hohen Grad struktureller Einbettung in das jeweilige Ressourcennetzwerk besitzt, geht mit niedrigen Transaktionskosten einher. Dies entspricht der Annahme, dass bei einer starken strukturellen Einbettung eines Akteurs dieser nur geringe Anreize hat, sein Tauschversprechen zu brechen. Durch die Verbundenheit der Akteure im Netzwerk besteht, wie bereits erwähnt, ein hohes kollektives Sanktionspotential gegenüber einem defektierenden Akteur. Dieser erleidet einen Reputationsverlust, der dazu führen kann, dass er keine oder nur noch wenige Transaktionspartner findet, was für diesen wiederum erhöhte Transaktionskosten mit sich bringt (vgl. Granovetter 1985: 490-491; Henning (2000a: 121-122).

---

[17] Für die Ableitung der vollständigen Modellversion vgl. Henning (2000a: 130-135).

Um das Tauschmodell mit Transaktionskosten zu erläutern, wird erneut ein einfaches Beispiel gewählt. Die Berechnung der originären Ressourcenausstattung der Akteure aus den beobachteten Transfernetzen wird ausführlich dargestellt, da hier die Transaktionskosten ins Spiel kommen und die Ausführungen von Henning (2000a: 205-211) im Original für den mit formaler Modellierung nicht vertrauten Leser möglicherweise schwer nachvollziehbar sind.[18]

3.2.2.1 Das Ressourcenangebot: Zugang und *Brokerage*

Ausgangspunkt sei erneut ein internationales Unternehmen, welches jetzt aus vier Tochtergesellschaften besteht. Zwischen den Tochtergesellschaften werden Güter, Dienstleistungen und weitere Ressourcen getauscht, von denen in Abbildung 3-2 das Netzwerk des Informationstransfers in Graphendarstellung gezeigt wird. Die Pfeile an den Linienenden geben die Richtung des Informationsflusses an. Tochtergesellschaft 1 beispielsweise beliefert die übrigen Akteure 2, 3 und 4 mit Informationen, wird selbst aber nur von der Gesellschaft 2 beliefert.

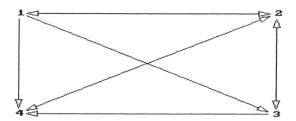

Abb. 3-2: Netzwerk des Informationstransfers

Das Netzwerk in Abbildung 3-2 lässt sich äquivalent auch in Matrix-Form darstellen. In Tabelle 3-6 ist die Transfermatrix T für die Ressource k (hier Information) und die Akteure i (i=1,2,3,4) abgebildet. Die Akteure in den Zeilen stellen die Sender, die Akteure in den Spalten die Empfänger der Ressource dar. Sendet ein Zeilenakteur i an einen Spaltenakteur j die Ressource k, so ist $T_{ijk}=1$.

---

[18] Die Herleitung des operationalen Tauschmodells im Original findet sich bei Henning (2000a: 205-211). Die Ausführungen im folgenden Abschnitt sind zur Veranschaulichung um Beispiele und Erläuterungen ergänzt.

0. Transfernetz		Empfänger			
		1	2	3	4
Sender	1		1	1	1
	2	1		1	1
	3		1		1
	4		1		
	1. Σ Spalte	1	3	2	3

Tab. 3-6: Empirisch beobachtetes Transfernetz

Zur Vereinfachung sei zunächst angenommen, dass alle Akteure gemeinsam ein Marktsegment darstellen, d.h. die Tochtergesellschaften beispielsweise alle in einer Region angesiedelt sind. Werden mehrere Akteure zu einem Segment zusammengefasst, d.h. ein segmentspezifisches Angebot an Kontrollressourcen berechnet, erfolgt dies unter der Annahme, dass die jeweilige Menge, die an einen beliebigen Akteur in dem Segment geliefert wird, für alle Akteure in dem Segment gleich ist (vgl. Henning 2000a: 208). Dies impliziert auch die Annahme, dass die Höhe der Transaktionskosten, die anfallen um ein Segment zu beliefern, unabhängig davon ist, welcher konkrete Akteur in diesem Segment der Empfänger ist, d.h. Transaktionskosten innerhalb eines Segments werden vernachlässigt. Um das oben genannte Beispiel aufzugreifen, macht es bezüglich der Transportkosten (Transaktionskosten) sehr wohl einen Unterschied, ob ein Kunde in einem entlegenen Bergdorf oder aber in der Großstadt mit Autobahnanbindung angesiedelt ist. Einmal in dem Bergdorf angelangt, ist es jedoch unter Kostengesichtspunkten unerheblich, ob sich der Kunde am Anfang oder am Ende der Dorfstraße befindet. Die originäre Ausstattung $C_{ik}^{'ar}$ eines Akteurs i mit der Ressource k für das Segment r ergibt sich aus:

$$(3\text{-}19) \quad C_{ik}^{'ar} = \frac{\sum_{j \in r} T_{ijk}^{'}}{\sum_{h \in N}\sum_{j \in r} T_{hjk}^{'}} \qquad mit: \quad T_{ijk}^{'} = \frac{T_{ijk}}{\sum_{h \in N} T_{hjk}}$$

Zunächst wird $T_{ijk}^{'}$ berechnet, indem im Transfernetz die Spaltensummen gebildet (1. in Tabelle 3-6) und die Zelleinträge durch die jeweiligen Spaltensummen geteilt werden (2. in Tabelle 3-7). T_{ijk} misst den Transfer der Ressource k von Akteur i zu Akteur j. $T_{ijk} = 1$, falls ein Transfer vorliegt, andernfalls ist $T_{ijk} = 0$. Das Ergebnis der beiden ersten Rechenschritte ist in Tabelle 3-7 eingetragen.

2. Zellen / (1.)		Empfänger					Ressourcenvektor
		1	2	3	4	3. Σ Zeile	5. (3.) / (4.)
Sender	1		0,33	0,50	0,33	1,17	**0,29**
	2	1,00		0,50	0,33	1,83	**0,46**
	3	0,00	0,33		0,33	0,67	**0,17**
	4	0,00	0,33	0,00		0,33	**0,08**
					4. Σ (3.)	4,00	

Tab. 3-7: Berechnungsschritte 2-5

Im nächsten Schritt werden die Zeilensummen sowie die Summe der Zeilensummen gebildet (3. und 4. in Tabelle 3-7). Der Ressourcenvektor $c_{ik}^{'ar}$ ergibt sich aus dem Quotienten der Zeilensummen und der Summe der Zeilensummen (5. in Tabelle 3-7). Für den Fall, das mehrere Segmente bestehen, wird im dritten Schritt nur die Zeilensumme über die Akteure des jeweiligen Segmentes gebildet, d.h. es gibt für jedes Segment und für jede Ressource einen Ressourcenvektor.

In Rahmen der Berechnung der originären Ressourcenausstattung der Akteure wird der in Abschnitt 2.2 besprochene Netzwerkeffekt insbesondere in seiner relationalen Dimension berücksichtigt. Wie bereits ausgeführt wurde, bezieht sich dieser auf die Einbettung in direkte dyadische Beziehungen. Grundsätzlich wird die Ressourcenausstattung eines Akteurs um so höher, je häufiger er alleiniger Lieferant für andere Akteure ist, d.h. auf den Nachfragermärkten als Monopolist auftritt (der Zähler in (3-19) wird größer). In diesem Fall haben die Nachfrager aufgrund mangelnder Einbettung keine oder nur wenige Alternativen. Umgekehrt wird ein Akteur über eine relativ geringe Ressourcenausstattung verfügen, wenn er nur einer von vielen Lieferanten für andere Akteure ist, d.h. polypolistische Marktstrukturen vorliegen. Im Beispielnetz verfügt Akteur 2 mit 0,46 über die größte Ressourcenausstattung, da er an alle anderen Akteure liefert und insbesondere gegenüber Akteur 1 ein Monopol hat. Die übrigen Akteure hingegen haben auf ihren Zielmärkten mindestens einen Konkurrenten und daher eine geringere Ressourcenausstattung.

Bislang wurden nur direkte Transfers betrachtet. In empirischen Netzen lassen sich aber häufig Akteure identifizieren, die aufgrund ihrer zentralen Position in Netzwerken nicht nur eigene Ressourcen anbieten, sondern Zwischenhandel betreiben. Dadurch können Akteure, die keinen Zugang zueinander haben, über Dritte Ressourcen austauschen. Beim Tausch über Dritte fallen Transaktionskosten in Form eines Brokeranteils an, d.h. der Broker erhält einen Teil der getauschten Ressourcen als Aufwandsentschädigung. Die Idee der *Brokerage* in Netzwerken ist, wie in Kapitel 2 erläutert, in der Literatur etabliert. Das netzwerkanalytische Zentralitätsmaß der *Betweenness* (vgl. Abschnitt 5.1.4) beispielsweise basiert auf der Annahme, dass Akteure von strategisch günstigen Positionen in Netzwerken profitieren und misst, wie häufig ein Akteur auf dem kürzesten Pfad zwischen zwei unverbundenen Akteuren liegt. Ronald Burt's Konzept des Sozialen Kapital basiert, wie bereits erwähnt, auf der Brokerrolle von Akteuren. Akteure verfügen in dem Ausmaß über Soziales Kapital, wie sie als alleinige Broker für andere unverbundene Akteure fungieren, d.h. letztere keine alternativen Broker wählen können, welche die *Structural Holes* überbrücken (vgl. Burt 1992).

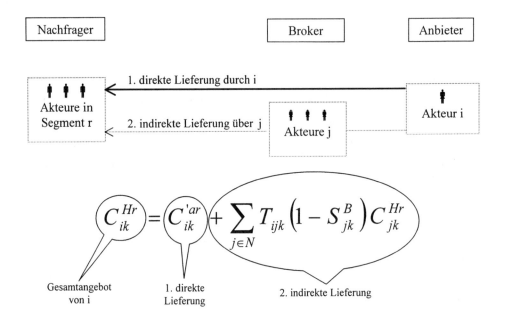

Abb. 3-3: Zerlegung des Gesamtangebots

Im Modell von Henning (2000a: 208-211) wird ein Brokeranteil S_{jk}^B spezifiziert, mit dem sich das Gesamtangebot C_{ik}^{Hr} eines Akteurs i der Ressource k im Segment r vor dem Tausch in direkte originäre Ressourcenlieferungen des Akteurs selbst sowie in indirekte Ressourcenlieferungen über die Broker j zerlegen lässt. Für die indirekten Lieferungen fällt eine Provision an, die der Akteur i an den Broker j entrichten muss. Die Höhe dieses Brokeranteils ist wiederum von der strukturellen Einbettung des Brokers in das jeweilige Ressourcennetzwerk abhängig. In Abbildung 3-3 wird dieser Sachverhalt graphisch dargestellt. Der Brokeranteil wird ressourcen- und akteursspezifisch aber nicht segmentspezifisch berechnet. Für einen Akteur i, der von unterschiedlichen Akteuren j Ressourcen nachfragt und unterschiedlichen Akteuren g Ressourcen anbietet, berechnet sich der Brokeranteil wie folgt:

(3-20)

$$S_{ik}^B = \frac{\sum_{g \in N}(T_{igk} \cdot V_{gk}^* - T_{gik} \cdot V_{ik}^*)}{\sum_{g \in N} T_{igk} \cdot V_{gk}^*} = 1 - \frac{V_{ik}}{\frac{1}{\sum_{g \in N} T_{gik}} \cdot \sum_{g \in N} T_{igk} \cdot V_{gk}^*} = 1 - \frac{V_{ik}}{\sum_{g \in N} \frac{T_{igk}}{\sum_{g \in N} T_{gik}} \cdot V_{gk}^*} = 1 - \frac{1}{TOT_{ik}}$$

(3-21)

$$TOT_{is} \approx \exp\left\{\left[\frac{1}{\sum_g T_{igk}} \cdot \sum_{T_{igk}=1} \frac{\sum_g T_{gik}}{\sum_j T_{jgk}}\right]\right\} = \exp\left\{\left[\frac{1}{\text{Anzahl von i er-reichter Absatzmärkte}} \cdot \sum_{T_{igk}=1} \frac{\text{Anzahl Anbieter auf Inputmarkt}}{\text{Anzahl Anbieter auf Absatzmarkt}}\right]\right\}$$

Für die *Terms of Trade* (TOT) und den Brokeranteil S_{ik}^B gilt, dass diese um so größer werden, je größer die Anzahl der Anbieter auf dem Inputmarkt und je geringer die Anzahl der Anbieter auf dem Exportmarkt ist.[19] Die dem gesamten Modell zugrundeliegende Marktlogik kommt auch hier zum Tragen. Bei der Bestimmung der Brokeranteile wird sowohl der relationale als auch der strukturelle Effekt der Einbettung berücksichtigt. Bei starker Konkurrenz auf dem Beschaffungsmarkt sowie wenig Konkurrenz auf den Absatzmärkten eines Akteurs steigt dessen Brokeranteil.[20] Die Höhe des Brokeranteils eines Akteurs hängt sowohl von der Anzahl seiner direkten Beziehungen als auch von der Einbettung der übrigen Akteure ab. Für das oben angeführte Beispiel sei angenommen, dass die Tochtergesellschaften unseres internationalen Unternehmens in zwei unterschiedlichen Regionen angesiedelt sind. Der Gesamtmarkt ist in zwei regionale Segmente "West" mit den Akteuren 1 und 2 sowie "Ost" mit den Akteuren 3 und 4 unterteilt. Zur Belieferung der beiden Segmente fallen jeweils unterschiedlich hohe Transaktionskosten an. Die Ressourcenausstattung der Akteure $C_{ik}^{'ar}$ ohne Berücksichtigung der indirekten Lieferungen (über Broker) sowie deren Brokeranteile S_{ik}^B sind in

---

[19] Es darf nicht unerwähnt bleiben, dass die Berechnung der TOT in Gleichung 3-21 nur eine Approximation darstellt und im Gegensatz zu den übrigen Modellgleichungen nicht exakt hergeleitet wurde.
[20] Für den Extremfall, dass ein Akteur keine Ressourcen nachfragt, sondern nur anbietet, sind die TOT gemäß Gleichung 3-21 allerdings nicht definiert. In diesem Falle würde S_{ik}^B null werden. Der Marktlogik entsprechend muss der Brokeranteil aber auf eins gesetzt werden, da ein nur anbietender Akteur ausschließlich als Broker fungiert.

Tabelle 3-8 eingetragen. Akteur 2 hat hier mit 0,84 den höchsten Brokeranteil, da auf seinem Beschaffungsmarkt starke Konkurrenz herrscht (3 Anbieter), er aber auf allen anderen Märkten anbietet und insbesondere gegenüber Akteur 1 als Monopolist auftritt. Der Brokeranteil von Akteur 1 hingegen fällt mit 0,32 vergleichsweise gering aus, da dieser auf seinem Beschaffungsmarkt von nur einem Anbieter abhängt und auf seinen Absatzmärkten neben ihm eine Reihe von Wettbewerbern existieren.

Akteur	$C_{ik}^{'West}$	$C_{ik}^{'Ost}$	S_{ik}^{B}
1	0,17	0,42	0,32
2	0,5	0,42	0,84
3	0,17	0,17	0,49
4	0,17	0	0,63

Tab. 3-8: Regionale Ressourcenausstattung und Brokeranteile

Die Berechnung der Brokeranteile sei am Beispiel des Akteurs 1 erläutert. Akteur 1 erreicht, wie in Tabelle 3-6 zu sehen, insgesamt drei Absatzmärkte (die Akteure 2, 3 und 4). Er selbst wird von nur einem Akteur beliefert, d.h. die Anzahl der Anbieter auf dem Inputmarkt beträgt eins. Auf den Absatzmärkten zwei, drei und vier gibt es jeweils 3, 2 und 3 Anbieter (inklusive Akteur 1). Der Brokeranteil wird wie folgt berechnet:

$$TOT_1 = \exp\left\{\left[\frac{1}{3} \cdot \left(\frac{1}{3} + \frac{1}{2} + \frac{1}{3}\right)\right]\right\} = \exp\{0{,}389\} = e^{0{,}389}$$

$$S_{1k}^{B} = 1 - \frac{1}{e^{0{,}389}} = 0{,}322$$

Nach der Berechnung der Ressourcenausstattung (des Angebots) eines Akteurs aus den direkten Lieferungen $C_{ik}^{'ar}$ sowie der Brokeranteile S_{jk}^{B} der Akteure j lässt sich nun das Gesamtangebot C_{ik}^{Hr} eines Akteurs i berechnen, das sich aus den direkten Lieferungen sowie den indirekten Lieferungen abzüglich den jeweiligen Brokeranteilen für die Akteure j ergibt:

(3-24) $\displaystyle C_{ik}^{Hr} = C_{ik}^{'ar} + \sum_{j \in N} T_{ijk}\left(1 - S_{jk}^{B}\right) \cdot C_{jk}^{Hr}$

Gleichung 3-24 lässt sich in Matrixschreibweise umformen:[21]

(3-25) $c_k^{Hr} = \left[I - T^k (1-s_k)_{diag}\right]^{-1} c^{'ar}$

Das Gesamtangebot c_{ik}^{Hr} der Akteure wird in Gleichung 3-25 mit c_k^{Hr} bezeichnet. $c^{'ar}$ entspricht den Ressourcenvektor $C_{ik}^{'ar}$ aus den direkten Lieferungen und T^k ist die spaltennormierte Transfermatrix T'_{ijk} in Gleichung 3.19. I ist eine Einheitsmatrix. In Abbildung 3-4 sind die Werte für die Berechnung des Angebotes im Marktsegment "West" in die Gleichung 3-25 eingetragen.

$$C_k^{H\,west} = \left[\begin{matrix} 1 & 0 & 0 & 0 \\ 0 & 1 & 0 & 0 \\ 0 & 0 & 1 & 0 \\ 0 & 0 & 0 & 1 \end{matrix}\right] - \left[\begin{matrix} 0{,}00 & 0{,}33 & 0{,}50 & 0{,}33 \\ 1{,}00 & 0{,}00 & 0{,}50 & 0{,}33 \\ 0{,}00 & 0{,}33 & 0{,}00 & 0{,}33 \\ 0{,}00 & 0{,}33 & 0{,}00 & 0{,}00 \end{matrix}\right] \cdot \left[\begin{matrix} 0{,}68 & 0{,}00 & 0{,}00 & 0{,}00 \\ 0{,}00 & 0{,}16 & 0{,}00 & 0{,}00 \\ 0{,}00 & 0{,}00 & 0{,}51 & 0{,}00 \\ 0{,}00 & 0{,}00 & 0{,}00 & 0{,}36 \end{matrix}\right]^{-1} \cdot \left[\begin{matrix} 0{,}17 \\ 0{,}50 \\ 0{,}17 \\ 0{,}17 \end{matrix}\right] = \left[\begin{matrix} 0{,}29 \\ 0{,}79 \\ 0{,}23 \\ 0{,}21 \end{matrix}\right]$$

mit I, T^k, $(1-S_k)_{diag}$, $c^{'west}$

Abb. 3-4: Berechnung des Gesamtangebots im Segment "West"

Um zum Kontrollvektor c_k^{ar} zu gelangen, der die ursprüngliche Ressourcenausstattung der Akteure, d.h. das Angebot, über die Ressource k im Segment r vor dem Tausch beinhaltet, wird das Gesamtangebot der Akteure c_k^{Hr} noch mit deren Brokeranteilen gewichtet:

(3-26) $c_k^{ar} = [S_k]_{diag} c_k^{Hr}$

Die Werte für das Beispiel sind in Abbildung 3-5 eingesetzt. Akteur 2 verfügt über die größte Ausstattung bezüglich der Ressource k im Segment "West". Dies lässt sich intuitiv leicht nachvollziehen, wenn man beachtet, dass Akteur 2 bereits der größte Direktanbieter in dem Segment ist und darüber hinaus den größten Brokeranteil im gesamten Tauschsystem besitzt (vgl. Tabelle 3-8).

---

[21] Gleichung 3-24 in Matrixschreibweise: (3-24a) $c_k^{Hr} = c^{'ar} + T^k(1-s_k)_{diag} c_k^{Hr}$.
Umformen ergibt: (3-24b) $c_k^{Hr} - T^k(1-s_k)_{diag} c_k^{Hr} = c^{'ar}$.
Umformen ergibt: (3-24b) $\left(I - T^k(1-s_k)_{diag}\right) c_k^{Hr} = c^{'ar}$.
Auflösen nach c_k^{Hr} ergibt Gleichung 3-25.

$$C_k^{a\ west} = \begin{vmatrix} 0{,}32 & 0 & 0 & 0 \\ 0 & 0{,}84 & 0 & 0 \\ 0 & 0 & 0{,}49 & 0 \\ 0 & 0 & 0 & 0{,}63 \end{vmatrix} \cdot \begin{vmatrix} 0{,}29 \\ 0{,}79 \\ 0{,}23 \\ 0{,}21 \end{vmatrix} = \begin{vmatrix} 0{,}10 \\ 0{,}66 \\ 0{,}11 \\ 0{,}13 \end{vmatrix}$$

mit S_{kdiag} und $C_k^{H\ west}$

Abb. 3-5: Berechnung des Kontrollvektors im Segment "West"

Analog wird der Wert c_k^{ar} auch für die übrigen Segmente, d.h. im hier angeführten Beispiel auch für das Segment Ost berechnet. Liegen die entsprechenden Werte für alle übrigen Ressourcen vor, kann im nächsten Schritt das Marktgleichgewicht auf der ersten Stufe berechnet werden, d.h. eine modellhafte Abbildung des Ressourcentauschs erfolgen.

3.2.2.2 Das Tauschgleichgewicht in segmentierten Märkten

Unter Vernachlässigung der externen Effekte, d.h. der *commitments,* lässt sich das Marktgleichgewicht in einem Segment k als lineares Gleichgewichtssystem mit den segmentspezifischen Ressourcenpreisen V_{jk}^* darstellen:

$$(3\text{-}27) \quad V_{jk}^* \left(C_{jk}^a + \sum_{i \in N} \left(T_{ijk}^* - T_{jik}^* \right) \right) = X_{jk} \cdot P_j \quad \forall k \in M^R, j \in M$$

Der Term $\sum_{i \in N} \left(T_{ijk}^* - T_{jik}^* \right)$ entspricht den beobachteten Transferströmen zwischen den Akteuren i und j, wobei nicht binäre, sondern mengenmäßige Transfers, also gewichtete Netzwerke, zugrunde liegen. Weiterhin wird angenommen, dass die Nachfrage (das Interesse) X_{jk} für alle Akteure j in allen Segmenten k größer als null ist. Das Gesamteinkommen (die Macht) eines Akteurs j ergibt sich aus der Summe der Kontrollausstattung über die einzelnen Ressourcen im Gleichgewicht, gewichtet mit den jeweiligen Ressourcenpreisen:

$$(3\text{-}28) \quad P_j = \sum_{k \in M^R} \left\{ \sum_{i \in N} T_{jik}^* V_{ik}^* + \left(C_{kj}^a - \sum_{i \in N} T_{jik}^* \right) V_{jik}^* \right\} \quad \forall j \in M$$

Da mengenmäßige Transfers für Ressourcen wie Information oder formale Kontrolle nur schwer empirisch zu erheben sind und darüber hinaus in den Gleichungen (3-27) und (3-28) auch keine Brokerbeziehungen berücksichtigt werden, hat Henning eine *reduced form* seines Modells vorgeschlagen. Die Berechnung des Ressourcenangebots der Akteure im vorherigen Abschnitt wurde für diese *reduced-form* dargestellt. Für das Tauschgleichgewicht bezüglich der Ressourcen k in einem Segment r gilt für die *reduced-form* analog zum Grundmodell von Coleman die Regel der proportionalen Ressourcenallokation (vgl. Gleichung 3-6):

$$(3\text{-}29) \quad v_k^r \sum_{j \in M} c_{jk}^{ar*} = \sum_{j \in r} x_{jk}\, p_j^{r*}$$

Das Gesamtangebot S_j^{ar} einer Ressource k im Segment r ergibt sich wie im Grundmodell aus dem Marktpreis v_k^r sowie der ursprünglichen Ressourcenausstattung vor dem Tausch. Dabei ist die Kontrolle über eine Ressource in einem Segment auf eins normiert:

$$(3\text{-}30) \quad S_j^{ar} = v_k^r \sum_{j \in M} c_{jk}^{ar} = v_k^r, \qquad \sum_{j \in M} c_{jk}^{ar} = 1$$

Die Ressourcennachfrage im Segment r folgt aus der Regel der proportionalen Ressourcenallokation aus dem Preis der Ressourcen sowie dem Interesse der Akteure:

$$(3\text{-}31) \quad D_j^r = v_k^r \sum_{j \in r} c_{jk}^{r*} = \sum_{j \in r} x_{jk}\, p_j^{*}$$

Das Tauschgleichgewicht erhält man durch gleichsetzten von Angebot und Nachfrage:

$$(3\text{-}32) \quad v_k^r = \sum_{l=1}^{n} v_l^r \left(\sum_{j \in r} c_{lj}^{ar} x_{jk} \right)$$

Das Gesamteinkommen (die Macht) p eines Akteurs j ergibt sich aus der Summe seiner mit den Gleichgewichtspreisen gewichteten Kontrollausstattung über alle Ressourcen und alle Segmente:

$$(3\text{-}33) \quad p_j = \sum_r \sum_k c_{jk}^{r*} v_k^r$$

Es muss an dieser Stelle noch einmal hervorgehoben werden, dass die im empirischen Teil dieser Studie angewandte Modellversion der in Abschnitt 3.2.2.1 dargestellten *reduced-form* entspricht. Das bedeutet, die Transaktionskosten werden nicht direkt zwischen den Akteuren erhoben. Stattdessen wird angenommen, dass die beobachteten binären Transfernetze bereits den realisierten Tausch im Gleichgewicht darstellen.[22] Darüber hinaus wird nur der Ressourcentausch auf der ersten Stufe modelliert, d.h. es wird keine Prognose von konkreten Entscheidungsausgängen geleistet.[23] Bevor der theoretische Teil dieser Arbeit abgeschlossen und im nächsten Kapitel das Design der empirischen Studie vorgestellt wird, erfolgt im nächsten Abschnitt eine nähere Betrachtung des Machtkonzeptes, welches dem Modell Hennings zugrunde liegt. Dieses beinhaltet zusätzlich zu der relationalen Macht Colemans eine strukturelle Komponente die als Soziales Kapital betrachtet werden kann, welches die Akteure aufgrund ihrer Position in den Netzwerken bilden.

3.2.3 Ein strukturelles Machtkonzept: Macht und Soziales Kapital

Wie das Grundmodell von Coleman impliziert auch das Modell von Henning ein relationales Machtkonzept. Die Gleichgewichtspreise für die Ressourcen werden in Abhängigkeit von der Kontrollallokation und den Interessen bestimmt. Ein Akteur ist grundsätzlich um so mächtiger, je mehr er über Ressourcen verfügt, an denen die übrigen Akteure stark interessiert sind.

Henning erweitert das relationale Konzept um eine strukturelle Komponente. Akteure, mit einer guten Einbettung erhalten zusätzliche Macht, während Akteure mit schlechtem Zugang im Vergleich zum Tausch in einer Vollstruktur einen Machtverlust erleiden.[24] Marsden (1983: 692, 703-708) hat dies bereits als *"price-making behavior"* bezeichnet. Es wird zwar von dyadischen Tauschraten abgesehen, die Ressourcen der Akteure mit gutem Zugang sind aber trotzdem mehr Wert, da sie, wie in Abschnitt 3.2.2.1 gezeigt, eine größere Menge von Ressourcen anbieten können. Über den Mengeneffekt werden die Tauschraten zugunsten der gut eingebetteten und zuungunsten der schwach eingebetteten Akteure verschoben.

Eine weitere strukturelle Komponente der Macht wird durch die Einführung der Brokeranteile hinzugefügt. Stark eingebettete Akteure können Macht aus ihrer Brokertätigkeit generieren, indem sie den Tausch zwischen Akteuren ermöglichen, die keinen Zugang zueinander haben. Bezahlt wird der Brokeranteil von den Akteuren, die aufgrund ihrer geringen Einbettung auf die Brokerleistung angewiesen sind. Die Gesamtmacht eines Akteurs im Tauschmodell von Henning lässt sich also in eine relationale und eine strukturelle Komponente aufspalten. Während sich die relationale Komponente aus der ursprünglichen Ressourcen- und Interessenallokation ableitet, basiert die strukturelle Macht auf der Position des Akteurs in den Netzwerken des Ressourcentransfers. Die strukturelle Komponente der Macht lässt sich als Soziales Kapital der Akteure auffassen. Dieses spiegelt einerseits Colemans Verständnis von Sozialem Kapital wieder, dass sich aus einer hohen *Network-Closure*, d.h. der

---

[22] Auf die Auswahl der relevanten Tauschressourcen wird in Abschnitt 4.2.2 eingegangen.
[23] Die genaue Spezifikation der berechneten Modellversionen erfolgt in Abschnitt 6.1.
[24] Für den (hypothetischen) Fall, dass die Netze eine Vollstruktur aufweisen (jeder Akteur hat zu jedem Zugang), entspräche eine Lösung des Modells von Henning dem von Coleman. Allerdings gilt dies nur unter der Bedingung, dass keine Segmentierung der Märkte in unterschiedlich große Segmente vorgenommen wird. In diesem Fall ergäben sich aufgrund der Zeilennormierung bei der Berechnung der originären Ressourcenausstattung unzulässige Verzerrungen (vgl. Tabelle 3-7).

starken direkten Einbettung eines Akteurs in Netzwerke ergibt, sowie andererseits das Konzept der Brokerage im Sinne Burt's (vgl. Coleman 1988: S105-S109; Burt 2001: 34-38).

Grundsätzlich lässt sich das Soziale Kapital einfach berechnen, indem man die Macht, die sich aus einer Anwendung des Grundmodells von Coleman ergibt, von der Gesamtmacht abzieht, die das Modell von Henning liefert. Colemans Modell berücksichtigt ausschließlich relationale Macht, die sich in Abhängigkeit von der Ressourcenausstattung und der Interessenverteilung ergibt und geht von einer transaktionskostenfreien Vollstruktur der Netzwerke aus. Das Henning-Modell berücksichtigt gerade die empirisch gemessene Abweichung von dieser Vollstruktur. Das strukturelle Machtkonzept beinhaltet zusätzlich zu der relationalen Macht von Coleman den Profit (das Soziale Kapital), den die Akteure aus der unvollständigen Zugangsstruktur ziehen. Allerdings wird bei dieser, in der vorliegenden Studie angewandten Vorgehensweise, vernachlässigt, dass sich bei der Modellversion mit Transaktionskosten auch die Preise ändern, die die Akteure für die Ressourcen zahlen müssen. Es werden segmentspezifische Preise berechnet, die wiederum Einfluss auf das Einkommen (die Macht) der Akteure haben.

Henning (2000b, 2002) hat ein Konzept von Sozialem Kapital vorgeschlagen dass diesen Effekt ausschließt. Soziales Kapital wird demnach als zusätzlicher Nutzen eines Akteurs berechnet, welcher sich durch die tatsächliche strukturelle Einbettung gegenüber einer (fiktiven) optimalen Situation ergibt, in der eine Vollstruktur, d.h. keine Transaktionskosten, vorliegt. Es wird berechnet, wie viel zusätzliche Macht ein Akteur zu der Macht erhalten müsste, die er im Gleichgewicht ohne Transaktionskosten hält, um dasselbe Nutzenniveau zu erreichen, welches er im Gleichgewicht unter Berücksichtigung von Transaktionskosten besitzt. Diese Machtdifferenz misst das Soziale Kapital eines Akteurs. Ist die Differenz positiv, erhöht sich das Soziale Kapital durch die tatsächliche strukturelle Einbettung des Akteurs während sich dieses verringert, falls eine negative Differenz vorliegt.[25] Dazu wird zunächst der „indirekte" Nutzen u der Akteure i für eine Version mit Transaktionskosten $u'_i(v',p')$ sowie eine Version ohne Transaktionskosten $u_i(v,p)$ berechnet (vgl. Deaton/Muellbauer (1996: 186-187).[26] Der Nutzen eines Akteurs wird in Bezug zu den Preisen gesetzt. Je höher die Preise für die Ressourcen, an denen ein Akteur ein hohes Interesse hat, desto geringer fällt der Nutzen für diesen aus:

---

[25] Henning (2000b, 2002) vergleicht die beiden Modellversionen zusätzlich mit einem (ebenfalls fiktiven) atomistischen Tauschsystem, in dem überhaupt kein Tausch stattfindet. Dieses stellt einen Referenzwert dar, bei dem die soziale Struktur keinen Tausch zulässt und Soziales Kapital von null vorhanden ist. Henning zufolge kann bereits bei dem Tausch auf dem vollkommenen Markt von Sozialem Kapital gesprochen werden. Die oben berechnete Differenz misst demnach die Veränderung des Sozialen Kapitals beim Tausch in Netzwerken gegenüber dem Tausch auf vollkommenen Märkten. Da es bei der empirischen Anwendung des Tauschmodells gerade darum geht, die Wirkung der strukturellen Einbettung gegenüber dem Tausch auf vollkommenen Märkten zu untersuchen, genügt für die im empirischen Teil der Arbeit vorgenommene Anwendung der Vergleich der beiden Modellversionen.
[26] Technisch entspricht dies der Differenz der Hick'schen äquivalenten Kompensation (vgl. Henning 2002: 18; Deaton/Muellbauer 1996).

$$(3\text{-}34) \quad u_i(v,p) = p \frac{1}{\prod_k^m v_k^{x_k}} \quad \text{und} \quad u_i'(v',p') = p' \frac{1}{\prod_k^m {v'}_k^{x_k}}$$

Im nächsten Schritt wird die Nutzendifferenz Δu gebildet:

$$(3\text{-}35) \quad \Delta u = u_i'(v',p') - u_i(v,p)$$

Daraus lässt sich die Machtdifferenz Δp berechnen, die das Soziale Kapital misst:

$$(3\text{-}36) \quad \Delta p = \Delta u \cdot \prod_k^m v_k^{x_k}$$

Kritisiert werden muss an dieser Vorgehensweise, dass in der hier vorgestellten *reduced-form* des Henning-Modells die Berechnung des ursprünglichen Ressourcenangebots eines Akteurs bereits mit der Zugangsstruktur gekoppelt und somit nicht völlig "strukturfrei" ist. Die strukturelle Einbettung wird einerseits beim direkten Ressourcenangebot (Gleichung 3-19) und andererseits beim Gesamtangebot inklusive der indirekten Lieferungen (3-20 bis 3-26) berücksichtigt. Für die Berechnung einer Modellversion ohne Transaktionskosten wird das ursprüngliche Ressourcenangebot eines Akteurs gemäß der Gleichung 3-19 berechnet, d.h. die indirekten Lieferungen über Broker entfallen. Allerdings ist hier die strukturelle Einbettung der Akteure nicht vollständig ausgeklammert, da Akteure mit gutem Zugang mehr Ressourcen anbieten können als isolierte Akteure. Dies impliziert die problematische Annahme, dass Akteure mit einer starken Einbettung auch über ein großes Ressourcenangebot verfügen. Der Fall, dass ein Akteur zwar über viele Ressourcen verfügt, aber schlechten Zugang zum Tauschsystem hat, wird systematisch ausgeschlossen und es wird angenommen, dass ein geringes Ressourcenangebot entweder mit einer geringen Ressourcenausstattung eines Akteurs einhergeht oder aber mit einer hohen Ressourcenausstattung bei einer geringen Nachfrage nach den angebotenen Ressourcen.

Problematisch bei der Berechnung des Sozialen Kapitals gemäß Henning ist ferner, dass zwar der zusätzliche Nutzen, den die Akteure aufgrund der konkreten sozialen Organisation des Tausches generieren, berücksichtigt wird, der Nutzenverlust, der durch die Aufwendung von Transaktionskosten zur Überwindung der sozialen Distanzen auftritt, jedoch unberücksichtigt bleibt. Das Soziale Kapital wird also tendenziell überhöht ausfallen. Während bei dem zuvor vorgeschlagenen direkten Nutzenvergleich zwischen den beiden Modellversionen der Preiseffekt ausgeklammert wird, sind dies beim Vergleich des indirekten Nutzens die Transaktionskosten.

Sowohl das hier vorgeschlagene Maß Sozialen Kapitals als auch das Konzept von Henning beinhalten Unzulänglichkeiten, die bei der Interpretation der Ergebnisse der empirischen Anwendung in den Abschnitten 6.2.3 und 6.3.3 zu beachten sind.

4 Eine komparative Fallstudie in internationalen Unternehmen

In diesem Kapitel wird das Design der Studie vorgestellt. Dabei ist zunächst der Aufbau als komparative Fallstudie begründungsbedürftig. Im Gegensatz zu den in der empirischen Sozialforschung üblichen Auswahlverfahren ist die Stichprobentheorie auf relationale Daten nur sehr begrenzt anwendbar. Da bei Stichproben nur die Beziehungen zwischen den in der Stichprobe vorhandenen Einheiten erhoben werden können, entfallen sowohl die Beziehungen zwischen den nicht berücksichtigten Einheiten als auch die Beziehungen zwischen den nicht berücksichtigten Einheiten und den Einheiten innerhalb der Stichprobe. Einer Schätzung Burts (1983: 100-102) zufolge beträgt der Informationsverlust bei Stichproben relationaler Daten (100-k) Prozent, wobei k der Stichprobengröße entspricht. Eine Stichprobengröße von 5% würde beispielsweise 95% der Beziehungen zwischen den Einheiten der Grundgesamtheit vernachlässigen (vgl. Scott 1991: 63). Die Stichprobentechnik für netzwerkanalytische Studien erlaubt bislang nur die Schätzung einfacher Netzwerkeigenschaften wie der Netzwerkdichte oder der durchschnittlichen Anzahl der Nennungen eines Akteurs bei gegebener Netzwerkgröße (Wasserman/Faust 1994: 34). Für eingehende Strukturanalysen, bei denen neben den direkten auch indirekte Beziehungen berücksichtigt werden sollen, sind Stichproben gänzlich ungeeignet (vgl. Burt/Ronchi 1994: 93; Jansen 1999: 83). Für die Analyse der Führungsstrukturen in Organisationen sowie den Vergleich formaler und informeller Strukturen ist daher eine Vollerhebung notwendig. Insofern kann der Aufwand bezüglich der Datenerhebung als außerordentlich hoch eingestuft werden. Da es sich in dieser Studie, wie in Abschnitt 4.2 erläutert wird, um die Netzwerkstrukturen im Hinblick auf strategische Entscheidungen handelt, mussten die Beziehungen zwischen allen am strategischen Entscheidungsprozess maßgeblich beteiligten Akteuren erhoben werden. Dabei handelt es sich um die beiden obersten Führungsebenen der Unternehmen. Befragt wurden die Vorstände sowie die Divisionsleiter und die Geschäftsführer der Tochtergesellschaften. Dieser Personenkreis verfügt in der Regel über äußerst knappe zeitliche Ressourcen, so dass eine gewisse Skepsis gegenüber der Teilnahme an (zeitaufwendigen) wissenschaftlichen Studien besteht (vgl. Thomas 1995).[1] Darüber hinaus ist die Datenerhebung in internationalen Unternehmen mit einem hohen Reiseaufwand verbunden, da nicht alle Leiter ausländischer Niederlassungen regelmäßig die Zentrale besuchen. Dies führt zu einem beträchtlichen Aufwand an zeitlichen und finanziellen

---

[1] Trotz dieser Restriktion konnten in den beiden Unternehmen die obersten zwei Hierarchieebenen fast vollständig befragt werden. Insgesamt wurden 118 persönliche Interviews durchgeführt. Nur ein einziger potentieller Interviewpartner war nicht bereit an der Studie teilzunehmen. Dies ist vor dem Hintergrund der Anforderungen, die die Erhebung von Netzwerkdaten an die interviewten Manager stellt, als außerordentlich gutes Ergebnis zu werten. Der befragte Personenkreis der Topführungskräfte steht meistens unter enormen Zeitdruck und hegt Misstrauen hinsichtlich der Nützlichkeit derartiger Befragungen (vgl. Burt/Ronchi 1994: 92; Molina 1995: 250). Darüber hinaus erforderte das Ausfüllen der Netzwerklisten eine hohe Konzentration von den Befragten. Persönliche Interviews waren daher unerlässlich, um eine hohe Qualität der Daten zu gewährleisten.

Ressourcen. Der hohe Datenerhebungsaufwand machte es erforderlich, die Untersuchung als komparative Fallstudie auf zwei Unternehmen zu beschränken.

Der häufig anzutreffende Einwand, dass Fallstudien eher explorativen Charakter haben, d.h. insbesondere für die Theorieentwicklung geeignet sind, trifft für die vorliegende Studie nicht zu (vgl. Yin 1984: 15). Es geht explizit darum, theoretisch abgeleitete Strukturhypothesen an den beiden ausgewählten Fällen zu testen. Allerdings liegt in Bezug auf die Forschungsmethode ein exploratives Element vor. Es handelt sich um die Übertragung der Methoden der Netzwerkanalyse in Verbindung mit der tauschtheoretischen Modellierung auf intraorganisatorische Zusammenhänge und somit auf ein neues Anwendungsgebiet. Wie in Abschnitt 2.4.2 erwähnt, ist die quantitative Netzwerkanalyse in der amerikanischen Managementforschung bereits fest etabliert (vgl. Tichy et al. 1979; Ghoshal/Bartlett 1990; Krackhardt 1990; Burt 1992; Tsai 1998). Auch auf die Einsatzmöglichkeit der tauschtheoretischen Modellierung auf betriebswirtschaftliche Fragestellungen allgemein und zur Analyse von Organisationen im Speziellen wurde bereits hingewiesen (vgl. Gupta 1989; Matiaske 1998, 1999). Die Studie baut in dieser Hinsicht methodisch und theoretisch auf festem Grund. Allerdings liegen bisher keine empirischen Studien vor, bei denen die strukturelle Einbettung der Akteure mittels eines theoretisch konsistenten Modells abgebildet wurde.

Auch in den Politikfeldanalysen sind Einzelfallstudien (vgl. Pappi/Henning 1999) oder vergleichende Fallstudien (vgl. Laumann/Knoke 1987; Knoke et al. 1996) vorherrschend, da davon ausgegangen wird, dass jedes Politikfeld eine problemfeldspezifische Einflusslogik aufweist. Für die Organisation internationaler Unternehmen ist dies ebenfalls anzunehmen. Zwar lassen sich internationale Unternehmen anhand ihrer formalen organisatorischen Grundstruktur klassifizieren (vgl. Wolf 2000: 79-148); eine eingehendere Analyse der konkreten Ausgestaltung der formalen und insbesondere der informellen Strukturen erfordert jedoch die Berücksichtigung einer Vielzahl spezifischer Kontextvariablen (Größe, Branche, Wertschöpfungstiefe, Internationalisierungsgrad, etc.), so dass allgemeine Aussagen nur auf einem sehr hohen Aggregationsniveau möglich sind. Eine detaillierte Analyse der Entscheidungsstruktur in internationalen Unternehmen hat eine Vielzahl von unterschiedlichen Variablen zu berücksichtigen. Es ist daher äußerst unwahrscheinlich, dass sich empirisch mehrere Fälle identifizieren lassen, die zumindest bei den maßgeblichen Variablen eine ähnliche Ausprägung aufweisen. Insofern wäre selbst unter der Annahme, dass keine Restriktionen bezüglich der Datenerhebung bestehen, nicht davon auszugehen, dass eine genügend große Anzahl von Fällen existiert, um statistische Hypothesentests durchzuführen (vgl. Scharpf 1997: 22-27).

In der empirischen Studie soll jedoch nicht nur eine fallspezifische Analyse geleistet werden. Zwar ist jede Organisation ein spezielles soziales System mit einer unendlichen Anzahl spezifischer Merkmalsausprägungen, es wird jedoch angenommen, dass die Akteure in jeder Organisation einer bestimmten Handlungslogik folgen. Im theoretischen Teil der Arbeit wurde diese Handlungslogik als strukturell eingebundener Ressourcentausch charakterisiert.

Diese Logik, so die Annahme, liegt allen Organisationen und insbesondere den in Abschnitt 2.3.2 charakterisierten Netzwerkorganisationen, zugrunde.

Was die Generalisierbarkeit der Ergebnisse betrifft, geht es nicht darum, wie bei Stichproben auf die Grundgesamtheit zu schließen. Im Idealfall ähnelt eine Fallstudie einem Experiment, bei dem von den Ergebnissen auf die Theorie geschlossen wird (vgl. Yin 1985: 39-40; Przeworski/Teune 1970). Experimente dienen primär dazu, eine Theorie zu verifizieren oder zu falsifizieren.[2] In Laborexperimenten werden alle Kontextvariablen konstant gehalten. Nur die erklärende Variable wird variiert, um ihre Auswirkung auf die abhängigen Variablen zu untersuchen. Eine perfekte Kontrolle der Kontextvariablen (z.B. Größe und Branche der Unternehmen) ist in realen sozialen Systemen und so auch in Organisationen nicht möglich, es muss daher eine Fallauswahl vorgenommen werden, die unter Berücksichtigung der forschungspraktischen Restriktionen eine zumindest quasi-experimentelle Situation schafft (vgl. Przeworski/Teune 1970: 31-32). Im folgenden Abschnitt wird auf die Auswahlkriterien eingegangen. Die untersuchten Unternehmen sowie die Ausprägung deren formaler Organisationsstrukturen werden vorgestellt. In Abschnitt 4.2 erfolgt eine Begründung der Auswahl der erhobenen Netzwerke. In Abschnitt 4.3 wird eine Systemabgrenzung vorgenommen bei der die relevanten Organisationseinheiten identifiziert werden, zwischen denen die Beziehungen erhoben werden. Abschließend werden die Leithypothesen aus Abschnitt 2.5, unter Berücksichtigung der konkreten Ausprägung von Matrix- und Holding-Strukturen in den beiden Unternehmen, näher spezifiziert (Abschnitt 4.4). Diese Hypothesen bilden den Leitfaden für die empirischen Analysen in den Kapiteln 5 und 6.

4.1 Die Auswahl der Fälle: Ein "*dissimilar case design*"

Als ausschlaggebendes Kriterium bei der Auswahl der Fälle gilt trivialerweise, dass diese zur Überprüfung der Fragestellung geeignet sind (vgl. Przeworski/Teune 1970: 37; Yin 1984: 47). Um eine quasi experimentelle Situation zu schaffen, die es ermöglicht Hypothesen zu testen, müssen die Kontextvariablen möglichst konstant gehalten werden. Dies bedeutet, es sollen Fälle untersucht werden, die weitestgehend ähnlich sind bezüglich der Kontextvariablen wie dem Ausmaß an internationaler Geschäftstätigkeit oder den vorherrschenden Wettbewerbsbedingungen. Die Ausprägung der unabhängigen Variablen soll variieren, um die hypothetisch postulierten Zusammenhänge empirisch überprüfen zu können (Przeworski/Teune 1970: 37-39). Im vorliegenden Fall ist dies die formale Organisationsstruktur, da erwartet wird, dass diese mit einer bestimmten Ausprägung der informellen Struktur (der abhängigen Variablen) korrespondiert. Untersucht werden sollen zwei Unternehmen, welche die Eigenschaften von Netzwerkorganisationen aufweisen, hinsichtlich ihrer formalen Struktur aber "*dissimilar cases*" darstellen. Da Netzwerkorganisationen primär für transnationale Wettbewerbsumfelder

---

[2] Verifikation wird hier im Popper'schen Sinn als "vorläufige" Bestätigung aufgefasst (vgl. Popper 1982: 213ff.; Chalmers 1999: 41ff).

geeignet sind, werden mit der Matrixorganisation und der Management-Holding zwei Strukturalternativen gewählt, die ein *fit*-Verhältnis zu diesem Wettbewerbsumfeld und der entsprechenden Internationalisierungsstrategie aufweisen. Die beiden untersuchten Unternehmen, die BASF Gruppe (Matrix) und die Fuchs Petrolub AG (Holding), weisen einen überdurchschnittlich hohen Internationalisierungsgrad auf und verfügen über diversifizierte Produktportfolio. Dabei bestehen jeweils für eine Vielzahl der angebotenen Produkte sowohl hohe Erfordernisse bezüglich der Anpassung an lokale Besonderheiten als auch hinsichtlich der Erzielung von Skalen- und Synergieeffekten. Insgesamt kann sowohl für die BASF als auch für Fuchs Petrolub von einem transnationalen Wettbewerbsumfeld ausgegangen und das Vorliegen eines Strategie-Struktur-*fit* konstatiert werden. Da darüber hinaus beide Unternehmen zu den erfolgreichsten ihrer Branche zählen, scheint auch der angenommene Zusammenhang zwischen dem Strategie-Struktur-*fit* und dem Unternehmenserfolg vorzuliegen.

In den folgenden Abschnitten werden die beiden untersuchten Fälle vorgestellt und erläutert, wie bei diesen die Strukturalternativen Matrix und Holding in der Praxis umgesetzt werden. Darüber hinaus wird auf den formalen Aufbau der strategischen Planung in den Unternehmen eingegangen, da im Rahmen derselben, wie in Abschnitt 4.2.1 erläutert wird, steuerungsrelevante Entscheidungen getroffen werden. Diese werden als Abgrenzungskriterium für die Auswahl der informellen Netzwerke herangezogen (vgl. Abschnitt 4.2).

4.1.1 Führungsstrukturen in der BASF

Die BASF zählt zu den weltweit größten Chemieunternehmen. Der Umsatz im Geschäftsjahr 2000 betrug knapp 36 Milliarden Euro. Im gesamten Konzern sind über 100.000 Mitarbeiter beschäftigt. Dem hohen Internationalisierungsgrad der Chemiebranche entsprechend, weist auch die BASF einen hohen Anteil ausländischer Aktivitäten auf. Der Transnationalitätsindex beträgt 63% und liegt über dem Durchschnitt der 100 größten internationalen Unternehmen (vgl. Tabelle 4-1).[3] Alle Angaben in dieser Studie beziehen sich auf das Geschäftsjahr 2000.[4]

---

[3] Von der Vielzahl der Indizes zur Messung der Internationalisierung wird hier der sogenannte "Transnationalitätsindex" (TI) gewählt (vgl. Sullivan 1994; Ietto-Gillies 1998; Hassel et al. 2000, Oesterle/Fisch 2000). Dieser wird jährlich von UNCTAD für die 100 größten internationalen Unternehmen gebildet und wie folgt berechnet (vgl. Ietto-Gillies 1998: 20-21; UNCTAD 1999: 78-80):

$$TI = \frac{\left(\dfrac{Af}{At} + \dfrac{Sf}{St} + \dfrac{Ef}{Et}\right)}{3}$$

Mit: Af = Auslandsvermögen, At = Gesamtvermögen, Sf = Auslandsumsatz, St = Gesamtumsatz, Ef = Auslandsmitarbeiter, Et = Gesamtmitarbeiter.

[4] Zur Berechnung des Anteils ausländischen Umsatzes wurde der Umsatz nach Sitz der Kunden herangezogen. Vermögen = Summe der Aktiva.

BASF Gruppe (Stand: 2000)	Total	Inland	Europa Ausland	Nordamerika (NAFTA)	Süd- amerika	Asien-Pazifik, Afrika
Umsatz (in Mio €)	35.946	22,0%	34,0%	23,4%	7,0%	13,7%
Mitarbeiter	103.273	52,6%	14,0%	16,8%	6,7%	9,8%
Vermögen (in Mio €)	38.557	35,9%	17,6%	29,5%	6,4%	10,6%
Transnationalitätsindex =	63,2%					

Tab. 4-1: Internationalisierungsgrad der BASF
Quelle: BASF AG (2001a). Eigene Berechnung des Transnationalitätsindex

Das Produktportfolio der BASF lässt sich in fünf Unternehmenssegmente aufteilen. Neben dem ursprünglichen Betätigungsfeld "Farben & Farbmittel" sind dies "Chemikalien", "Kunststoffe & Fasern", "Gesundheit & Ernährung" sowie "Öl & Gas". Das Portfolio spiegelt die Bemühungen wieder, die stark von konjunkturellen Schwankungen beeinflussten "klassischen" Geschäftsfelder der Chemie durch relativ konjunkturunempfindliche Geschäftsfelder ("Öl & Gas", "Gesundheit & Ernährung") zu ergänzen (vgl. Riedl 1999: 117-118). Die Segmente sind weiter unterteilt in einzelne Unternehmensbereiche. In Tabelle 4-2 sind die Umsatzanteile derselben sowie der Anteil am Betriebsergebnis eingetragen. Die Tabelle beinhaltet nur die in der empirischen Untersuchung berücksichtigten Einheiten.

Die Unternehmensbereiche und Segmente unterscheiden sich untereinander in beträchtlichem Ausmaß, was ihren Umsatzanteil betrifft. Das mit 30% größte Segment bilden die "Kunststoffe" während die Segmente "Gesundheit & Ernährung" sowie "Öl & Gas" mit jeweils 12% Anteil am Gesamtumsatz nur knapp halb so groß sind. Das Segment "Öl & Gas" wiederum besteht aus nur einem Unternehmensbereich, der den Bereich mit dem höchsten Umsatzanteil darstellt.[5]

Für die Länderbereiche liegen bezüglich der Umsatz- und Ergebniszahlen keine detaillierten Daten vor. Die regionalen Umsatzanteile sind in Tabelle 4-1 eingetragen. Trotz des, gemessen am Transnationalitätsindex, hohen Internationalisierungsgrades lässt sich eine Konzentration auf den Heimatmarkt Deutschland (22%) und Europa (34%) feststellen. Einen weiteren Schwerpunkt bilden die Aktivitäten in Nordamerika mit 23% des Gesamtumsatzes. Die Regionen Südamerika (7%) und Asien/Pazifik/Afrika (14%) haben ihre Umsatzanteile in den letzten Jahren zunehmend gesteigert, während der Anteil Europas rückläufig ist.

---

[5] Auch hinsichtlich der Ertragskraft unterscheiden sich die einzelnen Bereiche und Segmente deutlich voneinander. So trägt "Öl & Gas" alleine mit über 30% zum gesamten Betriebsergebnis bei und liegt damit nur knapp hinter dem Kunststoffsegment, welches insgesamt vier Unternehmensbereiche umfasst. Die Bereiche aus dem Segment "Gesundheit & Ernährung" weisen hingegen ein negatives Ergebnis aus.

BASF Gruppe (Stand: 2000)			
Segment	Unternehmensbereich	Umsatzanteil (inkl.Transfers)	Anteil am Betriebsergebnis
Chemikalien	Petrochemikalien	11,6%	12,7%
	Anorganika	4,3%	7,9%
	Zwischenprodukte	6,6%	10,1%
	Gesamt	**22,5%**	**30,7%**
Kunststoffe & Fasern	Styrol-Kunststoffe	9,3%	11,3%
	Technische Kunststoffe	5,3%	3,4%
	Polyurethane	9,0%	10,4%
	Faserprodukte	6,6%	8,0%
	Gesamt	**30,2%**	**33,1%**
Farbmittel & Veredelungsprodukte	Farben	7,2%	5,0%
	Coatings	6,5%	7,5%
	Dispersionen	8,5%	7,6%
	Gesamt	**22,1%**	**20,1%**
Gesundheit & Ernährung	Feinchemie	5,3%	-0,1%
	Pflanzenschutz	7,2%	-16,6%
	Gesamt	**12,5%**	**-16,7%**
Öl & Gas	Öl und Gas	12,6%	32,8%
	Gesamt	**12,6%**	**32,8%**
Gesamt		**100,0%**	**100,0%**

Tab. 4-2: Umsatzstruktur der BASF[6]
Quelle: BASF AG - Interne Daten

Die ursprünglich funktional differenzierte Organisationsstruktur der BASF wurde Anfang der 60er Jahre durch die Einführung von Profit- und Cost Centern sowie mehreren, nach Produkten gegliederten Sparten ergänzt.[7] Ende der 60er Jahre wurden zusätzliche Produkt- und Regionalsparten geschaffen, die den einzelnen Vorstandsressorts zugeordnet waren. Die bisherige Matrixorganisation existiert in ihren Grundzügen seit einer Umstrukturierung im Jahre 1980 (vgl. Kreutle 1992: 276-289). Die Matrixleitung besteht aus dem Vorstand und ist in acht Ressorts unterteilt, die von jeweils einem Vorstandsmitglied geleitet werden. Die organisatorischen Einheiten der zweiten Ebene, die Matrixstellen, bestehen aus 16 Unternehmensbereichen, 11 Länderbereichen sowie 14 Zentral- und Funktionsbereichen. Die Ressorts umfassen in der Regel mehrere Bereiche aus unterschiedlichen Dimensionen, d.h. ein Ressort enthält jeweils Unternehmens-, Länder- und Zentralbereiche. Dabei sind die Unternehmensbereiche aus einem Segment jeweils einem Ressort zugeordnet. In Abbildung 4-1 ist die formale Organisationsstruktur der BASF auf den obersten drei Ebenen skizziert.

---

[6] Die Tabelle ist unvollständig, da sie nur die in der empirischen Studie berücksichtigten Bereiche beinhaltet. Aus Gründen der Reorganisation während der Datenerhebungsphase mussten zwei Unternehmensbereiche ausgelassen werden. Ein weiterer Bereich ist ebenfalls nicht in Tabelle 4-2 enthalten, da dieser keine Außenumsätze tätigt. Die Werte in Tabelle 4-2 weisen Abweichungen zu dem Geschäftsbericht auf, da es sich um Daten aus dem internen Rechnungswesen handelt, die freundlicherweise von der BASF zur Verfügung gestellt wurden.

[7] Neben den zitierten Quellen wurden die Informationen bezüglich der Aufbauorganisation sowie der strategischen Planung im Rahmen von Experteninterviews mit Vertretern des Unternehmens erhoben.

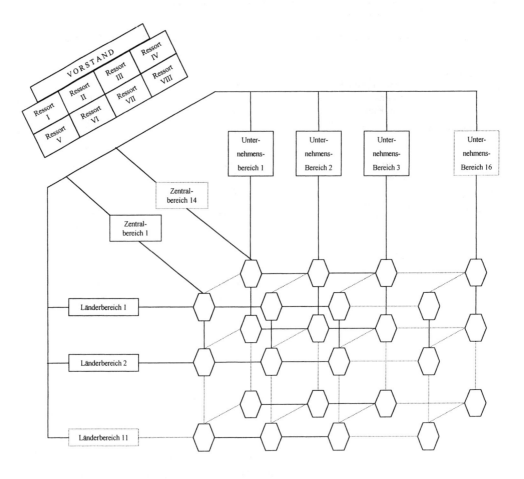

Abb. 4-1: Die formale Organisationsstruktur der BASF
Quelle: Eigene Darstellung in Anlehnung an Wolf (2000: 648)

Streng genommen handelt es sich bei der BASF um eine sogenannte Tensororganisation, da mehr als zwei Gliederungskriterien auf einer Ebene existieren (vgl. Welge 1987: 569-571).[8] Aufgrund des ungleichen Stellenwertes der Dimensionen in Hinblick auf strategische Entscheidungen sowie des BASF-internen Sprachgebrauchs wird im folgenden dennoch von

---

[8] Obwohl die Organisation der BASF in ihrer Grundstruktur stabil ist, finden organisatorische Änderungen bis hin zur zweiten Ebene relativ häufig statt. So trennte sich die BASF während des Zeitraums der Datenerhebung von ihren Pharmaaktivitäten, womit dieser Unternehmensbereich entfiel. Ferner wurden die Aktivitäten in zwei Unternehmensbereichen unter einheitlicher Leitung zusammengefasst. Daher liegen dieser Studie nur 14 Unternehmensbereiche zugrunde.
Anfang des Jahres 2001 wurde ein umfangreiches Programm gestartet, im Zuge dessen eine Reihe von organisatorischen Veränderungen anstehen. Insbesondere geht es um eine weitgehende Delegation der operativen Geschäftsführung von den Unternehmensbereichen an die i.d.R. regionalen Geschäftseinheiten. Die Matrix wird in der hier dargestellten Form also nicht weiterbestehen.

einer Matrix gesprochen. Im Kontext des Globalisierung-Lokalisierungsschemas (vgl. Abschnitt 2.3.1) sind es die Unternehmensbereiche, die schwerpunktmäßig den Globalisierungserfordernissen Rechnung tragen, während die Lokalisierungserfordernisse im wesentlichen in den Länderbereichen berücksichtigt werden.[9] Die dritte Hierarchieebene ist in einzelne Abteilungen und Geschäftseinheiten gegliedert, welche die Matrixzellen bilden.

Abweichend von der idealtypischen Matrixorganisation führt die Verteilung der Verantwortungsbereiche zu einem starken Übergewicht der Unternehmensbereiche bezüglich der strategischen Steuerung. Diese werden als Profit Center geführt und sind verantwortlich für die weltweite Steuerung und Koordination der dem Bereich zugeordneten Abteilungen und Tochterunternehmen. Ferner sind diese für die ihren Bereich betreffenden, weltweiten Investitionsstrategien zuständig.

Die Länderbereiche haben eine aus den Unternehmensbereichen abgeleitete Verantwortung, ihre Zuständigkeit liegt im operativen Geschäft. Im wesentlichen handelt es sich um die Koordination von Produktion, Vertrieb und Kundendienst in den Tochtergesellschaften der Region. Eine Ausnahme stellt der Länderbereich Nordamerika da. Der, gemessen am Umsatz, größte Länderbereich besteht aus drei einzelnen Bereichen mit unterschiedlicher Verantwortung für bestimmte Segmente (Chemie, Lacke & Farben sowie Kunststoffe). Darüber hinaus existiert ein (Funktions-)Länderbereich Nordamerika-Finanzen. Die Logik der Matrix, d.h. die Trennung von regionaler und produktbezogener Dimension, ist hier durchbrochen. Diese Sonderregelung soll der großen Bedeutung und den Besonderheiten des nordamerikanischen Binnenmarktes Rechnung tragen (vgl. Kreutle 1989: 289). Bei der BASF liegt, wie in Abschnitt 2.4.1.1 als Voraussetzung für funktionierende Matrixstrukturen beschrieben, eine klare Definition der Kompetenzbereiche der einzelnen Dimensionen vor. Zentral- und Servicebereiche schließlich erbringen weltweit Serviceleistungen für die Gruppengesellschaften.

Für die Führungsorganisation weitestgehend unerheblich sind die einzelnen Gruppengesellschaften der BASF. Diese existieren im wesentlichen aufgrund juristischer, steuerlicher oder historischer Gründe und haben ausschließlich statutarischen Charakter.[10] Eine Sonderrolle spielen die sogenannten Einbereichsgesellschaften, d.h. Gesellschaften, die nur einem Unternehmensbereich zugeordnet sind. Diese Bereiche, "Öl & Gas" sowie "Coatings" sind relativ wenig in den Unternehmensverbund integriert. Die jeweiligen Bereichsleiter sind in Personalunion Geschäftsführer bzw. Vorstände dieser Tochtergesellschaften. In der Studie nicht berücksichtigt werden Joint-Ventures.[11]

Im Zusammenhang mit der Beschreibung der formalen Organisationsstruktur muss ein Hinweis auf die Besonderheit der Produktionsstruktur der BASF erfolgen, da zu erwarten ist,

---

[9] Allerdings lässt sich keine ausschließliche Zuordnung der beiden Dimensionen vornehmen. Auch Unternehmensbereiche berücksichtigen Lokalisierungserfordernisse, insbesondere wenn diese nicht nur als Anpassung an regionale Besonderheiten, sondern auch an die Besonderheiten einzelner Abnehmergruppen verstanden werden.
[10] Die Leiter der größeren Gesellschaften sind i.d.R. in Personalunion Leiter des betreffenden Länderbereichs.
[11] Dies betrifft vor allem das Geschäft mit Polyolefinen, das zusammen mit Shell betrieben wird.

dass diese sowohl Auswirkungen auf die formale Organisation als auch auf die informelle Netzwerkstruktur hat. Die integrierte Produktionsstruktur, auch als "Verbund" bezeichnet, ist ein Hauptbestandteil der BASF-Strategie. Durch die Verknüpfung einer Vielzahl von Produktionsanlagen können Kuppel- und Nebenprodukte einzelner Produktionsbetriebe als Rohstoff im Produktionsprozess anderer Betriebe genutzt werden. Insgesamt lassen sich dadurch erhebliche Energie-, Logistik- und Entsorgungskosten einsparen (vgl. BASF AG 2001d: 13-21).[12] Größter Verbundstandort und gleichzeitig das größte zusammenhängende Chemieareal der Welt ist das Stammwerk in Ludwigshafen. In den Verbund sind ca. 250 Produktionsbetriebe eingebunden.[13] Insgesamt sind im Werk Ludwigshafen über 40.000 Mitarbeiter beschäftigt. Sechs der acht Vorstände haben hier ebenso wie die großen Forschungslaboratorien ihren Sitz. Die Fokussierung auf den Standort Ludwigshafen beschränkt sich somit nicht nur auf die Produktion, sondern auch auf die Konzernleitung sowie die Forschungs- und Entwicklungsaktivitäten. Neben dem Stammwerk existieren sechs weitere Verbundstandorte.

Im folgenden wird der Aufbau der strategischen Planung bei der BASF erläutert, da strategische Entscheidungen im empirischen Teil untersucht werden (vgl. Abschnitt 4.2.1).[14] Ausgangspunkt der unternehmensweiten strategischen Planung bei der BASF bilden ca. 100 strategische Produktbereiche, welche keine Entsprechung in der formalen Organisationsstruktur haben.[15] Die Einzelpläne der Produktbereiche werden von den Unternehmensbereichen zu einem Bereichsplan zusammengefasst. Die Abteilung "Strategische Planung", die dem Zentralbereich "Planung & Controlling" zugeordnet ist, fasst die einzelnen Bereichspläne zu einem Gesamtplan zusammen. Die endgültigen Pläne werden vom Vorstand verabschiedet. Auch die Länder- und Zentralbereiche führen eine strategische Planung durch. Es besteht jedoch ein deutliches Übergewicht der Unternehmensbereiche hinsichtlich des Umfangs und der Bedeutung der Pläne für die strategische Ausrichtung der Gruppe.

Bezüglich der Potentialplanung mit drei bis fünfjährigem Planungshorizont ist ein hoher Formalisierungsgrad des Planungsprozesses zu beobachten. Die von dem Zentralbereich "Planung & Controlling" herausgegebenen Planungshandbücher legen detailliert fest,

---

[12] Die Abwärme der Anlagen wird z.B. in Dampf umgewandelt und in ein internes Dampfnetz eingespeist.
[13] Die einzelnen Betriebe eines Verbundstandortes sind räumlich in unmittelbarer Nähe angesiedelt und durch Rohrleitungen miteinander vernetzt. Ausgangspunkt der Verbundproduktion ist die Aufspaltung von Rohstoffen (Erdöl, Ergas) in Petrochemikalien (z.B. Ethylen, Propylen). Diese bilden als Grundstoffe wiederum den Ausgangspunkt für hunderte von Zwischenprodukten, aus denen am Ende über 8000 Enderzeugnisse entstehen (vgl. BASF AG 2001c: 7).
[14] Unter strategischer Planung im engeren Sinne wird bei der BASF die Langfristplanung mit einem Planungshorizont von 10-15 Jahren verstanden, deren Planungsträger der Vorstand ist. Wie in Abschnitt 4.2.1 ausgeführt, wird in der vorliegenden Studie ein weitgefasstes Strategieverständnis zugrunde gelegt, welches sämtliche Potentialplanungen mit Potentialänderung beinhaltet. Innerhalb der BASF wird die Potentialplanung als operative Planung bezeichnet. Diese erfolgt vor einem dreijährigen Planungshorizont. Im folgenden wird daher sowohl die langfristige, strategische Planung als auch die "operative" Potentialplanung inklusive der Investitionsplanung als "strategisch" bezeichnet.
[15] Die Einheiten auf der dritten Hierarchieebene, sogenannte Geschäftsbereiche, entsprechen nur in Ausnahmefällen den Produktbereichen.

welchen Inhalt und Form die jeweiligen Pläne haben. Die Zuständigkeit liegt bei der Abteilung "Strategische Planung". Darüber hinaus existieren exakte zeitliche Vorgaben bezüglich der Einreichung und Verabschiedung der Pläne.[16]

Zusammenfassend lässt sich der strategische Planungsprozess ebenso wie die Organisationsstruktur bei der BASF als weitgehend formalisiert kennzeichnen. Dies entspricht den in Abschnitt 2.4.1.1 hinsichtlich der Matrixstruktur erläuterten Eigenschaften. Relevante Akteure in Bezug auf die strategische Ausrichtung des Unternehmens sind neben dem Vorstand die Bereiche auf der zweiten Hierarchieebene. Dabei spielen die Unternehmensbereiche aufgrund ihrer Verantwortung für die strategische Steuerung eine besondere Rolle. Wegen ihrer Koordinationsfunktion hat bei den Zentralbereichen der Bereich "Planung & Controlling" und davon besonders die Abteilung "Strategische Planung" eine hervorgehobene Bedeutung.

4.1.2 Führungsstrukturen in der Fuchs Petrolub AG

Der Fuchs Petrolub Konzern war ursprünglich ein auf den Import und Vertrieb von Raffinerieprodukten ausgerichtetes Familienunternehmen.[17] Das Unternehmen begann in den 60er Jahren die Erschließung internationaler Märkte. Heute ist FUCHS ein internationaler Konzern, dessen Aktivitäten sich auf das Kerngeschäft, die Produktion von Schmierstoffen sowie verwandten Spezialprodukten konzentriert. Von den rund 79 Produktions- und Handelsgesellschaften des Konzerns haben 68 Tochtergesellschaften ihren Sitz im Ausland.[18] Die Firmensitze liegen schwerpunktmäßig in den Triadeländern Europa, Nordamerika und Südostasien. Darüber hinaus ist der Konzern mit Tochtergesellschaften in den "Zukunftsmärkten" China, Indien, Südamerika und Südafrika präsent. Der Transnationalitätsindex beträgt für den Fuchs Petrolub Konzern knapp 80% und liegt damit weit über dem Durchschnitt (55%) der 100 größten internationalen Unternehmen (vgl. UNCTAD 1999). In Tabelle 4-3 ist eine Übersicht über den Anteil der internationalen Geschäftstätigkeit verzeichnet.

---

[16] Auf sogenannten Formblättern werden planungsrelevante Informationen einheitlich abgefragt. Einen wesentlichen Bestandteil der strategischen Pläne bildet der Bericht des Unternehmensbereichs, der als Vorstandsvorlage bei der Planverabschiedung dient. Dieser enthält u.a. einen Ausblick bezüglich des angestrebten Produktportfolios, der geplanten Investitionen, zu erwartender Chancen und Risiken sowie regionaler Schwerpunkte.
Eine besondere Prozedur gilt für die Planung größerer Investitionsvorhaben. Überschreitet eine Investition einen festgelegten monetären Grenzwert, erfolgt die Planung und Genehmigung derselben nicht innerhalb der jeweiligen Bereichsplanung, sondern muss gesondert beantragt und genehmigt werden. Die Entscheidung über die Annahme oder Ablehnung eines Investitionsantrages wird von einer Kommission getroffen, die sich je nachdem, ob es sich um Investitionen im Sach-, Finanz- oder IT-Bereich handelt, unterschiedlich zusammensetzt. Stimmberechtigte Mitglieder in der Kommission für Sachanlagen sind beispielsweise die Leiter der Zentralbereiche "Planung & Controlling", sowie "Ingenieurtechnik" und des antragstellenden Bereichs. Weiterhin wird eine Reihe von nichtstimmberechtigten Abteilungsleitern als Experten hinzugezogen.
[17] Die Informationen über FUCHS basieren auf den Jahres- und Finanzberichten des Unternehmens und/oder wurden im Rahmen von Experteninterviews in der Konzernzentrale erhoben.
[18] In den Konsolidierungskreis werden sechs weitere nicht operative Holding-, Verwaltungs- und Grundstücksgesellschaften miteinbezogen. (vgl. Fuchs Petrolub AG 2000: 60)

Fuchs Petrolub Konzern (Stand: 2000)	Total	Inland	Europäisches Ausland	Nord- und Südamerika	Asien-Pazifik, Afrika
Umsatz (in Mio. €)	902	18,9%	40,0%	24,3%	16,8%
Mitarbeiter	3.896	22,9%	41,1%	17,4%	18,7%
Vermögen (in Mio. €)	681	18,2%	39,8%	26,0%	16,0%
Transnationalitätsindex (in %) =	80,0%				

Tabelle 4-3: Internationalisierungsgrad von FUCHS[19]
Quelle: Fuchs Petrolub AG (2000). Eigene Berechnung des Transnationalitätsindex.

Das Produktportfolio von FUCHS umfasst mehrere tausend Einzelprodukte mit dem Schwerpunkt auf Industrie- und KFZ-Schmierstoffen. Eine Vielzahl der Produkte weist einen hohen Spezialisierungsgrad auf, der weit über dem Branchenmittel liegt und mit einem großen Forschungs- und Entwicklungsaufwand verbunden ist. Ein bedeutender Wettbewerbsvorteil gegenüber der Konkurrenz in Form der großen Mineralölkonzerne besteht in der Besetzung von Nischen. Teilweise werden sogar maßgeschneiderte Formulierungen für einzelne Kunden entwickelt.[20] Der Anteil der Spezialitätenschmierstoffe am Produktportfolio von FUCHS beträgt 41% (Branchenmittel 12%). Ergänzt wird das Angebot an Schmierstoffen durch Beratungs- und Serviceleistungen. Grundsätzlich bietet FUCHS seine Produkte weltweit an, es gibt jedoch regionale Schwerpunkte der einzelnen Sparten. So ist das Nordamerikageschäft fast ausschließlich auf die Sparte der Industrieschmierstoffe beschränkt, während sich der Umsatz auf den Nahostmärkten im wesentlichen aus Automobilschmierstoffen ergibt. Neben der Produktion von Schmierstoffen ist FUCHS in den Mineralölhandel involviert. Eine Sonderrolle im Produktprogramm spielt die unter der Erwägung von Synergieeffekten erworbene Poliertechnik. Die Umsatzstruktur nach Sparten ist in Tabelle 4-4 abgebildet.

Die größten Kundengruppen von FUCHS sind die Investitionsgüterindustrie, der (Fach-)Handel sowie die Industrie für Grundstoffe und Produktionsgüter. Trotz der vergleichsweise geringen absoluten Größe des Konzerns zählt FUCHS zu den großen Anbietern in der Schmierstoffbranche.

---

[19] Umsätze nach Sitz der Kunden. Vermögen = Summe Aktiva.
[20] Unter Formulierung wird die Zusammensetzung des Schmierstoffes aus Grundölen und Additiven verstanden.

Umsatzstruktur Fuchs Petrolub AG (Stand: 2000)	Umsatz (Mio. €)	Umsatzanteil (%)
Schmierstoffe	846	93,8%
davon Industrieschmierstoffe	567	62,9%
davon KFZ-Schmierstoffe	279	30,9%
Handel mit Grundöl, Kraftstoffen und Heizöl	22	2,4%
Poliertechnik	31	3,4%
Sonstiges	2	0,2%
Gesamt	902	100,0%

Tab. 4-4: **Umsatzstruktur von FUCHS**
Quelle: Fuchs Petrolub AG (2000:12)

Die Tochtergesellschaften des Konzerns unterscheiden sich nicht nur hinsichtlich ihres Produktportfolios, es liegen zudem deutliche Größenunterschiede vor. Unterschiede bestehen auch in Bezug auf die Wertschöpfungstiefe. Insbesondere die großen Gesellschaften verfügen über eine eigene Produktion und Forschung. Eine Vielzahl von kleineren Gesellschaften beschränkt sich auf den Schmierstoffhandel. Die heterogene Struktur der Tochtergesellschaften ist ein Resultat des schnellen Wachstums des Konzerns. Dieses wurde in der Regel durch Akquisition von bereits bestehenden Unternehmen erreicht, wobei die vorgefundene Organisationsstruktur übernommen wurde. Auch hinsichtlich ihres Erfolgbeitrages unterscheiden sich die Gesellschaften deutlich voneinander. So tragen die nordamerikanischen Gesellschaften alleine mit über 40% zum Ergebnis (EBIT) bei, während der Erfolgsbeitrag der westeuropäischen Töchter, trotz eines Umsatzanteils von über 30%, nur ca. 8% beträgt.

Für die empirische Untersuchung wird eine Reihe von kleineren und noch wenig in den Konzern integrierten Gesellschaften, vornehmlich aus Osteuropa und Asien, nicht berücksichtigt. Gesellschaften, die unter einheitlicher Leitung stehen sowie dazugehörige Holding-Gesellschaften mit ausschließlich statutarischer Bedeutung, werden zusammengefasst.[21]

An der Aktionärsstruktur des Konzerns lässt sich der Ursprung als Familienunternehmen erkennen. Die Familie Fuchs hält ca. 49% der (Stamm-)Aktien an der Fuchs Petrolub AG, der Holding Gesellschaft, der sämtliche operativen Einheiten zugeordnet sind.[22] Die 85 in den Konsolidierungskreis fallenden Gesellschaften des Konzerns sind der Holding direkt

---

[21] So stellt z.B. "Fuchs China" ein Aggregat aus drei chinesischen Gesellschaften dar. Dies gilt analog für Indonesien, Thailand, Großbritannien und USA.
[22] Die Informationen zur Organisationsstruktur wurden dem Geschäftsbericht (vgl. Fuchs Petrolub AG 2000) sowie internen Dokumenten entnommen, die von der FUCHS zur Verfügung gestellt wurden. Darüber hinausgehende detailliertere Informationen zur strategischen Planung und Führungsstruktur wurden im Rahmen von Expertengesprächen mit Mitarbeitern in der Konzernzentrale erhoben.

zugeordnet. Die konsolidierten Gesellschaften bestehen aus 79 operativen- und 6 nicht operativen Holding- oder Verwaltungsgesellschaften.[23]

Die Konzernleitung besteht aus vier Vorstandsmitgliedern, die gemäß dem Aktienrecht die Verantwortung für die Geschäftsführung tragen, sowie vier weiteren Mitgliedern.[24] Der Aufsichtsrat der Fuchs Petrolub AG setzt sich aus sechs Mitgliedern zusammen, davon zwei Arbeitnehmervertreter.[25] Während die Vorstandsmitglieder im wesentlichen funktionale sowie produktbezogene Zuständigkeitsbereiche haben, sind die Nichtvorstandsmitglieder der Konzernleitung für jeweils eine Region zuständig.

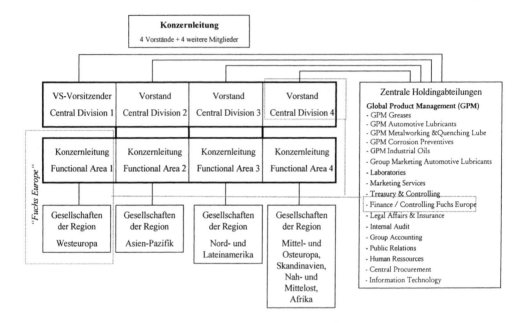

Abbildung 4-2: Die formale Organisationsstruktur von FUCHS
Quelle: Eigene Darstellung

Die organisatorische Gliederung des Konzerns erfolgt nach regionalen Gesichtspunkten. Jede Gesellschaft ist einer Regionen zugeordnet (vgl. Abbildung 4-2). Die Tochtergesellschaften sind ausschließlich Kapitalgesellschaften und haben überwiegend die Rechtsform der

---

[23] Die Beteiligungsstruktur des Konzerns ist mehrstufig gegliedert, d.h. die Fuchs Petrolub AG ist teilweise direkt, teilweise aber auch über Zwischenholdings indirekter Eigentümer der Gruppengesellschaften. Die Beteiligungsstruktur hat jedoch im wesentlichen historische, steuerliche und rechtliche Gründe und bildet die statutarische Struktur des Konzerns ab. Sie ist für die Führungsstruktur des Konzerns weitestgehend unerheblich.
[24] Gemäß §76(1-2) sowie §77(1-2) AktG sind die Vorstandsmitglieder die Leitung der Gesellschaft gemeinsam verantwortlich. Diese Verantwortung kann nicht auf andere übertragen werden (vgl. Bleicher et al. 1989:93). Die Erweiterung der Konzernleitung um weitere Mitglieder stellt somit eine interne organisatorische Regelung dar.
[25] Neben dem Aufsichtsrat nimmt ein Beirat (nur für die AG) beratende Funktionen war. Er umfasst sechs Vertreter von institutionellen Anlegern und Banken sowie durch Jointventures verbundenen Unternehmen.

GmbH beziehungsweise nationaler Äquivalente. Die Geschäftsführung der Gesellschaften wird größenabhängig von jeweils einem oder mehreren Geschäftsführern ausgeübt. Teilweise werden die großen Gesellschaften in Personalunion von Mitgliedern der Konzernleitung geführt. Die interne Gliederung der Gesellschaften ist überwiegend funktional. Innerhalb des Konzerns haben einige Gesellschaften aufgrund ihrer Größe oder strategischen Bedeutung eine hervorgehobene Stellung. Die Geschäftsführer dieser Gesellschaften sind in der sogenannten "Strategiekommission" vertreten, auf die noch näher eingegangen wird.

Auf Konzernebene existiert formal bislang keine zusätzliche divisionale Zuständigkeit, sie wird aber erwogen. Zu diesem Zweck werden die Aktivitäten der Schmierstoffsparte der Gruppengesellschaften aus Westeuropa neuerdings unter "FUCHS Europe" zusammengefasst, die bisher jedoch keine rechtliche oder im engeren Sinne formale organisatorische Einheit darstellt.[26]

Die Fuchs Petrolub AG als konzernleitende Holding stellt eine Reihe von zentralen Funktionen zur Verfügung, die von den Gesellschaften genutzt werden und die Konzernleitung bei der Koordination der Tochterunternehmen unterstützen (vgl. Abbildung 4-2). Dazu gehören u.a. die Abteilungen Public Relations, Zentrale Beschaffung, Information Technology, Recht und Versicherung sowie das Konzernrechnungswesen. Insbesondere die großen Gesellschaften der Konzerns verfügen zudem über eigene Funktionsbereiche. Die Zentralabteilungen sind jeweils einem der Vorstandsmitglieder direkt unterstellt.

Für die größten Produktgruppen des Konzerns leisten fünf "Global Product Manager" (GPM) unterstützende Dienste. Allerdings besteht kein hierarchisches Weisungsverhältnis zwischen den GPM's und den dezentralen Product Managern in den Tochtergesellschaften. Bezüglich der Koordination der Strategie über die einzelnen Gruppengesellschaften hinweg sind die GPM's auf die aktive Unterstützung der lokalen Product Manager angewiesen.[27] Auch die übrigen Zentralabteilungen haben beratende und unterstützende Funktion für die Gesellschaften. Es handelt sich nicht um eine funktionale Überlagerung der Holdingstruktur.

Die Entscheidungsautorität sowie Verantwortung für die konzernweite Strategie liegt beim Vorstand der Fuchs Petrolub AG. Besondere Bedeutung kommt dem Vorstandsvorsitzenden zu, welcher der Initiator der Entwicklung von FUCHS zu einem internationalen Konzern war. Die Erweiterung der Konzernleitung um vier weitere Mitglieder ist für strategische Entscheidungen relevant. Diese werden gemeinsam von den acht Mitgliedern der Konzernleitung verabschiedet ohne dass Unterschiede bezüglich der Stimmengewichtung zwischen Vorstands- und Nichtvorstandsmitgliedern gemacht werden. Formale Entscheidungsregel ist die

---

[26] Damit wird eine vereinheitlichte Führung für die Region Westeuropa angestrebt, wie sie bereits für die nordamerikanischen Gesellschaften existiert. Innerhalb von FUCHS Europe besteht eine zusätzliche, divisionale Gliederung nach Produktsparten.
[27] Um einer Abkoppelung der GPM's vom Tagesgeschäft entgegen zu wirken, wurden sogenannte "*Center of Competence*" geschaffen, in denen die GPM's und die lokalen Product Manager im Rahmen regelmäßiger Treffen zusammenarbeiten.

einfache Mehrheit, wobei in Pattsituationen die Stimme des Vorstandsvorsitzenden entscheidet. In der Regel wird jedoch über wesentliche strategische Entscheidungen ein Konsens erzielt, so dass die meisten Entscheidungen einstimmig getroffen werden.

In die Formulierung der Strategie sind ferner die Mitglieder der bereits erwähnten Strategiekommission involviert. Diese setzt sich aus der Konzernleitung sowie den Geschäftsführern der wichtigsten Tochtergesellschaften des Konzerns zusammen. Die regelmäßigen Tagungen der Strategiekommission dienen vornehmlich der Beratung und des Wissenstransfers, die eigentlichen Entscheidungen fallen in der Konzernleitung. Darüber hinaus werden im Konzern regelmäßig sogenannte Managementkonferenzen abgehalten, bei denen die Geschäftsführer der Gesellschaften zusammentreffen und strategische Themen erörtern. Analog finden für den technischen Bereich sogenannte Technologiemeetings statt.

Insgesamt kann der strategische Planungsprozess bei FUCHS als deutlich weniger formalisiert als bei der BASF bezeichnet werden. Der Holdingstruktur sowie der relativ geringen Größe des Konzerns entsprechend, führen die Tochterunternehmen ihr operatives Geschäft weitgehend autonom. Die Steuerungsrolle, welche die Holding hinsichtlich der strategischen Ausrichtung des Konzerns spielt, basiert auf wenig formalisierten Mechanismen. Die Organisationsstruktur von FUCHS weist einen hohen Übereinstimmungsgrad mit den idealtypischen Strukturen einer Management-Holding auf (vgl. Abschnitt 2.4.1.2).

Nachdem die Auswahl der Fälle begründet wurde und eine Darstellung der formalen Organisationsstruktur der beiden Unternehmen erfolgt ist, wird im nächsten Schritt erläutert, welche informellen Netzwerke untersucht werden. Dabei werden zunächst strategische Entscheidungen als steuerungsrelevante Entscheidungen identifiziert und darauf aufbauend die Netze ausgewählt.

4.2 Die Auswahl der Netzwerke

Der neben der Systemabgrenzung wesentliche Schritt einer empirischen Netzwerkanalyse ist die Bestimmung der zu erhebenden Netzwerke (vgl. Pappi 1993: 85-87). Die konkrete Auswahl der Netzwerke erfolgt in Abhängigkeit von der Forschungsfrage. Es existiert kein allgemeines Verfahren zur Netzwerkabgrenzung (vgl. Scott 1991: 56-58; Jansen 1999: 63-64). Burt hat in diesem Zusammenhang beklagt, dass die Auswahl der Beziehungen meistens ad hoc erfolgt (vgl. Burt 1983b; Burt/Schøtt 1985). Da in dieser Studie keine potentiellen Interaktionsstrukturen (z.B. personelle Verflechtungen), sondern Netzwerke tatsächlicher Interaktion untersucht werden, besteht das Problem, dass es sich bei den zu erhebenden Beziehungen grundsätzlich um soziale Konstrukte handelt. Die Interviewpartner können individuell verschiedene Auffassungen davon haben, was beispielsweise unter "sozialen Beziehungen" zu verstehen ist. In diesem Fall leidet die Qualität der erhobenen Daten, wenn der Beziehungsinhalt vom Forscher nicht weiter spezifiziert wird (vgl. Burt/Schøtt 1985; 288; Scott 1991 56). Um diesem Problem zu begegnen, wurden die Netze in der vorliegenden Studie im Rahmen von persönlichen Interviews mittels eines standardisierten Fragebogens erhoben. Dabei wurde jeweils genau definiert, was unter den erhobenen Netzwerkbeziehungen zu verstehen ist.[28]

4.2.1 Strategische Entscheidungen als steuerungsrelevante Größe

Da es um die Analyse von Führungsstrukturen von internationalen Unternehmen geht, müssen Ressourcen identifiziert werden, die Steuerungsrelevanz für das gesamte Unternehmen besitzen. Die Führung von Unternehmen wird durch das Treffen von Entscheidungen sowie die Umsetzung derselben vollzogen (vgl. Hahn 1998: 564). Gesucht werden Entscheidungen, die nicht nur einzelne Unternehmenseinheiten betreffen, sondern Auswirkungen auf die gesamte Organisation haben.[29] Dies ist für strategische Entscheidungen der Fall. Unter strategischen Entscheidungen wird hier die Menge von Entscheidungen verstanden, welche die zukünftigen Erfolgspotentiale des Unternehmens festlegt (vgl. Hahn 1996: 267-274).[30] Strategische Entscheidungen sind unmittelbar mit Potentialänderungen, d.h. der Allokation und Reallokation von Ressourcen, verknüpft. Daher sind alle Unternehmenseinheiten entweder direkt oder indirekt von diesen betroffen. Kennzeichen operativer Entscheidungen hingegen ist es, dass diese die Realisierung der in der Strategie festgelegten Potentiale beinhalten, d.h. von gegebenen Potentialen ausgehen. Da die Reichweite operativer Entscheidungen darüber hinaus in der Regel auf die ausführende Unternehmenseinheit beschränkt ist, sind diese für die vorliegende Fragestellung weniger geeignet.[31]

Die Betroffenheit aller Unternehmenseinheiten von der in der Strategie festgelegten Ressourcenallokation stellt sicher, dass alle Akteure ein Interesse an der konkreten Ausgestaltung der Strategie haben. Dies ist von forschungspraktischer Bedeutung, da die in die Untersuchung miteinbezogenen Akteure, die Vorstände, Bereiche und Tochtergesellschaften, unter-

---

[28] Darüber hinaus wurde die Anzahl der Interviewer auf drei Personen beschränkt. Bei den ersten Interviews waren alle Interviewer gemeinsam anwesend, um bei eventuellen Verständnisfragen der Interviewpartner in späteren Interviews möglichst identische Erläuterungen liefern zu können.
[29] Auch in früheren Studien in denen das Modell von Coleman angewandt wurde, wurde davon ausgegangen, dass Macht bzw. Einfluss auf dem Besitz knapper Ressourcen basiert. Laumann/Pappi (1976: 185ff.) entwickelten in diesem Zusammenhang ein Klassifikationsschema für Einflussressourcen. Sie unterscheiden die Dimension der Konvertierbarkeit sowie die Dimension der Verortung von Einflussressourcen. Hinsichtlich der Verortung lassen sich Ressourcen unterscheiden, die auf persönlichen oder positionalen Eigenschaften von Akteuren beruhen.
In dieser Studie werden, dem korporativen Akteurskonzept entsprechend, persönliche Eigenschaften von Akteuren nicht berücksichtigt. Dies stellt eine nennenswerte Einschränkung dar, da davon auszugehen ist, dass grundsätzlich auch persönliche Eigenschaften einzelner Manager Auswirkungen darauf haben, ob die betreffende Organisationseinheit mehr oder weniger starken Einfluss auf strategische Entscheidungen hat. Hinsichtlich der Konvertierbarkeit werden Ressourcen gewählt, die möglichst unspezifisch sind. Es werden keine auf konkrete Einzelentscheidungen (z.B. den Investitionsplan 2000) bezogene Ressourcen berücksichtigt, da von regelmäßigen Beziehungsstrukturen hinsichtlich strategischer Entscheidungen ausgegangen wird.
[30] In der betriebswirtschaftlichen Literatur gibt es eine Vielzahl unterschiedlicher Definitionen des Strategiebegriffes, auf die hier aus Platzgründen nicht weiter eingegangen werden kann (vgl. Macharzina 1999: 197-202).
[31] Man könnte dem allerdings entgegenhalten, dass operative Entscheidungen unmittelbare Steuerungsrelevanz besitzen, da es sich um die Umsetzung von Strategien handelt, während in der strategischen Entscheidung nur ein Potential festgelegt wird. Allerdings sind diese, im Gegensatz zur Strategie, in der Regel nicht auf das gesamte Unternehmen bezogen.

schiedlichen Hierarchieebenen angehören und davon auszugehen ist, dass die Vorstände ein anderes Verständnis vom Inhalt strategischer Entscheidungen haben als die Geschäftsführer der Tochtergesellschaften. Vancil/Lorange haben diesen Sachverhalt beschrieben, indem sie verschiedene Ebenen von Strategien unterscheiden. Auf der Vorstandebene handelt es sich um sogenannte "*Corporate Strategies*", d.h. Strategien, die das gesamte Unternehmen betreffen. Typische Entscheidungen auf dieser Ebene wären Allokationsentscheidungen bezüglich der Investition in die unterschiedlichen Geschäftsfelder des Unternehmens. Auf der Ebene von Unternehmensbereichen oder Tochtergesellschaften werden sich strategische Entscheidungen auf den jeweiligen Bereich, d.h. das Geschäftsfeld, beschränken (vgl. Vancil/Lorange 1999: 831-833). Da die Bereichsstrategien (*Business Strategies*) eine Untermenge der *Corporate Strategy* darstellen, kann davon ausgegangen werden, dass beide Akteursarten, d.h. sowohl Vorstände als auch Unternehmensbereiche und Tochtergesellschaften an den jeweiligen Entscheidungen interessiert sind. Ein positiver Nebeneffekt der Strategie als Anknüpfungspunkt ist, dass es sich um einen regelmäßig wiederkehrenden, in der Regel formalisierten Planungsprozess handelt. Insofern ist von relativ stabilen Beziehungsstrukturen zwischen den beteiligten Akteuren auszugehen.

Aufbauend auf der Identifikation strategischer Entscheidungen als steuerungsrelevante Größe gilt es zu bestimmen, welche Ressourcen für die Festlegung und Umsetzung von Strategien bedeutsam sind. Diese Ressourcen bilden den Beziehungsinhalt der zu erhebenden realisierten (informellen) Netzwerke.

4.2.2 Identifikation und Messung der Netzwerke

Die zentrale Ressource hinsichtlich der Verabschiedung strategischer Entscheidungen sowie der Umsetzung derselben ist die formale Entscheidungsmacht. In Abschnitt 2.3 wurde als Abgrenzungskriterium zwischen interorganisatorischen und intraorganisatorischen Netzwerken genannt, dass innerhalb von Organisationen Entscheidungen zumindest unter dem "Schatten der Hierarchie" getroffen werden. Die formale Organisationsstruktur impliziert grundsätzlich einen hierarchischen Aufbau, in dem die Akteure der obersten Hierarchieebene die formale Entscheidungsmacht besitzen. Inwiefern diese auf untere Hierarchieebenen delegiert wird, ist eine empirische Frage. Da Netzwerke der beobachteten, d.h. der tatsächlich stattfindenden, Ressourcentransfers gemessen werden sollen, stellt sich die Frage, wie sich der Tausch von Entscheidungsmacht empirisch erheben lässt. In den bisherigen Anwendungen des Tauschmodells wurde darauf verzichtet, den Transfer von Entscheidungsmacht zu messen und angenommen, dass der Tausch dieser Ressource auf einem vollkommenen Markt stattfindet. Dieser Verzicht erfolgte aufgrund der Befürchtung, dass politische Agenten ein Interesse daran haben, derartige Tauschbeziehungen, d.h. den Transfer von Abstimmungsmacht im Sinne des klassischen "*Log-Rollings*", nicht offen zu legen (vgl. Henning 2000a: 208). Auch für intraorganisatorische Zusammenhänge empfiehlt sich diese Vorgehensweise. Es ist davon auszugehen, dass die Vorstände von Unternehmen ebenfalls nicht dazu bereit sind, Auskünfte über Tauschbeziehungen anzugeben, die ihre formale Entscheidungsmacht zum Inhalt haben.

Für die im nächsten Abschnitt vorgenommene Systemabgrenzung wurde ein Netz der Machtreputation erhoben, welches zwar keinen Ressourcentransfer beinhaltet, aber ein Maß für den potentiellen Einfluss der Akteure auf die strategischen Entscheidungen im Unternehmen liefert. Dabei wurde offen gelassen, worauf dieser Einfluss beruht.[32] Dem zugrunde liegenden korporativen Akteurskonzept entsprechend wurden die Interviewpartner explizit darauf hingewiesen, dass es sich um den Einfluss der jeweiligen Organisationseinheit und nicht der damit verbundenen Führungskraft handelt.[33]

Alle Netzwerke wurden mit Listen erhoben, die sämtliche relevanten Organisationseinheiten enthalten. Folgende Frage wurde gestellt, um das Reputationsnetz zu erheben:[34]

Wir möchten Sie bitten, auf **Liste A** alle Einheiten zu markieren, die Sie aus Sicht ihrer Unternehmenseinheit als besonders einflussreich hinsichtlich der konzernweiten strategischen Planung erachten. Für den Fall, dass Einheiten existieren, die Sie zwar für einflussreich halten, die aber nicht in der Liste aufgeführt sind, bitten wir Sie, diese zusätzlich anzugeben.

Neben der Entscheidungsmacht sind insbesondere Informationen eine wesentliche Ressource in Bezug auf strategische Entscheidungen (vgl. Gupta/Govindarajan 1991, 1994; Böttcher/Welge 1994: 9-10). Dies ist um so mehr der Fall, wenn sich das betreffende Unternehmen in dynamischen und komplexen Umwelten bewegt und, wie in Bezug auf Netzwerkunternehmen angenommen, strategisch relevante Informationen nicht in der Unternehmenszentrale gebündelt, sondern auf die dezentralen Organisationseinheiten verteilt sind. Einer bewährten Vorgehensweise aus den Politikfeldstudien folgend, wurde das Netzwerk der Informationstransfers sowohl aus Anbieter- als auch aus Nachfragerperspektive abgefragt. Dabei wurden die Interviewpartner darauf hingewiesen, nur direkte und regelmäßige Informationsbeziehungen anzugeben (vgl. Pappi/König/Knoke 1995: 280-282):

Bitte betrachten Sie **Liste B**. Welche Akteure sind im Hinblick auf die strategische Planung wichtige und regelmäßige Wissens- und Informationslieferanten? Bitte berücksichtgen Sie auch solche Unternehmenseinheiten, die Sie für wichtig halten, die Sie aber in unserer Liste nicht wiederfinden.

---

[32] Pappi/Melbeck (1984) weisen darauf hin, dass die Machtreputation nur potentiellen Einfluss auf Entscheidungen misst. Für den Machtvektor, der im Rahmen des Tauschmodells errechnet wird, wird hingegen davon ausgegangen, dass dieser mit dem tatsächlich ausgeübten Einfluss korrespondiert.
[33] Im Falle von Vorstandsmitgliedern ist es allerdings schwer, von der Person zu abstrahieren und sich nur auf die Funktion derselben zu konzentrieren.
[34] Da die Daten im Rahmen persönlicher Interviews erhoben wurden, wurde darauf verzichtet, die Fragen wörtlich abzulesen. Die schriftlich im Fragebogen fixierten Fragen dienten als Anhaltspunkt für die Interviewer, um eine einheitliche Definition der zentralen Begriffe und Konzepte zu gewährleisten.

Bitte betrachten Sie **Liste C** und markieren Sie all diejenigen Akteure, an die Sie regelmäßig Wissen und Informationen liefern, die im Rahmen des strategischen Planungsprozesses relevant sind. Auch hier gilt, bitte vergessen Sie nicht solche Akteure, die möglicherweise nicht in unserer Liste verzeichnet sind.

Der erhöhte Datenerhebungsaufwand durch die "doppelte" Erhebung des Informationsnetzwerkes ist vor dem Hintergrund des asymmetrischen Charakters von Informationsbeziehungen zu verstehen. Es muss unterschieden werden, wer in einer Tauschbeziehung der Anbieter und wer der Nachfrager einer Ressource ist (vgl. Gupta/Govindarajan 1991: 771). Die Unterscheidung in Angebot- und Nachfragenetzwerk erlaubt es darüber hinaus, die Angaben der Interviewpartner zu bestätigen, wodurch eine höhere Validität der Daten erreicht wird (vgl. Pappi et al. 1995: 282). Daher werden in der Netzwerkanalyse und bei der Anwendung des Tauschmodells nur die Beziehungen berücksichtigt, bei denen ein Akteur A angibt, an einen Akteur B Information zu senden und gleichzeitig Akteur B angibt, von Akteur A Information nachzufragen (vgl. Krackhardt 1990: 349; Hansen 1999: 92).[35]

Für die Steuerung von Unternehmen ist die effektive und effiziente Umsetzung der Strategie genauso bedeutsam wie die Strategieformulierung selbst (vgl. Prahalad/Doz 1987: 259ff.; Kogut 1989: 387; Kim/Mauborgne 1991, 1993: 419-420; Meffert 1990).[36] Während Informationen primär bei der Formulierung von Strategien im Rahmen der strategischen Planung eine Rolle spielen, kommt für die Umsetzung der Strategie eine andere Ressource in Betracht. Die erfolgreiche Implementierung von Strategien hängt neben der formalen Entscheidungsmacht einer Organisationseinheit davon ab, inwiefern diese von anderen Einheiten aktiv unterstützt wird (vgl. Prahalad/Doz 1987: 160-166; Kim/Mauborgne 1991: 127, 138; Böttcher 1996: 148). Dies gilt verstärkt für in der Unternehmenszentrale getroffene Entscheidungen, die von dezentralen, weltweit verstreuten Einheiten umgesetzt werden. Auch das Transfernetzwerk für Unterstützung wurde sowohl aus Anbieter- als auch aus Nachfragerperspektive erhoben, um die Beziehungen bestätigen zu können:

Bitte betrachten Sie **Liste D** und markieren Sie jetzt die Unternehmenseinheiten, die Ihre Unternehmenseinheit wesentlich bei der Umsetzung ihrer strategischen Pläne unterstützen. Auch hier möchten wir Ihnen diejenigen Akteure in Erinnerung rufen, die Sie für wichtig halten, die aber in unserer Liste nicht enthalten sind.

Gleichsam bitten wir Sie nun, in **Liste E** all diejenigen Unternehmenseinheiten zu markieren, die im Rahmen der Umsetzung ihrer jeweiligen strategischen Pläne wesentlich von Ihrer Unternehmenseinheit unterstützt werden. Bitte berücksichtigen Sie auch solche Unternehmenseinheiten, die Sie in unserer Liste nicht wiederfinden.

---

[35] Dem könnte entgegengehalten werden, dass es jeweils die Nachfrager nach einer Ressource sind, die ihren eigenen Bedarf am besten einschätzen können. Ein Informationsanbieter hingegen könnte die von ihm gelieferten Informationen als irrelevant für den jeweiligen Empfänger ansehen, da er dessen Informationsbedarf nicht exakt abschätzen kann. Dieses Argument würde im Gegensatz zu der hier gewählten Vorgehensweise für eine Berücksichtigung der unbestätigten Nachfragenetze sprechen.
[36] Die hohe Bedeutung der Strategieimplementierung für den Unternehmenserfolg lässt sich auch an der großen Resonanz erkennen, welche praxisorientierte Konzepte zur erfolgreichen Strategieumsetzung wie die *Balanced Scorecard,* auch in der wissenschaftlichen Literatur finden (vgl. Kaplan/Norton 1996; Horváth/Lutz 1998).

Im Gegensatz zu dem Informationsnetzwerk erwiesen sich die Unterstützungsverhältnisse bei den Interviews als erläuterungsbedürftig. Unterstützung wurde als jede Art von Unterstützung definiert, die für die erfolgreiche Umsetzung der Strategie in der eigenen Einheit notwendig ist. Unterstützung geht somit deutlich über die Lieferung von Information hinaus. So kann beispielsweise die Rechtsabteilung die Umsetzung einer Markterweiterungsstrategie eines Unternehmensbereichs unterstützen, indem sie eine umfangreiche Rechtsberatung bezüglich der Besonderheiten des zu erschließenden Marktes anbietet. Ein weiteres Beispiel für ein in diesem Falle gegenseitiges Unterstützungsverhältnis ist die Forschungskooperation zweier Tochtergesellschaften bei der Entwicklung neuer Prozesstechnologien.

Mit den informellen Netzen des Informations- und Unterstützungstransfers sowie der formalen Entscheidungsmacht sind die Ressourcen identifiziert, welche in der empirischen Anwendung des Tauschmodells berücksichtigt werden. Gemeinsame Eigenschaft dieser Ressourcen ist, dass die entsprechenden Transfernetze asymmetrisch sind, d.h. die Richtung der Transfers beachtet werden muss. Neben den Transfernetzen wurde ein Netzwerk der sozialen Beziehungen erhoben. Derartige Beziehungen sind wie Verwandtschaftsbeziehungen oder Koalitionsbeziehungen naturgemäß symmetrischer Art. Insofern sind sie auch nicht als Tauschressource relevant. Soziale Beziehungen lassen sich nicht wie Information oder Unterstützung gegen formale Entscheidungsmacht eintauschen:

Viele der leitenden Führungskräfte sind bereits langjährige Mitarbeiter des Unternehmens. Im Laufe der Zeit entwickeln sich oft soziale Beziehungen zwischen den Mitarbeitern einzelner Abteilungen, die über rein geschäftliche Kontakte hinausgehen. Derartige soziale Beziehungen können sich auch förderlich auf die Zusammenarbeit der jeweiligen Abteilungen auswirken. Markieren Sie bitte in der **Liste F**, mit welchen Unternehmenseinheiten Ihre eigene Einheit (bzw. Sie persönlich) solche Beziehungen unterhält. Bitte geben Sie auch hier wieder Akteure an, die eventuell in der Liste nicht verzeichnet sind.

Abweichend von dem korporativen Akteurskonzept wurde hier auch nach persönlichen Beziehungen gefragt, da sich soziale Beziehungen schwer losgelöst von persönlichen Kontakten vorstellen lassen. Soziale Beziehungen wurden definiert als persönliche Beziehungen, die über die reine Geschäftstätigkeit hinausgehen, aber nicht notwendigerweise gute Freundschaften implizieren.

Die in Abschnitt 2.3.2 vorgestellten Ansätze zur netzwerkartigen Organisation internationaler Unternehmen postulieren, dass die Steuerung in Netzwerkorganisationen neben dem Ressourcentausch durch eine starke Unternehmenskultur, verstanden als Menge gemeinsam getragener Werte, Ziele und Verhaltensweisen, geleistet wird. Diese Werte werden durch soziale Beziehungen zwischen den Managern des Unternehmens etabliert. Es wird vermutet, dass die Existenz von sozialen Beziehungen zwischen zwei Akteuren auch den Ressourcenfluss zwischen diesen erleichtert. Der Vergleich der Struktur der Ressourcennetze mit dem Netz sozialer Beziehungen wird zur Überprüfung dieser Hypothese herangezogen.

Insgesamt wurden vier unterschiedliche Netze erhoben, wobei die beiden Netze des Ressourcentransfers differenziert in Angebots- und Nachfragebeziehungen abgefragt wurden. Bis auf das Reputationsnetz können alle Netzwerke in der weiter oben beschriebenen Art bestätigt werden, um eine höhere Validität der Daten zu gewährleisten (vgl. Tabelle 4-5).

	Netzwerk	Art der Beziehung	Bestätigung
1	Machtreputation	asymmetrisch	nein
2a	Empfangen von Information	asymmetrisch	ja
2b	Senden von Information	asymmetrisch	ja
3a	Empfangen von Unterstützung	asymmetrisch	ja
3b	Senden von Unterstützung	asymmetrisch	ja
4	Soziale Beziehungen	symmetrisch	ja

Tab. 4-5: Übersicht über die erhobenen Netzwerke[37]

Im letzten Schritt werden die relevanten Akteure in Bezug auf die Verabschiedung sowie die Umsetzung strategischer Entscheidungen identifiziert.

4.3 Die Auswahl der Akteure

In Abhängigkeit davon, ob es sich um Gesamt- oder Ego-zentrierte Netzwerke handelt, existieren eine Reihe von unterschiedlichen Verfahren zur Systemabgrenzung (vgl. Jansen 1999: 65-78). Für die Gesamtnetzwerke in der vorliegenden Studie wurden die beiden von Laumann et al. (1983) diskutierten Verfahren der nominalistischen und der realistischen Methode der Systemabgrenzung kombiniert. Dabei wurde im wesentlichen der bewährten Vorgehensweise in Politikfeldstudien gefolgt (vgl. Laumann/Pappi 1976; Pappi et al. 1995; Knoke et al. 1996).

Gemäß der nominalistischen Methode der Systemabgrenzung werden die zu dem System gehörigen Akteure aufgrund formaler Kriterien wie z.B. der Mitgliedschaft in einer Organisation identifiziert. Dabei ist es unerheblich, ob sich die jeweiligen Akteure selbst als dem System zugehörig betrachten (vgl. Laumann et al. 1983: 22). Diese Vorgehensweise stellt den ersten Schritt zur Systemabgrenzung in der vorliegenden Studie dar. Basierend auf den Geschäftsberichten sowie internen Dokumenten, wurden Listen mit Akteuren erstellt, die aufgrund ihrer formalen Position in beiden Unternehmen potentielle Teilnehmer am strategischen Entscheidungsprozess sind.

---

[37] Somit wurden, was die Bezeichnung der Netze angeht, identische Netzwerke wie in der Politikfeldstudie von Pappi/Henning (1998a/b, 1999) erhoben. Inhaltlich bestehen jedoch deutliche Unterschiede. Während sich Unterstützung in der vorliegenden Studie auf die Umsetzung strategischer Entscheidungen bezieht, handelt es sich bei Pappi/Henning um Wählerunterstützung für politische Agenten, die durch Interessengruppen generiert wird. Pappi/Henning unterscheiden bezüglich des Informationsflüsses *Monitoring*-Information, die von politischen Agenten zu Interessengruppen fließt, und Experteninformation, die Interessengruppen an politische Agenten liefern. Im Gegensatz dazu wird hier, unabhängig von Sender und Empfänger, von einer einheitlichen Ressource ausgegangen, die sämtliche für strategische Entscheidungen relevante Information beinhaltet.

Im zweiten Schritt wurde die realistische Methode angewandt. Die Systemabgrenzung erfolgt aufgrund der Wahrnehmung der betroffenen Akteure, wer zum System gehört (vgl. Laumann et al. 1983: 21). Im Rahmen von Expertengesprächen mit Vertretern aus den Unternehmenszentralen wurden aus den ursprünglichen, umfangreichen Listen die Akteure aussortiert, die aus Sicht der Gesprächspartner bezüglich strategischer Entscheidungen keine Rolle spielen.[38] Das Ergebnis dieses Auswahlprozesses sind die reduzierten Listen, die auch zur Erhebung der Netzwerke verwendet wurden.

Im dritten Schritt wurde, ebenfalls der realistischen Methode folgend, die endgültige Akteurszahl festgelegt. Die Unternehmenseinheiten wurden über die Häufigkeit identifiziert, mit der sie von anderen Einheiten im Netz der Reputationsmacht genannt wurden.[39] Grundsätzlich problematisch ist hier die Wahl der Akteure, die zu Beginn interviewt werden, da auf deren Antworten die Wahl der weiteren Akteure beruht. In den beiden Unternehmen wurde hierarchisch vorgegangen, d.h. es wurden zunächst die Akteure interviewt, bei denen eine offensichtlich hohe Wahrscheinlichkeit bestand, dass diese zum System gehören. In Unternehmen sind dies insbesondere die Vorstände sowie die Zentralabteilungen, in deren Zuständigkeitsbereich die strategische Planung fällt.

Die Festlegung der Anzahl von Nennungen, welche die Untergrenze für die zu berücksichtigenden Akteure darstellt, liegt im Ermessensspielraum des Forschers (vgl. Jansen 1999: 68). Um zu vermeiden, dass aus Sicht der anfänglich interviewten Akteure nur vermeintlich unbedeutende Einheiten weggelassen werden, wurde die Untergrenze relativ niedrig angesetzt. Darüber hinaus erfolgt im Gegensatz zu der üblichen Vorgehensweise die Systemabgrenzung nicht nur aufgrund der Nennungen im Netz der Machtreputation. Die beiden Transfernetzwerke wurden ebenfalls berücksichtigt. Die Gefahr, dass "überflüssige" Akteure bei der Anwendung des Tauschmodells zu verzerrten Ergebnissen führen, ist gering, da periphere Akteure aufgrund ihrer schwachen Einbettung in die Netzwerke einen sehr geringen Einfluss auf die Preise sowie die Ressourcenallokation im Gleichgewicht haben.

Die gemäß der nominalistischen Methode erstellte Netzwerkliste für die BASF enthielt insgesamt 128 Akteure.[40] Im Zuge der ersten Interviews stellte sich heraus, dass die Einheiten der dritten Ebene meistens nur von ihrem jeweils übergeordneten Unternehmensbereich genannt wurden. Um die Anzahl der Interviews möglichst gering zu halten, konnte daher die Erhebung auf die obersten beiden Hierarchieebenen beschränkt werden. Die Einheiten der dritten Ebene wurden in die übergeordneten Bereiche aggregiert. Für die empirische Netzwerkanalyse sowie die Berechnung des Tauschmodells werden die Nennungen von Einheiten der dritten Ebene so behandelt, als ob der entsprechende übergeordnete Bereich genannt wor-

---

[38] Dies wird in der Literatur als "Reputationsmethode" bezeichnet (vgl. Laumann et al. 1983: 23; Scott 1991: 59).
[39] Dies wird auch als "relationale Methode" bezeichnet (vgl. Jansen 1999: 67).
[40] Davon 8 Vorstände, 16 Unternehmensbereiche, 11 Länderbereiche, 14 Zentral- und Funktionsbereiche sowie 79 Einheiten der dritten Ebene und Stabseinheiten.

den wäre.[41] Eine Ausnahme stellen die beiden hinsichtlich des strategischen Planungsprozesses zentralen Akteure dar. Die Abteilungen "Strategische Planung" sowie "Zentrales Controlling" wurden in die Befragung einbezogen, obwohl sie formal nur auf der dritten Hierarchieebene angesiedelt sind.

Als Untergrenze wurde festgelegt, dass ein Akteur entweder mindestens 10 Nennungen im Netz der Machtreputation aufweisen oder in den Ressourcennetzen Information und Unterstützung zusammen mindestens 20 mal genannt werden muss.[42] Letztlich wurden 48 relevante Akteure für den strategischen Entscheidungsprozess bei der BASF identifiziert. Neben den acht Vorständen sind dies 14 Unternehmensbereiche, 10 Länderbereiche, 11 Zentralbereiche sowie 5 Einheiten der dritten Ebene und Stabsabteilungen.

Die zur Erhebung der Netzwerkdaten erstellte Liste für die Fuchs Petrolub AG umfasst 110 Akteure.[43] Die Liste enthält neben den operativen Tochtergesellschaften auch einige Zwischenholding-Gesellschaften sowie Gesellschaften, die in Personalunion von einem Manager geleitet werden. Aufgrund der dezentralen Holding-Struktur von FUCHS liegt die Vermutung nahe, dass die Unternehmenseinheiten insgesamt weniger stark miteinander verbunden sind als bei der BASF. Die Untergrenze wurde daher etwas niedriger angesetzt und alle Einheiten in die Untersuchung mit einbezogen, die entweder im Netz der Machtreputation mindestens 5 mal und/oder in den Ressourcennetzen Information und Unterstützung zusammen mindestens 11 mal genannt wurden. Durch die Berücksichtigung der Ressourcennetze wurde eine Reihe von Akteuren hinzugenommen, die sich aufgrund der Nennungen im Netz der Machtreputation außerhalb des Systems befunden hätten. Insgesamt wurden für die Untersuchung 63 relevante Akteure identifiziert. Diese setzen sich aus den acht Mitgliedern der Konzernleitung, 17 Zentralabteilungen sowie 38 Tochterunternehmen zusammen.

Mit der Auswahl der zu untersuchenden Fälle, der Identifikation der relevanten Netzwerkbeziehungen sowie der Systemabgrenzung ist der Aufbau der Studie erläutert worden. Bezugnehmend auf die konkrete Ausgestaltung der Matrix- und Holdingstrukturen bei der BASF und bei FUCHS, werden im nächsten Abschnitt die Hypothesen aus Abschnitt 2.5 bezüglich der zu erwartenden Ausprägung der informellen Strukturen genauer spezifiziert.

4.4 Spezifikation der Hypothesen

Die Ableitung von Hypothesen bezüglich der zu erwartenden informellen Strukturen aus der formalen Organisation der beiden untersuchten Unternehmen bildet den Abschluss dieses Kapitels. Die Hypothesen, die sich aus der spezifischen formalen Strukturalternative ergeben,

---

[41] Darüber hinaus entfielen aus technischen Gründen zwei Unternehmensbereiche während der Erhebungsphase (vgl. Abschnitt 4.1.1).
[42] Gemäß einer derart festgelegten Untergrenze wurden insgesamt 50 relevante Akteure identifiziert. Aufgrund gegebener Restriktionen bezüglich der maximalen Anzahl der Interviews mussten die beiden nordamerikanischen Bereiche "Nordamerika Kunststoffe" und "Nordamerika Finanzen" unberücksichtigt bleiben.
[43] Davon 4 Vorstände sowie 4 weitere Konzernleitungsmitglieder, 6 Aufsichtsräte, 17 Zentralabteilungen der Holding-Gesellschaft und 79 Tochtergesellschaften.

stellen gemeinsam mit den Leithypothesen (vgl. Abschnitt 2.5) den Leitfaden für die empirische Netzwerkanalyse in Kapitel 5 sowie die Anwendung des Tauschmodells in Kapitel 6 dar. Während bei den Leithypothesen von den konkreten Inhalten der erhobenen Netzwerke sowie der Ausprägung der formalen Organisationsstruktur der beiden Fälle abstrahiert wurde, werden diese nun explizit berücksichtigt. Die Formulierung der Hypothesen erfolgt ebenfalls unter der Annahme, dass die formale Organisationsstruktur ihre Entsprechung in den informellen Strukturen hat, d.h. formale und informelle Struktur ein *fit*-Verhältnis aufweisen. Eine Bestätigung der Hypothesen in der empirischen Untersuchung bedeutet also, dass die formal vorgesehene Struktur auch in der Praxis funktioniert. Erweisen sich im Zuge der Überprüfung die Hypothesen als falsch, bedeutet dies umgekehrt, dass formale und informelle Strukturen nicht übereinstimmen. In beiden Fällen lässt die Analyse jedoch nicht den Schluss zu, dass die formale und/oder informelle Struktur für das jeweilige Unternehmen die grundsätzlich "richtige" oder "falsche" Organisationsform darstellt.[44]

Aufgrund der näheren Kenntnis der formalen Organisationsstruktur und des formalen Ablaufes der strategischen Planung in den beiden untersuchten Unternehmen besteht die Möglichkeit, detaillierte Hypothesen über sämtliche vorhandenen und nicht vorhandenen Beziehungen zwischen den Einheiten abzuleiten. Dadurch ist es möglich, ein exaktes Maß zu bestimmen, das den Grad der Abweichung zwischen der formalen und der informellen Struktur angibt. Diese vermeintlich exakte Überprüfung des postulierten *fits* ist jedoch aus zwei Gründen problematisch:

1. Die formale Struktur muss exakt für sämtliche Akteure abgebildet werden. Dabei ist zwischen der Richtung und dem Inhalt der Beziehung zu unterscheiden. Insgesamt ergeben sich 12324 einzelne Strukturhypothesen, die alle begründungsbedürftig sind.[45] Bei der Konstruktion der formalen Struktur ist es auf Ebene der einzelnen Dyaden insbesondere schwierig, zwischen dem Inhalt der Beziehung und der Richtung des Ressourcenflusses zu unterscheiden. Auch die hinzugezogenen Experten in den Unternehmen konnten die inhaltliche Differenzierung nicht vornehmen und die Richtung des Ressourcenflusses angeben. Es wurde daher je Unternehmen nur ein Netzwerk konstruiert, welches sämtliche Interaktionen im Rahmen strategischer Entscheidungen und der Umsetzung derselben beinhaltet. Validiert wurden die Netze durch Rücksprache mit den Ansprechpartnern in den Unternehmen, die jedoch auch nicht für sämtliche 12324 Dyaden mit Sicherheit angeben konn-

---

[44] Diese Fragestellung würde eine zusätzliche, detaillierte Überprüfung des Strategie-Struktur-*fits* erfordern. Es wird jedoch davon ausgegangen, dass dieser in beiden Unternehmen vorliegt. Grund für diese Annahme ist, dass für beide Unternehmen ein transnationales Wettbewerbsumfeld sowie eine transnationale Internationalisierungsstrategie konstatiert werden kann. Da die Unternehmen darüber hinaus eine dem Wettbewerbsumfeld und der Strategie entsprechende formale Organisationsstruktur aufweisen, scheint der Strategie-Struktur-*fit* vorzuliegen.
[45] Für die BASF ergeben sich 48*47=2256 Hypothesen für ein Netzwerk. Bei Fuchs liegen je Netzwerk 63*62=3906 Hypothesen vor. Insgesamt ergeben sich für beide Unternehmen und zwei Netzwerke (Information, Unterstützung) 2*2256+2*3906=12324 Einzelhypothesen über vorhandene und nicht vorhandene Beziehungen.

ten, ob diese eine formal vorgesehene Beziehung beinhalten oder nicht. Insofern wäre die Überprüfung des *fits* auf Basis der konstruierten Netze nur numerisch und nicht inhaltlich exakt.
2. Vor allem geht es bei der Netzwerkanalyse darum, komplexe Strukturen auf grundlegende Strukturmuster zu reduzieren. Dazu muss eine Verdichtung der in den einzelnen Dyaden vorhandenen Information erfolgen.

Die konstruierten formalen Netze werden daher primär zu deskriptiven Zwecken herangezogen. Insbesondere wird dadurch eine visuelle Darstellung der formalen Struktur im Vergleich zur informellen Struktur ermöglicht. Die Ableitung und Überprüfung der Strukturhypothesen erfolgt schwerpunktmäßig auf aggregierter Ebene. Die Analyse von Dichten zwischen Gruppen (Blöcken) einzelner Akteursgruppen hat sich in den bisherigen empirischen Netzwerkstudien bewährt und wurde innerhalb der unterschiedlichsten Fragestellungen angewandt, um komplexe Netzwerkstrukturen zu reduzieren (vgl. Kriesi 1980: 347-354; Walker 1988: 236-238; Lincoln 1992: 124-134; Henning/Wald 2000: 667-671; Vanhaverbeke/ Noorderhaven 2001: 18-21; Nelson 2001: 803-815).[46]

4.4.1 Hypothesen - BASF

Für die Ressourcennetzwerke der BASF wird insgesamt erwartet, dass diese die Merkmale eines "Netzwerkunternehmens" aufweisen, d.h. durch ein hohes Interaktionsniveau zwischen den Einheiten sowie einer insgesamt geringen Zentralisierung bezüglich der Allokation von Ressourcen gekennzeichnet sind. Das Interaktionsniveau, d.h. die Frage, ob die Einheiten untereinander viele oder wenige Ressourcen austauschen, lässt sich, wie schon erwähnt, anhand der Netzwerkdichten messen. Die folgenden Hypothesen beziehen sich, falls nicht anders erläutert, auf die beiden Ressourcennetzwerke Information und Unterstützung sowie den Ressourcenfluss in beide Richtungen. Da in der Matrixorganisation neben dem vertikalen hierarchischen Weisungsgefüge auch horizontale Beziehungen institutionalisiert sind, sollte dies in der informellen Struktur ebenfalls zu finden sein. In Abschnitt 2.5 wurde daher für die Matrixorganisation postuliert, dass insgesamt sehr hohe Netzwerkdichten vorliegen. Auch für die BASF ist davon auszugehen, dass sich in beiden Ressourcennetzwerken insgesamt sehr hohe Dichten beobachten lassen.

H 2.1-B:
Die Dichten der Ressourcennetze Information und Unterstützung sind insgesamt sehr hoch.

---

[46] Die Hypothesen bezüglich der Dichten zwischen den Blöcken im empirisch erhobenen Informationsnetz entsprechen den jeweiligen Dichten im konstruierten formalen Netz. Die Hypothesen für die Unterstützungsnetze weisen einige Abweichungen dazu auf.

Differenzierter wurde in Abschnitt 2.5 postuliert, dass die Dichten zwischen den Matrixstellen unterschiedlicher Dimensionen hoch und zwischen den Matrixstellen einer Dimension niedrig sind. Da zwischen den Matrixstellen der regionalen Dimension (Länderbereiche) und der produktbezogenen Dimension (Unternehmensbereiche) hoher Abstimmungsbedarf sowohl bezüglich der Strategieformulierung als auch der Umsetzung besteht, ist auch hier gegenseitig von einer hohen Dichte auszugehen. Bei der Hypothese bezüglich der Dichte zwischen Matrixstellen innerhalb einer Dimension muss für die BASF unterschieden werden, ob es sich um Länder-, Unternehmens- oder Zentralbereiche handelt. Weiter ist zu unterscheiden, ob die Unternehmensbereiche aus identischen oder unterschiedlichen Segmenten stammen.

Zwischen den Matrixstellen innerhalb einer Matrixdimension besteht ein vergleichsweise geringer Abstimmungsbedarf, so dass von niedrigen Dichten auszugehen ist. Eine Ausnahme stellen die Unternehmensbereiche dar, die gemeinsam einem Unternehmenssegment zugeordnet sind. Innerhalb der einzelnen Segmente wird ein hoher Ressourcenfluss erwartet, da aufgrund der Verbundproduktion eine hohe gegenseitige Abhängigkeit besteht. Die Zentralbereiche sind aufgrund ihrer formalen Position wichtige Informationslieferanten für die Unternehmensbereiche. Hier ist in beide Richtungen von einer hohen Dichte auszugehen. Da die Umsetzung strategischer Pläne im wesentlichen in den Länder- und Unternehmensbereichen vollzogen wird, ist zu erwarten, dass viel Unterstützung von den Zentralbereichen für Länder- und Unternehmensbereiche geleistet wird, während dies in umgekehrter Richtung nicht der Fall ist. Aufgrund der untergeordneten Rolle der Länderbereiche bei der Strategieformulierung wird von eher geringen Informationsflüssen zwischen Länder- und Zentralbereichen ausgegangen. Zwischen den Zentralbereichen selbst wird eine niedrige Dichte bezüglich der Ressourcen Unterstützung und Information erwartet, obwohl einige sachliche Interdependenzen zwischen den Zentralbereichen bestehen.

H 2.1.1-B:
Die Dichten zwischen Unternehmens- und Länderbereichen sind hoch.

H 2.1.2-B:
Die Dichten zwischen den Unternehmensbereichen innerhalb eines Segmentes (Ressorts) sind hoch.

H 2.1.3-B:
Die Dichten zwischen den Unternehmensbereichen unterschiedlicher Segmente (Ressorts) sind niedrig.

H 2.1.4-B:
Die Dichten zwischen den Länderbereichen sind niedrig.

H 2.1.5-B:
Die Dichten zwischen den Zentralbereichen und den Unternehmensbereichen sind für das Informationsnetz hoch.

H 2.1.6-B:
Die Dichten zwischen den Zentralbereichen und den Länderbereichen sind für das Informationsnetz niedrig.

H 2.1.7-B:
Die Dichten von den Zentralbereichen zu den Unternehmens- sowie Länderbereichen sind für das Unterstützungsnetz hoch, in umgekehrter Richtung niedrig.

H 2.1.8-B:
Zwischen den Zentralbereichen bestehen für beide Netze geringe Dichten.

Bezüglich der Ressourcenflüsse zwischen der Unternehmensleitung und den Matrixstellen wurde in Abschnitt 2.5 undifferenziert angenommen, dass jeweils hohe Dichten zu beobachten sind. Für den konkreten Fall der BASF muss diese Hypothese etwas korrigiert werden. Da die Unternehmensbereiche für die strategische Ausrichtung der Aktivitäten verantwortlich sind und es sich inhaltlich um Ressourcenflüsse in Bezug auf strategische Entscheidungen sowie die Umsetzung von Strategien handelt, wird von einer hohen Dichte zwischen den Vorständen und den Unternehmensbereichen für beide Ressourcen in beide Richtungen unabhängig von der Ressortzugehörigkeit ausgegangen. Aufgrund der weniger zentralen Rolle der Länderbereiche hinsichtlich strategischer Entscheidungen wird von insgesamt niedrigen Dichten zwischen Vorständen und Länderbereichen ausgegangen. Hohe Dichten sind allerdings zwischen den Vorständen und den jeweiligen Länderbereichen des eigenen Ressorts zu erwarten, da die Länderbereiche an der Umsetzung der Strategie beteiligt sind. Es wird ferner angenommen, dass die Vorstände im Rahmen ihrer Führungs- und Koordinationsaufgaben auf Informationen und Unterstützung von den Zentralbereichen angewiesen sind. Auch in gegenläufiger Richtung benötigen die Zentralbereiche für ihre Aufgabe Information und Unterstützung durch die Unternehmensleitung, so dass von hohen Dichten für beide Ressourcen auszugehen ist.

H 2.1.9-B:
Die Dichten zwischen Vorständen und Unternehmensbereichen sind hoch.

H 2.1.10-B:
Die Dichten zwischen Vorständen und Länderbereichen sind niedrig.

H 2.1.11-B:
Zwischen den Vorständen und den dem jeweiligen Vorstandsressort zugehörigen Länderbereichen bestehen hohe Dichten.

H 2.1.12-B:
Die Dichten zwischen den Vorständen und den Zentralbereichen sind hoch.

Aufgrund der gemeinsamen Verantwortung für die strategische Ausrichtung des gesamten Unternehmens sowie der regelmäßigen Tagungsfrequenz wird erwartet, dass die Vorstände untereinander eine Vollstruktur aufweisen beziehungsweise zumindest die Dichten sehr hoch sind.

H 2.1.13-B:
Die Dichten zwischen den Vorständen sind sehr hoch.

Die Hypothesen bezüglich der zu erwartenden Netzwerkdichten bei der BASF sind in Tabelle 4-6 zusammengefasst. Hohe Dichten werden mit einer Eins, niedrige Dichten mit einer Null als Zelleintrag kenntlich gemacht. Kursiv gedruckte Einträge beziehen sich auf ressort- oder segmentinterne Dichten.

INFORMATION		SENDER			
		Vorstand	Unternehmens-bereiche	Länder-bereiche	Zentral-bereiche
EMPFÄNGER	Vorstand	1	1	0 / *1*	1
	Unternehmensbereiche	1	*0 / 1*	1	1
	Länderbereiche	0 / *1*	1	0	0
	Zentralbereiche	1	1	0	0
UNTERSTÜTZUNG		SENDER			
		Vorstand	Unternehmens-bereiche	Länder-bereiche	Zentral-bereiche
EMPFÄNGER	Vorstand	1	1	0 / *1*	1
	Unternehmensbereiche	1	*0 / 1*	1	1
	Länderbereiche	0 / *1*	1	0	1
	Zentralbereiche	1	0	0	0

kursiv = ressort-/segmentintern

Tab. 4-6: Hypothesen Informations- und Unterstützungsnetz - BASF

Ein wichtiges Merkmal von Netzwerkunternehmen ist, wie in Abschnitt 2.3.2 hervorgehoben wurde, dass diese eine relativ geringe Zentralisierung bezüglich der Allokation von steuerungsrelevanten Ressourcen aufweisen. Dies wurde bereits in einer der Leithypothesen in Abschnitt 2.5 formuliert. Neben der Unternehmensleitung besitzen auch die hierarchisch untergeordneten Einheiten bedeutende, d.h. für andere organisatorische Einheiten relevante, Ressourcen. Für die BASF ist aufgrund der Matrixstruktur zu erwarten, dass Unternehmens-, Länder- und Zentralbereiche insgesamt neben den Vorständen gleichermaßen wichtige Informations- und Unterstützungslieferanten sind. Auch im Hinblick auf die Umsetzung der Strategie ist, der Logik der Matrix entsprechend, von einer geringen Zentralisierung auszugehen, d.h. es sollte kein deutliches Zentrum-Peripherie-Gefälle zu erkennen sein. Da die Umsetzung der Strategie im wesentlichen von den Länder- und Unternehmensbereichen vollzogen wird, wird erwartet, dass die Zentralbereiche besonders viel Unterstützung liefern.

H 2.2.1-B:
Die Ressourcennetze Information und Unterstützung weisen kein Zentrum-Peripherie-Gefälle auf.

H 2.2.2-B:
Vorstände, Unternehmens-, Länder- und Zentralbereiche sind in gleichem Maße Informationslieferanten, d.h. Information ist dezentral vorhanden.

H 2.2.3-B:
Vorstände, Unternehmens-, Länderbereiche sind in gleichem Maße Unterstützungslieferanten. Unterstützung ist ebenfalls dezentral vorhanden, wird aber verstärkt durch Zentralbereiche bereitgestellt.

Die in den Transfernetzwerken beobachtete Ressourcenallokation lässt noch keinen Schluss auf die relative Bedeutung der einzelnen Ressourcen, der Machtallokation sowie der Zusammensetzung des Einkommens bzw. der Macht der einzelnen Akteure zu. Um dies beantworten zu können, muss das Ergebnis des Tauschmodells betrachtet werden. Dem Idealtyp der Netzwerkorganisation entsprechend ist auch für die Matrixorganisation der BASF davon auszugehen, dass die Netzwerkressourcen Information und Unterstützung im Vergleich zu formaler Entscheidungsmacht gleichgewichtige Ressourcen bezüglich der strategischen Steuerung des Unternehmens sind. Die organisatorischen Einheiten der einzelnen Dimensionen sind in hohem Maße gegenseitig voneinander abhängig, was die Netzwerkressourcen angeht.

H 2.2.4-B:
Neben der Entscheidungsmacht sind die Ressourcen Information und Unterstützung ebenbürtige Güter. Die Preise für die drei Tauschgüter liegen auf einem einheitlichen Niveau.

In Anbetracht der zu erwartenden Höhe der Ressourcenpreise sowie der Hypothesen bezüglich der Zentralisierung der Netzwerke folgt, dass bezüglich der Machtallokation die Vorstände die Organisationseinheiten mit der absolut höchsten Gesamtmacht sind. Diese verfügen neben den Netzwerkressourcen allein über die formale Entscheidungsmacht. Unter der Voraussetzung, dass die angenommenen Ressourcenpreise zutreffen, führt dies im Vergleich zu den Einheiten der zweiten Ebene zu einer deutlich höheren Gesamtmacht sowie aufgrund der geringen Anzahl der Vorstände zu einer sehr hohen Macht je Einheit. Für das durchschnittliche Einkommen der Akteure aus den beiden Netzwerkressourcen "Information" und "Unterstützung" wird erwartet, dass dieses für Unternehmens-, Länder- und Zentralbereiche auf einem Niveau liegt. Trotz der strategischen Verantwortung der Unternehmensbereiche wird aufgrund der Abhängigkeit von Informationslieferungen und Unterstützungsleistungen seitens der Länder- und Zentralbereiche nicht davon ausgegangen, dass diese im Durchschnitt ein höheres Einkommen (Macht) besitzen. Dem Idealtyp der Matrix entsprechend, wird eine Gleichverteilung der Ressourcen zwischen den drei Dimensionen erwartet. Da die Zentralbereiche die zahlenmäßig größte Gruppe sind, sollten diese insgesamt die zweitmächtigste Gruppe nach den Vorständen sein. Die Unternehmens- und Länderbereiche folgen, der Anzahl der Organisationseinheiten entsprechend, auf den Plätzen drei und vier.

H 2.3.1-B:
Die Vorstände sind sowohl insgesamt als auch bezogen auf die einzelnen Einheiten die mit Abstand mächtigsten Akteure.

H 2.3.2-B:
Die Zentralbereiche stellen die zweitmächtigste Gruppe dar, gefolgt von den Unternehmens- und Länderbereichen.

H 2.3.3-B:
Die durchschnittliche Macht je Organisationseinheit ist für Länder-, Unternehmens- und Zentralbereiche gleich groß.

Als weiteres zentrales Merkmal von Netzwerkunternehmen wurde in Abschnitt 2.3.2 herausgestellt, dass zwischen allen Akteuren ein hohes Transaktionsniveau herrscht, d.h. eine Vielzahl von Ressourcen getauscht werden. Insofern sollten alle Akteure über eine relativ gute Einbettung in die Netzwerke verfügen. Daher ist zu erwarten, dass der Tausch nur in geringem Maße transaktionskostenbehaftet ist. Der Netzwerkeffekt sollte entsprechend gering ausfallen. Trotz der guten Einbettung der Akteure wird erwartet, dass sich unterschiedliche Gruppen (Segmente) von Akteuren identifizieren lassen, die jeweils identische Beziehungsmuster zu den anderen Akteuren aufweisen.[47] Es wird davon ausgegangen, dass bezüglich der informellen Strukturen bei der BASF eine Segmentierung besteht, welche die formale Struktur des Unternehmens widerspiegelt. Die Hypothesen bezüglich der Netzwerkdichten implizieren bereits, dass Vorstände, Unternehmens-, Länder- und Zentralbereiche jeweils unterschiedliche Angebots- und Nachfragestrukturen aufweisen, d.h. jeweils ein Segment bilden.

H 2.4.1-B:
Transaktionskosten spielen aufgrund der guten strukturellen Einbettung der Organisationseinheiten eine geringe Rolle. Sie beeinflussen die Ressourcenallokation im Gleichgewicht nur unwesentlich. Es liegen nur geringe Netzwerkeffekte vor.

H 2.4.2-B:
Die Ressourcennetzwerke weisen eine Segmentierung auf, die der formalen Struktur entspricht. Vorstände, Unternehmens-, Länder- und Zentralbereiche bilden jeweils ein Segment mit segmentspezifischen Angebots- und Nachfragestrukturen.

---

[47] In Rahmen netzwerkanalytischer Verfahren wird dieser Sachverhalt als "strukturelle Äquivalenz" bezeichnet. Dies bedeutet, dass die Akteure in einem Segment jeweils identische Muster von vorhandenen und nicht vorhandenen Beziehungen zu den Akteuren in den anderen Segmenten aufweisen (vgl. Kapitel 5.1.3).

Neben den Verhandlungen im Rahmen des Ressourcentauschs wird die Koordination von Netzwerkunternehmen durch eine starke Unternehmenskultur geleistet. Für die Herausbildung und Pflege eines gemeinsamen Wertegerüstes ist die Einbettung der Manager in soziale Beziehungsnetze förderlich. Es ist einerseits zu erwarten, dass das Netzwerk sozialer Beziehungen eine hohe Dichte aufweist und andererseits, dass sich soziale Beziehungen im wesentlichen im Zuge von Zusammenarbeit herausbilden. Das Netzwerk sozialer Beziehungen sollte also eine ähnliche Struktur aufweisen wie die Netzwerke des Ressourcenflusses (vgl. Krackhardt 1992a: 218-219; Andrews et al. 1999: 218-222).

H 2.5.1-B:
Das Netz der sozialen Beziehungen weist eine hohe Gesamtdichte auf.

H 2.5.2-B:
Das Netz der sozialen Beziehungen ist strukturell den Ressourcennetzwerken ähnlich.

4.4.2 Hypothesen - FUCHS

Auch die Hypothesen betreffend der informellen Strukturen von FUCHS werden unter der Annahme abgeleitet, dass diese der formalen Struktur entsprechen, beziehungsweise stark durch diese geprägt werden. Im Gegensatz zu den integrierten Strukturen bei der BASF wird erwartet, dass die formale Holdingstruktur bei FUCHS mit einer differenzierten Netzwerkstruktur korrespondiert. Das bedeutet, dass insgesamt ein niedrigeres Interaktionsniveau zwischen den Einheiten zu beobachten ist und eine starke Zentralisierung im Hinblick auf die Ressourcenallokation vorliegt. Darüber hinaus wird, wie bei der BASF, erwartet, dass sich die beiden Ressourcennetze Information und Unterstützung strukturell sehr ähnlich sind. Da es sich um eine (Strategische-) Management-Holding handelt, ist jedoch davon auszugehen, dass die zur Umsetzung der Strategien benötigten Ressourcen eher dezentral vorhanden sind, während die für die Verabschiedung der konzernweiten Strategie benötigte Information stärker in der Zentrale gebündelt werden.

Bei Holding-Strukturen wird bewusst auf die Formalisierung von horizontalen Informationskanälen verzichtet, da aufgrund der geringen Anzahl von Hierarchieebenen kurze Informationswege vorliegen und zudem wegen der Marktnähe und hohen Autonomie der Tochterunternehmen vergleichsweise geringer horizontaler Abstimmungsbedarf besteht. Daher wird für die Gesamtdichten der Ressourcennetzwerke erwartet, dass diese relativ niedrig sind.

H 2.1-F:
Die Dichten der Ressourcennetze Information und Unterstützung sind insgesamt niedrig.

Wie in Abschnitt 2.4.1.2 erläutert, stellt die Holding-Leitung häufig einen Engpass bezüglich der Informationsverarbeitungskapazität des Unternehmens dar, d.h. strategische

Informationen werden hier gebündelt. Insofern sollten zwischen den Mitgliedern der Konzernleitung sowie zwischen Konzernleitung und Zentralabteilungen hohe Dichten für das Netzwerk der Information zu beobachten sein. Die Informationslieferungen zwischen Konzernleitung und Tochtergesellschaften sollten sich auf das, jeweils für die Gesellschaft zuständige, Konzernleitungsmitglied beschränken, so dass die Gesamtdichten niedrig sind.

H 2.1.1-F:
Die Dichte des Netzes der Information ist zwischen den Mitgliedern der Konzernleitung hoch.

H 2.1.2-F:
Die Dichten des Netzes der Information sind zwischen den Mitgliedern der Konzernleitung und den Zentralabteilungen hoch.

H 2.1.3-F:
Die Dichten des Netzes der Information sind zwischen den Mitgliedern der Konzernleitung und Tochtergesellschaften insgesamt niedrig.

H 2.1.4-F:
Die Dichten des Netzes der Information sind zwischen den jeweils zuständigen Mitgliedern der Konzernleitung und den betreffenden Tochtergesellschaften hoch.

Da die Holding-Leitung zur Ausübung ihrer strategischen Steuerungsfunktion maßgeblich auf Unterstützung von den Zentralabteilungen angewiesen ist, ist auch hier von hohen Dichten auszugehen. Umgekehrt werden niedrige Dichten für den Unterstützungsfluss von der Konzernleitung zu den Zentralabteilungen erwartet, da letztere nur begrenzt abteilungsspezifische Strategien umsetzen müssen. Die Tochterunternehmen hingegen sind für die Umsetzung ihrer Geschäftsfeldstrategie weniger auf die Unterstützung der gesamten Konzernleitung angewiesen als vielmehr auf das ihnen vorgesetzte Mitglied der Konzernleitung. Insgesamt wird die Dichte zwischen Konzernleitung und Tochterunternehmen niedrig ausfallen.

H 2.1.5-F:
Die Dichte des Netzes der Unterstützung zwischen den Mitgliedern der Konzernleitung ist hoch.

H 2.1.6-F:
Die Dichte des Netzes der Unterstützung zwischen den Mitgliedern der Konzernleitung und den Zentralabteilungen ist hoch.

H 2.1.7-F:
Die Dichte des Netzes der Unterstützung zwischen den Mitgliedern der Konzernleitung und den Tochtergesellschaften ist niedrig.

H 2.1.8-F:
Die Dichte des Netzes der Unterstützung zwischen den Tochtergesellschaften und dem jeweils zuständigen Mitglied der Konzernleitung ist hoch.

Der horizontale Abstimmungsbedarf zwischen den einzelnen Tochtergesellschaften ist insgesamt relativ gering. In der Folge sollten auch die Dichten der Ressourcennetzwerke zwischen den Gesellschaften niedrig sein. Abweichend davon wird für die Gesellschaften innerhalb einer Region ein hohes Interaktionsniveau erwartet, da hier von einem höheren Grad der Zusammenarbeit ausgegangen wird.

H 2.1.9-F:
Die Dichten zwischen den Tochterunternehmen sind insgesamt für beide Ressourcen niedrig.

H 2.1.10-F:
Die Dichten beider Ressourcennetze zwischen den Tochterunternehmen einer Region sind hoch.

Der Unterstützungsfunktion entsprechend, welche die Zentralabteilungen für die Konzernleitung und die Tochtergesellschaften ausüben, ist davon auszugehen, dass der Informationsfluss zwischen diesen und den Tochterunternehmen relativ hoch ist. Bezüglich der Unterstützung wird eine niedrige Dichte erwartet, da die Gesellschaften über eigene funktionale Abteilungen verfügen und vollständige Verantwortung für das operative Geschäft tragen. Zur Umsetzung der Strategie muss nur in vergleichsweise geringem Maße auf die Unterstützung durch die Zentralabteilungen zurückgegriffen werden.

H 2.1.11-F:
Die Dichte des Netzes der Information ist zwischen den Zentralabteilungen und den Tochterunternehmen hoch.

H 2.1.12-F:
Die Dichte des Netzes der Unterstützung ist zwischen den Zentralabteilungen und den Tochterunternehmen niedrig.

Zwischen den Zentralabteilungen wird trotz vereinzelter sachlicher Interdependenzen insgesamt eine niedrige Informationsdichte erwartet. Da die Umsetzung der Strategien im wesentlichen in den Tochtergesellschaften stattfindet, wird ebenfalls eine niedrige Dichte bezüglich des Netzwerkes der Unterstützung erwartet.

H 2.1.13-F:
Zwischen den Zentralabteilungen ist die Dichte des Informationsnetzes niedrig.

H 2.1.14-F:
Zwischen den Zentralabteilungen ist die Dichte des Unterstützungsnetzes niedrig.

In Tabelle 4-7 sind die Hypothesen über die Dichten bei FUCHS eingetragen.

INFORMATION		SENDER		
		Konzernleitung	Zentralabteilungen	Tochtergesellschaften
EMPFÄNGER	Konzernleitung	1	1	0 / *1*
	Zentralabteilungen	1	0	1
	Tochtergesellschaften	0 / *1*	1	0 / *1*

UNTERSTÜTZUNG		SENDER		
		Konzernleitung	Zentralabteilungen	Tochtergesellschaften
EMPFÄNGER	Konzernleitung	1	1	0 / *1*
	Zentralabteilungen	1	0	0
	Tochtergesellschaften	0 / *1*	0	0 / *1*

kursiv = intraregion

Tab. 4-7: Hypothesen Informations- und Unterstützungsnetz - FUCHS

Für FUCHS wird erwartet, dass die Struktur des Informationsnetzwerkes, abweichend vom Idealtyp der Netzwerkorganisation, ein deutliches Zentrum-Peripherie-Gefälle aufweist. Hinsichtlich der Allokation der Information wird eine Konzentration auf die Konzernleitung und auf die Zentralabteilungen erwartet. Die Mehrzahl der Tochtergesellschaften verfügt in der Regel nur über Informationen, die ihr eigenes Geschäftsfeld betreffen und ist daher in Bezug auf strategische Entscheidungen für einen relativ engen Kreis anderer Gesellschaften interessanter Informationslieferant. Die Ausnahme bilden die großen Gesellschaften, die über eigene Forschungs- und Entwicklungsabteilungen verfügen sowie Produkte herstellen, die von anderen Gesellschaften des Konzerns vertrieben werden.

H 2.2.1-F:
Die Ressourcennetze Information und Unterstützung weisen ein deutliches Zentrum-Peripherie-Gefälle auf.

H 2.2.2-F:
Information ist zentral vorhanden. Die Konzernleitung ist, gefolgt von den Zentralabteilungen, der größte Informationslieferant.

Im Gegensatz dazu wird, wie bereits erwähnt, für das Unterstützungsnetz erwartet, dass diese Ressource stärker dezentral verteilt ist, d.h. die Konzernleitung und die Tochtergesellschaften in gleichem Maße Anbieter für Unterstützung sind. Tochterunternehmen und Konzernleitung sind beide auf gegenseitige Unterstützung bei der Umsetzung von Strategien angewiesen. Die Zentralabteilungen benötigen wenig Unterstützung, da sie in der Regel keine (funktions-)bereichsspezifische Strategie umsetzen müssen, sondern ihre Aufgabe primär in der Unterstützung der übrigen Einheiten liegt. Insofern sollten diese verstärkt Anbieter von Unterstützung sein.

H 2.2.3-F:
Unterstützung ist dezentraler vorhanden als Information. Tochtergesellschaften und Konzernleitung sind in gleichem Maße Unterstützungsgeber.

H 2.2.4-F:
Insgesamt wichtigster Unterstützungsgeber sind die Zentralabteilungen.

Hinsichtlich der relativen Bedeutung der einzelnen Ressourcen ist davon auszugehen, dass die formale Entscheidungsmacht nicht die wichtigste Ressource darstellt, da bereits ein beträchtlicher Teil der Entscheidungskompetenzen an die Tochterunternehmen delegiert wird. Bezüglich der Ressourcenpreise wird erwartet, dass diese, ähnlich wie bei der BASF, auf einem einheitlichen Niveau liegen.

H 2.2.5-F:
Die Preise für die Ressourcen formale Entscheidungsmacht, Information und Unterstützung sind annähernd gleich.

Aufgrund der angenommenen starken Zentralisierung des Informationsnetzes sowie der Allokation der Entscheidungsmacht wird erwartet, dass die Konzernleitung sowohl insgesamt als auch bezogen auf die einzelnen Konzernleitungsmitglieder der mächtigste Akteur ist. Dabei wird von einer deutlicheren Konzentration der Macht in der Unternehmensleitung ausgegangen als bei der BASF.

H 2.3.1-F:
Die Mitglieder der Konzernleitung sind sowohl insgesamt als auch bezogen auf einzelne Einheiten die mächtigsten Akteure.

Für die Zentralabteilungen wird erwartet, dass diese aufgrund der fehlenden Ausstattung mit formaler Entscheidungsmacht mit deutlichem Abstand hinter der Konzernleitung liegen. Insgesamt verfügen die Tochtergesellschaften bezüglich der konzernweiten strategischen Planung über wenig Macht. Ausnahmen sind hier für die größten Gesellschaften zu erwarten.

H 2.3.2-F:
Die Zentralabteilungen stellen die zweitmächtigste Akteursgruppe, die Tochtergesellschaften die drittmächtigste dar. Es besteht jeweils ein deutliches Machtgefälle zwischen der Konzernleitung und den Zentralabteilungen sowie den Zentralabteilungen und den Tochtergesellschaften.

Da für FUCHS davon ausgegangen wird, das die Akteure grundsätzlich schwächer in die Ressourcennetzwerke eingebettet sind als bei der BASF und darüber hinaus eine asymmetrische Einbettung der Akteure vermutet wird, sollten hier auch Transaktionskosten, die sich aufgrund mangelnden Zugangs ergeben, eine größere Rolle spielen als bei der BASF. Es sollte daher ein deutlicher Netzwerkeffekt zu beobachten sein. Auch für FUCHS wird erwartet, dass sich für die Ressourcennetzwerke einzelne Segmente identifizieren lassen, welche die formale Organisationsstruktur widerspiegeln. Die Konzernleitung, die Zentralabteilungen sowie die Tochtergesellschaften sollten jeweils eine spezifische Einbettung in die Ressourcennetzwerke aufweisen und daher jeweils ein Segment bilden.

H 2.4.1-F:
Transaktionskosten haben aufgrund der insgesamt geringen sowie unterschiedlich starken strukturellen Einbettung der Akteure deutliche Auswirkung auf den Tausch, d.h. beeinflussen die Ressourcenallokation im Gleichgewicht. Es liegen deutliche Netzwerkeffekte vor.

H 2.4.2-F:
Die Ressourcennetze weisen eine der formalen Organisationsstruktur entsprechende Segmentierung auf. Konzernleitung, Zentralabteilungen und Tochterunternehmen bilden jeweils ein Segment.

Hinsichtlich des Netzwerkes der sozialen Beziehungen wird auch für FUCHS angenommen, dass dieses eine strukturelle Ähnlichkeit mit den Ressourcennetzen aufweist. Da im Vergleich zur BASF deutlichere Abweichungen der beiden Ressourcennetze postuliert wurden, wird davon ausgegangen, dass die sozialen Beziehungen eher dem dichteren Informationsnetz ähneln. Der regelmäßige Informationsaustausch im Rahmen der strategischen Planung sollte Gelegenheiten bieten, soziale Beziehungen zu knüpfen.

H 2.5.1-F:
Das Netz der sozialen Beziehungen weist eine relativ niedrige Gesamtdichte auf.

H 2.5.2-F:
Das Netz der sozialen Beziehungen ist strukturell dem Informationsnetz ähnlich.

In den Kapiteln 5 und 6 folgt die Überprüfung der abgeleiteten Hypothesen. Einerseits wird das Ausmaß und die Wirkung des Netzwerkeffektes festgestellt. Andererseits sollen damit einhergehend die beiden inhaltlichen Forschungsfragen beantwortet werden.

5 Formale Strukturen und realisierte Netzwerke

In diesem Kapitel erfolgt die empirische Netzwerkanalyse für beide untersuchten Unternehmen. Der Schwerpunkt liegt auf dem Vergleich der tatsächlich existierenden informellen Strukturen mit der formalen Organisation. Dabei werden vor allem die Hypothesen bezüglich der Netzwerkdichten, der Muster der Ressourcenflüsse zwischen den Einheiten, der Segmentierung der Netze und dem Vorliegen von Zentrum-Peripherie-Strukturen überprüft. Die Frage nach der Ressourcenallokation vor dem Tausch, d.h. welche Akteure in welchem Maße Anbieter von Information und Unterstützung sind, wird anhand von Zentralitätsmaßen untersucht. Ausmaß und Wirkungsrichtung des Netzwerkeffektes kann erst im Rahmen der tauschtheoretischen Modellierung in Kapitel 6 näher analysiert werden. Hier wird der Wert der Ressourcen sowie die Allokation derselben im Gleichgewicht bestimmt.

Die in der empirischen Netzwerkanalyse angewandten Verfahren basieren auf dem methodischen Standardarsenal der quantitativen Netzwerkanalyse.[1] Aus diesem Grunde wird auf eine ausführliche Diskussion der Eigenschaften der berechneten Maßzahlen verzichtet und auf die einschlägige Literatur verwiesen (vgl. Pappi 1987; Scott 1991; Wasserman/Faust 1994; Degenne/Forsé 1994; Jansen 1999). Hervorzuheben ist in diesem Zusammenhang, dass die Ressourcennetze "Information" und "Unterstützung" asymmetrische Daten beinhalten. Dies bedeutet, dass der Ressourcenfluss von einem Akteur A zu einem Akteur B nicht zwangsweise auch in entgegengesetzter Richtung, also von Akteur B zu Akteur A, fließen muss. Da die Asymmetrie wichtige Informationen bezüglich der Zugangsstruktur und Ressourcenallokation beinhaltet, sollen diese Informationen nicht nur bei der empirischen Anwendung des Tauschmodells, sondern bereits bei der Netzwerkanalyse berücksichtigt werden. In der Mehrzahl der empirischen Studien werden jedoch symmetrische Daten untersucht, beziehungsweise asymmetrische Daten vor der Analyse symmetrisiert (vgl. z.B. Tsai 2000: 931). Dies soll in der folgenden Netzwerkanalyse, sofern möglich, vermieden werden. Aus diesem Grund wird in den Fußnoten jeweils kurz auf die Besonderheiten bei der Berechnung netzwerkanalytischer Maßzahlen für asymmetrische Daten hingewiesen, falls diese von den Maßzahlen für symmetrische Daten abweichen.

5.1 Formale Strukturen und realisierte Netzwerke bei der BASF

5.1.1 Grundeigenschaften der Netze

Bei der Systemabgrenzung in Abschnitt 4.3 wurden in Bezug auf die strategische Planung 48 relevante Akteure identifiziert. Gemäß den Ausführungen in Abschnitt 4.2 sind es insgesamt vier Netzwerke mit unterschiedlichem Beziehungsinhalt, die zwischen den Akteuren der

---

[1] Die Berechnungen wurden mit der Analysesoftware SONIS Version 3.01 (vgl. Melbeck 1995) sowie UCINET Version 5.71 (vgl. Borgatti et al. 1999) durchgeführt.

BASF erhoben wurden. Neben den Netzwerken der Ressourcentransfers, "Information" und "Unterstützung", ist dies ein Netz der sozialen Beziehungen sowie ein Netz des wahrgenommenen Einflusses (Reputation). In Tabelle 5-1 sind die unbestätigten sowie bestätigten Netze eingetragen. Neben dem Beziehungsinhalt der Netze sind unter anderem die Anzahl der *Ties* (Beziehungen) sowie die Gesamtdichten verzeichnet.[2]

BASF Gruppe 48 Akteure						
Netze unbestätigt	Ties	Dichte				
Reputation	1267	55,0%				
Sender Information	1102	48,8%				
Empfänger Information	1099	48,7%				
Sender Unterstützung	955	42,3%				
Empfänger Unterstützung	1039	46,1%				
Soziale Beziehungen	1015	45,0%				
Durchschnitt	**1080**	**47,7%**				
Netze bestätigt	Ties	Dichte	Bestätigung	Symmetrie	Max. Distanz	Ø Distanz
Information	771	34,2%	70,0%	80,6%	3	1,68
Unterstützung	680	30,1%	71,2%	82,3%	4	1,82
Soziale Beziehungen	329	29,2%	64,8%	100,0%	3	1,77
Durchschnitt	**593**	**31,2%**	**68,7%**	**87,6%**	**3,3**	**1,76**
Formale Struktur	1345	59,6%	-	100,0%	2	1,40

Tab. 5-1: Dichten, Bestätigungsgrad und Distanzen der Netzwerke - BASF

Für die Netze der Ressourcentransfers wurde jeweils ein Angebots- (Senden) und ein Nachfragenetzwerk (Empfangen) erhoben. Um die Angaben der interviewten Manager zu validieren, werden die Ressourcennetze bestätigt und in der folgenden Analyse nur die Beziehungen berücksichtigt, bei denen ein Akteur A angibt, an einen Akteur B eine Ressource zu senden und ein Akteur B angibt, diese Ressource von Akteur A zu erhalten. Angebots- und

---

[2] Wie bereits erwähnt, ist die Netzwerkdichte eine Maßzahl, die Aufschluss über das Ausmaß des Ressourcenflusses in Netzwerken gibt. Die Dichte Δ eines Netzwerkes X berechnet sich aus dem Verhältnis der tatsächlich vorhandenen zu der maximal möglichen Anzahl von Beziehungen:

$$\Delta X = \frac{\sum_{i=1}^{n}\sum_{j=1}^{n} x_{ij}}{n(n-1)}$$

Im Nenner steht die Anzahl der maximal möglichen Beziehungen in gerichteten (asymmetrischen) Netzen (n ist die Anzahl der Akteure). Für symmetrische Beziehungen beträgt die maximal mögliche Anzahl n(n-1)/2. Der Zähler enthält die tatsächlich vorhandenen Beziehungen. x_{ij} steht für vorhandene Beziehungen zwischen Akteur i und Akteur j. Die Dichte eines Netzwerkes kann zwischen 0 (keine Beziehung vorhanden) und 1 (alle möglichen Beziehungen vorhanden) betragen (vgl. Wasserman/Faust 1994: 129). In Bezug auf das symmetrische Netz der sozialen Beziehungen muss an dieser Stelle darauf hingewiesen werden, dass in Tabelle 5-1 das unbestätigte Netz der sozialen Beziehungen nicht ausschließlich symmetrische Beziehungen enthält und daher die Berechnung der Dichte analog zu den asymmetrischen Netzen erfolgt.

Nachfragenetz werden zu den bestätigten Ressourcentransfernetzen "Information" und "Unterstützung" zusammengefasst. Da es sich bei dem Netz der sozialen Beziehungen um symmetrische Beziehungen handelt, konnte dieses bestätigt werden, ohne getrennte Angebots- und Nachfragenetze zu erheben. In diesem Zusammenhang ist erwähnenswert, dass auch die beiden Ressourcennetze einen hohen Grad an Symmetrie aufweisen. In den bestätigten Netzen basieren jeweils über 80% der Beziehungen auf Ressourcenflüssen in beide Richtungen (vgl. Tabelle 5-1). Darüber hinaus wird die Mehrheit der angegebenen Beziehungen bestätigt. Der Bestätigungsgrad beträgt im Mittel 68,7%.[3] Einzig das Reputationsnetzwerk kann nicht bestätigt werden, da es sich um die individuellen Wahrnehmungen der Akteure handelt, wer besonders großen Einfluss bezüglich strategischer Entscheidungen ausübt. Aufgrund der höheren Validität der Daten erfolgen sämtliche nachfolgenden Analysen sowohl für die BASF als auch für FUCHS ausschließlich auf Basis der bestätigten Netzwerke.

Neben den Maßzahlen für die empirisch beobachteten Netze sind in der untersten Zeile der Tabelle 5-1 auch die entsprechenden Maße für das konstruierte Netz der formalen Struktur eingetragen. Dieses wird hauptsächlich benötigt, um eine räumliche Darstellung der Position der Akteure in den Netzen zu ermöglichen. Der Vergleich mit den erhobenen Netzen ist problematisch, da bei dem Netz der formalen Struktur nicht bezüglich des Beziehungsinhaltes differenziert wird sowie symmetrische Beziehungen angenommen werden. Darüber hinaus ist, wie bereits erläutert, für eine Vielzahl der Beziehungen nicht mit Sicherheit bestimmbar, ob diese formal vorgesehen sind oder nicht.

Bezüglich der in den Abschnitten 2.5 und 4.4.1 abgeleiteten Hypothesen über die zu erwartenden informellen Strukturen wird sowohl für das idealtypische Netzwerkunternehmen als auch allgemein für die Matrix und speziell für die BASF davon ausgegangen, dass die Gesamtdichten der Ressourcennetzwerke sehr hoch sind (H 1.1; H 2.1-M; H 2.1-B). Problematisch hinsichtlich der Aussagekraft der Netzwerkdichten ist die Abhängigkeit der Dichte von der Größe des Netzwerkes (vgl. Scott 1991: 77).[4] Grundsätzlich ist davon auszugehen, dass mit steigender Größe des Netzwerkes die zu erwartende Netzwerkdichte abnimmt (vgl. Mayhew/Levinger 1976). Die Dichten des Informationsnetzes (34,2%) und des Unterstützungsnetzes (30,1%) können unter Berücksichtigung der Akteurszahl und Beziehungsart je-

---

[3] Bei der Berechnung der Dichten sowie des Bestätigungsgrades des Netzwerkes der Sozialen Beziehungen ist zu beachten, dass das unbestätigte Netz sowohl asymmetrische als auch symmetrische Beziehungen erhält und die symmetrischen Beziehungen hier doppelt gezählt werden. Das bestätigte Netz hingegen enthält ausschließlich symmetrische Beziehungen ohne eine Doppelerfassung derselben.
[4] Dies ist unmittelbar einsichtig, wenn man bedenkt, dass der Aufbau und Erhalt von Beziehungen grundsätzlich mit Kosten (z.B. Zeit) verbunden ist und das zur Verfügung stehende Budget begrenzt ist. Darüber hinaus hängt die zu erwartende Netzwerkdichte von der Art der Beziehung ab. So ist es beispielsweise nicht unwahrscheinlich, dass eine Person mehrere Freundschaftsbeziehungen unterhält, hinsichtlich Liebesbeziehungen jedoch ist die Anzahl in der Regel auf eine beschränkt. Für die Informationsbeziehungen sowie Unterstützungsverhältnisse zwischen Organisationseinheiten ist davon auszugehen, dass diese zwar in größerer Anzahl vorkommen, aber auch hier die Anzahl der möglichen Beziehungen aufgrund zeitlicher Restriktionen begrenzt ist. Beim Vergleich von Dichten zwischen Netzwerken unterschiedlicher Größe sowie unterschiedlicher Beziehungsinhalte ist daher immer Vorsicht geboten.

weils als hoch bezeichnet werden (vgl. Tabelle 5-1). Die Hypothese bezüglich der Gesamtdichte der Netzwerke (H 2.1-B) wird somit empirisch bestätigt.

Die hohen Dichten in den Ressourcennetzwerken korrespondieren mit einer hohen Verbundenheit der Akteure. Sämtliche organisatorische Einheiten können sich untereinander entweder direkt oder indirekt erreichen, d.h. die Netzwerke bilden jeweils eine starke Komponente.[5] Damit gehen auch kurze Pfade zwischen den Einheiten einher.[6] Die meisten Akteure können sich entweder über Pfade der Länge eins oder zwei erreichen. Die durchschnittliche Pfaddistanz für die Ressourcennetzwerke sowie das Netz der sozialen Beziehungen beträgt 1,76. Die maximal zwischen zwei Akteuren vorkommende Pfaddistanz ist mit drei bzw. vier (Netz der Unterstützung) sehr gering.

Die aggregierten Maßzahlen in Tabelle 5-1 lassen vermuten, dass die Ressourcennetzwerke und das Netz der sozialen Beziehungen eine ähnliche Struktur aufweisen. Bei der Formulierung der Hypothesen wurde postuliert, dass das Netz der sozialen Beziehungen strukturell dem Netz der Information ähnelt, da der Informationsaustausch eine Gelegenheit für das Knüpfen sozialer Beziehungen darstellt. Auch für das Unterstützungs- und das Informationsnetz wurde eine starke Ähnlichkeit erwartet. Um den Grad der Übereinstimmung der Netzwerke zu bestimmen wird zunächst ein Multiplexitätsmaß berechnet. Dazu wird die Anzahl der übereinstimmenden vorhandenen und nicht vorhandenen Beziehungen in den verglichenen Netzwerken gezählt und durch die Anzahl der maximal möglichen Beziehungen dividiert. Das Multiplexitätsmaß gibt an, zu wie viel Prozent die Netzwerke übereinstimmen. Der Grad der Multiplexität der Netzwerke ist in Tabelle 5-2 eingetragen.

Es ist zu erwarten, dass strukturell ähnliche Netzwerke neben der hohen Multiplexität auch eine stark positive Korrelation aufweisen. Für die Korrelation von relationalen Daten, d.h. der Spalten und Zeilen von Netzwerkmatrizen und insbesondere für Regressionsanalysen ist jedoch davon auszugehen, dass die einzelnen Dyaden eines Akteurs nicht unabhängig voneinander sind. Wenn dies der Fall ist, wird bei der Berechnung des Standardfehlers die Annahme der Unabhängigkeit der Residuen verletzt (strukturelle Autokorrelation). In Folge dessen wird auch die Vorhersagegenauigkeit falsch berechnet (vgl. Laumann/Pappi 1976: 150; Krackhardt 1987b, 1988: 359-361; Mizruchi 1992: 111-112; Meyer 1994: 1033-1034).

Um dieses Problem zu lösen wird für die Berechnung der Korrelationskoeffizienten die sogenannte QAP-Prozedur (*Quadratic Assignment Procedure*) durchgeführt. Mit der QAP-Prozedur lässt sich testen, ob zwei Netzwerkmatrizen ähnlich sind. Technisch wird

---

[5] Ein Netzwerk zerfällt in mehrere Komponenten, wenn es Akteure oder Gruppen von Akteuren gibt, die andere Akteure oder Gruppen von Akteuren weder direkt noch indirekt erreichen können. Zwischen den Komponenten eines Netzwerkes bestehen also keine Pfade (vgl. Wasserman/Faust 1994: 109-110).

[6] Pfaddistanzmatrizen können aus den ursprünglichen Netzwerkmatrizen berechnet werden (vgl. Mag 1970: 34-37; Pappi 1987: 28-30) und beinhalten Informationen darüber, ob zwei Akteure sich entweder direkt mit einem Pfad der Länge eins, indirekt über einen Pfad mit einer Länge größer eins oder überhaupt nicht erreichen können. Die Pfaddistanzmatrix besteht dabei aus einer der Anzahl der Akteure entsprechenden Menge von Zeilen und Spalten mit den Pfadlängen in den Zellen.

überprüft, ob sich die gemessene Ähnlichkeit signifikant von einer Ähnlichkeit unterscheidet, die durch Zufall zu erwarten ist. Die zufällige Ähnlichkeit stellt die Nullhypothese dar. Zu diesem Zweck wird zunächst der Korrelationskoeffizient der Netzwerkmatrizen berechnet. Anschließend wird eine Vielzahl von Zufallspermutationen der Spalten und Zeilen der unabhängigen Matrix durchgeführt und jeweils die entsprechenden Korrelationskoeffizienten berechnet. Diese bilden den Referenzwert für das Signifikanzniveau, indem der tatsächliche Korrelationskoeffizient mit den zufälligen Koeffizienten verglichen wird. Die QAP-Prozedur ist ein nicht-parametrisches Testverfahren, d.h. es wird keine Annahme bezüglich der Merkmalsverteilung in der Grundgesamtheit getroffen. Analog wird bei der Regression vorgegangen, d.h. auch hier wird das Signifikanzniveau auf Basis einer Vielzahl zufälliger Permutationen berechnet (vgl. Krackhardt 1987b: 175-179, 1992b: 280-282; Mizruchi 1992: 115-116; Meyer 1994: 1034-1035; Trezzini 1998b: 386-387).[7] Krackhardt (1988) hat für die QAP-Prozedur gezeigt, dass diese auch bei hoher Korrelation der Residuen unverzerrte Schätzungen liefert.

Multiplexität und Korrelationskoeffizienten			
Multiplexität	Information	Unterstützung	Soziale Beziehungen
Formal	*62,4%*	*60,8%*	*48,8%*
Information		80,8%	61,5%
Unterstützung			66,2%
Pearsons r	Information	Unterstützung	Soziale Beziehungen
Formal	*0,315***	*0,306***	*0,039*
Information		0,553**	0,097*
Unterstützung			0,171**
r^2	Information	Unterstützung	Soziale Beziehungen
Formal	*0,099***	*0,094***	*0,00*
Information		0,306**	0,009*
Unterstützung			0,029**
Signifikanztest basiert auf 10.000 zufälligen Permutationen mittels der Quadratic Assignment Procedure (QAP) * $p < 0,05$ ** $p < 0,01$			

Tab. 5-2: Multiplexität und Korrelationskoeffizienten - BASF

Alle erhobenen Netzwerke sowie das konstruierte Netz der formalen Struktur wurden jeweils miteinander korreliert. Mit der QAP-Prozedur wurde das Signifikanzniveau der Er-

---

[7] Für eine eingehendere Auseinandersetzung mit den technischen Eigenschaften der QAP-Prozedur sei auf die Arbeit von Hubert/Schultz (1976) verwiesen. Krackhardt (1987b, 1988) leistet eine ausführliche Analyse des Verfahrens und vergleicht dieses mit alternativen Techniken. In einer jüngeren Arbeit hat Krackhardt (1992b) davor gewarnt, die p-Werte, die sich bei der QAP-Prozedur ergeben, analog zu parametrischen Tests zu interpretieren.

gebnisse auf Basis von jeweils 10.000 zufälligen Permutationen berechnet.[8] Die Korrelationskoeffizienten sind ebenfalls in Tabelle 5-2 eingetragen.

Betrachtet man die Multiplexität, fällt auf, dass die beiden Ressourcennetze Information und Unterstützung mit 80% einen hohen Grad an Übereinstimmung aufweisen, während das Netz der sozialen Beziehungen deutlicher von diesen abweicht. Dies wird durch die Korrelationskoeffizienten bestätigt. Die beiden Ressourcennetze sind mit 0,5 relativ hoch miteinander korreliert. Die Korrelation zwischen den Ressourcennetzen und dem Netz der sozialen Beziehungen ist zwar positiv, jedoch deutlich geringer. Alle Korrelationskoeffizienten zwischen den empirisch erhobenen Netzen sind signifikant. Die Koeffizienten zwischen den Ressourcennetzen sowie zwischen dem Unterstützungsnetz und dem Netz der sozialen Beziehungen sind sogar hoch signifikant, d.h. von den 10.000 permutierten Netzen führte keines zu einem höheren Korrelationskoeffizienten als die ursprünglichen Netze.

Die strukturelle Ähnlichkeit zwischen den beiden Ressourcennetzen sowie die geringe Ähnlichkeit zwischen den Ressourcennetzen und dem Netz der sozialen Beziehungen wird noch deutlicher, wenn man die quadrierten Koeffizienten betrachtet. Informations- und Unterstützungsnetz ließen sich jeweils auf Basis eines der beiden Netze gut vorhersagen (r^2=0,3). Mit den Ressourcennetzen lässt sich das Netz der sozialen Beziehungen hingegen nicht vorhersagen. Insofern wird die Hypothese, dass das Netz der sozialen Beziehungen strukturelle Ähnlichkeiten mit den Ressourcennetzen aufweist (H 2.5.2-B), eindeutig widerlegt. Offensichtlich hat die Gelegenheitsstruktur, die der Ressourcenfluss im Rahmen strategischer Entscheidungen bei der BASF schafft, keine oder nur sehr geringe Auswirkungen auf die Knüpfung von sozialen Beziehungen. Umgekehrt lässt sich auch kein Einfluss der sozialen Beziehungen auf die Netzwerke des Ressourcenflusses feststellen. Denkbar wäre in diesem Zusammenhang, dass der Einfluss zwischen Ressourcennetzen und dem Netz der sozialen Beziehungen, einen erheblichen Zeitversatz aufweist, d.h. dieser erst in einer späteren Periode wirksam wird. Die Überprüfung dieser Hypothese würde jedoch ein grundsätzlich anderes, als Längsschnittstudie angelegtes, Forschungsdesign erfordern.

Unter den in Bezug auf das konstruierte Netz der formalen Struktur geäußerten Vorbehalten lässt sich feststellen, dass die Ressourcennetze einen relativ hohen Grad an Übereinstimmung mit der formalen Struktur aufweisen, was die Korrelationskoeffizienten (0,3) betrifft. Ein r^2 von jeweils knapp 0,1 ist in diesem Fall ein relativ hoher Wert.[9] Die Koeffizienten zwischen den Ressourcennetzen und dem Netz der formalen Struktur sind jeweils hoch

---

[8] Die maximal mögliche Anzahl der Permutationen beträgt N!. Für die BASF ergeben sich 48! mögliche Permutationen. Grundsätzlich verbessert sich die Schätzung des Standardfehlers mit einer steigenden Anzahl von Permutationen.

[9] Dies ist vor dem Hintergrund zu werten, dass das konstruierte Netz der formalen Struktur, wie bereits erwähnt, von einem konkreten Beziehungsinhalt abstrahiert und sämtliche Interaktionen im Rahmen der strategischen Planung und Umsetzung der Strategien beinhaltet. Zudem wurde von symmetrischen Beziehungen ausgegangen. Die beiden Ressourcennetze hingegen weisen einen exakt definierten Beziehungsinhalt auf und beinhalten auch asymmetrische Beziehungen.

signifikant. Auf der Ebene des Gesamtnetzwerkes lässt sich vorläufig ein *fit* zwischen formaler und informeller Struktur feststellen. Die Korrelationskoeffizienten zwischen der formalen Struktur und dem Netz der sozialen Beziehungen sind hingegen äußerst gering und zu dem insignifikant. Die formale Struktur scheint keine Grundlage für die Entstehung sozialer Beziehungen darzustellen, oder es besteht auch hier der weiter oben vermutete zeitliche Versatz.

Der Vergleich formaler und informeller Strukturen, basierend auf dem konstruierten formalen Netz, soll jedoch aufgrund der in Abschnitt 4.4 erläuterten Probleme nur als erste deskriptive Analyse dienen. Das Netz wird hier hauptsächlich herangezogen, um eine visuelle Darstellung der formalen Struktur zu ermöglichen. Die Hypothesen bezüglich des Vorliegens einer Zentrum-Peripherie-Struktur werden im nächsten Abschnitt überprüft. Dazu werden zunächst die Positionen der Akteure in den Netzwerken graphisch abgebildet und betrachtet, inwiefern sich eine Zentrum-Peripherie-Struktur erkennen lässt. Da die visuelle Analyse zwar anschaulich, jedoch ungenau hinsichtlich des Ausmaßes des Zentrum-Peripherie-Gefälles ist, wird zudem anhand eines idealtypischen Zentrum-Peripherie-Modells berechnet, wie stark die empirisch beobachteten Netze damit übereinstimmen.

5.1.2 Zentrum-Peripherie-Strukturen bei der BASF

Die sogenannte Graphendarstellung von Netzwerkdaten ist aufgrund der einfachen Verarbeitung visueller Information, ein nützlicher Schritt einer Netzwerkanalyse. Dadurch wir es möglich, einen kompakten Überblick über die Struktur der Netzwerke zu vermitteln (vgl. Krempel 1994; Brandes et al. 1999: 75-76). Die Einheiten (Knoten) des Netzwerkes werden in einem zwei- oder dreidimensionalen Raum angeordnet sowie vorhandene Beziehungen durch Linien oder Pfeile (bei asymmetrischen Beziehungen) zwischen den Knoten kenntlich gemacht.[10] Bei Netzwerken ab einer bestimmten Größe und Dichte ist die Graphendarstellung jedoch unübersichtlich. Da die vorliegenden Netze jeweils eine große Anzahl von Akteuren und zudem hohe Dichten aufweisen, wird auf eine Graphendarstellung der Gesamtnetze, bei der sämtliche vorhandenen Beziehungen eingezeichnet werden, verzichtet und nur die Positionen der Akteure im zweidimensionalen Raum dargestellt.[11] Die Position der Akteure entspricht der Distanz derselben zueinander. Akteure, die sich direkt über Pfade der Länge eins erreichen können, werden nah zueinander angeordnet, während eine große (Pfad-) Distanz zwischen den Akteuren durch eine hohe räumliche Distanz veranschaulicht wird.

Eine ausgeprägte Zentrum-Peripherie-Struktur liegt vor, wenn sich im Inneren der Abbildung eine Gruppe von Akteuren befindet, die untereinander direkt verbunden sind (Zentrum) und die übrigen Akteure (Peripherie) sowohl in deutlicher Entfernung zum Zentrum als auch zueinander angesiedelt sind. Die Peripherie-Akteure können sich untereinander

---

[10] Die Abbildungen 2-1, 2-5 und 3-2 sind Beispiele für Netzwerke in Graphendarstellung.
[11] Das Informationsnetzwerk der BASF würde beispielsweise aus 48 Knoten bestehen, die über 771 Graphen (Beziehungen) miteinander verbunden wären. Die graphische Abbildung bestünde hier nur aus einem unübersichtlichen "Haufen" von Punkten und Linien.

nicht direkt, sondern nur indirekt über die Zentrums-Akteure erreichen (vgl. Borgatti/Everett 1999: 376-377). Dies impliziert, dass an der Peripherie keine Gruppen von direkt verbundenen Akteuren vorhanden sein sollten. Zwischen den Zentrums- und den Peripherie-Akteuren bestehen zwar Beziehungen, jedoch keine Vollstruktur. Wie in Abschnitt 4.4.1 erläutert, wird für die BASF erwartet, dass diese kein starkes Zentrum-Peripherie-Gefälle aufweist und auch in dieser Eigenschaft dem Idealbild eines "Netzwerkunternehmens" nahe kommt.

Um die räumliche Anordnung der Akteure vornehmen zu können wird bei der Graphendarstellung von Netzwerken häufig eine Multidimensionale Skalierung (MDS) durchgeführt (vgl. Laumann/Pappi 1976: 138-144; Schneider 1992; Knoke et al. 1996: 109-118). Da sich graphisch maximal drei Dimensionen anschaulich darstellen lassen, muss die Anzahl der Dimensionen von 48 auf zwei beziehungsweise drei reduziert werden. Die Distanzen im zwei- oder dreidimensionalen Raum sollen dabei den Distanzen im n-Dimensionalen Raum weitestgehend entsprechen.[12] Dazu wird für das Netz der formalen Struktur die Pfaddistanzmatrix berechnet und diese als Distanzmaß für eine MDS (Proxscal-Algorithmus) herangezogen. Die Pfaddistanzen werden als ordinale Variablen übergeben und eine nicht-metrische MDS berechnet (vgl. Borg/Groenen 1997: 432). Mit einem Stress von 0,13 liegt ein akzeptabler Wert für eine zweidimensionale Lösung vor, so dass von einer mehrdimensionalen Lösung abgesehen werden kann. Die Anordnung der Akteure im zweidimensionalen Raum ist in Abbildung 5-1 für die formale Struktur der BASF eingetragen. In den folgenden Abbildungen werden die einzelnen Einheiten anonymisiert. Es ist zwar zu erkennen um welche Kategorie es sich handelt (Vorstand, Unternehmensbereich, etc.), Rückschlüsse auf eine konkrete Einheit sind jedoch nicht möglich. Ferner ist die Zugehörigkeit zu Segmenten und Regionen ersichtlich.

Akteure, die sich im Zentrum der Abbildung befinden, können alle anderen Akteure gut, d.h. über Pfade mit geringer Länge, erreichen. Inhaltlich geht dies mit der koordinierenden Rolle einher, den diese für die gesamte Organisation spielen. Laumann/Pappi (1973: 219; 1976: 139) haben dies auch als "integrative centrality" bezeichnet. Akteure, die eher an der Peripherie angesiedelt sind, weisen insgesamt hohe Distanzen zu den übrigen Akteuren auf und sind für die Koordination im Rahmen der strategischen Entscheidungen auf der Ebene des gesamten Unternehmens weniger relevant.

In Abbildung 5-1 sind die mit der "3" gekennzeichneten, im umrandeten Bereich angesiedelten Einheiten nahe am Zentrum (innerhalb des inneren Kreises). Es handelt sich um Zentralbereiche, die bezogen auf strategische Entscheidungen wichtige Funktionen ausüben. Darunter fällt beispielsweise die Abteilung "Strategische Planung". Fast alle anderen Einheiten befinden sich außerhalb des inneren Kreises, was auf ein Zentrum-Peripherie-Gefälle hinweist. Auch an der Peripherie lassen sich Gruppen von Akteuren identifizieren, die unter-

---

[12] Für die technischen Eigenschaften der Multidimensionalen Skalierung vgl. Borg/Groenen (1997).

einander geringe Distanzen aufweisen, was wiederum der idealtypischen Zentrum-Peripherie-Struktur widerspricht.

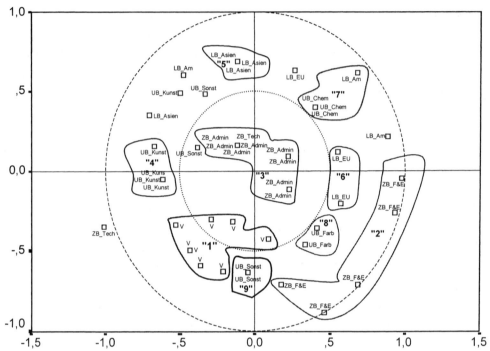

Abb. 5-1: Distanzen im Netz der formalen Organisationsstruktur – BASF

Der etwas weiter vom Zentrum entfernte Bereich "1" enthält sämtliche Vorstände. Von diesen befinden sich jedoch nur drei innerhalb des inneren Kreises. Die in Abschnitt 4.1.1 beschriebene formale Struktur und die Organisation der strategischen Planung spiegeln sich in der graphischen Abbildung wieder. Die Zentralbereiche im Bereich "3" spielen eine wichtige Rolle bei der Informationsgewinnung und Aggregation im Rahmen der strategischen Planung und leisten Unterstützung bei der Umsetzung der Pläne. Die Vorstände stützen sich gemäß der formalen Struktur auf die Dienstleistungen dieser Zentralbereiche und sind daher nicht im Zentrum der Abbildung angesiedelt. Dies geht mit einer zeitlichen Entlastung der Vorstände einher, da diese dadurch keine (zeitintensiven) direkten Beziehungen zu sämtlichen Einheiten der Gruppe pflegen müssen.

Neben den Vorständen und den für die strategische Planung wichtigsten Zentralbereichen lassen sich noch weitere "Regionen" in der Abbildung identifizieren, die alle an der Peripherie angesiedelt sind. Der Bereich "4" enthält die Einheiten aus dem Kunststoffsegment, der Bereich "8" die aus dem Farbsegment und der Bereich "9" die beiden Unternehmensbereiche aus dem Segment "Gesundheit & Ernährung". Auch die Unternehmensbereiche aus dem Chemikaliensegment "7" sind nahe zueinander angeordnet. Ebenso lassen sich bei den Länderbereichen Regionen ausmachen. Die für die asiatischen Märkte zuständigen Einheiten ("5") sind in unmittelbarer Nähe zueinander positioniert. Von den europäischen Bereichen sind jedoch nur zwei räumlich nah zueinander angeordnet ("6"), während der dritte Länderbereich eine deutliche Distanz zu diesen aufweist. Abgesehen vom einem Unternehmensbereich sind sämtliche Unternehmens- und Länderbereiche außerhalb des inneren, jedoch innerhalb des äußeren Kreises positioniert. Die beiden mit der Umsetzung von Strategien befassten Matrixstellen nehmen in der formalen Struktur keine Positionen ein, die mit einer koordinierenden Rolle einhergehen. Wenig in die Netzwerke integriert und daher in der Abbildung an der Peripherie angeordnet sind die schwerpunktmäßig mit der Forschung befassten Zentralbereiche ("2"). Diese weisen auch untereinander z.T. größere Distanzen auf.

Die auf der formalen Struktur basierende räumliche Anordnung beinhaltet nur wenige Einheiten, deren Position keine Zuordnung zu einem Segment, einer geographischen Region oder einer Funktion erkennen lässt.

Die empirisch erhobenen Ressourcennetze lassen sich ebenfalls graphisch darstellen und können mit dem Netz der formalen Struktur verglichen werden. Allerdings müssen die Netze für die Berechnung einer MDS-Lösung zunächst symmetrisiert werden. Dazu wurde jeweils der Mittelwert der Pfaddistanzen zwischen den Akteuren berechnet.[13] Da die beiden Ressourcennetze, wie gezeigt wurde, strukturell sehr ähnlich sind, wurden die Pfaddistanzmatrizen derselben addiert, so dass eine graphische Abbildung für beide Ressourcennetze gemeinsam möglich ist. Die beiden Pfaddistanzmatrizen gehen gleichgewichtig in die gemeinsame Pfaddistanzmatrix ein.[14] Auch hier wird mit 0,1093 ein guter Stresswert für eine zweidimensionale Lösung erzielt, die in Abbildung 5-2 dargestellt ist.

Die bereits aufgrund der Korrelationskoeffizienten vermutete Übereinstimmung der formalen Struktur mit den Ressourcennetzen lässt sich auch beim visuellen Vergleich der formalen Struktur mit den tatsächlichen Netzen des Ressourcenflusses deutlich erkennen. Bis auf die Segmente "Farben" und "Gesundheit & Ernährung" ("8" und "9" in Abbildung 5-1) lassen

---

[13] Aufgrund des asymmetrischen Charakters der Netzwerke kann es vorkommen, dass ein Akteur A von einem Akteur B direkt (Pfaddistanz=1) Informationen bezieht, Akteur B aber nur indirekt (Pfaddistanz >1) von Akteur A Informationen erhalten kann. Die MDS-Algorithmen benötigen jedoch in der Regel symmetrische Distanzen. In diesem Fall ist es notwendig, auf die in den asymmetrischen Daten enthaltenen Informationen zu verzichten.
[14] Eine weitere Möglichkeit, die Pfaddistanzmatrizen zusammenzufassen, wäre die Berechnung von Durchschnittswerten. Die Addition der Pfaddistanzmatrizen hat jedoch den positiven Nebeneffekt, dass sich die Differenz zwischen maximaler und minimaler Pfaddistanz im Vergleich zur Durchschnittsbildung vergrößert, was zu besseren Lösungen führt.

sich bei den informellen Netzen weitgehend identische Bereiche ("1" bis "7") beobachten. Auch hier sind sowohl die Vorstände ("1") als auch die für die strategische Planung besonders wichtigen Zentralbereiche ("3") jeweils nahe zueinander positioniert. Abweichend von der formalen Struktur sind die Vorstände in den informellen Netzen näher am Zentrum der Abbildung und können alle übrigen Einheiten über kurze Pfade erreichen.

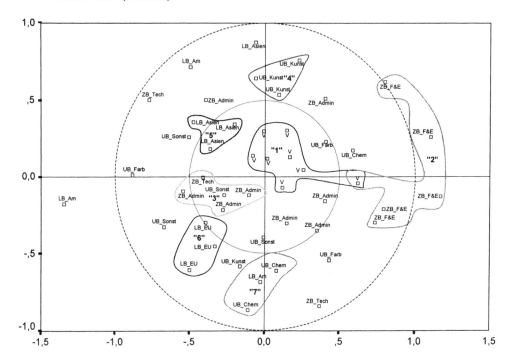

Abb. 5-2: Distanzen in den Netzen Information und Unterstützung - BASF

Das Zentrum der Netze besteht aus den Zentralbereichen und den Vorständen. Die Informationsbeschaffung und -Aufbereitung im Rahmen strategischer Entscheidungen sowie die Unterstützung bei der Umsetzung der strategischen Pläne wird offensichtlich weniger stark von den Vorständen an die Zentralbereiche delegiert als formal vorgesehen. Auffällig ist in den Ressourcennetzen auch, dass eines der Vorstandsmitglieder etwas weiter entfernt von den übrigen Vorständen, jedoch relativ nahe bei den Forschungslaboratorien angesiedelt ist.

Trotz des hohen Grades an Übereinstimmung von formaler Struktur mit den tatsächlichen Netzwerken des Ressourcenflusses lassen sich auf der Ebene der einzelnen Akteure eine Reihe von weiteren "Ausreißern" beobachten, die aber nicht im einzelnen besprochen werden sollen. So ist beispielsweise ein europäischer Länderbereich, der in der formalen Struktur in deutlicher Entfernung von den übrigen europäischen Länderbereichen angeordnet war, in den Ressourcennetzen nahe zu diesen positioniert ("6"). Zudem scheint die Zentrum-Peripherie-Struktur bei den Ressourcennetzen weniger ausgeprägt zu sein als beim formalen Netz. Die Trennung in zentrale und periphere Akteure fällt weniger deutlich aus und die Zentrums-Akteure weisen auch untereinander relativ große Distanzen auf.

Die Anordnung von Akteuren an der Peripherie ergibt sich aus einer geringen Einbettung in die Netze und lässt sich auch inhaltlich erklären.[15] Was die Unternehmensbereiche betrifft, sind dies die wenig in den Produktionsverbund integrierten Bereiche. Allerdings lässt sich nicht die Aussage treffen, dass diese auch wirtschaftlich eine Nebenrolle für das Unternehmen spielen. Bei den peripheren Länderbereichen hingegen handelt es sich um geographisch isolierte oder wirtschaftlich eher unbedeutende Regionen. Die in den Ressourcennetzen peripheren Zentralbereiche spielen auch formal für strategische Entscheidungen eine wenig wichtige Rolle.

Während das Multiplexitätsmaß sowie die Korrelationskoeffizienten für die formale Struktur und die Ressourcennetze auf eine ausgeprägte strukturelle Ähnlichkeit hingewiesen haben, ergab sich eine deutliche Abweichung von Ressourcennetzen und formaler Struktur auf der einen und dem Netz der sozialen Beziehungen auf der anderen Seite (vgl. Tabelle 5-2). Die Hypothese, dass das Netz der sozialen Beziehungen den Ressourcennetzen ähnelt, wird widerlegt. Visuell lässt sich dies in Abbildung 5-3 nachvollziehen, in der die räumliche Anordnung der Akteure für das Netz der sozialen Beziehungen gezeigt wird. Es wurde ebenfalls eine zweidimensionale Lösung berechnet (Stress = 0,1154).

Die graphische Darstellung des Netzes der sozialen Beziehungen weist nur sehr geringe Gemeinsamkeiten mit der Darstellung der Ressourcennetze und der formalen Struktur auf. Abgrenzbare Bereiche können kaum identifiziert werden. Die strukturelle Unähnlichkeit ist auch daran erkennbar, dass Einheiten, die in den Ressourcennetzen peripher angeordnet sind, im Netz der sozialen Beziehungen zentrale Positionen besetzen. Eine deutliche Zentrum-Peripherie-Struktur scheint nicht vorzuliegen. Sowohl die Einheiten im Zentrum als auch die an der Peripherie sind jeweils relativ weit voneinander entfernt.

Eine abgrenzbare Gruppe bilden bestenfalls die Vorstände ("1"), die auch im Netz der sozialen Beziehungen relativ nahe zueinander angeordnet sind, sowie die Bereiche aus dem Kunststoffsegment ("4"). Die Mehrzahl der Vorstände ist nicht in unmittelbarer Nähe zum Zentrum der Abbildung positioniert. Die Vorstände halten eine gewisse "soziale" Distanz zu den übrigen Akteuren der BASF Gruppe. Da es sich bei den sozialen Beziehungen eher um Beziehungen zwischen Personen und weniger um Beziehungen zwischen organisatorischen Einheiten handelt, könnte dies ein Hinweis auf einen vorherrschenden "bürokratischen" Füh-

---

[15] Versucht man jedoch die Anordnung der Akteure auf den beiden Achsen zu interpretieren, lassen sich für diese keine inhaltlichen Muster, wie beispielsweise eine geographische Dimension, erkennen.

rungsstil sein, bei dem persönliche Beziehungen im Gegensatz zur fachbezogenen Kompetenz eine untergeordnete Rolle spielen (vgl. Berthel 1988: 54-55).

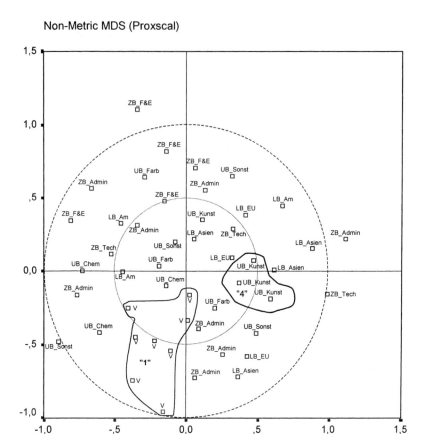

Abb. 5-3: Distanzen im Netz der sozialen Beziehungen - BASF

Die graphische Darstellung der Distanzen zwischen den Akteuren hat sich bereits mehrfach bei der Untersuchung von Netzwerken allgemein und speziell in Bezug auf Zentrum-Peripherie-Strukturen bewährt (vgl. Laumann/Pappi 1976: 138-144; Laumann/Knoke 1987: 229-248; Heinz et al. 1993: 196-198; Barsky 1999: 25). Die visuelle Analyse ist jedoch zu ungenau, um das exakte Ausmaß des Zentrum-Peripherie-Gefälles festzustellen, wenn mehrere Netzwerke miteinander verglichen werden sollen. Der Vorgehensweise von Borgatti/ Everett (1999) folgend, wird daher ein idealtypisches Modell eines Zentrum-Peripherie-Netzwerkes spezifiziert und überprüft, wie stark die tatsächlichen Netze damit übereinstimmen. Im Modell wird zwischen zwei Gruppen (Blöcken) von Akteuren unterschieden. Die Zentrum-Akteure und die Peripherie-Akteure unterscheiden sich durch ihre strukturelle Einbettung voneinander. Angenommen wird, dass die Zentrum-Akteure untereinander eine Vollstruktur (Dichte=1) aufweisen, während die Peripherie-Akteure untereinander unverbunden sind (Dichte=0). Schwieriger ist es, Annahmen über die Dichte zwischen Zentrum und Peripherie zu treffen. Diese liegt irgendwo im Bereich zwischen Null und Eins. Beim Vergleich der Modellstruktur mit den Netzwerken werden die Beziehungen zwischen Zentrum und Peripherie daher als "*missing*" betrachtet und nur Dichten innerhalb des Zentrums und innerhalb der Peripherie verglichen (vgl. Borgatti/Everett 1999: 383). Das idealtypische Zentrum-Peripherie-Modell ist in Abbildung 5-4 zusammengefasst.

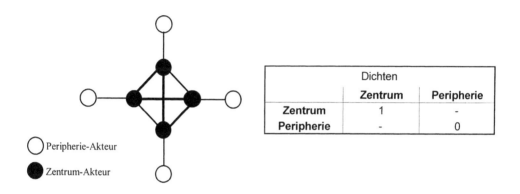

Abb. 5-4: Zentrum-Peripherie-Modell
Quelle: Eigene Darstellung

Die Überprüfung der Zentrum-Peripherie-Struktur erfolgt auf Basis von Korrelationen zwischen den erhobenen Netzen und dem idealtypischen Modellnetz. In einem iterativen Verfahren werden die empirisch beobachteten Netze permutiert und jeweils in zwei Gruppen eingeteilt. Das umgruppierte Netz wird mit dem Modellnetz verglichen. Dieser Vorgang wird solange wiederholt, bis sich eine Lösung ergibt, bei der die höchste Übereinstimmung (Korrelation) mit dem Modell erreicht wird (vgl. Borgatti/Everett 1999: 381). Diese Lösung ist für die Netze der BASF in Tabelle 5-3 eingetragen.[16]

---

[16] Aus technischen Gründen konnte der Modelltest für das Netz der formalen Struktur nicht durchgeführt werden. Aufgrund der hohen Dichte von knapp 60% wurden auch nach mehreren Iterationen mit unterschiedlichen Startkonfigurationen nur degenerierte Lösungen erzielt. Dabei befanden sich jeweils nur zwei bis drei Einheiten an der Peripherie, während die übrigen Akteure dem Zentrum zugeordnet wurden. Der *fit* (Korrelationskoeffizient) lag bei ca. 0,08.

Netz	Modell-*fit* (Korrelation)	Anteil der Akteure im Zentrum (in % je Kategorie)			
		Vorstände	Unternehmensbereiche	Länderbereiche	Zentralbereiche
Information	0,470	87,5%	28,6%	40,0%	50,0%
Unterstützung	0,503	100,0%	21,4%	30,0%	31,3%
Soziale Beziehungen	0,556	87,5%	50,0%	40,0%	18,8%
Formale Struktur	-	-	-	-	-

Tab. 5-3: Zentrum-Peripherie-Struktur bei der BASF

Die Korrelationskoeffizienten weisen für alle erhobenen Netze auf ein deutliches Zentrum-Peripherie-Gefälle hin. Dies gilt besonders, wenn man berücksichtigt, dass das Modell nur zwischen zwei Akteursgruppen (Blöcken) unterscheidet und die Wahrscheinlichkeit, dass empirische Netze der gegebenen Größe exakt mit dem Modell übereinstimmen, äußerst gering ist. Entgegen der im Rahmen der visuellen Analyse geäußerten Vermutung ist die Zentrum-Peripherie-Struktur beim Netz der sozialen Beziehungen sogar am stärksten ausgeprägt.

Die Ausprägung des Gefälles allein gibt noch keinen Aufschluss darüber, welche Einheiten sich im Zentrum und welche sich an der Peripherie befinden. In Tabelle 5-3 sind daher neben den Korrelationskoeffizienten die Anteile je Kategorie von Organisationseinheiten angegeben, die sich jeweils im Zentrum des Netzes befinden. Es zeigt sich, dass in allen drei erhobenen Netzen das Zentrum-Peripherie-Gefälle der hierarchischen Struktur folgt. Die Vorstände befinden sich fast vollständig im Zentrum-Block. Von den Akteuren der zweiten Hierarchieebene sind es demgegenüber maximal 50%, die sich im Zentrum befinden.

Insgesamt haben die bisherigen Analysen der Netzwerke der BASF ergeben, dass sich die formale Organisationsstruktur deutlich in den Ressourcennetzen wiederspiegelt, während dies für das Netz der sozialen Beziehungen nicht der Fall ist. Zudem lassen sich, den Idealtypen der Matrixorganisation und des "Netzwerkunternehmens" entsprechend, bei den empirisch erhobenen Netzen hohe Dichten beobachten. Die überwiegende Zahl der Einheiten ist über direkte oder indirekte Beziehungen mit kurzen Pfaddistanzen verbunden. Den postulierten Hypothesen widersprechend, weisen die Netze ein Zentrum-Peripherie-Gefälle auf, das der hierarchischen Position der Einheiten entspricht. Das bedeutet auch, dass die Ressourcen nicht gleich stark zwischen allen Einheiten fließen, sondern dass (Gruppen von) Akteure(n) unterschiedlich in die Netzwerke eingebunden sind, d.h. unterschiedlichen Zugang zu Anbietern und Nachfragern haben. Dies könnte ein Hinweis auf das Vorliegen von Zugangsbarrieren und damit einhergehenden Transaktionskosten sein und somit ebenfalls im Widerspruch zu den postulierten Eigenschaften eines "Netzwerkunternehmens" stehen. Im nächsten Abschnitt werden die Muster der Ressourcenflüsse differenzierter betrachtet und die abgeleiteten Strukturhypothesen in Bezug auf die Ressourcenflüsse überprüft.

5.1.3 Muster der Ressourcenflüsse: Eine Blockmodellanalyse

Das Ausmaß, in dem die Organisationseinheiten in den Netzen untereinander verbunden sind, wird, wie mehrfach erwähnt, anhand der Netzwerkdichte gemessen. Ebenfalls hervorgehoben wurde das Problem, welches beim Vergleich der Dichten von Netzwerken unterschiedlichen Inhalts sowie stark unterschiedlicher Größe (Akteurszahl) auftritt (vgl. Scott 1991: 77). Im vorliegenden Fall lässt sich dieser Vergleich rechtfertigen, da sowohl die inhaltliche Verschiedenheit der Netze (Information, Unterstützung, soziale Beziehungen) als auch die Abweichung der Größe der Netze beider Unternehmen (n=48 zu n=63) moderat ausfällt. Das gilt auch für die Analyse der Dichten zwischen einzelnen Partitionen innerhalb eines Netzwerks. Die Größe der Akteursgruppen (Vorstände, Unternehmensbereiche, etc.) variiert ebenfalls in vertretbaren Grenzen.

Um die Netzwerke auf übergeordnete Muster zu reduzieren, wurden die Strukturhypothesen in den Abschnitten 2.5. und 4.4 nicht wie bei dem konstruierten Netz der formalen Struktur auf der Ebene einzelner Dyaden abgeleitet. Die Hypothesen beziehen sich auf die Muster der Beziehungen zwischen Gruppen von Akteuren. In der Netzwerkanalyse wird diese Vorgehensweise als "Blockmodellanalyse" bezeichnet und die einzelnen Gruppen von Akteuren als "Blöcke" (vgl. White et al. 1976: 739-740). Das Blockmodell besteht aus Hypothesen über vorhandene und nicht vorhandene Beziehungen zwischen den Blöcken; im vorliegenden Fall über hohe und niedrige Dichten zwischen den organisatorischen Einheiten. Im vorherigen Abschnitt waren dies beispielsweise die Beziehungen zwischen den Zentrum- und den Peripherie-Akteuren. Da es im folgenden um die Überprüfung des *fits* zwischen formaler und informeller Struktur geht, entsprechen die Blöcke den jeweiligen formalen Kategorien der organisatorischen Einheiten. Das bedeutet, die Zuordnung der Einheiten zu den Blöcken wird vorgegeben und überprüft, inwiefern sich diese Zuordnung auch empirisch rechtfertigen lässt. Es wird davon ausgegangen, dass die Einheiten innerhalb eines Blocks identische Beziehungsmuster zu den übrigen Blöcken aufweisen. Man spricht in diesem Zusammenhang von "struktureller Äquivalenz" (vgl. Lorrain/White 1971: 63; Sailer 1978: 75-76; Faust 1988: 315-316). Strukturell äquivalente Akteure besetzen die gleichen Positionen im Netzwerk, da sie die gleichen Beziehungen zu den anderen Positionen in dem betrachteten System aufweisen. Für die Unternehmensbereiche wurde beispielsweise postuliert, dass sie die gleichen Positionen besetzen, da sie über gleiche Rollenbeziehungen (Informations- und Unterstützungstransfers) zu den übrigen Positionen (Vorstand, Länderbereich, Zentralbereich) verfügen. Allerdings ist es in empirischen Netzwerken unwahrscheinlich, dass zwei oder mehr Akteure exakt identische Beziehungsmuster aufweisen.[17] So wurde z.B. gerade für die Länderbereiche angenommen, dass diese im Rahmen der strategischen Planung Informationen nicht mit allen Vor-

---

[17] Zwei Akteure A und B sind in engem Sinne nur dann strukturell äquivalent, wenn sie absolut identische Beziehungen zu den übrigen Akteuren im Netzwerk unterhalten, d.h. die Einträge in den entsprechenden Zeilen und Spalten der Netzwerkmatrizen weisen keinerlei Abweichungen auf.

standsmitgliedern, sondern nur mit dem, welches das eigene Ressort leitet, austauschen. Die Ressortleiter besetzen zwar die gleiche Position im Netzwerk, sind aber nicht identisch. Bei der Blockmodellanalyse behilft man sich daher in der Regel mit einem Kriterium der abgeschwächten Äquivalenz. Blockbildend sind insbesondere sogenannte Nullblöcke, also nicht vorhandene Beziehungen zwischen den Einheiten (vgl. White et al. 1976: 739; Kappelhoff 1987: 105-106). Für die Länderbereiche wären dies die nicht vorhandenen Beziehungen zu den Vorstandsmitgliedern, welche die "fremden" Ressorts leiten.

Um die berechneten Netzwerkdichten zwischen den Einheiten auf die im Rahmen der Hypothesen postulierte dichotome Ausprägung "niedrig" und "hoch" zu reduzieren, wird der *mean-split* gewählt. Dichten, die unter der durchschnittlichen Dichte des Gesamtnetzwerkes liegen, werden auf null, Dichten, die darüber liegen, auf eins gesetzt. Dies impliziert inhaltlich, dass die Dichten zwischen Einheiten, die überdurchschnittlich stark miteinander verbunden sind, als hoch bezeichnet werden.[18]

In Tabelle 5-4 sind die empirisch beobachteten Dichten für das Informationsnetzwerk der BASF in der dichotomisierten Form eingetragen. Entspricht die theoretisch postulierte Dichte der tatsächlich beobachteten, ist der betreffende Zelleintrag fett gedruckt. In diesem Fall wird die Strukturhypothese bestätigt, d.h. es liegt ein *fit* zwischen formaler und informeller Struktur vor.

INFORMATION		SENDER			
		Vorstand	Unternehmens-bereiche	Länder-bereiche	Zentral-bereiche
EMPFÄNGER	Vorstand	**1**	**1**	0 / **1**	**1**
	Unternehmensbereiche	0	0 / *0*	**1**	**1**
	Länderbereiche	0 / *1*	**1**	**0**	**0**
	Zentralbereiche	**1**	**1**	**0**	**1**

kursiv = ressort-/segmentintern

Tab. 5-4: Netzwerkdichten Informationsnetz - BASF

Für das Informationsnetzwerk lässt sich festhalten, dass mit sechzehn von neunzehn einzelnen Strukturhypothesen die deutliche Mehrzahl zutrifft, so dass insgesamt von einer Bestätigung der Hypothesen in Bezug auf das Informationsnetzwerk gesprochen werden kann. Dies bedeutet, dass das tatsächliche (informelle) Informationsnetzwerk ein *fit*-Verhältnis mit der formalen Struktur aufweist. Geringe Abweichungen von der formalen

---

[18] Für die Festlegung dieses *cutoff*-Kriteriums existiert kein allgemein gültiger Wert. Es liegt im Ermessensspielraum des Forschers, ab wann von hohen und ab wann von niedrigen Dichten auszugehen ist. In theoretischen Arbeiten zur Blockmodellanalyse sowie empirischen Studien wurde häufig die durchschnittliche Dichte des Gesamtnetzwerkes als *cutoff*-Kriterium vorgeschlagen (vgl. White et al. 1976: 751; Kappelhoff 1987: 107-109; Lincoln 1992: 127; Henning/Wald 2000: 667-670).

Struktur ergeben sich beim Informationsfluss von den Vorständen an die Unternehmensbereiche, der entgegen der Erwartung niedrig ist. Die Unternehmensbereiche beziehen Informationen vom Vorstand primär über das dem jeweiligen Ressort vorstehende Mitglied, so dass sich insgesamt niedrige Dichten ergeben. Ebenfalls korrigiert werden muss die Hypothese, dass Unternehmensbereiche innerhalb der einzelnen Segmente (Ressorts) überdurchschnittlich viel Information austauschen. Die Notwendigkeit einer direkten segmentinternen Abstimmung zwischen den Unternehmensbereichen scheint insgesamt in Bezug auf strategische Entscheidungen nicht gegeben zu sein. Zudem tauschen entgegen der Erwartung auch die Zentralbereiche untereinander überdurchschnittlich viel Information. Alle übrigen, auf das Informationsnetz bezogenen Hypothesen wurden bestätigt.

Analog zum Informationsnetz sind in Tabelle 5-5 die beobachteten Dichten des Unterstützungsnetzes zwischen den Einheiten der BASF eingetragen. Auch hier kann insgesamt von einer deutlichen Bestätigung der Strukturhypothesen gesprochen werden. Für das Netz der Unterstützung liegt ebenfalls ein *fit* von formaler und informeller Struktur vor. Die einzige Abweichung zur hypothetisch vermuteten Struktur ist bei der gegenseitigen Unterstützung zwischen den Vorständen und den Länderbereichen festzustellen. Diese beschränkt sich nicht nur, wie vermutet wurde, auf Unterstützungsverhältnisse zwischen den Länderbereichen und den jeweils für die betreffenden Ressorts zuständigen Vorstandsmitgliedern.

UNTERSTÜTZUNG		SENDER			
		Vorstand	Unternehmens-bereiche	Länder-bereiche	Zentral-bereiche
EMPFÄNGER	Vorstand	1	1	1 / *1*	1
	Unternehmensbereiche	1	0 / *1*	1	1
	Länderbereiche	1 / *1*	1	0	1
	Zentralbereiche	1	0	0	0

kursiv = ressort-/segmentintern

Tab. 5-5: Netzwerkdichten Unterstützungsnetz - BASF

Insgesamt kann für beide Ressourcennetzwerke eine Bestätigung der Strukturhypothesen und somit das Vorliegen eines *fits* zwischen formaler und informeller Struktur festgestellt werden. Allerdings wurden sowohl die Hypothesen als auch die Überprüfung derselben, auf einer Dichotomisierung der Dichten basierend, vorgenommen, was möglicherweise ein zu grobes Raster darstellt. Dies wäre insbesondere bei geringer Streuung der einzelnen Dichten um die Gesamtdichte der Fall. Inhaltlich würde dies bedeuten, dass die Hypothesen, die als "hoch" und "niedrig" formuliert wurden, als bestätigt betrachtet werden, wenn empirisch "leicht überdurchschnittlich" und "leicht unterdurchschnittlich" beobachtet wird. Es soll daher etwas näher betrachtet werden, wie eindeutig die Bestätigung der Hypothesen ausfällt.

Bei der gewählten Vorgehensweise wurde die Blockung, d.h. die Zuordnung der Einheiten zu den Blöcken vorgegeben. Im Gegensatz dazu wird diese in einer Vielzahl von Anwendungen in der Literatur empirisch aus den Netzwerken ermittelt (vgl. Kriesi 1980: 347ff.; Gerlach 1992: 121-124; Henning/Wald 2000: 663-671; Vanhaverbeke/Noorderhaven 2001: 19; Nelson 2001: 810-815). Sogenannte rollenzentrierte Verfahren fassen die Einheiten derart zusammen, dass die berechnete Lösung möglichst gut in Nullblöcke sowie Blöcke mit maximaler Dichte (Einsblöcke) trennt. Der COBLOC-Algorithmus beispielsweise optimiert dazu einen Anpassungsindex (*b-fit*), der die Güte der Trennung in Null- und Einsblöcke misst. Die Güte wird um so besser, je stärker die Dichten der Nullblöcke und der Einsblöcke von der durchschnittlichen Dichte des gesamten Netzwerkes abweichen. Der *b-fit* wird eins, wenn die Dichte aller dichten Blöcke eins ist, und null, wenn alle Blöcke die durchschnittliche Dichte des gesamten Netzwerkes aufweisen (vgl. Carrington et al. 1979/80: 226-233; Carrington/Heil 1981: 108-111; Kappelhoff 1987: 116-117).[19]

Bei der vorgegebenen Blockung wird für das Informationsnetz ein *b-fit* von 0,09 und für das Unterstützungsnetz von 0,13 erzielt.[20] Dies erscheint auf den ersten Blick ein enttäuschendes Ergebnis zu sein, ist aber in Anbetracht der geringen Anzahl von Blöcken sowie der Begebenheit, dass die Blocklösung allein aus theoretischen Erwägungen vorgegeben und nicht empirisch gefunden wurde, verständlich. Durch Erhöhung der Blockzahl ist grundsätzlich ein besserer *b-fit* zu erzielen. Aufgrund mangelnder Vergleichswerte lässt sich für die vorliegenden Werte nicht eindeutig sagen, ob es sich um ein gutes oder schlechtes Ergebnis handelt (vgl. Pappi et al. 1987: 703-704). Das Ergebnis kann aber dahingehend interpretiert werden, dass die gemäß der formalen Struktur zusammengefassten Einheiten auf dieser Blockungsstufe zumindest keine besonders ausgeprägte Trennung in Null- und Einsblöcke aufweisen.

Um zu überprüfen, ob sich identische bzw. ähnliche Blocklösungen ergeben, wenn diese nicht vorgegeben sondern empirisch ermittelt werden, wird im folgenden eine weitere Blockmodellanalyse durchgeführt. Im Gegensatz zu rollenzentrierten Verfahren, welche die Trennung in Null- und Einsblöcke optimieren, kommt der CONCOR-Algorithmus zum Einsatz, der als positionszentriertes Verfahren die strukturelle Äquivalenz von Akteuren auf Basis von Korrelationen zwischen den Zeilen und/oder Spalten der Netzwerkmatrix feststellt. In einem iterativen Prozess werden im ersten Schritt die Zeilen/Spalten der ursprünglichen Be-

---

[19] Der *b-fit* wird wie folgt berechnet:

$$b = \sum_{i}^{c} \left[\left\langle (o_i - e)^2 s_i \right\rangle / \left\langle et_i \right\rangle^2 v \right]$$

Dabei entspricht c der Anzahl der Blöcke und o der Dichte im Block i. e steht für die Dichte des gesamten Netzes, s gibt die Anzahl der Elemente in Block i und v die Anzahl der Elemente der Matrix insgesamt an. t = 1 wenn o<e (Nullblöcke) und t=(1-e)/e wenn o>e (vgl. Carrington et al. 1979/80: 227).

[20] Aus technischen Gründen wurden bei der Berechnung des *b-fits* nur die Blöcke berücksichtigt, die sich jeweils auf die gesamten Akteure einer Kategorie (z.B. Unternehmensbereiche) beziehen. Die (Unter-)Blöcke mit den ressortinternen Beziehungen (z.B. Vorstand-Länderbereich) wurden ausgeklammert.

ziehungsmatrix korreliert (Pearsons r). Die Zeilen/Spalten der dadurch entstandenen Matrix, die die Korrelationskoeffizienten enthält, werden in weiteren Schritten erneut miteinander korreliert. Nach einer gewissen Anzahl von Iterationen konvergieren die Korrelationskoeffizienten gegen +1 und gegen -1. Es werden jeweils die Einheiten zu Blöcken zusammengefasst, deren Korrelationskoeffizienten zueinander gegen +1 und deren Korrelationskoeffizienten zu den Einheiten der übrigen Blöcke gegen -1 konvergieren. CONCOR ist ein hierarchisch divisives Verfahren, bei dem die Zuordnung zu Blöcken nach jeder Iteration verfeinert wird, d.h. die Anzahl der Blöcke nimmt mit der Anzahl der Iterationen zu.[21] Die Anzahl der letztendlich zu bestimmenden Blöcke muss ebenso wie eine Anfangspartition nicht vorgegeben werden. Der Forscher muss die Prozedur in Abhängigkeit von der Fragestellung und im Hinblick auf die Interpretierbarkeit an geeigneter Stelle abbrechen (vgl. Kappelhoff 1987: 115-116). Im Extremfall, wenn jeder Block nur mit einem einzigen Akteur besetzt ist, entspricht die CONCOR-Lösung der Lösung eines rollenorientierten Verfahrens, bei dem die Trennung in Null- und Einsblöcke optimiert wird. In diesem Fall wären die Korrelationskoeffizienten ebenfalls innerhalb eines Blockes +1 und zwischen den Blöcken -1. Allerdings konvergieren die Korrelationskoeffizienten in der Regel früher, d.h. es werden jeweils mehrere Akteure zu einem Block zusammengefasst. Diese können, müssen aber nicht, Null- und Einsdichten zu den übrigen Blöcken aufweisen.

Für die Anwendung von CONCOR stellt sich die Frage, ob die strukturelle Äquivalenz auf Basis der eingehenden oder ausgehenden Ressourcenflüsse berechnet werden soll, d.h. ob die Akteure aufgrund äquivalenter Angebots- oder Nachfragestrukturen zusammengefasst werden.[22] Je stärker der Grad der Asymmetrie der Netze, desto deutlicher unterscheiden sich die jeweiligen Lösungen. Für die vorliegenden Ressourcennetze werden die Akteure aufgrund strukturell äquivalenter Nachfragestrukturen zu Blöcken zusammengefasst, was gemäß der Codierung der Netzwerkdaten technisch einer Zeilenlösung entspricht. Die Wahl der Nachfragestrukturen erfolgt vor dem Hintergrund der Logik des Tauschmodells. Im Modell von Henning wird, wie in Abschnitt 3.2.2 ausgeführt wurde, die Höhe der Transaktionskosten in Abhängigkeit von der strukturellen Einbettung der Akteure bestimmt. Für die einzelnen Marktsegmente wird angenommen, dass die darin enthaltenen Akteure identische Nachfragestrukturen aufweisen. Dies könnte beispielsweise bedeuten, dass ein Segment von Akteuren gebildet wird, die nur wenige Ressourcenlieferanten haben und ein anderes Segment Akteure beinhaltet, die von vielen Akteuren beliefert werden. Angenommen wird, dass die Transakti-

---

[21] Die Bezeichnung CONCOR leitet sich aus "*CONvergence of iterated CORrelations*" her. Die formalen Eigenschaften des Verfahrens sind allerdings bislang nicht eindeutig nachvollzogen worden. Insbesondere ist unklar, warum die Zeilen-/Spaltenkorrelationen schließlich gegen +1 und -1 konvergieren. Daneben ist CONCOR für Netzwerke ungeeignet, die in eine Vielzahl einzelner Komponenten zerfallen (vgl. Salier 1978: 77f.; Scott 1991: 134-139; Wasserman/Faust 1994: 380-381). Dieser Kritikpunkt kann jedoch für die vorliegenden Daten vernachlässigt werden.
[22] Grundsätzlich besteht auch die Möglichkeit einer gemeinsamen Spalten- und Zeilenlösung.

onskosten zu den einzelnen Segmenten unterschiedlich hoch sind, während die Transaktionskosten zu den Einheiten innerhalb eines Segmentes identisch sind. Die CONCOR-Lösung mit strukturell äquivalenten Nachfragern ermöglicht nun gerade die Identifikation dieser Akteure, wobei die Blöcke den einzelnen Segmenten entsprechen. Ein Vorteil von CONCOR ist, dass mehrere Netzwerke gleichzeitig berücksichtigt werden können, indem diese untereinander (Spaltenkorrelation) oder nebeneinander (Zeilenkorrelation) gehängt werden. Dadurch ist es möglich, mehrere Netze auf eine gemeinsame, übergeordnete "Makrostruktur" zu reduzieren. In der folgenden Anwendung wird eine gemeinsame Lösung für die beiden Ressourcennetze Information und Unterstützung berechnet.

Der CONCOR-Algorithmus führt zu einer Lösung mit insgesamt 21 Blöcken. Diese Anzahl von Blöcken ist jedoch für eine inhaltliche Interpretation der Lösung deutlich zu hoch. Das Verfahren wird daher bereits bei einer Sechs-Block-Lösung abgebrochen. Die Blockgrößen variieren hier zwischen vier und zwölf Einheiten. Die Zuordnung zu den Blöcken ist in Tabelle 5-6 eingetragen.

In den Ergebnissen der Blockmodellanalyse lässt sich eine übergeordnete Makrostruktur sowie, etwas weniger deutlich, ein weiteres Strukturmuster erkennen. Dominierend ist die Zuordnung zu den Blöcken in Abhängigkeit von der Art der Organisationseinheit. Insofern wird der in den Hypothesen vermutete *fit* zwischen formaler Struktur und den tatsächlich beobachteten Ressourcennetzen auch durch die CONCOR-Lösung bestätigt. In Block A sind sämtliche Vorstände vertreten, während die Zentralbereiche, mit einigen "Ausreißern", den Blöcken B, D und F zugeordnet werden. Offenbar sind alle Vorstände bezüglich ihrer Nachfragestruktur äquivalent. Dies gilt ebenso für die Forschungslabors (Zentralbereiche) in Block F sowie die übrigen Zentralbereiche in den Blöcken B und D, wobei sich in Block D die Mehrzahl der hinsichtlich der strategischen Planung besonders wichtigen Bereiche befindet. Die Tatsache, dass sich einige Unternehmensbereiche in Block C, andere Bereiche in Block E befinden sowie dass Länder- und Unternehmensbereiche gemeinsam in einem Block sind, weist auf ein weiteres Strukturmuster hin.

Bei der Zuordnung von Unternehmens- und Länderbereichen zu den Blöcken zeigt sich trotz einzelner Abweichungen als weiteres Strukturmuster die Zugehörigkeit der Einheiten zu den Vorstandsressorts. In Block E sind sowohl die Unternehmensbereiche aus dem Segment "Kunststoffe" als auch die Unternehmensbereiche aus dem Segment "Chemikalien" vollständig vertreten. Letztere weisen einen besonders hohen Anteil unternehmensinterner Transfers auf und sind gemeinsam mit den ebenfalls in Block E vertretenen Länderbereichen einem Vorstandsressort zugeordnet. Zudem befindet sich ein wenig in den Verbund integrierte Unternehmensbereich sowie ein Bereich aus dem Farbsegment in Block E. Beide stammen jedoch aus unterschiedlichen Vorstandsressorts.

Block	Einheit	
A	Vorstand Vorstand Vorstand Vorstand Vorstand Vorstand Vorstand Vorstand ZB_Techn	Vorstände
B	LB_Asien ZB_Admin ZB_Techn ZB_Techn	Zentralbereiche
C	UB_Sonst UB_Sonst UB_Sonst UB_Sonst UB_Farb LB_Europa LB_Europa LB_Europa LB_Asien ZB_Admin	Unternehmensbereiche Europäische Länderbereiche
D	ZB_Admin ZB_Admin ZB_Admin ZB_Admin ZB_Admin ZB_Admin	Zentralbereiche wichtige Rolle strategische Planung
E	UB_Farb UB_Kunst UB_Kunst UB_Kunst UB_Chem UB_Chem UB_Chem UB_Kunst UB_Farb LB_Asien LB_Asien LB_Amerika	Unternehmensbereiche Kunststoffsegment Unternehmensbereiche Chemikaliensegment Asiatische Länderbereiche
F	LB_Amerika LB_Amerika ZB_F&E ZB_F&E ZB_F&E ZB_F&E ZB_F&E	Zentralbereiche F & E

Tab. 5-6: **Blockmodell-Lösung (CONCOR) - BASF**

Obwohl die Blockzuordnung nach den Kriterien Typ der Organisationseinheit sowie Segment-/Regionenzugehörigkeit insgesamt recht eindeutig erfolgt, gibt es einige Ausreißer, deren Zuordnung schwer zu interpretieren ist (schattierte Flächen in Tabelle 5-6). Dies gilt für einen asiatischen Länderbereich, der eher in Block E anstatt Block B zu vermuten wäre, ebenso wie für einen Zentralbereich im Vorstandsblock. Für letzteren bedeutet das Ergebnis der Blockmodellanalyse, dass dieser eine ähnliche Position bezüglich der Nachfragestruktur aufweißt wie die Vorstände. Zwei weitere Ausreißer finden sich in Block C sowie Block F.

Insgesamt kann für die CONCOR-Analyse festgehalten werden, dass sich auch hier der *fit* zwischen der formalen Struktur und den empirisch beobachteten Ressourcennetzen feststellen lässt. Die Ergebnisse lassen sowohl die Zuordnung der Organisationseinheiten gemäß der Kategorien der Einheiten (Vorstand, Länderbereiche, etc.) als auch, etwas schwächer, der Zugehörigkeit zu den einzelnen Ressorts erkennen. Hervorzuheben ist, dass die Blockmodelllösung Gemeinsamkeiten mit den Ergebnissen der MDS in Abbildung 5-2 aufweißt. So entspricht die Zuordnung zu den Blöcken A und F fast exakt den mit "1" und "2" gekennzeichneten Regionen. Die Vorstände und die mit der Forschung befassten Zentralbereiche sind jeweils nicht nur strukturell äquivalent bezüglich der Ressourcennachfrage, sondern scheinen diese auch schwerpunktmäßig blockintern zu beziehen. Ferner sind die Einheiten der in der MDS mit "4", "5" und "7" gekennzeichneten Regionen in Tabelle 5-6 gemeinsam in Block E zusammengefasst und daher ebenfalls bezüglich ihrer Nachfragestruktur äquivalent.

Die Zuordnung strukturell ähnlicher Akteure zu Blöcken gibt noch keinen Aufschluss darüber, wie die jeweilige Nachfragestruktur der Blöcke ausgestaltet ist, d.h. welcher Block von welchen Blöcken viel und von welchen Blöcken wenig Ressourcen nachfragt. Um dies eingehender zu untersuchen, wird für die Blockung, die durch CONCOR identifiziert wurde, wie bei der zur Überprüfung der Strukturhypothesen vorgenommenen theoretischen Blockung verfahren und die Dichten zwischen den Blöcken dichotomisiert. Die dichotomisierten Dichten für das Informationsnetz und für das Unterstützungsnetz sind in Tabelle 5-7 eingetragen. Darüber hinaus sind die durchschnittlichen Dichten der Spaltenblöcke (Anbieter) in den Fußzeilen und die durchschnittlichen Dichten der Zeilenblöcke (Nachfrager) in der rechten Spalte der Tabelle verzeichnet. Allerdings ist zu beachten, dass sich für die Sechs-Blocklösung ein *b-fit* von nur 0,17 ergibt, der eine mäßige Verbesserung gegenüber der theoretisch vorgegebenen Vier-Blocklösung (0,09 Information, 0,13 Unterstützung) darstellt. Auch bei der 21-Blocklösung, bei der die Anzahl der Einheiten je Block im Durchschnitt 2,3 beträgt, wird ein *b-fit* von nur 0,49 erzielt. Die Trennung in Null- und Einsblöcke ist auch für die nicht vorgegebene, sondern empirisch identifizierte Blockung nicht besonders ausgeprägt. Dies bedeutet jedoch nicht, dass CONCOR eine schlechte Blockzuordnung liefert, da der Algorithmus auf den Korrelationen und nicht auf der Maximierung des *b-fit* basiert.

Beim Vergleich der beiden Matrizen der Blockdichten zeigt sich erneut, dass sich die Netze der Information und Unterstützung bezüglich ihrer Struktur wenig unterscheiden. Insgesamt gibt es nur vier von 36 möglichen, abweichenden Einträgen.

Der Vorstandsblock A weist in beiden Netzen die durchschnittlich höchsten Dichten zu den übrigen Blöcken auf. Die Vorstände sind also sowohl die wichtigsten Nachfrager als auch Anbieter der Ressourcen Information und Unterstützung. Hauptinformationslieferanten und Unterstützungsgeber aus Sicht der Vorstände sind die Zentralbereiche in Block B und Block D sowie die Vorstände selbst. Die Zentralbereiche aus diesen Blöcken sind nach den Vorständen auch insgesamt die stärksten Informations- und Unterstützungslieferanten. Was die Ressourcennachfrage der Blöcke B und D betrifft, sind diese im Informationsnetz die ebenfalls größten Empfänger nach dem Vorstand. Unterstützung wird hingegen stärker durch die Blöcke C und E nachgefragt, welche die Unternehmens- und Länderbereiche beinhalten.

			Information				
Block	**A**	**B**	**C**	**D**	**E**	**F**	Ø Zeile
A	1	1	0	1	0	0	50,2%
B	1	1	0	0	1	0	34,4%
C	0	1	0	1	0	0	33,4%
D	1	0	1	1	1	0	42,9%
E	0	1	0	1	1	0	26,5%
F	1	0	0	1	0	1	21,9%
Ø Spalte	44,7%	40,1%	31,4%	42,0%	32,9%	18,1%	
			Unterstützung				
Block	**A**	**B**	**C**	**D**	**E**	**F**	Ø Zeile
A	1	1	0	1	0	0	43,3%
B	1	0	1	0	1	0	24,0%
C	1	1	0	1	0	0	40,0%
D	1	0	1	1	0	0	23,4%
E	0	1	0	1	1	0	31,6%
F	1	0	0	1	0	1	12,7%
Ø Spalte	44,1%	31,9%	24,0%	42,0%	21,3%	11,8%	

Tab. 5-7: Dichten zwischen den Blöcken - BASF

Die Nullen in den Zellen des Vorstandsblocks A mit den Blöcken, in denen sich die Unternehmens- und Länderbereiche befinden (Block C und E), bedeuten nicht, dass hier keine Beziehungen bestehen. Diese sind jedoch, wie schon bei der theoretischen Blockung gezeigt, im wesentlichen auf ressortinterne Beziehungen beschränkt. Da bei der Blockmodellanalyse insbesondere die Nullblöcke strukturbildend wirken, hat dies auf die Blockbildung nur geringen Einfluss, so dass die Ressortzugehörigkeit in den Blöcken weniger deutlich erkennbar ist als die Zuordnung nach Kategorien von Organisationseinheiten. Die Vorstände beziehen, von den Einheiten in ihrem eigenen Ressort abgesehen, die Ressourcen im wesentlichen über die Zentralbereiche.

Am wenigsten werden Ressourcen von den Einheiten in Block F angeboten und nachgefragt, der die Forschungslabors enthält. Ressourcenflüsse finden hier entweder blockintern oder über die Vorstände und Zentralbereiche in Block D statt.

Für die Unternehmens- und Länderbereiche in den Blöcken C und E sind die Nachfragestrukturen in beiden Netzen weitgehend identisch. Häufige Informations- und Unterstützungsgeber stellen die Zentralbereiche aus den Blöcken B und D dar. Die Einheiten in Block E tauschen zudem untereinander wichtige Ressourcen. Dies ist ein von den Ergebnissen der theoretischen Blockung (vgl. Tabelle 5-4 und Tabelle 5-5) abweichender Befund. Die differenziertere Betrachtung zeigt, dass in den Segmenten "Farben", "Chemikalien" und "Kunststoffe" segmentintern doch überdurchschnittlich viele Ressourcen fließen. Bei der Vier-Blocklösung war dies nicht der Fall, da hier die weniger in den Produktionsverbund integrierten Bereiche keinem separaten Block zugeordnet wurden.

Insgesamt werden durch die Blockmodellanalyse mittels CONCOR die für die theoretische Blockung getroffenen Aussagen bestätigt. Auch hier lässt sich die formale Struktur in den informellen Netzwerken erkennen. Allerdings hat die detailliertere Analyse gezeigt, dass nicht nur die Vorstände, Unternehmens-, Länder- und Zentralbereiche jeweils unterschiedlich in die Netzwerke eingebettet sind, sondern dass sich auch innerhalb der einzelnen Kategorien Unterschiede feststellen lassen. Deutlich voneinander abweichende Zugangs- und Angebotsstrukturen können ein Hinweis auf das Vorliegen von Transaktionskosten sein, die den Ressourcentausch erschweren und das Tauschgleichgewicht beeinflussen. Auch die Analysen hinsichtlich der Zentrum-Peripherie-Struktur unterstreichen diese Vermutung. Dies würde der postulierten Hypothese wiedersprechen, dass die Matrixorganisation allgemein sowie in ihrer speziellen Ausprägung bei der BASF einen möglichst ungehinderten Ressourcenfluss ermöglicht und damit die Eigenschaft eines idealtypischen "Netzwerkunternehmens" aufweist. Der Schluss kann aufgrund der bisher besprochenen Ergebnisse jedoch noch nicht gezogen werden, da erst durch die Anwendung des Tauschmodells geklärt werden muss, welchen Wert die einzelnen Ressourcen haben. Ergäbe sich beispielweise, dass Information und Unterstützung im Vergleich zu formaler Entscheidungsmacht wenig bedeutende Tauschgüter darstellen, hätten bestehende Zugangsbarrieren und damit einhergehende Transaktionskosten nur geringe Auswirkungen auf das Tauschgleichgewicht. Ferner konnte anhand des *b-fits* gezeigt werden, dass die Trennung in Null- und Einsblöcke nicht sehr eindeutig ausfällt und sich daher auch der Grad der strukturellen Einbettung der Akteure möglicherweise nicht so stark unterscheidet, wie dies durch die dichotomisierte Matrix der Blockdichten erscheint. Allerdings weisen die durchschnittlichen Blockdichten der anbietenden und nachfragenden Blöcke darauf hin, dass die Einheiten in den Blöcken unterschiedlich stark Ressourcen anbieten und nachfragen.

Wie einleitend zu diesem Kapitel erläutert, werden im Rahmen der Netzwerkanalyse in diesem Kapitel primär die Hypothesen bezüglich der erwarteten Strukturmuster der Netzwerke sowie des Ressourcenangebotes vor dem Tausch überprüft. Diese beziehen sich auf die

Ressourcenflüsse zwischen den Einheiten (H 2.1.1-B bis H 2.1.13-B), die Segmentierung derselben in Gruppen strukturell äquivalenter Organisationseinheiten (H 2.4.2-B), das Zentrum-Peripherie-Gefälle (H 2.2.1-B) sowie die ursprüngliche Ressourcenallokation (H 2.2.2-B und H 2.2.3-B). Die Hypothesen wurden unter der Annahme abgeleitet, dass die informellen, tatsächlich beobachteten Netzwerke in einem *fit*-Verhältnis zur formalen Organisationsstruktur stehen. Dieser wird deswegen als wichtig erachtet, da in der Literatur über "Netzwerkunternehmen" postuliert wird, dass es insbesondere informelle Strukturen sind, die den notwendigen organisatorischen Rahmen bilden um eine transnationale Strategie verfolgen zu können. Liegt ein *fit* von formalen und informellen Strukturen vor, ist dies ein Hinweis darauf, dass sich die informelle Struktur über die formale Struktur beeinflussen lässt, d.h. das Management die tatsächlichen Ressourcenflüsse zumindest indirekt über die formale Struktur steuern kann. Wie die bisherige empirische Netzwerkanalyse gezeigt hat, kann für die BASF von einem *fit* zwischen formaler und informeller Struktur ausgegangen werden. Die Mehrzahl der Strukturhypothesen wurde bestätigt.

5.1.4 Die Ressourcenallokation in der BASF

Während die zweite der beiden Hauptfragestellungen dieser Studie auf den Zusammenhang von formaler Struktur und realisierten Netzwerken abhebt, zielt die erste Grundfrage darauf ab zu überprüfen, inwiefern die untersuchten Unternehmen die Eigenschaften von idealtypischen "Netzwerkunternehmen" aufweisen. Diese Eigenschaften liegen zwar vor, soweit sie die erwarteten hohen Dichten in den Netzwerken betreffen, das ebenfalls empirisch vorgefundene Zentrum-Peripherie-Gefälle entspricht jedoch nicht dem Idealtyp.

Darüber hinaus bezieht sich eine Reihe von Hypothesen auf die Steuerungsrelevanz, d.h. den Wert der einzelnen Ressourcen, auf den Einfluss der strukturellen Einbettung auf das Tauschgleichgewicht, d.h. den Netzwerkeffekt. Der Wert der Ressourcen und die Wirkung der strukturellen Einbettung kann erst im Rahmen der empirischen Anwendung des Tauschmodells untersucht werden. Die Ressourcenallokation vor dem Tausch, d.h. die Frage, welche Akteure welche Ressourcen grundsätzlich anbieten, lässt sich bereits auf Basis der erhobenen Netze des Ressourcenflusses beantworten. Hier geben die durchschnittlichen Dichten der liefernden Blöcke in Tabelle 5-7 einen ersten Hinweis darauf, welche Organisationseinheiten viel und welche wenig Ressourcen anbieten. Dies soll im folgenden anhand der Zentralität der Akteure eingehender untersucht werden.

Unter der Zentralität eines Akteurs wird allgemein verstanden, wie "wichtig" oder auch "sichtbar" dieser in einem Netzwerk ist. Grundsätzlich messen die unterschiedlichen Zentralitätsmaße den Grad der Einbettung eines Akteur in ein Netzwerk, d.h. an wie vielen Beziehungen er direkt oder indirekt beteiligt ist. Im Falle asymmetrischer Beziehungen und unter der Vorraussetzung, dass es sich um Beziehungen mit positivem Inhalt (z.B. Ressourcenlieferungen) handelt, wird anstelle von Zentralität auch von dem Prestige eines Akteurs gesprochen.[23] Zentralitäts- und Prestigemaße beziehen sich zwar auf den einzelnen Akteur, können aber für die vorliegende Fragestellung auf die Ebene von Akteursgruppen zusammengefasst werden (vgl. Wasserman/Faust 1994: 169-173).

Die Zentralität bzw. das Prestige eines Akteurs wurde häufig in Zusammenhang mit der Macht desselben gebracht. Die zugrundeliegende Hypothese dabei ist, dass Akteure, die zentrale Positionen in Netzwerken besetzen, mächtig sind, da sie Zugang zu vielen (alternativen) Ressourcenlieferanten haben oder auch als Mittler bei indirekten Ressourcenlieferungen von nicht direkt miteinander verbundenen Akteuren fungieren (vgl. Fombrum 1983; Cook/Emerson 1984; Brass 1984, 1992; Ibarra 1993).[24] Das dem Tauschmodell von Henning (2000a) zugrundeliegende Machtkonzept berücksichtigt, wie in Abschnitt 3.2.2.1 erläutert, ebenfalls die Zentralität der Akteure in Netzwerken. Dabei wird einerseits wie beim Zentralitätsmaß des "*Degrees*"[25] eine gute direkte Einbettung als Machtquelle betrachtet, sowie andererseits eine günstige Position zwischen unverbundenen Akteuren, die die Ausübung einer Vermittlerrolle ermöglicht. Letzteres ähnelt dem Konzept der *Betweenness*-Zentralität.[26] Mit

---

[23] Grundsätzlich gilt der Zusammenhang, dass Akteure, die sich im Zentrum eines Netzwerks befinden, auch eine hohe Zentralität besitzen. Umgekehrt muss dies jedoch nicht der Fall sein (vgl. Borgatti/Everett 1999: 393).

[24] Cook et al. (1983) haben in ihren experimentellen Studien gezeigt, dass strukturelle Zentralität nur in bestimmten Fällen mit Macht einhergeht. Zentrale Positionen sind für Akteure in positiv verbundenen Netzwerken eine Machtquelle. In negativ verbundenen Netzwerken hat sich die Zentralität als schlechter Prädiktor für die Macht eines Akteurs erwiesen. Positive Verbundenheit bedeutet, dass die Beziehungen in dem Netzwerk komplementär sind, d.h. die Beziehung eines Akteurs A zu einem Akteur B schließt weitere Beziehungen zu Akteuren C, D, etc. nicht aus. Für die vorliegenden Netzwerke des Ressourceflusses kann grundsätzlich von positiv verbundenen Netzen ausgegangen werden. Negativ verbundene Netzwerke beinhalten hingegen konfliktäre Beziehungen.

[25] Das Degree Prestige ergibt sich aus der Summe der auf einen Akteur direkt gerichteten Beziehungen. Für die Ressourcennetzwerke hat ein Akteur ein um so höheres Degree Prestige, je häufiger er direkter Ressourcenlieferant für andere Akteure ist. Für die Ressourcennetze werden zur Berechnung des *Degree-Prestiges* $Cd(n_i)$ die auf einen Akteur i entfallenden Wahlen (*Indegrees*) aufsummiert (vgl. Freeman 1978/79: 221):

$$Cd(n_i) = \sum_j^n x_{ij}, \quad i \neq j.$$

Ein standardisiertes Prestigemaß ergibt sich, indem die beobachteten Werte (*Indegrees*) durch den maximal möglichen Wert geteilt werden:

$$C'd(n_i) = \frac{Cd(n_i)}{(n-1)}.$$

[26] Es sei g_{ik} die Anzahl der *geodesics* zwischen Akteur i und Akteur k. Es wird angenommen, dass für alle *geodesics* die Wahrscheinlichkeit, dass i und k diese zur Interaktion nutzen, gleich ist. Daraus folgt, dass die Wahrscheinlichkeit dass i und k eine bestimmte *geodesic* wählen $\frac{1}{g_{ik}}$ beträgt. Es sei $g_{ik}(n_j)$ die Anzahl der *geodesics* zwischen Akteur i und Akteur k, die den Akteur j enthält. Die Wahrscheinlichkeit $b_{ik}(n_j)$, dass i und k eine *geodesic* wählen, die den Akteur j enthält, beträgt $\frac{g_{ik}(n_j)}{g_{ik}}$. Die *Betweenness*-Zentralität eines Akteurs j ergibt sich schließlich aus der Summe der Wahrscheinlichkeiten für alle Dyaden des Netzwerkes:

$$Cb(n_j) = \sum_{i<}^n \sum_k^n b_{ik}(n_j) \quad j \neq i \neq k.$$

diesem Zentralitätsmaß wird gemessen, wie häufig ein Akteur auf dem kürzesten Pfad (*geodesic*) zwischen zwei ansonsten unverbundenen Akteuren liegt (vgl. Freeman 1978/79: 221-224). Allerdings geht das Modell deutlich über die einfachen soziometrischen Zentralitätsmaße hinaus, da die beiden oben genannten Zentralitätskonzepte miteinander verbunden werden und neben der Position der Akteure in den Netzwerken insbesondere der Wert der Ressourcen in Abhängigkeit von der Nachfrage bestimmt wird.[27] Dadurch wird es möglich, mehrere Netzwerke gleichzeitig zu berücksichtigen und ein Maß für die Gesamtmacht eines Akteurs zu bestimmen.

Die Zentralitätsmaße werden eingesetzt, um die Hypothesen bezüglich der Ressourcenallokation vor dem Tausch zu untersuchen. Es wird die Frage beantwortet, welche Akteure die größten Anbieter von Ressourcen sind und als potentielle Broker zwischen unverbundenen Einheiten fungieren können. Der Logik des Tauschmodells entsprechend ist zu erwarten, dass die Zentralitätsmaße hoch mit der Gesamtmacht im Tauschgleichgewicht korreliert sind, unter der Vorraussetzung, dass ein starkes Interesse an den Ressourcen Information und Unterstützung besteht und in Folge der Gleichgewichtspreis für diese entsprechend hoch ausfällt.

Bisher nicht weiter besprochen wurde das Reputationsnetzwerk, welches zur Systemabgrenzung herangezogen wurde. Im Gegensatz zu den übrigen erhobenen Netzen beinhaltet dieses keine Beziehungen zwischen den Einheiten, sondern Wahrnehmungen der Akteure, welche Einheiten einen besonders hohen Einfluss auf strategische Entscheidungen in den Unternehmen ausüben. Ob der wahrgenommene Einfluss mit dem tatsächlich ausgeübten Einfluss übereinstimmt, ist eine empirische Frage und kann durch einen Vergleich der Zentralität im Reputationsnetz mit der Allokation der formalen Entscheidungsmacht im Tauschgleichgewicht überprüft werden.[28] In Tabelle 5-8 ist das *Degree*-Prestige für das Reputationsnetz eingetragen. Die Tabelle enthält, neben den absoluten Werten für die einzelnen Blöcke, die Durchschnittswerte bezogen auf eine Einheit des Blocks (unstandardisiert und standardisiert).

Die *Betweenness*-Zentralität wurde ursprünglich für symmetrische Beziehungen entwickelt und auch einschlägige Lehrbücher, die die Anwendung Degree- und Closeness-basierter Zentralitätsmaße auf gerichtete Graphen beschreiben, gehen in diesem Zusammenhang nur am Rande auf die Betweenness-Zentralität ein (vgl. Wasserman/Faust 1994: 201-202; Jansen 1999: 136). Grundsätzlich lassen sich jedoch auch für asymmetrische Beziehungen absolute und relative *Betweenness*-Maße berechnen. Da die Richtung der Beziehungen zu berücksichtigen ist, wird im Gegensatz zu den symmetrischen Netzen, über alle Akteure i und k summiert (vgl. Gould 1987):

$$Cb(n_j) = \sum_i^n \sum_k^n b_{ik}(n_j) \quad j \neq i \neq k$$

Zur Standardisierung der Betweenness werden die Werte durch den maximal möglichen Wert dividiert:

$$C'b(n_j) = \frac{Cb(n_j)}{n^2 - (3n+2)}.$$

[27] Hier sei auf Kappelhoff (1993: 176-188, 1995) verwiesen, der den Zusammenhang zwischen verschiedenen Zentralitätsmaßen und der Macht im Tauschgleichgewicht eingehend analysiert hat.
[28] In einer Studie Brass/Burkhardt (1993) wurde ein deutlich positiver Zusammenhang zwischen der Zentralität eines Akteurs in den informellen Netzwerken und dem Ausmaß festgestellt, indem diese als einflussreich wahrgenommen wurden. Krackhardt (1990) hat darüber hinaus gezeigt, dass eine korrekte Einschätzung eines Akteurs, wer in den Netzwerken zentral ist, selbst eine Machtbasis darstellen kann.

Reputation	Degree-Prestige (Indegrees)		
	Σ Block	Ø je Einheit	Ø je Einheit standardisiert
Vorstände	25,4%	3,2%	83,9%
Unternehmensbereiche	38,2%	2,7%	72,0%
Länderbereiche	13,5%	1,3%	35,6%
Zentralbereiche	22,9%	1,4%	37,8%

Tab. 5-8: Degree-Prestige im Reputationsnetz - BASF

Erstaunlich ist, dass auf die Unternehmensbereiche die meisten Nennungen entfallen, diese insgesamt also als einflussreichste Gruppe in Bezug auf strategische Entscheidungen erachtet werden. Dieses Ergebnis wird relativiert, wenn man den durchschnittlichen Degree je Einheit betrachtet. Hier werden erwartungsgemäß die Vorstände mit deutlichem Abstand als die einflussreichsten Akteure wahrgenommen. Der Akteur, auf den die meisten Wahlen entfallen, ist allerdings nicht der Vorstandsvorsitzende, sondern ein anderes Vorstandsmitglied. Ein noch deutlicheres Gefälle besteht zwischen der Reputation der Unternehmensbereiche auf der einen und den Länder- und Zentralbereichen auf der anderen Seite. Das *Degree*-Prestige je Einheit ist für die Unternehmensbereiche fast doppelt so hoch wie für die beiden übrigen Kategorien. Die Wahrnehmung des Einflusses scheint stark an der formalen Struktur orientiert zu sein. Wie im Abschnitt 4.1.1 über den formalen Aufbau und Ablauf der strategischen Planung bei der BASF erläutert, spielen die Unternehmensbereiche im Vergleich zu den Länderbereichen eine wichtigere Rolle. Zentralbereiche haben schwerpunktmäßig eine unterstützende Funktion. In diesem Zusammenhang ist anzumerken, dass die Zentralbereiche zwar im Durchschnitt als deutlich weniger einflussreich erachtet werden als Vorstände und Unternehmensbereiche, hier gleichzeitig aber auch die höchste Standardabweichung vorliegt. Die Bereiche, die bezüglich der strategischen Planung wichtige Dienstleistungen zur Verfügung stellen und koordinierende Aufgaben ausführen, werden als sehr einflussreich wahrgenommen.

Für die Ressourcennetzwerke lässt sich neben dem *Degree*-Prestige die bereits erwähnte *Betweenness*-Zentralität sowie die *Closeness*-Zentralität berechnen. Letztere misst durch Aufsummieren der jeweils kürzesten Pfaddistanzen wie nahe ein Akteur zu allen übrigen Akteuren im Netz ist. Standardisiert wird die *Closeness*, indem die minimal mögliche Summe der Pfaddistanzen durch die tatsächlich beobachtete geteilt wird. Die Maßzahl nimmt den Wert Eins an, wenn ein Akteur alle anderen Akteure direkt erreichen kann (vgl. Freeman 1978/79: 224-226).

Da es sich beim Informations- und dem Unterstützungsnetz um gerichtete Beziehungen handelt, ergeben sich unterschiedliche Ergebnisse für den *Degree* sowie die *Closeness* je nachdem, ob eine Einheit als Anbieter oder Nachfrager nach Ressourcen betrachtet wird. Daher sind in Tabelle 5-9 für das Informationsnetz und in Tabelle 5-10 für das Unterstützungsnetz die Zentralitätsmaße sowohl aus der Perspektive der Akteure als Anbieter (In) als auch als Nachfrager (Out) eingetragen. Während sich die Werte für die *Closeness* und *Betweenness* bereits auf den Blockdurchschnitt beziehen, ist der durchschnittliche Degree je Organisationseinheit in Klammern neben dem Gesamtanteil der Blöcke verzeichnet.

Information	Zentralität				
	OutDegree	Indegree (Prestige)	Out Closeness (standardisiert)	In Closeness (standardisiert)	Betweenness (standardisiert)
Vorstände	25,6% (3,2)	20,2% (2,5)	67,9	63,4	2,1%
Unternehmensbereiche	22,6% (1,6)	27,4% (2,0)	57,2	59,5	1,0%
Länderbereiche	17,5% (1,8)	15,8% (1,6)	57,8	56,7	0,7%
Zentralbereiche	34,3% (2,1)	36,6% (2,3)	60,6	61,6	2,0%

Tab. 5-9: Prestige und Zentralität im Informationsnetz - BASF

Am *Degree* zeigt sich, dass die Vorstände bezogen auf die Einheiten sowohl die größten Anbieter als auch Nachfrager beider Ressourcen sind. Auch bei der *Closeness* haben die Vorstände durchschnittlich die geringsten Distanzen untereinander und zu allen übrigen Akteuren. Die *Closeness* der Vorstände wurde bereits bei den Ergebnissen der MDS sowie der Zentrum-Peripherie-Struktur der Ressourcennetze (vgl. Abbildung 5-2) deutlich, da diese sich sowohl im Zentrum-Block als auch im Zentrum der Abbildung befanden. Interessant ist insbesondere die Nähe zu den Ressourcenlieferanten (*Out Closeness*). Eine geringe Distanz zu den Anbietern impliziert, dass die betreffenden Akteure über eine Vielzahl (konkurrierender) Anbieter verfügen und daher wenig von einzelnen Lieferanten und Brokern abhängen (vgl. Freeman 1978/79: 224). In der Logik des Tauschmodells bedeutet dies, dass die *Terms of Trade* (TOT) für einen Akteur größer werden und damit auch der Brokeranteil desselben (vgl. Abschnitt 3.2.2.1). Unabhängig von dem Tauschmodell kann die *Betweenness*-Zentralität als Hinweis auf eine potentielle Brokertätigkeit der Akteure gewertet werden. Auch hier weisen die Vorstände die durchschnittlich höchsten Werte bei beiden Ressourcennetzen auf.

Die Zentralbereiche sind insgesamt die größten und bezogen auf eine Einheit die zweitgrößten Anbieter und Nachfrager nach Information. Wie die Maße der *Betweenness* und der *Closeness* zeigen, ist der Abstand zu den Vorständen nur sehr gering. Allerdings weisen die Zentralbereiche in beiden Ressourcennetzen bei allen Zentralitätsmaßen die deutlich höchsten Standardabweichungen auf. Die Organisationseinheiten in diesem Block sind bezüglich ihrer strukturellen Eingebundenheit sehr heterogen. Neben einigen Organisationseinheiten, die nur wenig Information liefern, sind auch die Zentralbereiche und -abteilungen in diesem Block, welche die höchsten *Indegrees* insgesamt aufweisen. Die strukturelle Heterogenität der Zentralbereiche hat sich auch in der von CONCOR identifizierten Blockung gezeigt, bei der diese insgesamt drei unterschiedlichen Blöcken zugeordnet wurden. Bestätigt wird dieses Resultat auch bei der Anordnung der Akteure gemäß der MDS-Lösung (vgl. Abbildung 5-2). Während sich eine Gruppe von Zentralbereichen in unmittelbarer Nähe zum Zentrum der Abbildung befindet ("3") sind eine weitere Gruppe ("2") sowie einige verstreute Akteure relativ weit vom Zentrum entfernt. Abweichend von den Ergebnissen für das Informationsnetz muss bei der Unterstützung unterschieden werden, ob es sich um die Nachfrage oder das Angebot der Zentralbereiche handelt. Insgesamt bieten die Zentralbereiche am meisten Unterstützung an und folgen, bezogen auf eine Einheit, hinter den Vorständen. Die Nachfrage nach Unterstützung seitens der Zentralbereiche ist jedoch eher gering. Dies wurde bereits im Rahmen der Hypothesen postuliert: Zentralbereiche haben aufgrund ihrer formalen Rolle als Dienstleister wenig Bedarf an Unterstützung bezüglich der Umsetzung bereichsinterner Strategien. Sie sind jedoch wichtige Lieferanten dieser Ressource für die Einheiten, in deren Aufgabenbereich die Umsetzung der Strategien fällt (H 2.1.7-B).

Unterstützung	Zentralität				
	OutDegree	Indegree (Prestige)	Out Closeness (standardisiert)	In Closeness (standardisiert)	Betweenness (standardisiert)
Vorstände	25,1% (3,1)	24,6% (3,1)	64,0	64,3	3,7%
Unternehmensbereiche	31,8% (2,3)	19,1% (1,4)	58,2	51,7	1,2%
Länderbereiche	20,7% (2,1)	17,2% (1,7)	56,1	53,0	1,2%
Zentralbereiche	22,3% (1,4)	39,1% (2,4)	50,3	57,9	1,7%

Tab. 5-10: Prestige und Zentralität im Unterstützungsnetz - BASF

Unternehmens- und Länderbereiche sind sowohl insgesamt als auch im Durchschnitt je Einheit die nach den Vorständen größten Nachfrager von Unterstützung, bieten umgekehrt aber das geringste Angebot dieser Ressource. Im Informationsnetz sind Länder- und Unternehmensbereiche die schwächsten Nachfrager und Anbieter, wobei die Unternehmensbereiche pro Einheit etwas mehr Information anbieten. Die vergleichsweise geringe *Degree-*Zentralität findet ihre Entsprechung bei den übrigen Zentralitätsmaßen. Die *Closeness* kann erneut anhand der MDS-Lösung (vgl. Abbildung 5-2) für die Ressourcennetze graphisch veranschaulicht werden. Die überwiegende Zahl der peripheren Akteure sind Länder- und Unternehmensbereiche. Dies impliziert, dass diese für den Tausch verstärkt auf die Dienste von Brokern zurückgreifen müssen.

Die Hypothesen bezüglich der ursprünglichen Ressourcenallokation (H 2.2.2-B und H 2.2.3-B) werden nicht bestätigt, da sich zwischen den vier Blöcken deutliche Unterschiede hinsichtlich der Menge der angebotenen Ressourcen ergeben haben. Nur das hypothetisch erwartete große Angebot von Unterstützung seitens der Zentralbereiche konnte auch empirisch beobachtet werden.

5.2 Formale Strukturen und realisierte Netzwerke bei FUCHS

5.2.1 Grundeigenschaften der Netze

Als relevant für die strategische Planung bei FUCHS erwiesen sich insgesamt 63 Akteure, zwischen denen die Netzwerke erhoben wurden. Die grundsätzlichen Eigenschaften auf Ebene der Gesamtnetzwerke sind in Tabelle 5-11 eingetragen.

Auch für die Netzwerkanalyse bei FUCHS werden ausschließlich die bestätigten Ressourcennetze sowie das bestätigte Netz der sozialen Beziehungen herangezogen. Der Bestätigungsgrad fällt mit durchschnittlich 52% zwar geringer aus als bei der BASF, ist aber in Anbetracht der höheren Akteurszahl als ebenfalls gutes Ergebnis zu werten. Bemerkenswert ist, dass die beiden Ressourcennetze "Information" und "Unterstützung" noch einen höheren Grad an Symmetrie aufweisen als bei der BASF. Es fließen jeweils über 85% der Ressourcen in beide Richtungen.

FUCHS Petrolub AG 63 Akteure						
Netze unbestätigt	**Ties**	**Dichte**				
Reputation	1361	34,3%				
Sender Information	1346	34,5%				
Empfänger Information	1271	32,5%				
Sender Unterstützung	973	24,9%				
Empfänger Unterstützung	1053	27,0%				
Soziale Beziehungen	942	24,1%				
Durchschnitt	**1158**	**29,5%**				
Netze bestätigt	**Ties**	**Dichte**	**Bestätigung**	**Symmetrie**	**max. Distanz**	**Ø Distanz***
Information	724	18,5%	53,8%	86,6%	4	2,02
Unterstützung	506	13,0%	52,0%	88,3%	5, X**	2,23
Soziale Beziehungen	239	12,2%	50,7%	100,0%	5, X**	2,31
Durchschnitt	**490**	**14,6%**	**52,2%**	**91,6%**	-	**2,19**
Formale Struktur	1654	42,3%	-	100,0%	3	1,58

* Durchschnittliche Distanz zwischen verbundenen Akteuren
** X = einige Akteure sind nicht erreichbar

Tab. 5-11: Dichten, Bestätigungsgrad und Distanzen der Netzwerke - FUCHS

Verglichen mit der BASF weisen sämtliche Netzwerke bei FUCHS eine deutlich niedrigere Gesamtdichte auf. Selbst unter Berücksichtigung der etwas höheren Akteurszahl fällt dieser Unterschied eindeutig aus, da jeweils nur knapp die Hälfte der Dichte vorliegt, welche die entsprechenden Netze bei der BASF aufweisen. Dieses Ergebnis ist jedoch nicht überraschend, sondern wurde aufgrund der formalen Holdingorganisation erwartet und in einer der Strukturhypothesen (H 2.1-F) postuliert, die somit bestätigt wird. Die niedrigen Dichten entsprechen höheren durchschnittlichen und höheren maximalen Pfaddistanzen als bei der BASF. Die durchschnittliche Pfaddistanz liegt bei allen Netzen über zwei, wobei dieser Wert sich nur auf verbundene Einheiten bezieht. Das Unterstützungsnetz und das Netz der sozialen Beziehungen zerfallen in mehrere Komponenten. Dies bedeutet dass einige Akteure nicht in die Netze eingebettet sind. Das Unterstützungsnetz bildet eine schwache Komponente, d.h. alle Einheiten können sich untereinander zumindest indirekt erreichen, wenn von der Richtung der Graphen abgesehen wird. Allerdings zerfällt das Netz, wenn die Richtung der Beziehungen berücksichtigt wird, in insgesamt sechs starke Komponenten. Dabei enthalten fünf Komponenten jeweils nur eine Tochtergesellschaft, während die sechste Komponente alle übrigen Einheiten beinhaltet. Bei den Akteuren, die im Unterstützungsnetz jeweils eine Komponente bilden, handelt es sich um südamerikanische Gesellschaften sowie kleinere europäische Tochterunternehmen, die hochspezialisierte Produkte anbieten. Von diesen fünf Akteuren sind allerdings nur zwei völlig isoliert, d.h. sie haben entweder kein Angebot oder keine Nachfrage. Aufgrund der symmetrischen Eigenschaft des Netzes sozialer Beziehungen entfällt hier die Unterscheidung in starke und schwache Komponenten. Von den sechs Komponenten enthalten fünf jeweils nur eine Einheit, während eine Komponente alle übrigen Akteure beinhaltet. Zwei der isolierten Akteure sind Zentralabteilungen und drei Tochtergesellschaften.

Auch für FUCHS wurde angenommen, dass die Ressourcennetze untereinander sowie mit dem Netz der sozialen Beziehungen eine hohe strukturelle Ähnlichkeit aufweisen. Dies wird analog zur Vorgehensweise bei der BASF anhand der Multiplexität sowie der Korrelationskoeffizienten untersucht, die in Tabelle 5-12 eingetragen sind. Sämtliche Korrelationskoeffizienten sind hoch signifikant, d.h. keine der 10.000 Zufallspermutationen führt zu höheren Koeffizienten.

Die Ressourcennetze weisen eine hohe Multiplexität auf. Im Gegensatz zu den Ergebnissen für die BASF besteht eine hohe Multiplexität auch zwischen den Ressourcennetzen und dem Netz der sozialen Beziehungen. Ein ähnliches Ergebnis wird bei den Korrelationskoeffizienten erzielt. Das Informations- und das Unterstützungsnetz sind positiv miteinander korreliert (0,452), jedoch etwas niedriger als dies bei der BASF der Fall ist. Zwischen den Ressourcennetzen besteht bei FUCHS eine geringere strukturelle Ähnlichkeit. Ebenso positiv miteinander korreliert sind Information und soziale Beziehungen (0,373) sowie Unterstützung und soziale Beziehungen (0,333). Dieser Zusammenhang war bei der BASF nur sehr schwach ausgeprägt, was Anlass zu der Folgerung gab, dass die sozialen Beziehungen keinen Einfluss auf den Informations- und Unterstützungstausch im Rahmen strategischer Entscheidungen ausüben. Umgekehrt wurde geschlossen, dass die Netze des Ressourcentauschs auch keine Gelegenheitsstruktur für das Knüpfen sozialer Beziehungen darstellen. Bei FUCHS hingegen sind die sozialen Beziehungen deutlich höher mit den Ressourcennetzen korreliert. Soziale Beziehungen scheinen für die Geschäftstätigkeit eine Rolle zu spielen und letztere stellt umgekehrt eine Gelegenheitsstruktur für die Entstehung sozialer Beziehungen dar.

Multiplexität und Korrelationskoeffizienten			
Multiplexität	Information	Unterstützung	Soziale Beziehungen
Formal	67,8%	65,3%	63,8%
Information		85,3%	83,5%
Unterstützung			85,5%
Pearsons r	Information	Unterstützung	Soziale Beziehungen
Formal	0,325**	0,274**	0,230**
Information		0,452**	0,373**
Unterstützung			0,333**
r^2	Information	Unterstützung	Soziale Beziehungen
Formal	*0,105***	*0,075***	*0,053***
Information		0,204**	0,139**
Unterstützung			0,111**

Signifikanztest basiert auf 10.000 zufälligen Permutation mittels der Quadratic Assignment Procedure (QAP)
* p < 0,05
** p < 0,01

Tab. 5-12: **Multiplexität und Korrelationskoeffizienten – FUCHS**

Unter den bereits erläuterten Vorbehalten lässt sich die formale Struktur mit den realisierten Netzen vergleichen. Es muss in diesem Zusammenhang darauf hingewiesen werden, dass sich bei der Konstruktion des formalen Netzes für die Holding größere Schwierigkeiten ergaben als bei der Matrix. Da letztere darauf abzielt, horizontale Beziehungen, die sonst informeller Art sind, formal vorzugeben, konnten die formal vorgesehenen Beziehungen zwischen Unternehmens-, Länder- und Zentralbereichen relativ einfach angegeben werden. Bei der Holding hingegen wird dem Idealtyp entsprechend gerade darauf verzichtet, auch horizontale Beziehungen vorzugeben, so dass in der "Reinform" ein sehr dünnes, den vertikalen Weisungsbeziehungen folgendes Netz entstünde. Bei den in der Realität anzutreffenden Ausprägungsformen der Holding existieren jedoch in der Regel auch horizontale Beziehungen, die formal vorgesehen sind. Dies betrifft insbesondere Beziehungen zwischen Tochtergesellschaften und Zentralabteilungen. Auch hier wurde das konstruierte formale Netz validiert, indem es einem Experten in der Konzernzentrale vorgelegt wurde. Für FUCHS gilt wie für die BASF, dass es sich bei dem formalen Netz um eine Soll-Struktur handelt, die angibt, welche Einheiten sich untereinander bezogen auf strategische Entscheidungen und die Umsetzungen derselben abstimmen sollten. Es wird von dem konkreten Beziehungsinhalt ebenso abstrahiert wie von der Richtung der Beziehungen.

Verglichen mit der BASF fällt der Grad der Multiplexität zwischen formalen und informellen Netzen bei FUCHS etwas höher aus. Dieses Ergebnis ist jedoch auf die wesentlich niedrigere Dichte der Netzwerke zurückzuführen.[29] Alle Korrelationskoeffizienten sind für beide Ressourcennetze positiv. Die strukturelle Ähnlichkeit von Informationsnetz und formaler Struktur ist bei FUCHS geringfügig höher als bei der BASF. Die Koeffizienten für das Unterstützungsnetz und die formale Struktur sind kleiner. Da die beiden informellen Ressourcennetze untereinander stärker voneinander abweichen, lässt sich die Frage nach dem *fit* zwischen formaler und informeller Struktur nicht so eindeutig beantworten wie bei der BASF. Entgültig geklärt wird dies erst in Abschnitt 5.2.3 im Rahmen der Überprüfung der einzelnen Strukturhypothesen, die sich auf die Dichten zwischen den Blöcken beziehen.

Wie aufgrund der relativ hohen Korrelation der Ressourcennetze mit dem Netz der sozialen Beziehung zu vermuten war, ist letzteres auch höher mit der formalen Struktur korreliert als bei der BASF. Die Korrelationskoeffizienten fallen zwar nicht hoch genug aus, um von einer sehr großen Ähnlichkeit sprechen zu können, es lässt sich jedoch ein deutlicher Zusammenhang von formaler Struktur und sozialen Beziehungen feststellen.

Die grundsätzlichen Charakteristika der Netze bei FUCHS entsprechen sowohl hinsichtlich der Gesamtdichten als auch bezogen auf die Netzwerkstruktur den abgeleiteten Hypothesen. Ob das für FUCHS erwartete, deutliche Zentrum-Peripherie-Gefälle ebenfalls vorliegt und zudem stärker ausfällt als bei der BASF, wird im folgenden Abschnitt untersucht.

5.2.2 Zentrum-Peripherie-Strukturen bei FUCHS

Auch für FUCHS werden die Netzwerke graphisch dargestellt um einen Eindruck zu erhalten, welche Einheiten im Zentrum angesiedelt sind und welche Einheiten in Bezug auf strategische Entscheidungen eher eine periphere Rolle spielen. Die in den Netzwerken bestehenden Distanzen zwischen den Akteuren werden auf zwei Dimensionen reduziert. Die Positionen der Einheiten sind in Abbildung 5-5 für das Netz der formalen Struktur eingetragen. Die Einheiten in den Abbildungen wurden anonymisiert.

Bei FUCHS lassen sich ebenfalls eine Reihe von Akteursgruppen identifizieren, die nahe zueinander angeordnet sind und sich inhaltlich interpretieren lassen. Diese sind jedoch weniger trennscharf als bei der BASF. So weisen beispielsweise die Konzernleitungsmitglieder ("1") oder die asiatischen Tochtergesellschaften ("4") untereinander zum Teil relativ hohe Distanzen auf und enthalten nicht alle Einheiten der betreffenden Kategorie. Bei den Mitgliedern der Konzernleitung ist formal vorgesehen, dass diese nur direkte Beziehungen zu den in ihrem Ressort befindlichen Tochtergesellschaften unterhalten. Strategisch relevante Informationen über Gesellschaften der anderen Ressorts laufen indirekt über die jeweiligen Ressort-

---

[29] Da zur Berechnung der Multiplexität sowohl identisch vorhandene als auch identisch nicht vorhandene Beziehungen herangezogen werden, fällt diese bei dünnen Netzen mit zunehmender Größe tendenziell höher aus als bei dichten Netzen.

leiter oder die Zentralabteilungen. Daher sind die meisten Mitglieder der Konzernleitung nicht im Zentrum der Abbildung positioniert. Das für die amerikanischen Tochterunternehmen zuständige Mitglied der Konzernleitung beispielsweise befindet sich in der Nähe zu den amerikanischen Gesellschaften. Nur die Vorstände, die im Gegensatz zu den übrigen Konzernleitungsmitgliedern nicht für einzelne Regionen, sondern für Funktionen zuständig sind, unterhalten neben Beziehungen zu den Zentralabteilungen auch solche zu Tochtergesellschaften aus unterschiedlichen Regionen. Sie sind daher auch näher am Zentrum der Abbildung angeordnet und können alle übrigen Akteure im Netzwerk über relativ kurze Pfade erreichen.

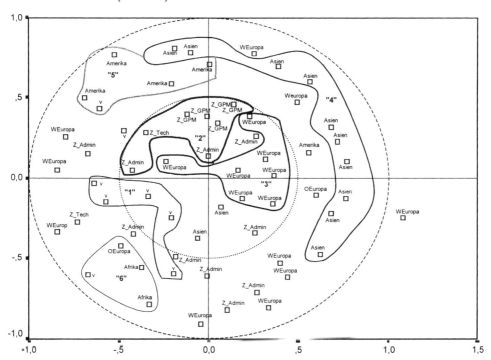

Abb. 5-5: Distanzen im Netz der formalen Organisationsstruktur - FUCHS

Ebenfalls nahe am Zentrum befindet sich eine Gruppe von Zentralabteilungen ("2"), die wichtige unterstützende und koordinierende Dienste für die Tochtergesellschaften und die Konzernleitung ausüben. Auch einige Tochtergesellschaften besetzen eine zentrale Position im Netz der formalen Struktur und befinden sich innerhalb des inneren Kreises in Abbildung 5-5. Dies sind insbesondere die großen Tochterunternehmen aus Westeuropa ("3"), die mit der nordamerikanischen Gesellschaft, gemessen an Umsatz- und Mitarbeiterzahl, die größten Tochterunternehmen des gesamten Konzerns sind.

Die kleineren Gesellschaften aus Asien ("4"), West- und Osteuropa sowie Afrika verfügen insgesamt über relativ große Distanzen zu den übrigen Akteuren und sind daher an der Peripherie angeordnet. Dies gilt ebenfalls für eine Reihe von Zentralabteilungen, deren Dienstleistungen für die Tochtergesellschaften und die Konzernleitung weniger Relevanz in Bezug auf strategische Entscheidungen besitzen. Auffällig ist hier, dass das für die osteuropäischen und afrikanischen Gesellschaften sowie denen im Nahen Osten zuständige Konzernleitungsmitglied ebenso wie diese an der Peripherie positioniert ist ("6"). Die Gesellschaften dieser in sich heterogenen "Region" weisen ebenso wie die amerikanischen Tochterunternehmen, eine hohe Distanz zu den übrigen Akteuren auf. Die gegenseitige Abstimmung bezüglich strategischer Entscheidungen läuft formal über die Mitglieder der Konzernleitung oder die Zentralabteilungen, die sich im Zentrum befinden.

Inwiefern die formale Struktur bei FUCHS ein deutlicheres Zentrum-Peripherie-Gefälle erkennen lässt als bei der BASF, ist beim Vergleich der beiden MDS-Lösungen schwer zu bestimmen. Während bei der BASF (vgl. Abbildung 5-1) die Zentrum-Akteure deutlich von der Peripherie getrennt und auch untereinander nah zueinander angeordnet sind, ist dies bei FUCHS nicht der Fall. Für eine dem Zentrum-Peripherie-Modell entsprechende Struktur bei FUCHS spricht jedoch, dass die Peripherie-Einheiten weniger deutliche Gruppen von direkt verbundenen Akteuren bilden als bei der BASF.

Um die formale Struktur visuell mit den realisierten Netzwerken des Ressourcenflusses vergleichen zu können, werden diese wie bei der BASF zusammengefasst und gemeinsam dargestellt. Die im Vergleich zur BASF etwas geringere, aber immer noch deutliche strukturelle Ähnlichkeit von Informations- und Unterstützungsnetz lässt diese Vorgehensweise zu. Da das Unterstützungsnetz in mehrere starke Komponenten zerfällt, wird bei nicht vorhandener Erreichbarkeit zwischen zwei Einheiten die maximal im Netz vorkommende Pfaddistanz plus Eins eingesetzt. Dies ist notwendig, um das Netz symmetrisieren zu können. Die zweidimensionale MDS-Lösung für die Ressourcennetze ist in Abbildung 5-6 eingetragen.

Übereinstimmend mit der formalen Struktur lassen sich in den realisierten Ressourcennetzen die Bereiche "1" bis "4" identifizieren. Allerdings weicht die Zuordnung sowie die Anzahl der zu diesen Bereichen gehörigen Einheiten teilweise von der in Abbildung 5-5 ab. Im Gegensatz zu der formalen Struktur bilden die amerikanischen Tochterunternehmen sowie die Gesellschaften aus dem Ressort "Osteuropa, Afrika, Nahost" in den Netzwerken der Information und der Unterstützung keine erkennbaren Bereiche, sind also nicht über kurze Pfade gegenseitig verbunden.

Die Mitglieder der Konzernleitung sind in den realisierten Ressourcennetzen deutlich zentraler positioniert als in der formalen Struktur und befinden sich alle innerhalb des inneren Kreises. Ähnlich wie schon bei der BASF beobachtet wurde, spielen die Vorstände und Konzernleitungsmitglieder eine zentrale Rolle im Prozess der strategischen Planung sowie bei der Umsetzung der Entscheidungen. Dies bedeutet auch, dass die Konzernleitung weniger stark durch die Zentralabteilungen entlastet wird als formal vorgesehen und selbst in eine Vielzahl direkter Informations- und Unterstützungsbeziehungen eingebunden ist.

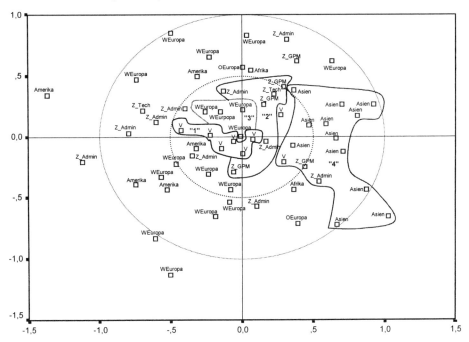

Input: Symmetrisierte Pfaddistanzen, Stress: 0,1008

Abb. 5-6: Distanzen in den Netzen Information und Unterstützung – FUCHS

Ebenso stark in die Netzwerke eingebettet sind die großen westeuropäischen Tochtergesellschaften ("3") sowie einige Zentralabteilungen ("2"). Hier gibt es allerdings von der formalen Struktur abweichende Zuordnungen. Es befinden sich beispielsweise nicht mehr sämtliche GPM's innerhalb des inneren Kreises, während eine im formalen Netz periphere Abteilung in den realisierten Netzen eine zentrale Position besetzt.

Im Gegensatz zu der formalen Struktur sind in den realisierten Netzen ausnahmslos alle asiatischen Gesellschaften in dem mit "4" gekennzeichneten Bereich angeordnet und weisen untereinander geringe Distanzen auf. Auch das für Asien zuständige Mitglied der Konzernleitung befindet sich in diesem Bereich ebenso wie zwei Zentralabteilungen, für die der asiatische Markt den Tätigkeitsschwerpunkt darstellt.

Insgesamt kann beim visuellen Vergleich der empirisch gemessenen Ressourcennetze mit dem Netz der formalen Struktur eine deutliche Ähnlichkeit festgestellt werden. Im Vergleich zur BASF scheint diese jedoch etwas schwächer ausgeprägt zu sein, da es eine Vielzahl von Abweichungen gibt. Betrachtet man jedoch die Korrelationskoeffizienten, kann dieser Schluss nicht eindeutig gezogen werden. Die Frage, wie stark der *fit* zwischen formaler und informeller Struktur bei FUCHS ausgeprägt ist, wird im Abschnitt 5.2.3 eingehender untersucht. Ob in den realisierten Ressourcennetzen ein deutlicheres Zentrum-Peripherie-Gefälle vorliegt als in der formalen Struktur, ist auf Basis der Abbildungen ebenfalls nicht eindeutig festzustellen und wird im folgenden anhand eines Zentrum-Peripherie-Modells überprüft. Auffällig ist in diesem Zusammenhang, dass sich in den Ressourcennetzen einige Einheiten sogar außerhalb des äußeren Kreises befinden, d.h. die Distanzen zwischen Zentrum und Peripherie teilweise sehr hoch sind.

Zuvor soll die Struktur des Netzes der sozialen Beziehungen graphisch abgebildet werden, um die strukturelle Ähnlichkeit mit der formalen Struktur und den Ressourcennetzen zu verdeutlichen. Da es sich bei den sozialen Beziehungen um ungerichtete Graphen, d.h. symmetrische Beziehungen, handelt, stellen die unverbundenen Akteure für die Berechnung der MDS-Lösung ein größeres Problem dar als beim Unterstützungsnetz, welches zumindest eine schwache Komponente bildete. Setzt man für die nicht vorhandenen Pfade jeweils die maximal beobachtete Pfaddistanz plus Eins ein, führt dies zu einer "degenerierten" Lösung (vgl. Borg 1997: 216-219).[30] Die fünf Einheiten, die jeweils eine einzelne Komponente bilden, werden daher bei der MDS nicht berücksichtigt und die Lösung nur für die 58 verbundenen Akteure berechnet. Diese ist in Abbildung 5-7 dargestellt.

Wie bei der formalen Struktur und den Ressourcennetzen lassen sich im Netz der sozialen Beziehungen die Bereiche "1" bis "4" identifizieren. Dabei sind die Mitglieder Konzernleitung ("1"), die großen westeuropäischen Gesellschaften ("3") und einige, für die Koordination im Rahmen der strategischen Planung wichtige Zentralbereiche ("2"), nahe am Zentrum der Abbildung positioniert. Bis auf einen Vorstand sind sämtliche Mitglieder der Konzernleitung innerhalb des inneren Kreises angeordnet und verfügen auch über viele soziale Beziehungen zu Nichtmitgliedern der Konzernleitung. Während die insgesamt größere soziale Distanz der Vorstände zu den übrigen Einheiten bei der BASF als Hinweis auf einen bürokratischen Führungsstil gewertet wurde, liegt bei FUCHS möglicherweise ein eher kooperativer Führungsstil vor, bei dem auch die persönlichen Beziehungen im Hinblick auf die Geschäftstätigkeit eine Rolle spielen (vgl. Berthel 1988: 96, Oechsler 1997: 406-409). Trotz einiger Abweichungen lässt sich die Hypothese, dass der geschäftsbezogene Ressourcenfluss ähnliche Muster aufweißt wie die sozialen Beziehungen (H 2.5.2-F), für FUCHS nicht verwerfen. Ebenso spiegelt sich die formale Struktur in den sozialen Beziehungen wieder.

---

[30] Graphisch ergibt sich eine Abbildung bei der die 58 verbundenen Akteure alle auf einer identischen Position angeordnet werden, während die fünf unverbundenen Akteure im Raum verteilt sind.

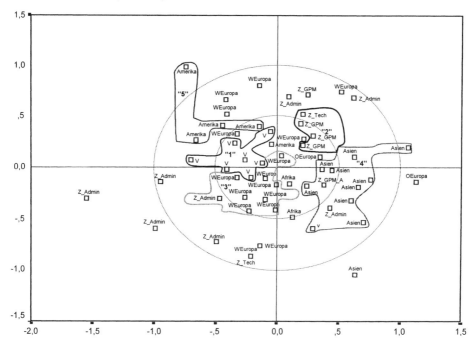

Abb. 5-7: Distanzen im Netz der sozialen Beziehungen - FUCHS

Die asiatischen Tochtergesellschaften sind auch im Netz der sozialen Beziehungen nahe zueinander angeordnet und bilden einen Bereich ("4"), der etwas weiter entfernt vom Zentrum und damit zu den übrigen Akteuren ist. Die strukturelle Ähnlichkeit zwischen den Ressourcennetzen und den sozialen Beziehungen zeigt sich auch am Beispiel der zwei bereits im Zusammenhang mit den Ressourcennetzen erwähnten Zentralabteilungen. Diese, hauptsächlich mit der asiatischen Region befassten Abteilungen, sind im Netz der sozialen Beziehungen ebenfalls nahe zu den asiatischen Gesellschaften positioniert.

In Bezug auf die Ausprägung der Zentrum-Peripherie-Stuktur im Netz der sozialen Beziehungen ist hervorzuheben, dass zusätzlich zu den in Abbildung 5-7 dargestellten Einheiten fünf weitere völlig isolierte Akteure existieren, die nicht in der Abbildung eingetragen sind. Insofern scheint insbesondere für dieses Netz ein deutliches Gefälle vorzuliegen. Das exakte Ausmaß des Zentrum-Peripherie-Gefälles wird, wie schon bei der BASF, anhand der Übereinstimmung der empirisch erhobenen Netze mit einem Modellnetz bestimmt. Der Modell-*fit* sowie der Anteil der Einheiten je Kategorie, die sich im Zentrum befinden, ist in Tabelle 5-13 verzeichnet.

Netz	Modell-*fit* (Korrelation)	Anteil der Akteure im Zentrum (in % je Kategorie)		
		Vorstände	Zentralabteilungen	Tochtergesellschaften
Information	0,495	100,0%	58,8%	18,4%
Unterstützung	0,484	75,0%	58,8%	13,2%
Soziale Beziehungen	0,510	62,5%	35,3%	31,6%
Formale Struktur	0,614	100,0%	94,1%	26,3%

Tab. 5-13: Zentrum-Peripherie-Struktur bei FUCHS

Entgegen der Annahmen ist das Zentrum-Peripherie-Gefälle bei FUCHS insgesamt etwas weniger stark ausgeprägt als bei der BASF. Den Hypothesen entsprechend folgt das Gefälle einerseits der Hierarchie und andererseits der Trennung zwischen den in der Holding-Zentrale angesiedelten Einheiten und den Tochterunternehmen. In den Ressourcennetzen befinden sich fast alle Konzernleitungsmitglieder sowie über die Hälfte der Zentralabteilungen im Zentrum, während jeweils über 80% der Gesellschaften an der Peripherie angesiedelt sind. Beim Vergleich der Übereinstimmungen von Modell und empirischen Netzen, fällt wie schon in den Abbildungen der Netze auf, dass bei der BASF der dichte Zentrumsblock der idealtypischen Vollstruktur sehr nahe kommt, während es bei FUCHS der dünne Peripherie-Block ist, der die höchste Übereinstimmung mit dem Modell aufweist.

Die Analyse der grundsätzlichen Charakteristika der Netzwerke bei FUCHS hat ergeben, dass, wie erwartet, deutlich geringere Netzwerkdichten sowie höhere Pfaddistanzen als bei der BASF vorliegen. FUCHS entspricht in dieser Hinsicht weniger dem Idealtyp des "Netzwerkunternehmens". Ähnlich wie bei der BASF scheint ein *fit* zwischen formaler Struktur und informellen Ressourcennetzen vorzuliegen, der offensichtlich nur etwas geringer ausfällt. Zudem konnte, abweichend von den Ergebnissen für die BASF, auch eine strukturelle Ähnlichkeit zwischen dem Netz der sozialen Beziehungen mit der formalen Struktur sowie den Ressourcennetzen festgestellt werden. Die Netze bei FUCHS lassen zwar eine Zentrum-Peripherie-Struktur erkennen, diese fällt jedoch entgegen der Annahme nicht deutlicher aus als bei der BASF. Die eingehendere Analyse des *fits* zwischen der formalen Struktur und den realisierten Ressourcennetzen erfolgt im nächsten Abschnitt, indem die Strukturhypothesen bezüglich der Ressourcenflüsse zwischen den Blöcken überprüft werden.

5.2.3 Muster der Ressourcenflüsse: Eine Blockmodellanalyse

Für die beiden Ressourcennetze wurden die Dichten zwischen den gemäß der formalen Kategorien gebildeten Blöcken berechnet. Die Dichotomisierung wird auch für FUCHS anhand des Kriteriums der Durchschnittsdichte vorgenommen. Dichten zwischen Blöcken, die über der Dichte des Gesamtnetzes liegen, werden auf Eins, Dichten die darunter liegen, auf Null gesetzt. Die empirischen Ergebnisse für die theoretische vorgegebene Blockung sind in Tabelle 5-14 für das Informationsnetz und in Tabelle 5-15 für das Unterstützungsnetz eingetragen.

INFORMATION		SENDER		
		Konzernleitung	Zentralabteilungen	Tochtergesellschaften
EMPFÄNGER	Konzernleitung	1	1	1 / *1*
	Zentralabteilungen	1	0	1
	Tochtergesellschaften	1 / *1*	1	0 / *1*

kursiv = intraregion

Tab. 5-14: Netzwerkdichten Informationsnetz - FUCHS

Wie schon aufgrund der Korrelationskoeffizienten vermutet, entsprechen die Muster der Ressourcenflüsse des Informationsnetzes weitgehend der hypothetisch vermuteten Struktur. Von den zwöf Einzelhypothesen werden zehn bestätigt. Der *fit* zwischen dem Informationsnetz und der formalen Struktur liegt somit vor. Abweichungen ergeben sich beim Informationsfluss zwischen der Konzernleitung und den Tochtergesellschaften. Entgegen der Vermutung findet dieser in überdurchschnittlichem Ausmaß auch zwischen den Gesellschaften und den Konzernleitungsmitgliedern statt, die nicht dem jeweils zuständigen Ressort vorstehen.

UNTERSTÜTZUNG		SENDER		
		Konzernleitung	Zentralabteilungen	Tochtergesellschaften
EMPFÄNGER	Konzernleitung	1	1	1 / *1*
	Zentralabteilungen	1	1	0
	Tochtergesellschaften	1 / *1*	1	0 / *0*

kursiv = intraregion

Tab. 5-15: Netzwerkdichten Unterstützungsnetz - FUCHS

Die im Vergleich zu dem Informationsnetz niedrigere Korrelation zwischen dem formalen Netz und dem Unterstützungsnetz zeigt sich auch bei der Blockmodellanalyse. Nur sieben der zwölf Strukturhypothesen werden bestätigt, so dass für dieses Netz nur eingeschränkt ein *fit* mit der formalen Struktur vorliegt. Wie schon beim Informationsnetz fließt Unterstützung auch zwischen den Konzernleitungsmitgliedern und den Tochtergesellschaften, die nicht dem jeweiligen Ressort zugeordnet sind. Ebenfalls den Annahmen widerspricht die überdurchschnittlich hohe Unterstützungsnachfrage der Zentralabteilungen untereinander sowie das Unterstützungsangebot der Zentralabteilungen an die Tochtergesellschaften. Diese sind auch bei der Umsetzung ihrer Strategien in stärkerem Maße auf die Unterstützung der

Zentrale angewiesen als im Rahmen der Hypothesen postuliert wurde. Zwischen den Gesellschaften gibt es selbst intraregional nur wenige Unterstützungsbeziehungen. Auffällig ist, dass die im vorherigen Abschnitt identifizierte Zentrum-Peripherie-Struktur sich für das Unterstützungsnetz auch in der theoretischen Blockung erkennen lässt. Fasst man die Konzernleitung und die Zentralabteilungen zum Zentrum-Block und die Tochtergesellschaften zum Peripherie-Block zusammen, ergibt sich exakt das Muster des Zentrum-Peripherie-Modells.

Das Vorliegen des *fits* zwischen formaler Struktur und den realisierten Ressourcennetzen kann aufgrund der Abweichungen beim Unterstützungsnetz bei FUCHS nicht so eindeutig festgestellt werden wie bei der BASF. Für die theoretische Blockzuordnung gemäß der formalen Struktur ergibt sich für das Informationsnetz ein *b-fit* von 0,15 und für das Unterstützungsnetz von 0,19. Die Trennung in Null- und Einsblöcke fällt für FUCHS trotz der höheren Akteurszahl und der geringeren Blockzahl deutlicher aus als für die BASF.

Im folgenden wird durch Anwendung des CONCOR-Algorithmus überprüft, ob sich ähnliche Blockzuordnungen ergeben, wenn diese nicht vorgegeben, sondern aufgrund eines abgeschwächten Kriteriums der strukturellen Äquivalenz empirisch ermittelt werden. Für FUCHS wird ebenfalls eine Zeilenlösung berechnet, d.h. es werden Einheiten zusammengefasst, die strukturell äquivalente Nachfragestrukturen aufweisen. CONCOR führt zu einer 28-Blocklösung bei der ein *b-fit* von 0,65 erzielt wird (Tabelle 5-16). Ein gut interpretierbares Ergebnis, welches nicht zu viele Blöcke beinhaltet, stellt eine Acht-Block-Lösung (*b-fit*=0,26) dar. Der kleinste Block umfasst hier fünf, der größte Block elf Einheiten.

Auch bei FUCHS lassen sich mehrere Strukturmuster erkennen, die jedoch im Vergleich zu den Ergebnissen bei der BASF weniger eindeutig sind, da mehrere Ausreißer (schattierte Flächen in der Abbildung) sowie gemischte Blöcke vorliegen. Am deutlichsten erfolgt die Zuordnung der Tochterunternehmen zu den Blöcken nach regionaler Zugehörigkeit der Gesellschaften. Die Blöcke G und H enthalten mit einer Ausnahme nur asiatische Tochtergesellschaften. Als weiteres gemeinsames Merkmal weisen diese mehrheitlich hohe Transferanteile auf. Das für Osteuropa zuständige Konzernleitungsmitglied ist ebenfalls in Block G vertreten. Die südamerikanischen und regional isolierten Gesellschaften[31] sind in Block E zu finden. Block D beinhaltet mit Ausnahme der französischen alle westeuropäischen Tochterunternehmen. Ein Konzernleitungsmitglied ist ebenfalls in diesem Block. Die nordamerikanischen Gesellschaften befinden sich zusammen mit dem verantwortlichen Konzernleitungsmitglied in Block B. Schwer zu interpretieren ist die Zuordnung der osteuropäischen Gesellschaften zu den "regionenfremden" Blöcken E und H. Die deutschen Gesellschaften sind ebenfalls auf mehrere Blöcke verteilt, wobei sich die größte Gesellschaft im Block D befindet. Weitere deutsche Gesellschaften sind im "Nordamerikablock" B.

---

[31] Isoliert bedeutet in diesem Zusammenhang, dass sich die Gesellschaften nicht in einer Region befinden, in der weitere Gesellschaften angesiedelt sind. Diese Gesellschaften weisen zudem fast ausschließlich niedrige Intragruppentransfers auf.

Block	Einheit	
A	Vorstand Vorstand Vorstand Vorstand Z_GPM Z_Tech Westeuropa Westeuropa	Konzernleitung, Zentralabteilungen, Gesellschaften Frankreich
B	Vorstand Westeuropa Westeuropa Westeuropa Amerika Amerika	Konzernleitung, Gesellschaften Nordamerika und Deutschland
C	Vorstand Z_Admin Z_Admin Z_Admin Z_Admin Z_Admin Z_Admin Westeuropa	Konzernleitung, Zentralabteilungen
D	Vorstand Z_Admin Westeuropa Westeuropa Westeuropa Westeuropa Westeuropa Westeuropa Westeuropa Westeuropa	Konzernleitung, Zentralabteilungen, Gesellschaften Westeuropa
E	Westeuropa Westeuropa Osteuropa Amerika Amerika Amerika Afrika Asien Afrika	Gesellschaften Südamerika und "isolierte" Regionen
F	Z_GPM Z_GPM Z_GPM Z_GPM Z_Tech	Global Product Management
G	Vorstand Z_Admin Asien Asien Asien Asien Asien	Konzernleitung, Gesellschaften Asien
H	Z_Admin Osteuropa Asien Asien Asien Asien Asien	Gesellschaften Asien

Tab. 5-16: Blockmodell-Lösung (CONCOR) - FUCHS

Ebenso wie bei der BASF gibt es eine Reihe von Ausreißern, deren Blockzuordnung sich nicht einfach erklären lässt. Bei den Tochterunternehmen betrifft dies die französischen Gesellschaften von denen zwei im vorstandsdominierten Block A, die dritte im von den südamerikanischen und von den regional isolierten Gesellschaften besetzten Block E angesiedelt sind. Ebenfalls diesem Block zugeordnet ist eine kleine deutsche Gesellschaft, die hinsichtlich ihres Produktportfolio eine Sonderstellung einnimmt. Als weiterer Ausreißer ist eine westeuropäische Gesellschaft zu nennen, die, wie schon bei der MDS-Lösung (vgl. Abbildung 5-6) zu erkennen war, kaum in die Ressourcennetze eingebunden ist.

Die Zentralabteilungen konzentrieren sich auf die Blöcke F und C. Dabei sind die Abteilungen, die eher unterstützende kaufmännische Funktionen erfüllen, zusammen mit dem im wesentlichen für diese Funktionen zuständigen Vorstand in Block C vertreten. Vier der fünf Global Product Manager (GPM) sowie eine weitere Zentralabteilung bilden den Block F. Diese Einheiten leisten für die Gesellschaften unterstützende und koordinierende Arbeit, die eher technischer Art ist. Der fünfte GPM befindet sich im Vorstandsblock A. Ausreißer bei den Zentralabteilungen sind in Block H und Block D zu finden. Die Zuordnung einer Zentralabteilung zu dem asiatischen Block H lässt sich erneut vor dem Hintergrund erklären, dass der asiatische Markt den Tätigkeitsschwerpunkt derselben darstellt. Die Einheiten in den Blöcken G und H bilden auch bei der MDS-Lösung eine "Region", sind also nicht nur strukturell äquivalent sondern auch untereinander verbunden. Die interne Verbundenheit in Bezug auf Informations- und Unterstützungsbeziehungen könnte in dem hohen Anteil der konzerninternen Transfers der asiatischen Gesellschaften begründet liegen. Diese fließen ebenfalls im wesentlichen zwischen den asiatischen Tochterunternehmen.

In Block A ist die Mehrheit der Konzernleitungsmitglieder vertreten. Neben dem Vorstandsvorsitzenden sind dies der für die asiatischen Gesellschaften zuständige sowie die beiden für die westeuropäischen Gesellschaften verantwortlichen Vorstände.

Insgesamt ist bei FUCHS die Blockeinteilung nach regionaler Zugehörigkeit der Tochtergesellschaften dominierend. Dies gilt insbesondere, wenn die Zuordnung der Zentralbereiche ebenfalls als regionale Einteilung verstanden wird, da diese allesamt in der Holding-Zentrale angesiedelt sind. Die Zuordnung nach Art der Organisationseinheit lässt sich ebenfalls in der Blockung erkennen, ist aber weniger deutlich. Dies gilt besonders in Bezug auf die Konzernleitung. Kein klares Muster ergibt sich, wenn man die Höhe der von den Gesellschaften erwirtschafteten Renditen in den unterschiedlichen Blöcken betrachtet.

Wie schon bei der BASF lässt sich die Nachfragestruktur der einzelnen Blöcke eingehender untersuchen. Die zu den Blöcken zusammengefassten und dichotomisierten Ressourcennetze sind in Tabelle 5-17 eingetragen. Die im Vergleich zur BASF geringere strukturelle Ähnlichkeit von Informations- und Unterstützungsnetz wurde bereits auf Basis der Korrelationskoeffizienten festgestellt und wird durch die Blockmodellanalyse bestätigt. Bei FUCHS unterscheiden sich 11 von insgesamt 64 Zelleneinträgen (17%). Während die Blöcke F

(GPM) und D (FUCHS Europe) die größten Nachfrager (Zeilenblöcke) nach Information sind, wird Unterstützung bei der Umsetzung von Strategien am stärksten von den Blöcken A (Konzernleitung) und G (Asien) nachgefragt.

	Information								
Block	A	B	C	D	E	F	G	H	Ø Zeile
A	1	1	1	1	0	0	0	0	18,6%
B	1	1	1	0	1	0	0	0	12,4%
C	1	1	1	1	0	0	1	0	20,7%
D	1	0	0	0	0	1	0	0	21,5%
E	1	1	0	0	0	1	0	0	14,1%
F	0	0	0	1	1	1	1	0	33,8%
G	1	0	0	0	0	1	1	0	20,8%
H	1	0	0	0	0	1	1	1	11,3%
Ø Spalte	26,7%	14,8%	16,2%	18,4%	13,1%	32,2%	22,1%	9,8%	
	Unterstützung								
Block	A	B	C	D	E	F	G	H	Ø Zeile
A	1	0	1	1	0	0	1	1	22,9%
B	1	1	1	0	0	0	0	0	8,3%
C	1	1	1	1	0	0	0	0	11,1%
D	1	0	1	1	0	1	0	0	13,0%
E	0	1	0	0	0	1	0	0	15,1%
F	0	0	0	1	1	1	0	0	12,3%
G	1	0	1	0	0	1	1	0	15,3%
H	1	0	0	0	0	0	1	1	8,3%
Ø Spalte	75,0%	37,5%	62,5%	50,0%	12,5%	50,0%	37,5%	25,0%	

Tab. 5-17: Dichten zwischen den Blöcken - FUCHS

In beiden Netzen haben die Blöcke A, B und C ähnliche Nachfragestrukturen. Diese fragen von jeweils ihrem eigenen Block sowie den übrigen Blöcken A, B, C und D überdurchschnittlich viele Ressourcen nach. Die Nachfrage der fast ausschließlich in Westeuropa und Nordamerika angesiedelten Einheiten ist stark auf diese Regionen konzentriert. Auch die Nachfrage der asiatischen Tochtergesellschaften in den Blöcken G und H beschränkt sich neben der Konzernzentrale im wesentlichen auf die eigene Region. Dies unterstreicht die regionale Segmentierung der beiden Ressourcennetze. Zwischen den Gesellschaften unterschiedlicher Regionen fließen nur unterdurchschnittlich viele Ressourcen. Die Gesellschaften aus Block D (FUCHS Europe) beschränken ihre Informationsnachfrage im wesentlichen auf den Vorstandsblock sowie die GPM in Block F. Nur bei der Nachfrage nach Unterstützung wird zusätzlich noch der eigene Block sowie Block C, aber ebenfalls keine Gesellschaften aus anderen Regionen genannt. Die südamerikanischen und die geographisch isolierten Gesellschaften (Block E) fragen ebenfalls nur von den Zentralabteilungen und Vorständen (Blöcke B und F) überdurchschnittlich viel Information und Unterstützung nach.

Die Nachfrage des Blocks F, der die Global Product Manager enthält, ist insbesondere bei der Information auf die Blöcke mit Tochterunternehmen und weniger auf die Blöcke mit anderen Zentralabteilungen und Vorständen konzentriert, was sich mit der oben genannten Unterstützungsfunktion der GPM erklären lässt, die diese für die dezentralen Product Manager in den Gesellschaften ausüben.

Insgesamt lässt sich in der Blockzuordnung zwar die Trennung in die formalen Kategorien Konzernleitung, Zentralabteilungen und Tochtergesellschaften erkennen, diese fällt jedoch weniger eindeutig aus als dies bei der BASF der Fall war, da es mehrere Abweichungen gibt. Die Einteilung gemäß der regionalen Zugehörigkeit ist deutlicher zu erkennen und ist bei FUCHS das dominierende Strukturmuster.

Die Blockmodellanalyse und die Untersuchung des Zentrum-Peripherie-Gefälles beziehen sich auf die Gesamtstruktur der Netze und auf die strukturelle Einbettung einzelner Gruppen. Die dazu gehörigen Hypothesen hinsichtlich der Muster der Ressourcenflüsse, der Dichten sowie der Segmentierung der Netze wurden unter der Annahme eines *fits* zwischen der formalen und der informellen Struktur abgeleitet. Obwohl die Hypothesen mehrheitlich bestätigt werden konnten, fiel die Bestätigung im Vergleich zur BASF weniger deutlich aus.

Im nächsten Abschnitt werden die Hypothesen bezüglich der Allokation der Netzwerkressourcen vor dem Tausch überprüft. Betrachtungsebene ist die Position der einzelnen Einheiten in den Netzwerken. Die Hypothesen wurden primär aus der ersten der Arbeit zugrunde liegenden inhaltlichen Forschungsfrage abgeleitet. Demnach wird erwartet, dass FUCHS weniger dem Idealtyp eines Netzwerkunternehmens entspricht als die BASF. Als erstes Anzeichen dafür kann die Beobachtung gewertet werden, dass das Zentrum-Peripherie-Gefälle bei FUCHS entlang der Trennungslinie zwischen Holding-Zentrale und Tochtergesellschaften verläuft. In welchem Ausmaß die Ressourcen in der Konzernzentrale gebündelt sind, wird im nächsten Abschnitt anhand der Zentralitätsmaße untersucht.

5.2.4 Die Ressourcenallokation bei FUCHS

Die Wahrnehmung, welche Einheiten einen besonders hohen Einfluss auf strategische Entscheidungen ausüben, wird mit dem Reputationsnetz gemessen. In Tabelle 5-18 ist das *Degree*-Prestige sowohl in absoluten Werten für die einzelnen Blöcke als auch bezogen auf den durchschnittlichen Wert einer Einheit der jeweiligen Kategorie eingetragen.

Reputation	Degree-Prestige (Indegrees)		
	Σ Block	Ø je Einheit	Ø je Einheit standardisiert
Konzernleitung	25,9%	3,2%	69,8%
Zentralabteilungen	28,0%	1,6%	35,6%
Tochtergesellschaften	46,1%	1,2%	26,2%

Tab. 5-18: Degree-Prestige im Reputationsnetz - FUCHS

Erwartungsgemäß werden, bezogen auf eine Einheit, die Mitglieder der Konzernleitung als die deutlich einflussreichsten Akteure wahrgenommen. Innerhalb der Konzernleitung besteht zudem ein ausgeprägtes Gefälle zwischen dem Vorstandsvorsitzenden und den übrigen Mitgliedern. Mit einigem Abstand nach der Konzernleitung folgen die Zentralabteilungen der Holding. Die Tochtergesellschaften des Konzerns werden im Durchschnitt als wenig einflussreich wahrgenommen, wobei die Standardabweichung in dieser Kategorie am größten ist. Die gemessen am Umsatz größten Tochtergesellschaften werden beispielsweise als einflussreicher erachtet als einige Mitglieder der Konzernleitung.

Information	Zentralität				
	OutDegree	Indegree (Prestige)	Out Closeness (standardisiert)	In Closeness (standardisiert)	Betweenness (standardisiert)
Konzernleitung	23,1% (2,9)	26,1% (3,3)	61,5	59,0	6,4
Zentralabteilungen	32,6% (1,9)	29,4% (1,7)	50,9	52,2	1,8
Tochtergesellschaften	44,3% (1,2)	44,5% (1,2)	48,3	47,9	0,6
aus					
Deutschland	7,3% (1,2)	8,4% (1,4)	50,6	49,2	1,2
Westeuropa	13,5% (1,2)	11,0% (1,0)	47,3	49,0	0,4
Osteuropa	2,1% (1,0)	1,7% (0,8)	46,4	47,7	0,3
Afrika, Nahost	2,6% (1,3)	2,8% (1,4)	51,7	49,9	0,4
Amerika	3,6% (0,7)	3,9% (0,8)	46,5	44,0	0,3
Asien	15,2% (1,3)	16,7% (1,4)	48,7	47,5	0,7

Tab. 5-19: Prestige und Zentralität im Informationsnetz - FUCHS

Für das Informations- und das Unterstützungsnetz lassen sich neben der Degree-Zentralität die *Closeness* und *Betweennes* bestimmen. Beim Unterstützungsnetz ergibt sich bei der Berechnung der *Closeness* das bereits erläuterte Problem, dass dieses in mehrere Komponenten zerfällt. Anstelle der *Closeness* wird daher das sogenannte *Proximity*-Prestige herangezogen, welches nur die Distanzen zu den erreichbaren Akteuren berücksichtigt.[32] Ta-

---

[32] Für die Berechnung des *Proximity Prestige* $Pp(n_i)$ eines Akteurs i wird zunächst ein sogenannter Einflussbereich I_i spezifiziert. Aus der Perspektive eines Akteurs i als Nachfrager (Out) enthält dieser die Anzahl der Akteure, die i direkt oder indirekt erreichen können:

$$I_i = \left(\frac{Zahl\ der Akteure, die\ i\ erreichen\ können}{(n-1)} \right).$$

Der Einflussbereich wird im zweiten Schritt durch die Summe der Pfaddistanzen $d(n_j n_i)$ von den übrigen Akteuren zu i geteilt (vgl. Wasserman/Faust 1994: 200-2001):

$$Pp(n_i) = \frac{I_i}{\sum_j d(n_j n_i)/I_i}.$$

Aus der Anbieterperspektive (In) enthält die Einflusssphäre die Akteure, die von i direkt oder indirekt beliefert werden. Analog wird für den Nenner die Summe der Pfaddistanzen von i zu den Nachfragern gebildet.

belle 5-19 enthält die Zentralitätsmaße für das Informationsnetz und Tabelle 5-20 für das Unterstützungsnetz. Wie schon bei der BASF wird für die Akteure unterschieden, ob sie als Anbieter (In) oder als Nachfrager (Out) auftreten. Die Werte für die *Betweenness-* und *Closeness-*Zentralität bzw. *Proximity* beziehen sich auf den Blockdurchschnitt. Für die *Degree-*Zentralität ist der Gesamtanteil der Blöcke sowie in Klammern der Durchschnitt je Einheit innerhalb eines Blocks angegeben.

Unterstützung	Zentralität				
	OutDegree	Indegree (Prestige)	Out Proximity (standardisiert)	In Proximity (standardisiert)	Betweenness (standardisiert)
Konzernleitung	27,5% (3,4)	27,3% (3,4)	0,55	0,54	7,8
Zentralabteilungen	24,1% (1,4)	38,7% (1,4)	0,43	0,48	2,1
Tochtergesellschaften	48,4% (1,3)	34,0% (1,3)	0,42	0,39	0,5
aus					
Deutschland	8,1% (1,4)	7,7% (1,3)	0,46	0,43	1,2
Westeuropa	12,1% (1,1)	10,9% (1,0)	0,39	0,42	0,5
Osteuropa	2,4% (1,2)	1,8% (0,9)	0,43	0,42	0,5
Afrika, Nahost	3,2% (1,6)	1,4% (0,7)	0,47	0,41	0,2
Amerika	7,9% (1,6)	2,0% (0,4)	0,43	0,20	0,5
Asien	14,8% (1,2)	10,3% (0,9)	0,43	0,43	0,3

Tab. 5-20: Prestige und Zentralität im Unterstützungsnetz - FUCHS

Die Mitglieder der Konzernleitung sind, bezogen auf eine Einheit, sowohl die größten Anbieter als auch Nachfrager nach beiden Ressourcen und weisen bei allen drei Zentralitätsmaßen die mit Abstand höchsten Werte auf. Die zentrale Position der Konzernleitung konnte bereits am Ergebnis der MDS visuell nachvollzogen werden. Sämtliche Mitglieder befinden sich im inneren Kreis, d.h. im Zentrum des Netzwerkes (vgl. Abbildung 5-6). Bei der Anwendung des Tauschmodells ist daher zu erwarten, dass die *Terms of Trade* für die Konzernleitungsmitglieder günstig werden und diese aufgrund der hohen *Betweennes-*Zentralität zusätzlich von Brokertätigkeiten profitieren. Die hohen Zentralitätswerte entsprechen zudem der hinsichtlich des Idealtyps der Holding getroffenen Aussage, nach der die Holding-Leitung häufig einen Engpass für den Informationsfluss im Konzern darstellt.

Die ebenfalls in der Konzernzentrale angesiedelten Zentralabteilungen sind in beiden Netzen die mit einigem Abstand zu der Konzernleitung zweitgrößten Anbieter und Nachfrager je Einheit. Allerdings ist diese Kategorie in sich heterogener als die Konzernleitung. Wie anhand der MDS-Lösung (vgl. Abbildung 5-6) zu erkennen ist, befinden sich einige Einheiten im Zentrum der Netze, während andere Zentralabteilungen an der Peripherie angeordnet sind.

An dritter Stelle folgen die Tochtergesellschaften. Das der idealtypischen Holdingstruktur entsprechende Zentrum-Peripherie-Gefälle bei der Allokation der Ressourcen fällt noch deutlicher aus, wenn man die Konzernleitung und die Zentralabteilungen als Zentrum-

Akteure zusammenfasst. Die Hypothese bezüglich der Allokation der Information (H 2.2.2-F) wird eindeutig bestätigt, da diese zentral vorhanden ist. Die Hypothesen, dass Unterstützung in gleichem Maße von der Konzernleitung und den Tochtergesellschaften sowie am meisten von den Zentralabteilungen angeboten wird (H 2.2.3-F; H 2.2.4-F), werden beide nicht bestätigt. Wählt man als Bezugspunkt das durchschnittliche Ressourcenangebot einer Einheit aus den Kategorien, ergibt sich für Unterstützung das gleiche Gefälle wie beim Informationsnetz.

Da die im vorherigen Abschnitt mit CONCOR identifizierte Blockung auf Ebene der Tochtergesellschaften eine Segmentierung nach regionaler Zugehörigkeit ergab, sind in Tabelle 5-19 und Tabelle 5-20 die Tochtergesellschaften dementsprechend weiter aufgegliedert. Nimmt man erneut den Durchschnittswert je Einheit einer Kategorie als Anhaltspunkt, lassen sich zwischen den Regionen keine besonders deutlichen Unterschiede ausmachen. Dies mag daran liegen, dass sich innerhalb der Regionen selbst große Unterschiede bezüglich der Zentralität der einzelnen Einheiten ergeben, die sich auf Ebene der gesamten Region ausgleichen. Auffällig sind einzig die hohen Werte für die deutschen Gesellschaften bei der *Betweenness*. Diese sollten einen zusätzlichen Tauschgewinn durch Brokertätigkeit ermöglichen.

Nachdem analog zu der BASF die Netzwerkanalyse für FUCHS durchgeführt wurde, erfolgt im nächsten Kapitel die empirische Anwendung des Tauschmodells. Dadurch lassen sich die noch offenen Hypothesen bezüglich der Steuerungsrelevanz der Ressourcen sowie des Ausmaßes und der Richtung des Netzwerkeffektes überprüfen. Zuvor sollen die wesentlichen Ergebnisse der Netzwerkanalyse für die beiden Unternehmen zusammengefasst werden.

5.3 Zwischenresümee

In Abschnitt 2.5 wurden die beiden grundlegenden Forschungsfragen formuliert. Die erste Frage zielt darauf ab, ob sich in den untersuchten Unternehmen die Eigenschaften idealtypischer "Netzwerkunternehmen" auch empirisch beobachten lassen. Die darauf bezogenen, in diesem Kapitel überprüften Hypothesen betreffen die Ausprägung der Zentrum-Peripherie-Struktur sowie die ursprüngliche Allokation der beiden Netzwerkressourcen "Information" und "Unterstützung". Die empirische Netzwerkanalyse führte zu folgenden Ergebnissen:

1. Den Hypothesen entsprechend weisen die Netzwerke bei FUCHS ein der Hierarchie folgendes ausgeprägtes Zentrum-Peripherie-Gefälle auf. Dass sich ein solches Gefälle auch bei der BASF beobachten lässt, widerspricht den Annahmen. Hier wurde vermutet, dass dem Idealtyp des Netzwerkunternehmens entsprechend, kein deutliches Gefälle vorhanden sein sollte.

2. Sowohl Information als auch Unterstützung sind bei FUCHS zentral vorhanden. Dadurch wird die Hypothese bestätigt, dass FUCHS diesbezüglich vom Idealtyp des "Netzwerkunternehmens" abweicht. Die Hypothese, dass bei FUCHS Unterstützung stärker dezentral vorhanden ist als Information, trifft nicht zu. Bei der BASF sind die Ressourcen zwar et-

was mehr auf die Einheiten verschiedener Kategorien verteilt, insgesamt sind jedoch auch hier die Vorstände die durchschnittlich wichtigsten Anbieter von Information und Unterstützung, so dass die Hypothese, dass die BASF in dieser Hinsicht mehr dem Idealtyp des Netzwerkunternehmens entspricht, widerlegt wird.
3. Die Hypothese, dass das Netz der sozialen Beziehungen und die Ressourcennetze strukturell ähnlich sind, wird nur bei FUCHS bestätigt.

Die zweite Grundfrage bezieht sich auf das Vorliegen eines *fits* zwischen der formalen Organisationsstruktur und den realisierten (informellen) Netzen. Die Hypothesen, die diesbezüglich in diesem Kapitel überprüft wurden, treffen Annahmen bezüglich der Gesamtdichten der Netzwerke, der Muster der Ressourcenflüsse zwischen den Einheiten unterschiedlicher Kategorien und der Segmentierung der Netze. Dabei konnten die nachstehenden Ergebnisse erzielt werden:

4. Bezogen auf die Gesamtdichte der Netzwerke weisen BASF und FUCHS die gemäß ihrer formalen Struktur zu erwartenden Merkmale auf.
5. Für die BASF kann aufgrund der Ergebnisse der Korrelationskoeffizienten sowie der Blockmodellanalyse der *fit* zwischen formaler Struktur und realisierten Netzwerken eindeutig bestätigt werden. Bei FUCHS scheint insgesamt ebenfalls ein *fit* vorzuliegen. Allerdings fällt dieser weniger deutlich aus als bei der BASF. Es gibt mehrere Abweichungen zwischen formaler und informeller Struktur.
6. Im Rahmen der Blockmodellanalyse (bei vorgegebener Blockzuordnung) konnten die erwarteten Muster der Ressourcenflüsse zwischen den Blöcken beobachtet werden.
7. Die CONCOR-Analyse für beide Ressourcennetze führt für die BASF zu einer Blockzuordnung, welche die formale Struktur wiederspiegelt. Das entsprechende Resultat fällt für FUCHS erneut weniger eindeutig aus. Zwar ist auch hier die formale Struktur in den informellen Netzen zu erkennen, es gibt jedoch eine Vielzahl von abweichenden Blockzuordnungen.

6 Die Auswirkung des Netzwerkeffektes: Anwendung des Modells

6.1 Spezifikation der Modellversionen

Hinsichtlich der Operationalisierung des Modells liegt eine relativ große Anzahl von Varianten vor, wobei für jede Version eine Reihe von Gründen angeführt werden kann. Die unterschiedlichen Versionen ergeben sich aufgrund von Variationen bezüglich der angenommenen Verteilung der formalen Entscheidungsmacht, aufgrund unterschiedlicher Segmentierung der Tauschmärkte sowie abhängig davon, wie der empirisch erhobene Anteil der Ressource Information berücksichtigt wird, welcher von außerhalb des Unternehmens kommt.

Das Problem bei der Auswahl der zu betrachtenden Modellversion besteht darin, dass kein eindeutiges Kriterium besteht, anhand dessen die beste Alternative ausgewählt werden kann. In den bisherigen Anwendungen von Tauschmodellen wurden die vom Modell vorhergesagten Entscheidungsausgänge mit den tatsächlichen Ergebnissen verglichen und die Version bevorzugt, welche die beste Prognosefähigkeit hatte (vgl. Pappi et al. 1995: 361-373; Knoke et al. 1996: 180-183; Henning 2000a: 218-221). Dieser Vorgehensweise kann in der vorliegenden Studie aus zwei Gründen nicht gefolgt werden:[1]

1. Der Vergleich unterschiedlicher Modellversionen hinsichtlich der Prognosefähigkeit ist nicht das Ziel der Studie. Es soll vielmehr die Wirkung der empirisch gemessenen strukturellen Einbettung mit einer fiktiven Situation verglichen werden, in der ein vollkommener Markt besteht, d.h. die strukturelle Einbettung keine Rolle spielt. Da der Vergleich anhand der Ressourcen- und Machtallokation im Tauschgleichgewicht durchgeführt wird, ist es nicht notwendig, einzelne Entscheidungsdimensionen zu identifizieren sowie die jeweiligen Positionen der Akteure auf den Dimensionen zu bestimmen. Die Anwendung des Modells beschränkt sich, der Fragestellung entsprechend, auf die erste Stufe, d.h. den Ressourcentausch.
2. Es wäre aus forschungspraktischen Gründen schwer möglich, die oben geschilderte Überprüfung durchzuführen. Im Gegensatz zu den genannten Politikfeldstudien handelt es sich bei Unternehmensstrategien nicht um Entscheidungen, deren Inhalt der Öffentlichkeit im einzelnen bekannt gemacht werden. Da es im Rahmen der strategischen Planung darum geht, die zukünftigen Erfolgspotentiale des Unternehmens zu schaffen und insbesondere Differenzierungspotential gegenüber den Mitwettbewerbern aufzubauen, unterliegt der In-

---

[1] Die Auswahl des Modells von Henning gegenüber alternativen Modellen lässt sich nicht nur theoretisch, aufgrund der inhaltlichen Konsistenz rechtfertigen. Darüber hinaus hat sich das Modell in bisherigen Anwendungen immer als das Beste erwiesen, wenn es um die Prognose kollektiver Entscheidungen ging. Sowohl gegenüber alternativen Tauschmodellen als auch gegenüber spieltheoretischen Modellen wurden genauere Vorhersagen der Entscheidungsausgänge erzielt (vgl. Henning 2000a: 218-221; Schnorpfeil 1996: 278-317; Wald 1996: 105-106; Linhart 2002: 60-64). Allerdings wurde bisher nur bei der Anwendung durch Henning selbst die strukturelle Einbettung der Akteure berücksichtigt.

halt der Strategien, zumindest was den erforderlichen Detaillierungsgrad angeht, der Geheimhaltung.

Der Vergleich der vom Modell vorhergesagten Machtverteilung mit der direkt abgefragten Reputationsmacht könnte ein alternatives Testkriterium darstellen. Dessen Eignung ist aber fraglich, da der Reputationsmacht weitaus umfangreichere Machtquellen zugrunde liegen als dem im Modell berechneten Machtindex, der sich allein auf den Besitz wertvoller Ressourcen gründet. Die Reputationsmacht misst zudem eher den wahrgenommenen, potentiellen Einfluss, während das Tauschmodell als Ergebnis die realisierte Macht liefert (vgl. Pappi/ Melbeck 1984: 564). Eine Abweichung der Reputationsmacht von der Macht im Tauschgleichgewicht wäre nicht auf einen Mangel bei der Modellierung zurückzuführen.

Die Auswahl der anzuwendenden Modellversion wird daher in den nächsten Abschnitten theoretisch begründet. Zunächst stellt sich die Frage, wie die formale Entscheidungsmacht als drittes Tauschgut neben Information und Unterstützung abgebildet werden soll, da für diese Ressource kein Transfernetzwerk erhoben wurde.

6.1.1 Die formale Entscheidungsmacht

In Abschnitt 2.3 wurde argumentiert, dass intraorganisatorische Verhandlungen allgemein und speziell bezogen auf strategische Entscheidungen in Unternehmen grundsätzlich im "Schatten der Hierarchie" ablaufen (vgl. Scharpf 1997: 197-199). Auch in Unternehmen, in denen eine weitgehende Delegation von Entscheidungsbefugnissen an dezentrale Einheiten stattfindet, besteht grundsätzlich die Möglichkeit, diese Delegation rückgängig zu machen. Im Rahmen der Auswahl der zu erhebenden Netzwerke (Abschnitt 4.2.2) wurde daher die formale Entscheidungsmacht als dritte Ressource in Bezug auf strategische Entscheidungen identifiziert. Es wurde jedoch darauf verzichtet, den Tausch von Entscheidungsmacht in Netzwerken analog zu den beiden anderen Ressourcen zu erheben. Bei der Modellspezifikation wird daher für alle Versionen ein vollkommener Markt für formale Entscheidungsmacht angenommen. Das Ressourcenangebot, d.h. die ursprüngliche Ausstattung der Akteure, wird aus den gesetzlichen Bestimmungen des Aktienrechtes abgeleitet.

Für deutsche Kapitalgesellschaften mit der Rechtsform der Aktiengesellschaft lässt sich eine eindeutige Entscheidungsregel für strategische Entscheidungen identifizieren. In §77(1) des Aktiengesetztes (AktG) ist festgelegt, dass der Vorstand für die Geschäftsführung verantwortlich ist. Grundsätzlich kann und wird diese Entscheidungsmacht für eine Vielzahl von Entscheidungen an untergeordnete Einheiten delegiert. Strategische Entscheidungen werden jedoch in der Regel vom Vorstand verabschiedet (vgl. Bleicher et. al 1989; Bleicher 1999: 740-744). Ferner schreibt §77(1) AktG vor, dass im Falle von Meinungsverschiedenheiten im Vorstand nicht gegen die Mehrheit der Mitglieder entschieden werden kann. Die rechtlichen Bestimmungen implizieren also eine einfache Mehrheitsregel.[2] Ergänzt wird diese Bestimmung durch Satzungen und Geschäftsordnungen.

Für die Abbildung der formalen Entscheidungsmacht im Tauschmodell wird zunächst von einer einfachen Mehrheitsregel ausgegangen. Da in beiden Unternehmen der Vorstand aus einer geraden Anzahl von Akteuren besteht, ergeben sich zwei potentielle Modellversionen bezüglich der Anfangsausstattung mit formaler Entscheidungsmacht. Eine Version geht von einer Gleichverteilung der Entscheidungsmacht innerhalb des Vorstandes aus. Eine weitere Version weist dem Vorstandsvorsitzenden ein doppeltes Stimmrecht im Falle von Pattsituationen zu. Diese Regelung ist zwar nicht Bestandteil des Aktienrechts, wird aber in beiden Unternehmen praktiziert.[3]

Um die formale Kontrollausstattung zu operationalisieren, werden spieltheoretische Machtindizes herangezogen, welche die Abstimmungsmacht für die einzelnen Mitglieder eines Gremiums, basierend auf deren Stimmenanteilen, messen. Berechnet werden die Werte für die beiden geläufigsten Indizes den Shapley-Shubik Index (vgl. Shapley/Shubik 1954) sowie den Banshaf Index (vgl. Banshaf 1965). Beide Indizes verstehen Abstimmungsmacht als präferenzenfreie Macht, die sich allein aufgrund der Stimmenverteilung sowie der institutionellen Entscheidungsregel ergibt. Die Macht eines Akteurs steigt mit der Häufigkeit, mit der dieser kritisches Mitglied in einer verwundbaren Koalition ist, d.h. der Eintritt des Akteurs in die Koalition macht diese zu einer Gewinnkoalition. Die gemeinsamen Eigenschaften sowie Unterschiede beider Indizes wurden an anderer Stelle ausführlich diskutiert (vgl. Brams 1975; Taylor 1995; Felsenthal/Machover 1998). Ferner wurden die Indizes bereits mehrmals zur Abbildung formaler Entscheidungsmacht bei Anwendungen des Tauschmodells herangezogen (vgl. Pappi et al. 1995; Schnorpfeil 1996; Brechtel 1998; Henning 2000a), so dass hier auf weitere Erläuterungen verzichtet werden kann.

Sowohl für die Version mit gleichen Stimmengewichten als auch für die Version, bei welcher der Vorsitzende in Pattsituationen die entscheidende Stimme hat, liefern der Shapley-Shubik Index sowie der normalisierte Banshaf Index identische Werte, die in Tabelle 6-1 eingetragen sind. Erwartungsgemäß hat der Vorstandsvorsitzende erheblich mehr Macht, wenn seine Rolle als *Tie-Breaker* im Falle der Stimmengleichheit berücksichtigt wird. Diese beträgt mehr als das Doppelte der übrigen Vorstandsmitglieder. Für die Anwendung des Modells wird für die BASF die Version "A 2" (vgl. Tabelle 6-1) gewählt, da in mehreren Interviews die dominierende Rolle des Vorstandsvorsitzenden bezüglich strategischer Entscheidungen sowie die Gültigkeit der oben genannten Abstimmungsregel bestätigt wurde.

---

[2] Bleicher et al. (1989: 104-107) konstatieren, basierend auf Ergebnissen einer empirischen Studie, die Dominanz des Kollegialprinzips und damit einhergehend die Einstimmigkeit als informelle Entscheidungsregel in deutschen Aktiengesellschaften. Mehrheitsentscheidungen entsprechen zwar den formalen Regelungen, stellen *de facto* jedoch eher die Ausnahme als die Regel dar.
[3] Diese Information wurde im Rahmen der vorbereitenden Interviews sowie in den Interviews mit den Vorstandsmitgliedern erhoben.

	Shapley-Shubik Index und Banshaf Index					
	BASF		Fuchs			
	Version		Version (8 Akteure)		Version (4 Akteure)	
Akteur	A 1*	A 2**	A 1*	A 2**	B 1*	B 2**
1 (Vorsitzender)	0,1250	**0,2500**	0,1250	**0,2500**	0,2500	0,5000
2	0,1250	**0,1071**	0,1250	**0,1071**	0,2500	0,1667
3	0,1250	**0,1071**	0,1250	**0,1071**	0,2500	0,1667
4	0,1250	**0,1071**	0,1250	**0,1071**	0,2500	0,1667
5	0,1250	**0,1071**	0,1250	**0,1071**		
6	0,1250	**0,1071**	0,1250	**0,1071**		
7	0,1250	**0,1071**	0,1250	**0,1071**		
8	0,1250	**0,1071**	0,1250	**0,1071**		

* Alle Akteure mit gleichem Stimmengewicht.
** Alle Akteure mit gleichem Stimmengewicht, Stimme des Vorsitzenden entscheidet in Pattsituation.

Tab. 6-1: Verteilung der formalen Entscheidungsmacht[4]

Bei FUCHS besteht die Besonderheit, dass der Vorstand im engen, dem Aktienrecht entsprechenden Sinn aus nur vier Personen besteht, die eigentliche Konzernleitung jedoch acht Mitglieder umfasst. Berücksichtigt man nur die rechtliche Regelung, wären ausschließlich die Vorstände mit formaler Entscheidungsmacht ausgestattet. Insgesamt ergeben sich somit für FUCHS vier Möglichkeiten, die formale Entscheidungsmacht abzubilden.

Für die anzuwendende Modellversion wird auch bei FUCHS die Version "A 2" gewählt, bei der acht mit formaler Entscheidungsmacht ausgestattete Einheiten berücksichtigt werden. Gemäß den Aussagen der interviewten Mitgliedern des Vorstandes sowie der erweiterten Konzernleitung, wird bei strategischen Entscheidungen kein Unterschied zwischen Vorstandsmitgliedern und Konzernleitungsmitgliedern getroffen, so dass von acht Mitgliedern im Gremium auszugehen ist. Darüber hinaus verfügt auch hier der Vorstandsvorsitzende in Pattsituationen über doppeltes Stimmrecht.

6.1.2 Die Wahl der Segmentierung

Eine der wichtigsten Hypothesen, die der vorliegenden Studie zugrunde liegen, lautet, dass in "Netzwerkunternehmen" die Ressourcen ungehindert zwischen den Einheiten fließen können. Der Ressourcentausch wird nicht durch Transaktionskosten erschwert so dass der Netzwerkeffekt gering ausfällt (H 1.2). Übersetzt in die Modelllogik bedeutet dies, dass der Ressour-

---

[4] Die Berechnung der Machtindizes wurde mit IOP, einem Programm von Bräuninger/König (2001), durchgeführt, welches neben den beiden genannten noch eine Reihe weiterer Indizes beinhaltet. An dieser Stelle möchte ich mich bei Thomas Bräuninger bedanken, der mir wichtige Hinweise für die Berechnung der Version "A 2" (Vorstand als Tie-Breaker) gab. Für die Berechnung mit IOP werden dazu zwei *Subgames* (Kammern) sowie zwei *Winsets* definiert. Die erste Kammer beinhaltet den Vorstandsvorsitzenden, die zweite Kammer die übrigen Vorstandsmitglieder. Für den Vorstand mit acht Mitgliedern ergeben sich im ersten *Winset* (einfache Mehrheit) als Gewinnkriterium null Akteure in der ersten Kammer und fünf Akteure in der zweiten Kammer. Im zweiten *Winset* (Pattsituation) ist das Gewinnkriterium mit einem Akteur in der ersten und drei Akteuren in der zweiten Kammer erfüllt.

centausch auf einem vollkommenen Markt stattfindet, welcher mit einer Vollstruktur korrespondiert, bei der sich alle Akteure untereinander direkt erreichen können. Um den Einfluss der strukturellen Einbettung auf den Tausch zu untersuchen, soll daher eine Modellversion, welche die tatsächliche, empirisch beobachtete soziale Organisation des Tauschs abbildet, verglichen werden mit einer Modellversion, die den fiktiven Tausch auf einem vollkommenen Markt darstellt. Für diese Überprüfung muss zunächst die Einteilung der Tauschmärkte in Segmente erfolgen. Grundsätzlich besteht die Möglichkeit, von akteursspezifischen Transaktionskosten auszugehen, d.h. jede Einheit bildet ein einzelnes Segment. Die Interpretation der Ergebnisse ist in diesem Fall jedoch schwierig, da für jeden Akteur und für jede Netzwerkressource ein segmentspezifischer Preis berechnet wird.

Wie in Abschnitt 3.2.2 an einem Beispiel gezeigt wurde, wird bei der Modellierung des Ressourcentauschs angenommen, dass segmentspezifische Transaktionskosten bestehen. Dies bedeutet, dass die Transaktionskosten, die bei der Belieferung eines Marktsegmentes entstehen, gleich hoch sind, unabhängig davon, welcher Akteur in dem Segment der Nachfrager ist. Gleich hohe Transaktionskosten entstehen für Akteure, welche die gleichen Positionen im Netz besetzen, d.h. strukturell äquivalent sind. Für die Anwendung des Tauschmodells soll daher die Zuordnung der Akteure zu den Segmenten aufgrund äquivalenter Nachfragestrukturen vorgenommen werden.[5] Die strukturelle Äquivalenz der Einheiten wurde im fünften Kapitel mittels der Blockmodellanalyse untersucht. In beiden Unternehmen konnte festgestellt werden, dass die realisierten Netze gut die formale Struktur wiederspiegeln. Die Zuordnung der Akteure wurde entsprechend der Zugehörigkeit zu den formalen Kategorien vorgenommen, wobei die Hypothesen bezüglich der (unterschiedlichen) strukturellen Einbettung der Blöcke weitgehend bestätigt wurden. Die Segmentierung gemäß der formalen Struktur stellt somit eine mögliche Modellversion dar, die in Tabelle 6-2 für beide Unternehmen eingetragen ist. Diese Segmentierung wird im folgenden mit "S 1" bezeichnet.

S 1 Segmentierung gemäß der formalen Organisationsstruktur					
Segment	BASF	Anzahl	Segment	Fuchs	Anzahl
1	Vorstände	8	1	Konzernleitung	8
2	Unternehmenbereiche	14	2	Zentralabteilungen	17
3	Länderbereiche	10	3	Tochtergesellschaften	38
4	Zentralbereiche	16			
	Gesamt	48		**Gesamt**	63

Tab. 6-2: Segmentierung gemäß der formalen Organisationsstruktur

---

[5] Wie im Rahmen der Blockmodellanalyse erläutert wurde, ist das Vorliegen von struktureller Äquivalenz im strengen Sinne in empirischen Daten sehr unwahrscheinlich, so dass man sich in der Regel mit einem abgeschwächten Kriterium begnügt (vgl. Abschnitt 5.1.3).

Eine alternative, ebenfalls aufgrund der formalen Struktur vorgenommene Segmentierung, ist für die BASF eine Zuordnung der Einheiten, die der Ressortzugehörigkeit folgt. Die nach den Ressorts gebildeten Segmente beinhalten jeweils ein Vorstandsmitglied sowie eine Reihe von Unternehmens-, Länder-, und Zentralbereichen. Die zugrundeliegende Annahme ist auch hier, dass die einem Ressort zugehörigen Einheiten strukturell äquivalent sind. Diese Äquivalenz wurde zumindest teilweise durch die CONCOR-Analyse bestätigt. Auch für FUCHS lässt sich eine alternative, der formalen Struktur entsprechende Segmentierung vornehmen. In diesem Fall wird die Segmentierung S 1 weiter differenziert, indem die Tochtergesellschaften zusätzlich nach ihrer regionalen Zugehörigkeit unterteilt werden. Die alternative Segmentierung gemäß der formalen Struktur "S 2" ist in Tabelle 6-3 verzeichnet.

	S 2 Alternative Segmentierung gemäß der formalen Organisationsstruktur				
Segment	BASF	Anzahl	Segment	FUCHS	Anzahl
1	Ressort 1	7	1	Konzernleitung	8
2	Ressort 2	7	2	Zentralabteilungen	17
3	Ressort 3	6	3	Deutschland	6
4	Ressort 4	5	4	Westeuropa	11
5	Ressort 5	5	5	Osteuropa	2
6	Ressort 6	8	6	Afrika, Nahost	2
7	Ressort 7	5	7	Amerika	5
8	Ressort 8	5	8	Asien	12
	Gesamt	48		**Gesamt**	63

Tab. 6-3: Alternative Segmentierung gemäß der formalen Organisationsstruktur

Bei den bisherigen Segmentierungsformen war allein die formale Organisationsstruktur das Kriterium, nach der die Einteilung vorgenommen wurde. Dies ist dann eine sinnvolle Vorgehensweise, wenn die realisierten Netze mit der formalen Struktur übereinstimmen, d.h. die Einheiten in den Segmenten tatsächlich strukturell äquivalente Nachfragestrukturen aufweisen. Dies wurde zumindest bezüglich der ersten Segmentierungsform S 1 in der empirischen Netzwerkanalyse bestätigt (vgl. Tabelle 6-2).

Die Anwendung des CONCOR-Algorithmus hat gezeigt, dass sich zwar ein ähnliches, jedoch weiter ausdifferenziertes Bild ergibt, wenn die Zuordnung der Einheiten zu den Blöcken nicht vorgegeben, sondern aus den empirisch erhobenen Daten identifiziert wird. Die formale Organisationsstruktur lässt sich in dieser Blockung zwar erkennen, es liegt aber eine Reihe von Abweichungen vor. In der CONCOR-Lösung für die BASF ist sowohl die Zuordnung der Einheiten nach Kategorien als auch nach Ressortzugehörigkeit erkennbar, so dass die beiden nach formalen Kriterien angenommenen Segmentierungsformen S 1 und S 2 gewissermaßen "gleichzeitig" berücksichtigt werden. Ein ähnliches Ergebnis liefert CONCOR für FUCHS. Sowohl die Zuordnung der Einheiten entsprechend der Kategorien Konzernleitung, Zentralabteilungen und Tochtergesellschaften ist zu erkennen als auch die weitere Aufgliederung der Gesellschaften gemäß ihrer regionalen Zugehörigkeit. Für die Anwendung des Tauschmodells bietet sich als dritte Alternative eine der CONCOR-Lösung entsprechende Segmentierung "S 3" an, die in Tabelle 6-4 dargestellt ist.

Segment	S 3 Segmentierung gemäß der realisierten Netzwerkstruktur (CONCOR-Lösung)				
	BASF	Anzahl	Segment	FUCHS	Anzahl
1	Block A	9	1	Block A	8
2	Block B	4	2	Block B	6
3	Block C	10	3	Block C	9
4	Block D	6	4	Block D	11
5	Block E	12	5	Block E	9
6	Block F	7	6	Block F	5
			7	Block G	8
			8	Block H	7
	Gesamt	48		Gesamt	63

Tab. 6-4: Segmentierung gemäß der realisierten Netzwerkstruktur

Als Referenzwert für die Untersuchung des Ausmaßes des Netzwerkeffektes wird die Segmentierung S 3 gewählt, welche die realisierte Netzwerkstruktur am genauesten abbildet, da sie aufgrund der tatsächlich beobachteten Ressourcenflüsse gebildet wurde. Das Ergebnis einer Modelllösung mit segmentierten Märkten "S 3" wird einer Lösung ohne Segmentierung "S 0" gegenübergestellt, um die Auswirkung des Netzwerkeffektes aufzuzeigen. Zudem kann anhand von Modellösungen mit den beiden Segmentierungen gemäß der formalen Struktur untersucht werden, inwiefern diese von der Lösung für die informelle Struktur abweicht. Diese Abweichung ist ein weiterer Anhaltspunkt für das Vorliegen eines *fits* zwischen formaler Struktur und realisierten Netzwerken. Zudem kann gezeigt werden, welche Akteure aufgrund der Abweichungen der realisierten Netzwerke von der formalen Struktur, profitieren.

Bevor die Ergebnisse der Anwendung des Tauschmodells besprochen werden, wird im folgenden Abschnitt auf die Messung des Interesses der Akteure an den Tauschgütern formale Entscheidungsmacht, Information und Unterstützung eingegangen. Die Höhe des Interesses an einer Ressource ist, wie in Kapitel 3 gezeigt wurde, eine der wesentlichen Modellvariablen, da sich daraus die individuelle Nachfrage nach einer Ressource ableitet sowie auf Systemebene die Gleichgewichtspreise beeinflusst werden. Im Vergleich zu den bisherigen Anwendungen von Tauschmodellen in Politikfeldstudien ergibt sich für den vorliegenden Fall eine Besonderheit. Bei strategischen Entscheidungen in Unternehmen sind nicht nur organisationsinterne Akteure relevante Informationslieferanten.

6.1.3 Die Berücksichtigung interner und externer Ressourcen

Das Interesse der Akteure an den Ressourcen wurde ebenfalls wie die Netzwerke im Rahmen persönlicher Interviews mit den Leitern der Organisationseinheiten erhoben. Dabei wurde das relative Interesse der Akteure an den Ressourcen "formale Entscheidungsmacht", "Information" und "Unterstützung" nicht direkt gegeneinander abgefragt, um Effekte sozialer Erwünschtheit zu vermeiden. Die Interviewpartner wurden gebeten, bezogen auf strategische Entscheidungen, anzugeben, wie das Verhältnis von eigener (originär aus der befragten Einheit stammender) zu fremder (von außerhalb der Einheit stammender) Information ist. Ferner gaben die Manager an, wie wichtig Unterstützung durch andere Einheiten im Vergleich zu formaler Entscheidungsmacht für die Umsetzung der Strategie der eigenen Einheit ist. Um zu den relativen Interessengewichten X_I (Interesse an Information), X_S (Interesse an Unterstützung) sowie X_P (Interesse an Entscheidungsmacht) zu gelangen, wird das Verhältnis von eigener zu fremder Information wie das (nicht direkt abgefragte) Verhältnis von Interesse an Information zu Interesse an Entscheidungsmacht behandelt. Da das gesamte Interesse eines Akteurs auf eins normiert ist gilt:

(6-1) $\quad X_I + X_S + X_P = 1$

Empirisch erhoben wurden die Verhältnisse:

(6-2) $\quad \dfrac{Eigene\,Info}{Fremde\,Info} = \dfrac{X_i}{X_p} = \beta_i$

(6-3) $\quad \dfrac{Unterstützung}{Entscheidungsmacht} = \dfrac{X_s}{X_p} = \beta_s$

Durch Umformen von (6-2) und (6-3) erhält man:

(6-4) $\quad X_I = \beta_i \cdot X_P$

(6-5) $\quad X_S = \beta_s \cdot X_P$

Einsetzen von (6-4) und (6-5) in (6-1) ergibt:

(6-6) $\quad \beta_i \cdot X_P + \beta_s \cdot X_P + X_P = 1$

Auflösen von (6-6):

(6-7) $\quad X_P \cdot (\beta_i + \beta_s + 1) = 1$

(6-8) $\quad X_p = \dfrac{1}{(\beta_i + \beta_s + 1)}$

Durch Einsetzen von X_P in (6-4) und (6-5) ergeben sich die Werte für X_I sowie X_S.

Bei der Anwendung des Modells von Henning (2000a) sowie früherer Versionen handelte es sich um geschlossene Tauschsysteme. Bei der strategischen Planung kommen für eine Unternehmenseinheit jedoch zwei potentielle Informationsquellen in Betracht. Einerseits können Informationen von anderen Unternehmenseinheiten stammen, andererseits können auch unternehmensexterne Akteure wie Kunden, Lieferanten, Mitwettbewerber oder Verbände Informationslieferanten darstellen. Das Interesse an Information wurde daher zweistufig abgefragt. Zunächst wurde der gesamte Informationsbedarf festgestellt, der außerhalb der interviewten Einheit gedeckt wird, und anschließend dieser externe Bedarf aufgespalten in Informationen, die von anderen Unternehmenseinheiten geliefert werden, und in Informationen, die von außerhalb des Unternehmens stammen.

Zur Lösung der Modellgleichungen erweist sich die externe Ressource als problematisch. Coleman selbst hat diesen Fall schon berücksichtigt und vorgeschlagen, das Tauschsystem zu einem offenen System zu erweitern. Dazu wird ein zusätzliches Ereignis und ein zusätzlicher Akteur eingeführt, welcher das zusätzliche Ereignis voll kontrolliert. Da das Interesse des zusätzlichen Akteurs an den Ereignissen unbekannt ist, wird dies so gewählt, dass dieses keinen Einfluss auf die Einkommensverteilung der übrigen Akteure und die Gleichgewichtspreise hat. Technisch ergibt sich die Schwierigkeit, dass die Linearität des Gleichungssystems aufgegeben wird. Dieses kann nur durch einen iterativen Prozess gelöst werden (vgl. Coleman 1990: 695-700; Matiaske 1999: 238-240). Für die Anwendung des Modells von Henning wird eine andere Vorgehensweise gewählt, um dieses Problem zu lösen. Das relative Interesse an Information wird bereits vor Anwendung des Modells um das Interesse an Information bereinigt, welche von außerhalb des Unternehmens stammt. Durch die Berücksichtigung desselben verringert sich ceteris paribus das Interesse an Information gegenüber Unterstützung und Entscheidungsmacht, obwohl das absolute Interesse an Information identisch bleibt. Dadurch muss die unternehmensexterne Information nicht als weiteres Ereignis in den Modellgleichungen berücksichtigt werden. Für die Anwendung des Tauschmodells unter Berücksichtigung der externen Information werden die relativen Gewichte für X_{Int} = Interesse an Information durch systeminterne Akteure, X_S = Interesse an Unterstützung sowie X_P = Interesse an Entscheidungsmacht gesucht. Es gilt:

(6-9) $X_{Int}+X_S+X_P=1$

(6-10) $\gamma + \lambda = 1$

Empirisch erhoben wurden die Verhältnisse:

(6-11) $\dfrac{Eigene\,Info}{Fremde\,Info} = \dfrac{X_i}{X_p} = \beta_i$

(6-12) $\dfrac{Unterstützung}{Entscheidungsmacht} = \dfrac{X_s}{X_p} = \beta_s$

Sowie *Fremde Info Intern* $=\gamma$ und *Fremde Info Extern* $=\lambda$. Es gilt:

(6-13) $X_{Int} = \gamma \cdot X_I$

Einsetzten von (6-13) in (6-11) sowie Umformen ergibt:

(6-14) $X_{Int} = \gamma \cdot \beta_i \cdot X_P$

Umformen von (6-12) ergibt:

(6-15) $X_S = \beta_s \cdot X_P$

Durch Einsetzen von (6-14) und (6-15) in (6-9) erhält man:

(6-16) $\gamma \cdot \beta_i \cdot X_P + \beta_S \cdot X_P + X_P = 1$

Auflösen von (6-16):

(6-17) $X_P \cdot (\gamma \cdot \beta_i + \beta_s + 1) = 1$

(6-18) $X_P = \dfrac{1}{(\gamma \cdot \beta_i + \beta_s + 1)}$

Einsetzen von X_P in (6-14) und (6-15) ergibt X_{Int} sowie X_S.

Mit der Abbildung der formalen Entscheidungsmacht, der Wahl der Segmentierungsform und der Berechnung des jeweiligen Interesses an den Ressourcen ist die Spezifikation der Modellversionen abgeschlossen, die sich zusammengefasst wie folgt ergibt:

1. Nur die Vorstände bzw. Konzernleitungsmitglieder sind originär mit formaler Entscheidungsmacht vor dem Tausch ausgestattet. Das Angebot dieser Einheiten entspricht dem Shapley-Shubik-Wert bei gleichem Stimmengewicht für alle Akteure und einfacher Mehrheitsregel. In Pattsituationen hat jeweils der Vorstandsvorsitzende die entscheidende Stimme.
2. Der Tausch von formaler Entscheidungsmacht wird für alle Modellversionen als Tausch auf einem vollkommenen Markt abgebildet.
3. Es wird eine Modellversion berechnet, bei der auch für die Netzwerkressourcen von einem vollkommenen Markt ausgegangen wird, d.h. Transaktionskosten vernachlässigt werden. Das Ressourcenangebot von Information und Unterstützung für diese Version ergibt sich aus der Gleichung 3-19, wobei keine Segmentierung angenommen wird.
4. Für die zum Vergleich herangezogene Modellversion mit Transaktionskosten wird die Segmentierung gemäß der CONCOR-Lösung (S 3) gewählt. Der Tausch von Information und Unterstützung wird auf dementsprechend segmentierten Märkten abgebildet. Die Berechnung des Angebots der beiden Ressourcen erfolgt gemäß Gleichung 3-19 bis 3-26.
5. Auch für die Segmentierung gemäß der formalen Struktur (S 1 und S 2) wird jeweils eine Modelllösung berechnet, um zu überprüfen, wie stark das Tauschgleichgewicht in der realisierten Struktur von dem der formalen Struktur abweicht.
6. Für sämtliche Versionen werden nur die bestätigten Netze "Information" und "Unterstützung" herangezogen.
7. Das Interesse an der Ressource Information wird um den Anteil von Information bereinigt, der von außerhalb der Unternehmen stammt.

In den folgenden Abschnitten werden die Ergebnisse des Modells für die BASF und FUCHS besprochen. Überprüft werden die Hypothesen über das Vorliegen und das Ausmaß des Netzwerkeffektes sowie der Ressourcenallokation und der Macht im Gleichgewicht.

6.2 Netzwerkeffekte bei der BASF

Die Ausführungen bezüglich der Ergebnisse des Tauschmodells sind in drei Abschnitte untergliedert. Wie bei der empirischen Netzwerkanalyse in Kapitel 5 wird für beide Unternehmen identisch vorgegangen, um die Vergleichbarkeit der Ergebnisse zu gewährleisten. Nach Vorstellung der Ausgangslage vor dem Tausch (Abschnitte 6.2.1 und 6.3.1) werden die Hypothesen zum Ausmaß des Netzwerkeffektes überprüft (Abschnitte 6.2.2 und 6.3.2). Inwiefern die hypothetisch postulierte Machtverteilung mit der empirischen Modelllösung übereinstimmt, ist Gegenstand der Analysen in den Abschnitten 6.2.3 und 6.3.3.

6.2.1 Interessen und Ressourcenangebot bei der BASF

Wie im vorherigen Abschnitt ausgeführt, ergeben sich unterschiedliche Interessengewichte je nachdem, ob der Anteil organisationsexterner Informationslieferanten berücksichtigt wird. In Tabelle 6-5 sind die für die empirische Anwendung des Modells herangezogenen Interessengewichte, die sich nach Abzug der organisationsexternen Information ergeben, in den linken Spalten verzeichnet. Die rechten Spalten der Tabelle beinhalten das relative Interesse an den Ressourcen ohne den Abzug der organisationsexternen Information.

	Interesse			Interesse Gesamt*		
	Ø X_P	Ø X_{int}	Ø X_S	Ø X_P	Ø X_I	Ø X_S
Vorstand	0,35	0,22	0,43	0,30	0,32	0,38
Unternehmensbereiche	0,36	0,30	0,34	0,26	0,47	0,27
Länderbereiche	0,29	0,16	0,55	0,26	0,24	0,50
Zentralbereiche	0,25	0,19	0,56	0,22	0,28	0,51
Insgesamt	**0,31**	**0,22**	**0,47**	**0,26**	**0,33**	**0,41**

*inklusive unternehmensexterner Information

Tab. 6-5: Interesse an den Ressourcen - BASF

Insgesamt ist das Interesse an Information mit 33% größer als das an formaler Entscheidungsmacht (26%). Im Mittel über alle Einheiten wird jedoch 46% der für strategische Entscheidungen benötigten Information direkt von Lieferanten außerhalb des Unternehmens bezogen. Für die Anwendung des Tauschmodells ergibt sich nach Abzug dieser externen Information nur noch ein durchschnittliches Interesse von 22%, während das Interesse an formaler Entscheidungsmacht mit 31% deutlich darüber liegt. Interessant ist, dass die Vorstände, welche als einzige Akteurskategorie originär über formale Entscheidungsmacht verfügen, auch ein relativ hohes Interesse an dieser Ressource haben. Länder- und Zentralbereiche sind hingegen weniger an formaler Entscheidungsmacht, sondern besonders stark an Unterstützung interessiert. Unterstützung bei der Umsetzung von Strategien spielt für die Unternehmensbereiche eine im Vergleich zu den anderen Kategorien geringe Rolle. Hier wird formale Entscheidungsmacht am stärksten und auch Information relativ stark nachgefragt. Die Durchschnittsbildung über die einzelnen formalen Kategorien ist für die zum Vergleich mit der (fiktiven) Vollstruktur herangezogenen Version zu ungenau. In Tabelle 6-6 sind daher die Interessengewichte differenziert nach der im Modell gewählten Segmentierung S 3 eingetragen.

	Interesse gemäß Segmentierung 3 (S 3)		
	Ø X_P	Ø X_{int}	Ø X_S
Block A Vorstand	0,35	0,22	0,43
Block B Zentralbereiche	0,26	0,27	0,47
Block C Unternehmens- und Länderbereiche	0,31	0,33	0,37
Block D Zentralbereiche *"wichtig"*	0,23	0,15	0,63
Block E Unternehmens- und Länderbereiche	0,36	0,17	0,47
Block F Zentralbereiche *"peripher"*	0,22	0,17	0,60
Insgesamt	**0,31**	**0,22**	**0,47**

Tab. 6-6: Interesse an den Ressourcen gemäß Segmentierung 3 - BASF

Die im Segment (Block) C zusammengefassten Unternehmens- und Länderbereiche weisen ein im Durchschnitt fast doppelt so hohes Interesse an Information auf als die Einheiten in Segment E. In Segment E, welches die stärker in den Produktionsverbund der BASF integrierten Unternehmensbereiche sowie die asiatischen Länderbereiche enthält, ist das Interesse auf die Unterstützung konzentriert. Auch die in den Segmenten B, D und F zusammengefassten Zentralbereiche unterscheiden sich im wesentlichen dadurch, ob sie im Vergleich zur Unterstützung mehr oder weniger stark an Information Bedarf haben. Die Zentralbereiche, die formal wichtige Aufgaben in Bezug auf die strategische Planung erfüllen (Block D), sind erstaunlicherweise am wenigsten an Information interessiert. Da das Aufgabengebiet dieser Einheiten im wesentlichen die Gewinnung und Auswertung von Information aus dem gesamten Unternehmen beinhaltet, wäre zu erwarten gewesen, dass ein hohes Interesse an Information besteht. Möglicherweise stellt aber gerade für diese Einheiten Information kein knappes Gut dar. Zu denken ist in diesem Zusammenhang an formale Planungs- und Controllingsysteme, in deren Rahmen Informationen "automatisch" geliefert werden. Dies würde dem Idealtyp der Hierarchie entsprechend bedeuten, dass Information für diese Bereiche "kostenlos" erhältlich ist und daher nicht nachgefragt werden muss (vgl. Abschnitte 2.1.1 und 2.3.2).

Neben den relativen Interessen an den Ressourcen hat das ursprüngliche Angebot der Akteure Auswirkung auf die Preise und Ressourcenallokation im Tauschgleichgewicht. Für die Modellversion ohne Transaktionskosten (S 0) haben die Akteure jeweils ein auf den Gesamtmarkt bezogenes Ressourcenangebot, welches in Tabelle 6-7 differenziert nach den formalen Kategorien eingetragen ist. Der insgesamt größte Anbieter der beiden Netzwerkressourcen Information und Unterstützung sind die Zentralbereiche. Bezogen auf die einzelne Einheit sind jedoch die Vorstände vor den Zentralbereichen die größten Anbieter von Information und Unterstützung. Das ursprüngliche Ressourcenangebot der Akteure weist eine deutliche Ähnlichkeit mit den Werten für die soziometrischen Zentralitätsmaße auf (vgl. Tabelle 5-9 und 5-10). Das *Degree-Prestige* (*Indegree*) sowie der Angebotsvektor stimmen hier fast vollständig überein.

	Ressourcenangebot vor dem Tausch (S 0)				
	Formale Entscheidungsmacht	Information	je Einheit	Unterstützung	je Einheit
Vorstand	1,00	0,20	0,025	0,27	0,033
Unternehmensbereiche	0,00	0,26	0,019	0,18	0,013
Länderbereiche	0,00	0,15	0,015	0,15	0,015
Zentralbereiche	0,00	0,38	0,024	0,40	0,025
Gesamt	**1,00**	**1,00**	-	**1,00**	-

Tab. 6-7: Ressourcenangebot - BASF

Bei der Modellversion unter Berücksichtigung von Transaktionskosten (S 3) ergeben sich für die Ressourcen Information und Unterstützung jeweils segmentspezifische Angebote, die in Tabelle 6-8 eingetragen sind. Der Vorstandsblock A ist in fast allen Marktsegmenten der jeweils größte Anbieter von Information und Unterstützung (Zelleinträge fett). Nur im Segment E wird Information etwas höher segmentintern angeboten. Im Vergleich zu den Netzwerkdichten zwischen den Blöcken (vgl. Abschnitt 5.1.3) hat sich für das segmentspezifische Ressourcenangebot die Dominanz der Vorstände verstärkt. Bei der Dichte zwischen den Blöcken (vgl. Tabelle 5-7) ist der Vorstandsblock zwar für die meisten, jedoch nicht für alle übrigen Blöcke, ein überdurchschnittlich starker Ressourcenlieferant. Für die Berechnung des ursprünglichen Ressourcenangebotes werden, wie in Abschnitt 3.2.2.1 erläutert, nicht nur direkte sondern auch indirekte Lieferungen berücksichtigt. Die Werte für die Zentralitätsmaße der Vorstände in Abschnitt 5.1.4 zeigten bereits, dass diese auch über indirekte Beziehungen viele Ressourcen handeln können, wodurch sich das Angebot an einer Ressource erhöht. Nach den Vorständen lässt sich kein weiterer Block identifizieren, der durchgängig in allen Segmenten ein hohes Ressourcenangebot hat. Über das geringste Angebot in beiden Ressourcennetzen verfügen die "Forschungszentralbereiche" in Block F (kursiv in Tabelle 6-8) die, wie ebenfalls bereits im Rahmen der empirischen Netzwerkanalyse in Kapitel 5 gezeigt, am schwächsten strukturell eingebettet sind.

		Ressourcenangebot vor dem Tausch (S 3)					
		Zielmarkt					
Anbieter	Ressource	A	B	C	D	E	F
A	Info	**0,347**	0,334	0,239	0,284	0,211	0,299
	Unterstützung	**0,482**	0,678	0,355	0,290	0,294	0,304
B	Info	0,121	0,175	0,148	0,093	0,182	0,104
	Unterstützung	0,099	0,046	0,135	0,230	0,186	0,165
C	Info	0,171	0,157	0,166	0,205	0,110	0,103
	Unterstützung	0,139	0,096	0,193	0,191	0,123	0,106
D	Info	0,196	0,119	0,227	0,178	0,194	0,184
	Unterstützung	0,118	0,053	0,181	0,118	0,120	0,084
E	Info	0,117	0,189	0,166	0,177	0,222	0,152
	Unterstützung	0,123	0,119	0,107	0,138	0,225	0,189
F	Info	0,048	0,027	0,054	0,063	0,082	0,158
	Unterstützung	0,039	0,008	0,028	0,033	0,052	0,151
Gesamt	Info	1,000	1,000	1,000	1,000	1,000	1,000
	Unterstützung	1,000	1,000	1,000	1,000	1,000	1,000

Tab. 6-8: Ressourcenangebot gemäß Segmentierung 3 - BASF

Die Darstellung der Interessen und des Ressourcenangebotes vor dem Tausch wird zur Interpretation der Ergebnisse der Modellanwendung in den folgenden Abschnitten herangezogen. Zunächst erfolgt die Überprüfung der Hypothesen bezüglich des Ausmaßes des Netzwerkeffektes und des Wertes (der Preise) der Ressourcen im Tauschgleichgewicht.

6.2.2 Ausmaß und Wirkung des Netzwerkeffektes bei der BASF[6]

Für die Matrixorganisation im Allgemeinen und für die konkrete Ausprägung derselben bei der BASF wurde postuliert, dass diese dem Idealtyp des Netzwerkunternehmens ähnelt. Insofern sollte der Ressourcenfluss innerhalb des Unternehmens nur gering durch Transaktionskosten beeinflusst werden (H 2.4.1-B). Es wird daher erwartet, dass das Tauschgleichgewicht, welches sich für die tatsächlich beobachteten Netzwerke ergibt, nur wenig von der Lösung auf einem vollkommenen Markt abweicht. Der Netzwerkeffekt sollte für die BASF gering ausfallen. Beim Vergleich der Gleichgewichtspreise für die einzelnen Modellversionen in Tabelle 6-9 scheint sich die Hypothese zu bestätigen. Um zu einem Gesamtpreis je Ressource zu gelangen, wurde für die Modellversionen mit Transaktionskosten jeweils die Summe über die Segmente gebildet. Anzumerken ist, dass zwischen den einzelnen Segmenten zum Teil erhebliche Preisunterschiede bestehen (vgl. Abschnitt 6.2.3).

---

[6] An dieser Stelle sei ganz herzlich Christian Henning gedankt, der sein GAMS-Modul (GAMS=General Algebraic Modeling System) zur Verfügung gestellt hat, um die Modelllösungen zu berechnen. Dabei ist eine Prozedur zur Dateneingabe und Datenausgabe entstanden, die es in Zukunft ermöglicht, das Modell auf Tauschsysteme mit variierender Akteurs-, Ressourcen- und Ereigniszahl anzuwenden, ohne dass ein großer Anpassungsaufwand entsteht. Darüber hinaus kann auch die Segmentierung der Tauschmärkte frei gewählt werden.

Modellversion	Gleichgewichtspreise für die Ressourcen			
	Formale Entscheidungsmacht	Information	Unterstützung	Summe
S 0 (ohne Segmentierung)	0,325	0,216	0,459	1,000
S 3 (CONCOR-Lösung)	0,323	0,227	0,450	1,000
S 1 (Formale Struktur)	0,323	0,226	0,451	1,000
S 2 (Formale Struktur)	0,319	0,224	0,457	1,000

Tab. 6-9: Ressourcenpreise - BASF

Die Preise der Modellversion ohne Transaktionskosten (S 0) unterscheiden sich nur minimal von den Preisen, welche die Modellversionen mit Transaktionskosten liefern (S1 bis S 3). Die Preisunterschiede zwischen den unterschiedlichen Modellversionen mit Transaktionskosten sind dabei sogar am größten. Den höchsten Relativpreis erzielt mit 0,45 die Unterstützung. Diese erweist sich bezüglich strategischer Entscheidungen als die wichtigste Ressource. Hypothese H 2.2.4-B, in der ein einheitliches Preisniveau für die drei Ressourcen angenommen wurde, wird zwar nicht bestätigt, die darin geäußerte Vermutung, dass formale Entscheidungsmacht für die strategische Steuerung nicht die wichtigste Ressource darstellt, erweist sich jedoch als zutreffend. Diese spielt zwar bei einem Gleichgewichtspreis von 0,32 ebenfalls eine bedeutende Rolle, ist aber deutlich weniger wichtig als Unterstützung. Auch der Preis für Information ist mit 0,22 bemerkenswert hoch, da es sich nur um den organisationsintern nachgefragten Anteil von Information handelt, welche für strategische Entscheidungen benötigt wird.

Die Preise im Tauschgleichgewicht entsprechen weitestgehend den durchschnittlichen Interessen der Akteure an den Ressourcen (Tabelle 6-5). Die Zuordnung der Akteure zu den Segmenten hat zwar eine Auswirkung auf den Preis innerhalb des Segmentes. Da sich die in Tabelle 6-9 eingetragenen Preise für Information und Unterstützung aus der Summe der entsprechenden segmentspezifischen Preise ergeben, hat die Segmentierung jedoch nur geringe Auswirkungen auf den Gesamtpreis der Ressourcen. Die Preise sind insofern nicht die geeignete Bezugsgröße, um das Ausmaß des Netzwerkeffektes zu verdeutlichen.

Unterschiedlich hohe Transaktionskosten sollten sich vielmehr auf die Allokation der Ressourcen im Tauschgleichgewicht auswirken, da gut eingebettete Akteure mehr Ressourcen tauschen können bzw. von ihrer Rolle als Broker profitieren, während weniger gut eingebettete Akteure einen Teil ihrer Tauschgewinne an die Broker abführen müssen. In Tabelle 6-10 ist die Allokation der Ressourcen im Gleichgewicht für die unterschiedlichen Modellversionen eingetragen.

	Formale Entscheidungsmacht			
	S 0	S 3	S 1	S 2
Vorstand	0,54	0,61	0,60	0,60
Unternehmensbereiche	0,17	0,13	0,14	0,14
Länderbereiche	0,08	0,07	0,07	0,08
Zentralbereiche	0,22	0,18	0,19	0,19
	Information			
	S 0	S 3	S 1	S 2
Vorstand	0,50	0,54	0,53	0,52
Unternehmensbereiche	0,18	0,16	0,16	0,15
Länderbereiche	0,07	0,06	0,05	0,06
Zentralbereiche	0,26	0,25	0,25	0,26
	Unterstützung			
	S 0	S 3	S 1	S 2
Vorstand	0,46	0,56	0,54	0,55
Unternehmensbereiche	0,10	0,08	0,09	0,08
Länderbereiche	0,13	0,11	0,11	0,12
Zentralbereiche	0,31	0,24	0,26	0,25

Tab. 6-10: Ressourcenallokation im Gleichgewicht - BASF

Vergleicht man zunächst die Modellversion ohne Transaktionskosten (S 0) mit der Version S 3 (Segmentierung gemäß CONCOR), zeigt sich, dass ein deutlicher Netzwerkeffekt vorliegt. Unternehmens-, Länder-, und Zentralbereiche verlieren im Durchschnitt durch die konkrete soziale Organisation des Tausches gegenüber dem vollkommenen Markt. Die Vorstände hingegen profitieren von ihrer guten strukturellen Einbettung in die Netze. Die Vorstände verfügen im Gleichgewicht bei jeder der drei Tauschressourcen über mehr Ressourcen, wenn die Modellversion mit Transaktionskosten angewandt wird. Umgekehrt verlieren die Einheiten der übrigen Kategorien bei allen Ressourcen gegenüber einer Modelllösung, welche den Tausch auf einen vollkommenen Markt abbildet.[7]

Betrachtet man zusätzlich die Modellversionen, für die eine Segmentierung gemäß der formalen Struktur vorgenommen wurde (S 1 und S 2), zeigt sich, dass auch hier die Vorstände vom Netzwerkeffekt profitieren würden. Allerdings fällt der Unterschied zum Tausch auf dem vollkommenen Markt hier etwas geringer aus. Die realisierte Netzwerkstruktur arbeitet also

---

[7] Das absolute Ausmaß des Netzwerkeffektes über alle Akteure und alle Ressourcen ist schwer zu messen. Zieht man hierzu beispielsweise die Korrelationskoeffizienten der Ressourcenvektoren im Gleichgewicht heran, ergeben sich für die formale Entscheidungsmacht zwischen allen Modellversionen sehr hohe Koeffizienten von über 0,9. Dies ist jedoch wenig verwunderlich, da bei formaler Entscheidungsmacht für alle Modellversionen von Transaktionskosten abstrahiert wird. Beim Vergleich der Allokation der in Marktsegmenten getauschten Ressourcen müssen die einzelnen Segmente aufsummiert werden, um die Ressourcenvektoren vergleichen zu können. Hier ergeben sich deutlich geringere Korrelationskoeffizienten zwischen 0,38 (Unterstützung zwischen den Versionen S 0 und S 3) und 0,57 (Information).

im Sinne des Vorstandes, so dass aus Sicht desselben die (geringen) Abweichungen zur formalen Struktur positiv zu bewerten sind.

Insgesamt kann die Hypothese nicht bestätigt werden, dass Transaktionskosten beim Ressourcentausch bezüglich strategischer Entscheidungen keine Rolle spielen (H 1.2 und H 2.4.1-B). Insofern scheint die BASF vom Idealtyp des Netzwerkunternehmens abzuweichen, welches sich gerade durch eine sogenannte "integrierte Netzwerkstruktur" auszeichnet, in der wie auf vollkommenen Märkten der Ressourcenfluss zwischen den Organisationseinheiten nicht durch Transaktionskosten erschwert wird. Allerdings kann zumindest nicht aus Sicht der Unternehmensleitung der Schluss gezogen werden, dass die konkrete Ausprägung des Netzwerkeffektes eine negative Erscheinung ist. Die Vorstände profitieren von ihrer günstigen Position in den Netzwerken und verfügen im Vergleich zu einer transaktionskostenfreien Situation über mehr steuerungsrelevante Ressourcen.

In diesem Zusammenhang ist anzumerken, dass es für reale Unternehmen äußerst unwahrscheinlich ist, dass entweder eine Vollstruktur vorliegt oder aber sich die durch die unterschiedliche strukturelle Einbettung der Einheiten entstehenden Transaktionskosten derart ausgleichen, dass sämtliche Akteure in gleichem Maße davon profitieren bzw. die entstehenden Aufwendungen tragen müssen. Auf Basis der empirischen Anwendung des Tauschmodells kann zwar der Schluss gezogen werden, dass Transaktionskosten vorliegen, ob diese jedoch hoch oder niedrig ausfallen, ist schwer zu beurteilen. Da es sich in der vorliegenden Studie um die bislang einzige Untersuchung des Ausmaßes des Netzwerkeffektes in Unternehmen handelt, welcher eine tauschtheoretische Modellierung zugrunde liegt, können als Vergleichswerte nur die entsprechenden Resultate für FUCHS in Abschnitt 6.2.3 herangezogen werden. Hier sollte der Netzwerkeffekt, den Hypothesen entsprechend, höher ausfallen.

Neben dem "freien" Fluss von Ressourcen wurde für das idealtypische Netzwerkunternehmen angenommen, dass steuerungsrelevante Ressourcen nicht in der Zentrale gebündelt, sondern auch dezentral vorhanden sind (H 1.4). Für die BASF wurde postuliert, dass Vorstände, Unternehmens-, Länder- und Zentralbereiche in gleichem Maße Information und Unterstützung anbieten (H.2.2.2-B und H 2.2.3-B). Diese Hypothese wurde im Rahmen der empirischen Netzwerkanalyse (Abschnitt 5.1.4) sowie im vorangegangenen Abschnitt anhand des Ressourcenangebots vor dem Tausch widerlegt. Ferner hat sich gezeigt, dass auch die beiden Netzwerkressourcen Information und Unterstützung in der Zentrale (dem Vorstand) konzentriert sind. Durch den Tausch wird die asymmetrische Ressourcenverteilung zwischen dem Vorstand und den übrigen Organisationseinheiten noch verstärkt, da die Vorstände als einzige Akteurskategorie über formale Entscheidungsmacht verfügen, die sie gegen Information und Kontrolle eintauschen können. In Tabelle 6-11 ist die Bilanz der mit den Preisen bewerteten Ressourcenflüsse für die einzelnen formalen Akteurskategorien sowie die Blöcke gemäß der Modellversion S 3 eingetragen.

Modellversion S 3	Formale Entscheidungsmacht	Information	Unterstützung
Vorstand	*-0,386*	0,059	0,066
Unternehmensbereiche	0,133	*-0,010*	*-0,033*
Länderbereiche	0,071	*-0,014*	*-0,009*
Zentralbereiche	0,182	*-0,034*	*-0,024*
Insgesamt	**0,000**	**0,000**	**0,000**
Block A Vorstand	*-0,366*	0,055	0,063
Block B Zentralbereiche	0,067	0,005	*-0,027*
Block C Unternehmens- und Länderbereiche	0,099	*-0,005*	*-0,027*
Block D Zentralbereiche *"wichtig"*	0,080	*-0,030*	0,004
Block E Unternehmens- und Länderbereiche	0,103	*-0,017*	*-0,016*
Block F Zentralbereiche *"peripher"*	0,017	*-0,007*	0,001
Insgesamt	**0,000**	**0,000**	**0,000**

Tab. 6-11: Ressourcenbilanz - BASF

Unternehmens-, Länder und Zentralbereiche tauschen jeweils Information und Unterstützung (negatives Vorzeichen) gegen formale Entscheidungsmacht ein, die sie von den Vorständen nachfragen. Eine nach den einzelnen Blöcken differenzierte Betrachtung zeigt, dass die Zentralabteilungen in Block B insgesamt ebenfalls mehr Information nachfragen (positives Vorzeichen) als anbieten. Dieser Block enthält vergleichsweise wenige Akteure, sowie insbesondere den bezüglich strategischer Entscheidungen wichtigsten Bereich. Bei der Unterstützung gibt es zwei Blöcke, die mehr von dieser Ressource anbieten als nachfragen. Dies sind die Zentralbereiche in Block D, welche ebenfalls eine wichtige Funktion für die strategische Planung erfüllen sowie in sehr geringem Maß die wenig integrierten "Forschungszentralbereiche" in Block F. Für letztere ist es schwer nachvollziehbar, warum diese wenig mit der Umsetzung von Strategien befassten Einheiten so viel Unterstützung nachfragen. Für die Zentralbereiche in Block D wurde bereits weiter oben die Vermutung angestellt, dass für diese Information aufgrund ihres Aufgabengebietes möglicherweise eine kostenlose Ressource ist. Insofern können diese ihr Einkommen verstärkt für Unterstützung und Entscheidungsmacht ausgeben.

Nachdem die Hypothesen bezüglich der Ressourcenpreise sowie des Ausmaßes des Netzwerkeffektes überprüft wurden, wird die empirische Untersuchung der BASF im nächsten Abschnitt mit der Analyse der Machtverteilung und des aufgrund der strukturellen Einbettung generierten Sozialen Kapitals abgeschlossen. Dadurch wird gezeigt, welche Einheiten vom Netzwerkeffekt profitieren.

6.2.3 Macht und Soziales Kapital bei der BASF

In Tabelle 6-12 ist die Macht, gegliedert nach formalen Akteurskategorien und den Blöcken für die Modellversionen S 0 und S 3, eingetragen. Die Gesamtmacht eines Akteurs ergibt sich additiv durch Multiplikation dessen Ressourcenbesitzes im Gleichgewicht mit den jeweiligen Ressourcenpreisen (vgl. Gleichung 3-33). In der rechten Spalte der Tabelle ist die Machtdifferenz zwischen der Modellversion S 3 und der Version S 0 verzeichnet. Die erwartete hohe Übereinstimmung von wahrgenommener (Reputations-) Macht und realisierter Macht im Tauschgleichgewicht wird nur eingeschränkt bestätigt. Die Korrelation zwischen dem Vektor der Reputationsmacht (*Degree-Prestige*) und der realisierten Macht im Gleichgewicht ist zwar positiv, fällt mit 0,52 (Version S 3) und 0,5 (Version S 0) jedoch moderat aus. Bei der Reputationsmacht werden die Vorstände im Vergleich zur realisierten Macht deutlich unterschätzt, während die Macht der Unternehmensbereiche weit überschätzt wird (vgl. Tabellen 5-8 und 6-12). Die durchschnittliche Reputationsmacht von Länder- und Zentralbereichen stimmt deutlicher mit der Macht im Tauschgleichgewicht überein.

Macht	S 0	Ø	S 3	Ø	S 3 - S 0
Vorstand	49,2%	6,1%	57,4%	7,2%	8,2%
Unternehmensbereiche	13,9%	1,0%	11,5%	0,8%	-2,4%
Länderbereiche	10,1%	1,0%	8,7%	0,9%	-1,4%
Zentralbereiche	26,8%	1,7%	22,4%	1,4%	-4,4%
Insgesamt	**100,0%**	**2,1%**	**100,0%**	**2,1%**	**0,0%**
Block A Vorstand	51,7%	5,7%	58,9%	6,5%	7,3%
Block B Zentralbereiche	7,8%	1,9%	8,8%	2,2%	1,0%
Block C Unternehmens- und Länderbereiche	10,2%	1,0%	10,2%	1,0%	0,0%
Block D Zentralbereiche *"wichtig"*	11,7%	2,0%	9,6%	1,6%	-2,2%
Block E Unternehmens- und Länderbereiche	12,8%	1,1%	9,5%	0,8%	-3,4%
Block F Zentralbereiche *"peripher"*	5,8%	0,8%	3,0%	0,4%	-2,7%
Insgesamt	**100,0%**	**12,6%**	**100,0%**	**12,6%**	**0,0%**

Tab. 6-12: Macht - BASF

In den Hypothesen über die zu erwartende Machtverteilung im Gleichgewicht (H 2.3.1-B bis H 2.3.2-B) wurde bereits vermutet, dass die Vorstände aufgrund ihrer alleinigen originären Ausstattung mit formaler Entscheidungsmacht, die sowohl insgesamt als auch auf den einzelnen Akteur bezogen, mächtigsten Einheiten im Unternehmen sind. Da die Vorstände, wie in den vorangegangenen Abschnitten gezeigt wurde, über das höchste Einkommen bei allen Ressourcen verfügen, folgt, dass diese auch sowohl insgesamt als auch je Einheit über die meiste Macht im System verfügen. Die Vorstände profitieren zudem in erheblichem Maße von dem Netzwerkeffekt. Die Machtdifferenz zwischen der Modellversion mit Transaktionskosten und der Version mit dem vollkommenen Markt beträgt über 8%. Während die Vorstände in einer dem idealtypischen Netzwerkunternehmen entsprechenden Struktur weniger als 50% der Macht vereinen würden, können diese aufgrund ihrer tatsächlichen strukturellen Einbettung deutlich über 50% der Gesamtmacht im Unternehmen halten.

Die Einheiten der übrigen Kategorien folgen erst mit großem Abstand. Die Zentralbereiche sind sowohl insgesamt als auch je Einheit die zweitmächtigste Kategorie. Aus der differenzierten Aufgliederung in die einzelnen Blöcke (Segmente) ist die Heterogenität dieser Akteurskategorie zu erkennen. Die Einheiten in den Blöcken B und D sind im Durchschnitt in beiden Modellversionen mehr als doppelt so mächtig wie die mit der Forschung befassten Einheiten in Block F. Auch die Unternehmens- und Länderbereiche, die in den Segmenten C und E angesiedelt sind, verfügen im Durchschnitt nur knapp über die Hälfte der Macht im Vergleich zu den Zentralbereichen in den Blöcken B und D. Neben den Vorständen sind es die Zentralbereiche in Block B sowie in sehr geringem Ausmaß die Einheiten in Block C, die von dem Netzwerkeffekt profitieren, indem sich ihre Macht gegenüber der Situation mit einer (fiktiven) Vollstruktur erhöht. Die Akteure in den übrigen Blöcken erleiden durch die konkrete soziale Organisation des Tauschs im Durchschnitt einen Machtverlust. Der Modelllogik folgend haben Akteure, welche periphere Positionen in den Ressourcennetzen besetzen, eine relativ geringe Macht im Gleichgewicht.

Wie im theoretischen Kapitel über das Tauschmodell ausgeführt wurde, kann die Machtdifferenz zwischen der Modellversion mit Transaktionskosten und der Version unter Annahme einer Vollstruktur als Soziales Kapital der Akteure interpretiert werden (vgl. Abschnitt 3.2.3). Diese Differenz misst die strukturelle Komponente der Macht, die sich zusätzlich zu der relationalen, d.h. auf dem Besitz wertvoller Ressourcen basierenden, Komponente, aufgrund der Einbettung der Akteure in die Netzwerke ergibt. Wie anhand der Ergebnisse in Tabelle 6-12 zu sehen ist, kann diese Differenz sowohl positiv als auch negativ sein, d.h. Akteure können aufgrund ihrer Position in den Netzen sowohl Soziales Kapital generieren, als auch einen Nutzenverlust gegenüber einer fiktiven Situation mit vollkommenen Zugang erleiden. Negatives Soziales Kapital ergibt sich aus einer isolierten Position in den Netzen, die mit einer hohen sozialen Distanz zu den übrigen Akteuren einhergeht.

Das in Abschnitt 3.2.3 beschriebene Konzept Sozialen Kapitals von Henning (2000b, 2002) basiert ebenfalls auf einem Vergleich des Modellergebnisses unter Berücksichtigung von Transaktionskosten mit den Ergebnissen einer transaktionskostenfreien Modellversion. Dabei werden jedoch nicht die direkten Machtdifferenzen zur Messung Sozialen Kapitals herangezogen, sondern eine Machtdifferenz, die über eine indirekte Nutzenfunktion berechnet wird (vgl. Gl. 3-34 bis 3-36). Dadurch werden Preiseffekte, d.h. Veränderungen der Ressourcenpreise, die sich aufgrund der strukturellen Einbettung der Akteure gegenüber den Preisen auf einem vollkommenen Markt ergeben, berücksichtigt. Der Nutzen eines Akteurs wird mit den segmentspezifischen Ressourcenpreisen abdiskontiert, welchen dieser für die von ihm nachgefragten Ressourcen in seinem Segment entrichten muss.

	Preise in den Segmenten (S 3)						
	Gesamt	A	B	C	D	E	F
Information	0,227	0,126	0,036	0,032	0,013	0,016	0,005
Unterstützung	0,450	0,258	0,031	0,038	0,057	0,046	0,020

Tab. 6-13: Segmentspezifische Ressourcenpreise Modellversion S 3 - BASF

Wie anhand der Preise in Tabelle 6-9 zu erkennen ist, unterscheiden sich die über alle Segmente aufsummierten Ressourcenpreise nur äußerst gering von dem entsprechenden Gleichgewichtspreis auf dem vollkommenen Markt. Zwischen den einzelnen Marktsegmenten (Version S 3) bestehen jedoch, wie aus Tabelle 6-13 ersichtlich, große Preisunterschiede. Im Vorstandssegment A resultieren aus der hohen kaufkräftigen Nachfrage sehr hohe Preise. Demgegenüber können die "ressourcenschwachen" Einheiten in Segment F auch wenig Ressourcen nachfragen, was zu sehr geringen segmentspezifischen Preisen führt.

Berechnet man, wie von Henning vorgeschlagen, das Soziale Kapital gemäß den Ausführungen in Abschnitt 3.2.3, ergibt sich das Problem, dass der Nutzen der Akteure in den "Hochpreissegmenten" bei der Modellversion mit Transaktionskosten stark abdiskontiert wird, während sich der Nutzen der Einheiten in den "Billigpreissegmenten" durch den niedrigen Diskontsatz nur wenig verringert. Da sich bei der zum Vergleich herangezogenen transaktionskostenfreien Modellversion nur ein einheitlicher, vergleichsweise hoher Preis (Diskontsatz) ergibt, folgt, dass das Soziale Kapital für die Einheiten, die in Billigsegmenten nachfragen, tendenziell hoch ausfällt, da eine große Nutzendifferenz vorliegt (vgl. Gl. 3-35). Dieses Ergebnis widerspricht den im theoretischen Teil der Arbeit erläuterten Eigenschaften Sozialen Kapitals (vgl. Abschnitt 2.2.1). Demnach verfügen gerade die Akteure über viel Soziales Kapital, die, dem Konzept Colemans entsprechend, über viele direkte Beziehungen in die Netze eingebunden sind und/oder, dem Konzept Burts entsprechend, als Broker zwischen anderen Akteuren vermitteln können (vgl. Burt 2001: 34-38).

Dieser scheinbare Widerspruch des Konzeptes Sozialen Kapitals von Henning ergibt sich daraus, dass bei der *reduced-form* des Modells von der Menge der gehandelten Ressourcen abstrahiert wird. Interpretiert man die segmentspezifischen Ressourcenpreise hingegen als Umsätze, die sich aus dem Preis, multipliziert mit der Menge, ergeben, lässt sich das oben genannte Ergebnis korrigieren. In diesem Fall müssen die segmentspezifischen Preise durch die gehandelte Menge in dem Segment geteilt werden, um zu vergleichbaren Preisen zu gelangen. Da jedoch gerade für die hier betrachtete *reduced form* des Modells von mengenmäßigen Transfers abgesehen wird und nur binäre Netze berücksichtigt werden, kann eine Korrektur der Preise erfolgen, indem diese durch die Anzahl der Lieferungen (*Ties*) dividiert werden, die in das jeweilige Segment fließen.[8] Das auf diese Art berechnete Soziale Kapital sowie die durchschnittlichen Brokeranteile S_{ik}^B für die Ressourcen Information sowie Unterstützung sind in Tabelle 6-14 eingetragen.

Soziales Kapital	Gesamt	Ø	Min	Max	Ø S^B_{Info}	Ø $S^B_{Unterstützung}$
Vorstand	5,571	0,696	0,308	1,634	0,780	0,779
Unternehmensbereiche	3,371	0,241	0,018	0,676	0,499	0,618
Länderbereiche	3,777	0,378	0,011	0,894	0,539	0,551
Zentralbereiche	5,641	0,353	0,031	1,231	0,606	0,446
Block A Vorstand	5,674	0,630	0,103	1,634	0,749	0,736
Block B Zentralbereiche	1,763	0,441	0,031	1,231	0,601	0,433
Block C UB und LB	3,588	0,359	0,077	0,811	0,554	0,627
Block D Zentralbereiche "wichtig"	2,190	0,365	0,201	0,824	0,702	0,472
Block E UB und LB	3,552	0,296	0,018	0,894	0,489	0,593
Block F Zentralbereiche "peripher"	1,592	0,227	0,011	0,374	0,508	0,424

Tab. 6-14: Soziales Kapital - BASF

Beim Vergleich der Ergebnisse des gemäß Henning (2000b, 2002) berechneten Sozialen Kapitals mit der Machtdifferenz in Tabelle 6-12 zeigen sich deutliche Abweichungen.[9] Am auffälligsten ist dabei, dass die Werte für Soziales Kapital in Tabelle 6-14 alle positiv sind. Selbst die wenig in die Netzwerke eingebetteten Einheiten im Segment F gewinnen hier gegenüber dem vollkommenen Markt. Im Gegensatz dazu weist das hier vorgeschlagene Maß für Soziales Kapital sowohl positive als auch negative Werte auf (vgl. Tabelle 6-12). Wie im theoretischen Teil der Arbeit ausgeführt wurde (vgl. Abschnitt 2.2 und 3.2.3), gibt es einerseits Akteure, die von der konkreten sozialen Organisation des Tauschs profitieren, während andererseits Akteure gegenüber einem Tauschsystem mit einer Vollstruktur schlechter gestellt sind. Berechnet man das Soziale Kapital aus der direkten Machtdifferenz, gleichen sich die Gewinne und Verluste, die durch die tatsächliche strukturelle Einbettung der Akteure entstehen, insgesamt aus.

Eine weitere Schwierigkeit bei dem auf der indirekten Nutzenfunktion basierenden Konzepts des Sozialen Kapitals ist, dass nur der zusätzlich durch die strukturelle Einbettung entstehende Nutzen der Akteure berücksichtigt wird, während der Nutzenverlust, d.h. der Aufwand, welcher zur Überwindung der sozialen Distanzen (der Zugangsbarrieren) entsteht,

---

[8] Dies impliziert die Annahme, dass die transferierte Menge von Information oder Unterstützung in allen Lieferungen gleich ist.
[9] Zwischen den beiden Vektoren Sozialen Kapitals liegt eine moderate Korrelation von r = 0,37 vor.

unberücksichtigt bleibt. Tatsächlich müsste dieser Aufwand von dem Nutzengewinn abgezogen werden. In diesem Fall wären auch hier für eine Reihe von Akteuren negative Werte Sozialen Kapitals zu erwarten. Für die vorliegende Anwendung des Modells, bei der weder mengenmäßige Ressourcentransfers noch direkt gemessene Transaktionskosten vorliegen, ist die Berechnung Sozialen Kapitals über den Vergleich des indirekten Nutzens nur eingeschränkt geeignet, so dass das auf dem direkten Machtvergleich basierende Konzept vorgezogen wird.

Neben den Abweichungen der empirischen Ergebnisse, welche die beiden Konzepte liefern, lassen sich auch Übereinstimmungen feststellen. So sind jeweils die Vorstände die Akteursgruppe, welche das höchste Soziale Kapital bezogen auf den einzelnen Akteur generieren. Diese Ergebnisse stimmen mit den ebenfalls in Tabelle 6-14 verzeichneten Werten für die Brokeranteile S_{ik}^B der Einheiten überein. Die Vorstände verfügen im Durchschnitt für beide Netzwerkressourcen über die höchsten Brokeranteile. Letztere sind eng mit dem Sozialen Kapital verwandt, da sie sich aus dem *Terms of Trade* (TOT) eines Akteurs ergeben (vgl. Gl. 3-20 und 3-21). Diese messen das Verhältnis der Anzahl der Anbieter zu der Anzahl der Nachfrager von Ressourcen aus Sicht eines Akteurs. Hat ein Akteur viele (konkurrierende) Anbieter auf seinem Beschaffungsmarkt und wenige Konkurrenten auf seinen Absatzmärkten, werden die TOT und damit auch der Brokeranteil größer. Der Brokeranteil beeinflusst die Höhe des Ressourcenangebots und damit auch dessen Macht im Gleichgewicht (vgl. Gl. 3-25 und 3-26). Akteure mit hohem Brokeranteil sollten tendenziell auch viel Soziales Kapital generieren können.

In den nächsten Abschnitten werden analog zur Vorgehensweise bei der BASF die noch ausstehenden Hypothesen für FUCHS überprüft.

6.3 Netzwerkeffekte bei FUCHS

Für FUCHS wird aufgrund der formalen Organisationsstruktur erwartet, dass die realisierten Netzwerke weniger Ähnlichkeit mit dem Idealtyp des "Netzwerkunternehmens" aufweisen als bei der BASF. Bei der Diskussion der Ergebnisse der Modellanwendung wird daher, wie schon im Rahmen der empirischen Netzwerkanalyse, Bezug auf die entsprechenden Ergebnisse bei der BASF genommen.

6.3.1 Interessen und Ressourcenangebot bei FUCHS

Im Gegensatz zur BASF ist strategisch relevante Information bei FUCHS die insgesamt wichtigste Ressource. Wie aus Tabelle 6-15 ersichtlich, beträgt das durchschnittliche Interesse an dieser Ressource knapp 42%. Auch bei FUCHS wird mit durchschnittlich 44% ein beträchtlicher Anteil der benötigten Information von Quellen außerhalb des Konzerns bezogen.

Soziales Kapital	Gesamt	Ø	Min	Max	Ø S^B_{Info}	Ø $S^B_{Unterstützung}$
Vorstand	5,571	0,696	0,308	1,634	0,780	0,779
Unternehmensbereiche	3,371	0,241	0,018	0,676	0,499	0,618
Länderbereiche	3,777	0,378	0,011	0,894	0,539	0,551
Zentralbereiche	5,641	0,353	0,031	1,231	0,606	0,446
Block A Vorstand	5,674	0,630	0,103	1,634	0,749	0,736
Block B Zentralbereiche	1,763	0,441	0,031	1,231	0,601	0,433
Block C UB und LB	3,588	0,359	0,077	0,811	0,554	0,627
Block D Zentralbereiche "wichtig"	2,190	0,365	0,201	0,824	0,702	0,472
Block E UB und LB	3,552	0,296	0,018	0,894	0,489	0,593
Block F Zentralbereiche "peripher"	1,592	0,227	0,011	0,374	0,508	0,424

Tab. 6-15: Interesse an den Ressourcen - FUCHS

Nach Korrektur dieser externen Information beträgt der Mittelwert für das Interesse an Information nur noch 23% und ist damit fast identisch mit dem entsprechenden Wert bei der BASF (vgl. linke Spalten in Tabelle 6-15). Abweichend davon, ist bei FUCHS nach der Bereinigung um die externe Information die formale Entscheidungsmacht die Ressource, an der das größte Interesse besteht (42%). Das durchschnittliche Interesse an Information ist mit 35% deutlich geringer. Die Tochtergesellschaften sind am wenigsten an Unterstützung interessiert. Dies entspricht der hohen Autonomie, welche diese beim die Umsetzung der Strategie betreffenden operativen Geschäft haben. Das Interesse der Gesellschaften ist stark auf die formale Entscheidungsmacht fokussiert. Demgegenüber konzentriert sich das Interesse der Einheiten in der Zentrale (Konzernleitung und Zentralabteilungen) auf die Unterstützung bei der Umsetzung der Strategie. Die differenzierte Betrachtung der Tochtergesellschaften in Tabelle 6-15 zeigt, dass auch innerhalb dieser Kategorie Unterschiede bezüglich der Interessengewichte vorliegen. Für die westeuropäischen und amerikanischen Gesellschaften spielt formale Entscheidungsmacht eine im Vergleich zu den Gesellschaften in Afrika, Asien und Osteuropa, geringere Rolle.[10]

---

[10] Möglicherweise spiegelt sich in diesen Werten ein im Rahmen der vergleichenden Kulturforschung erzielter Befund wieder. Demnach liegen in Amerika und Westeuropa niedrige bis mittlere Werte für den sogenannten Machtdistanzindex vor, während für diesen für afrikanische und asiatische Länder im Durchschnitt hohe Werte gemessen wurden. Der Machtdistanzindex misst, inwiefern die wenig mächtigen Akteure in Organisationen eine Ungleichverteilung der Macht erwarten und akzeptieren (vgl. Hofstede 1994: 24-28). Ein hoher Indexwert bedeutet eine hohe Akzeptanz von Machtungleichheit. In diesem Fall ist zu erwarten, dass formale Entscheidungsmacht auch als besonders wichtige Ressource angesehen wird.

Interesse gemäß Segmentierung 3 (S 3)			
	Ø X_P	Ø X_{Int}	Ø X_S
Block A "Konzernleitung (KZL), Frankreich"	0,31	0,20	0,49
Block B "KZL, Nordamerika, Deutschland"	0,31	0,51	0,18
Block C "KZL, Zentralabteilungen"	0,42	0,26	0,32
Block D "KZL, Westeuropa, Zentralabteilungen"	0,41	0,22	0,37
Block E "Südamerika, Isolierte"	0,52	0,13	0,35
Block F "GPM"	0,30	0,12	0,58
Block G "KZL, Asien"	0,47	0,18	0,35
Block H "Asien"	0,53	0,26	0,21
Insgesamt	**0,42**	**0,23**	**0,35**

Tab. 6-16: Interesse an den Ressourcen gemäß Segmentierung 3 - FUCHS

Auch für FUCHS wird zur Analyse des Netzwerkeffektes eine Modellversion berechnet, bei der die Marktsegmente aufgrund der Ergebnisse der Blockmodellanalyse (CONCOR) eingeteilt werden. Die Zuordnung der Akteure zu den einzelnen Blöcken folgt hier weniger deutlich den formalen Kategorien als bei der BASF. Insbesondere die Mitglieder der Konzernleitung sind auf mehrere Blöcke verteilt (vgl. Tabelle 5-16). Die Interessengewichte sind in Tabelle 6-16 differenziert gemäß der Segmentierung 3 verzeichnet. Auch hier weisen die Blöcke G und H, welche im wesentlichen mit asiatischen Gesellschaften besetzt sind, sowie der Block E, der südamerikanische und geographisch isolierte Gesellschaften enthält, das im Vergleich höchste Interesse an formaler Entscheidungsmacht auf. Die *Global Product Manager* (GPM) in Block F sowie die Einheiten in Block A, in dem sich fünf der acht Konzernleitungsmitglieder befinden, haben ein besonders großes Interesse an Unterstützung bei der Umsetzung der Strategien. Diese Werte sind insofern nachvollziehbar, als die Konzernleitungsmitglieder und die GPM's nicht direkt mit dem operativen Geschäft befasst sind und die Umsetzung der Strategischen Entscheidungen in den Tochtergesellschaften vollzogen wird. Einen überaus hohen Bedarf an Information haben die nordamerikanischen Einheiten (Konzernleitungsmitglied und Gesellschaften) sowie die deutschen Tochterunternehmen in Block B.

	Ressourcenangebot vor dem Tausch (S 0)				
	Formale Entscheidungsmacht	Information	je Einheit	Unterstützung	je Einheit
Konzernleitung	1,00	0,32	0,040	0,34	0,043
Zentralabteilungen	0,00	0,31	0,018	0,40	0,023
Tochtergesellschaften	0,00	0,37	0,010	0,26	0,007
Summe	**1,00**	**1,00**	**-**	**1,00**	**-**

Tab. 6-17: Ressourcenangebot - FUCHS

Das Ressourcenangebot der Akteure für die Modellversion ohne Transaktionskosten ist in Tabelle 6-17 eingetragen. Auch bei FUCHS weist dieses Ähnlichkeiten mit den Werten für das *Degree-Prestige* auf (vgl. Tabellen 5-19 und 5-20). Allerdings liegen hier größere Abweichungen vor als bei der BASF. Gegenüber dem *Degree-Prestige* können die Konzernleitungsmitglieder und die Zentralabteilungen bei beiden Ressourcen mehr anbieten. Die Hypothese (H 2.2.2-F), welche eine zentrale Allokation von Information postulierte, wird eindeutig bestätigt. Entgegen der Annahmen (H 2.2.3-F; H 2.2.4-F) wird, wie schon die Ergebnisse bei den Zentralitätsmaßen gezeigt haben, Unterstützung in noch größerem Ausmaßen als Information von den Einheiten in der Konzernzentrale angeboten. Den Erwartungen entsprechend, weicht FUCHS hinsichtlich der Ressourcenallokation stärker vom Idealtyp des Netzwerkunternehmens ab, als die BASF.

Anbieter	Ressource	Ressourcenangebot vor dem Tausch (S 3)							
		Zielmarkt							
		A	B	C	D	E	F	G	H
A	Info	**0,298**	**0,291**	0,159	**0,307**	0,151	0,135	0,188	**0,267**
	Unterstützung	**0,325**	**0,336**	0,351	**0,300**	0,203	0,142	0,207	**0,426**
B	Info	0,058	0,178	0,126	0,046	0,148	0,052	0,036	0,010
	Unterstützung	0,027	0,186	0,064	0,018	0,060	0,010	0,013	0,004
C	Info	0,183	0,290	**0,288**	0,139	0,126	0,051	0,159	0,210
	Unterstützung	0,211	0,255	**0,352**	0,179	0,072	0,067	0,159	0,020
D	Info	0,232	0,105	0,180	0,191	0,095	0,215	0,128	0,083
	Unterstützung	0,178	0,102	0,138	0,258	0,205	**0,485**	0,115	0,019
E	Info	0,054	0,071	0,041	0,017	0,066	0,103	0,024	0,026
	Unterstützung	0,018	0,004	0,013	0,012	0,034	0,075	0,032	0,045
F	Info	0,064	0,036	0,063	0,253	**0,338**	**0,235**	**0,256**	0,101
	Unterstützung	0,074	0,105	0,036	0,187	**0,343**	0,167	**0,263**	0,090
G	Info	0,085	0,028	0,123	0,044	0,062	0,166	**0,151**	0,158
	Unterstützung	0,062	0,008	0,035	0,037	0,036	0,041	**0,119**	0,086
H	Info	0,026	0,002	0,020	0,004	0,015	0,044	0,058	**0,145**
	Unterstützung	0,105	0,003	0,011	0,010	0,048	0,013	0,092	**0,310**
Gesamt	Info	**1,000**	**1,000**	**1,000**	**1,000**	**1,000**	**1,000**	**1,000**	**1,000**
	Unterstützung	**1,000**	**1,000**	**1,000**	**1,000**	**1,000**	**1,000**	**1,000**	**1,000**

Tab. 6-18: Ressourcenangebot gemäß Segmentierung 3 - FUCHS

Tabelle 6-18 beinhaltet das gemäß der Segmentierung 3 aufgeteilte Ressourcenangebot. Die jeweils größten Anbieter in einem Segment sind durch fettgedruckte Zelleinträge kenntlich gemacht. Die Einheiten in Segment (Block A) sind in vier von acht Segmenten der größte Anbieter beider Ressourcen. Dieses Segment enthält die Mehrzahl der Konzernleitungsmitglieder. Segment C, welches kaufmännische Funktionen erfüllende Zentralabteilungen sowie ein Konzernleitungsmitglied enthält, ist der größte Ressourcenlieferant im eigenen Segment. Die asiatischen Gesellschaften im Segment G sowie die Gesellschaften aus geographisch isolierten Regionen im Segment E werden am stärksten durch die GPM's (Segment F) beliefert. Für die Segmentierung gemäß der CONCOR-Lösung fällt der Vergleich der Angebotsstrukturen von FUCHS mit denen bei der BASF schwer, da sich bei FUCHS nicht sämtliche Konzernleitungsmitglieder in einem Segment befinden. Auch bei FUCHS ist jedoch zu erkennen, dass die jeweils größten Ressourcenanbieter die Blöcke mit den Konzernleitungsmitgliedern und den Zentralabteilungen sind. Die Ressourcen Information und Unterstützung sind zentral vorhanden. Die Segmente B, E, G und H, welche überwiegend Tochtergesellschaften beinhalten, bieten vergleichsweise wenig Ressourcen an.

Im folgenden Abschnitt werden die Hypothesen bezüglich der Steuerungsrelevanz (der Preise) der Ressourcen in Bezug auf strategische Entscheidungen überprüft sowie das Ausmaß des Netzwerkeffektes bei FUCHS untersucht.

6.3.2 Ausmaß und Wirkung des Netzwerkeffektes bei FUCHS

Die Gleichgewichtspreise für die Ressourcen sind in Tabelle 6-19 verzeichnet. Für die Modellversionen unter Berücksichtigung von Transaktionskosten (S 1, S 2, S 3) wird der Gesamtpreis je Ressource durch Addition der einzelnen Segmentpreise gebildet. Auch bei FUCHS sind die Preisunterschiede zwischen den Modellversionen sehr gering.

Modellversion	Gleichgewichtspreise für die Ressourcen		
	Formale Entscheidungsmacht	Information	Unterstützung
S 0 (ohne Segmentierung)	0,354	0,205	0,441
S 3 (CONCOR-Lösung)	0,355	0,196	0,449
S 1 (Formale Struktur)	0,357	0,190	0,453
S 2 (Formale Struktur)	0,353	0,194	0,453

Tab. 6-19: Ressourcenpreise - FUCHS

Im Gegensatz zu den Ergebnissen bei der BASF weichen die Gleichgewichtspreise für die Ressourcen bei FUCHS deutlich von den Interessengewichten ab. Während das durchschnittliche Interesse an formaler Entscheidungsmacht 0,42 beträgt, liegt der in Tabelle 6-19 eingetragene Gleichgewichtspreis für diese Ressource mit 0,35 erheblich darunter. Dies lässt sich einfach nachvollziehen, da, wie aus Tabelle 6-15 ersichtlich, das hohe durchschnittliche Interesse an formaler Entscheidungsmacht im wesentlichen durch die zahlenmäßig größte Akteurskategorie, die Tochtergesellschaften, zustande kommt. Wie ebenfalls im vorangegangenen Abschnitt ausgeführt wurde, verfügen diese Einheiten über ein geringes Ressourcenangebot und können daher auch nur relativ wenig Ressourcen nachfragen. In Folge ergeben sich trotz des hohen Interesses an formaler Entscheidungsmacht die vergleichsweise geringen Preise. Die wichtigste (teuerste) Ressource ist Unterstützung, welche einen Preis von 0,45 erzielt. Der hohe Preis ergibt sich aus der hohen Nachfrage von den Konzernleitungsmitgliedern und den Zentralabteilungen, welche die kaufkräftigsten Akteure sind. Die Hypothese bezüglich der Ressourcenpreise (H 2.2.5-F) wird nicht bestätigt. Auch für FUCHS wurde angenommen, dass diese auf einem Niveau liegen. Allerdings würden sich zumindest die Preise für Unterstützung und formale Entscheidungsmacht weiter aneinander annähern, wenn die Tochtergesellschaften über mehr kaufkräftige Nachfrage verfügen würden. Im Vergleich mit der BASF (vgl. Tabelle 6-9) ist die formale Entscheidungsmacht in Bezug auf strategische Entscheidungen bei FUCHS eine etwas teurere Ressource, während Information einen etwas geringeren Preis erzielt. Unterstützung bei der Umsetzung von Strategien ist in beiden Unternehmen die eindeutig wichtigste Ressource. Die Preise liegen hier auf einem Niveau.

	Formale Entscheidungsmacht			
	S 0	S 3	S 1	S 2
Konzernleitung	0,55	0,62	0,59	0,60
Zentralabteilungen	0,21	0,19	0,20	0,20
Tochtergesellschaften	0,24	0,20	0,21	0,20
	Information			
	S 0	S 3	S 1	S 2
Konzernleitung	0,56	0,62	0,62	0,61
Zentralabteilungen	0,22	0,20	0,20	0,20
Tochtergesellschaften	0,22	0,18	0,18	0,20
	Unterstützung			
	S 0	S 3	S 1	S 2
Konzernleitung	0,59	0,66	0,65	0,65
Zentralabteilungen	0,28	0,23	0,25	0,25
Tochtergesellschaften	0,13	0,11	0,10	0,10

Tab. 6-20: Ressourcenallokation im Gleichgewicht - FUCHS

Anhand der Ressourcenallokation im Tauschgleichgewicht lässt sich auch bei FUCHS das Ausmaß und die Richtung des Netzwerkeffektes untersuchen. In Tabelle 6-20 sind die Ergebnisse für die Modellversion unter Annahme einer Vollstruktur (S 0) sowie der Versionen unter Berücksichtigung von Transaktionskosten eingetragen. Der Netzwerkeffekt fällt bei FUCHS ähnlich deutlich aus wie bei der BASF. Die Allokation im Gleichgewicht zwischen den Versionen mit Transaktionskosten unterscheiden sich untereinander nur gering. Dies kann als weiterer Hinweis auf den *fit* zwischen formaler Struktur und realisierten Netzen gewertet werden. Zwischen der Modelllösung auf einem vollkommenen Markt sowie den Versionen mit Transaktionskosten bestehen hingegen größere Abweichungen. Wider Erwarten scheint das Ausmaß des Netzwerkeffektes bei FUCHS nicht größer zu sein als bei der BASF. In Hypothese H 2.4.1-F wurde postuliert, dass Transaktionskosten bei FUCHS einen größeren

Einfluss auf die Ressourcenallokation im Gleichgewicht ausüben und insofern auch bei diesem Merkmal stärker von dem idealtypischen Netzwerkunternehmen abweichen sollten. Diese Hypothese kann aufgrund der Ergebnisse der Modellanwendung nicht bestätigt werden.

Wie im theoretischen Teil der Studie ausgeführt, besteht der Netzwerkeffekt auf Akteursebene darin, dass Akteure aus einer guten strukturellen Einbettung in die Netze profitieren, während eine mangelnde Einbettung mit der Aufwendung von Transaktionskosten für die betreffenden Einheiten einhergeht. Bei der Anwendung des Tauschmodells, welches eine Operationalisierung des Netzwerkeffektes leistet, sind es daher die Mitglieder der Konzernleitung, die aufgrund ihrer Position in den Netzen gewinnen. Diese verfügen bei der Modellversion unter Berücksichtigung von Transaktionskosten (S 3) über deutlich mehr Ressourcen als bei der Lösung auf einem (fiktiven) vollkommenen Markt (S 0). Auch bei FUCHS sind die realisierten Netze zum Vorteil für die Konzernleitungsmitglieder, die sich zudem gegenüber einer Lösung gemäß der formalen Struktur (S 1 und S 2) besser stellen. Aus Sicht der Unternehmensleitung sind die Abweichungen zwischen formaler und informeller Struktur positiv zu bewerten. Die Tochtergesellschaften und die Zentralabteilungen verschlechtern sich aufgrund des transaktionskostenbehafteten Tauschs gegenüber einer Vollstruktur. Dabei ist die Differenz zwischen den beiden Modellversionen für die Zentralbereiche bei der Unterstützung am größten, während die Tochterunternehmen im Gleichgewicht beim Tausch mit Transaktionskosten insbesondere über weniger formale Entscheidungsmacht und Information verfügen.

Modellversion S 3	Formale Entscheidungsmacht	Information	Unterstützung
Konzernleitung	-0,136	0,035	0,101
Zentralabteilungen	0,066	-0,012	-0,054
Tochtergesellschaften	0,070	-0,023	-0,047
Insgesamt	**0,000**	**0,000**	**0,000**
Block A "Konzernleitung (KZL), Frankreich"	-0,053	0,029	0,024
Block B "KZL, Nordamerika, Deutschland"	-0,010	0,015	-0,005
Block C "KZL, Zentralabteilungen"	0,008	-0,008	0,001
Block D "KZL, Westeuropa, Zentralabteilungen"	0,024	-0,012	-0,012
Block E "Südamerika, Isolierte"	0,009	-0,007	-0,002
Block F "GPM"	0,013	-0,016	0,003
Block G "KZL, Asien"	-0,010	0,000	0,010
Block H "Asien"	0,018	-0,001	-0,017
Insgesamt	**0,000**	**0,000**	**0,000**

Tab. 6-21: Ressourcenbilanz - FUCHS

In Abhängigkeit von den Interessengewichten und der ursprünglichen Ressourcenausstattung unterscheiden sich die Akteure in den einzelnen Blöcken (Segmenten) dadurch, welche Ressourcen diese abgeben, um sie gegen andere Ressourcen einzutauschen. Die Ressourcenbilanz für die Modellversion mit der Segmentierung gemäß der informellen Struktur ist in Tabelle 6-21 verzeichnet.

Die originär mit formaler Entscheidungsmacht ausgestatteten Konzernleitungsmitglieder tauschen diese, den Interessengewichten entsprechend, gegen die beiden Netzwerkressourcen Information und Unterstützung ein. Die Akteure der beiden übrigen Akteurskategorien geben Netzwerkressourcen ab, um Entscheidungsmacht zu erhalten. Ein differenzierteres Bild ergibt die Aufschlüsselung in die einzelnen Marktsegmente. Neben dem von Konzernleitungsmitgliedern dominierten Segment A verfügen auch die Segmente C, F und G im Gleichgewicht über mehr Unterstützung als vor dem Tausch. Die Segmente C und G beinhalten dabei jeweils ein Konzernleitungsmitglied, welches Entscheidungsmacht eintauschen kann. Die Global Product Manager im Segment F können hingegen nur Information gegen Unterstützung eintauschen. Die Einheiten in Segment B, welche ein im Vergleich zu den übrigen Segmenten auffällig hohes Interesse an Information haben, sind neben dem "Konzernleitungssegment" A die einzigen Akteure, die diese Ressource in erheblichem Maß erwerben.

Im folgenden Abschnitt wird das mit den Preisen bewertete Ressourceneinkommen der Akteure über alle Ressourcen summiert und ein Index der Gesamtmacht gebildet. Damit lassen sich die Hypothesen bezüglich der Machtverteilung überprüfen. Darüber hinaus kann die Machtdifferenz zwischen der Modellversion mit Transaktionskosten (S 3) und der Lösung unter Annahme einer Vollstruktur erneut als Maß für das Soziale Kapital herangezogen werden, welches die Akteure aus der realisierten sozialen Organisation des Tauschs generieren.

6.3.3 Macht und Soziales Kapital bei FUCHS

In Tabelle 6-22 ist die Macht eingetragen, welche die Akteure im Gleichgewicht bei den Modellversionen S 0 und S 3 halten. Auch bei FUCHS weist die wahrgenommene Reputationsmacht (vgl. Tabelle 5-18) mit der realisierten Macht im Gleichgewicht nur moderate Ähnlichkeiten auf. Die Macht der Konzernleitung wird stark unter-, die Macht der Tochtergesellschaften stark überschätzt. Einzig die Reputationsmacht der Zentralabteilungen stimmt annähernd mit der Macht im Tauschgleichgewicht überein.

Aufgrund der in der formalen Holdingsstruktur angelegten höheren Zentralisation von strategisch relevanten Ressourcen wurde in den Hypothesen für FUCHS eine noch stärkere Konzentration der Macht in der Konzernleitung postuliert, als für die BASF. Die entsprechende Hypothese 2.3.1-F wird für beide Modellversionen bestätigt. Die Mitglieder der Konzernleitung sind sowohl insgesamt als auch bezogen auf eine Einheit die mit Abstand mächtigsten Akteure. Die Machtkonzentration fällt bereits auf Vorstandsebene höher aus als bei der BASF. Zählt man zu der Zentrale die ebenfalls in der Holding angesiedelten Zentralabteilungen hinzu, wird das Machtgefälle zwischen Zentrale und den Tochtergesellschaften noch deutlicher. Eine Zentralabteilung verfügt bei beiden Modellversionen im Durchschnitt über die fast dreifache Macht einer Tochtergesellschaft. Dies wurde ebenfalls bereits im Rahmen der Hypothesen vermutet (H 2.3.2-F).

Macht	S 0	Ø	S 3	Ø	S 3 - S 0
Konzernleitung	57,2%	7,2%	63,9%	8,0%	6,7%
Zentralabteilungen	23,9%	1,4%	20,8%	1,2%	-3,2%
Tochtergesellschaften	18,8%	0,5%	15,3%	0,4%	-3,5%
Deutschland	4,1%	0,7%	4,8%	0,8%	0,7%
Westeuropa	5,5%	0,5%	5,6%	0,5%	0,1%
Osteuropa	0,9%	0,4%	0,5%	0,3%	-0,4%
Afrika, Nahost	0,8%	0,4%	0,5%	0,3%	-0,2%
Amerika	1,7%	0,3%	0,7%	0,1%	-1,0%
Asien	5,9%	0,5%	3,2%	0,3%	-2,7%
Insgesamt	**100,0%**	**1,6%**	**100,0%**	**1,6%**	**0,0%**
Block A "Konzernleitung (KZL), Frankreich"	35,4%	4,4%	38,6%	4,8%	3,2%
Block B "KZL, Nordamerika, Deutschland"	8,4%	1,4%	7,0%	1,2%	-1,4%
Block C "KZL, Zentralabteilungen"	14,6%	1,6%	17,2%	1,9%	2,6%
Block D "KZL, Westeuropa, Zentralabteilungen"	14,4%	1,3%	17,0%	1,5%	2,6%
Block E "Südamerika, Isolierte"	3,1%	0,3%	2,0%	0,2%	-1,1%
Block F "GPM"	10,1%	2,0%	7,4%	1,5%	-2,7%
Block G "KZL, Asien"	9,5%	1,2%	7,8%	1,0%	-1,6%
Block H "Asien"	4,5%	0,6%	2,9%	0,4%	-1,6%
Insgesamt	**100,0%**	**13,0%**	**100,0%**	**12,6%**	**0,0%**

Tab. 6-22: Macht - FUCHS

Bei der Modellversion mit Transaktionskosten (S 3) zeigen sich besonders deutliche Abweichungen zwischen den Tochtergesellschaften der unterschiedlichen Regionen. Die geographisch nahe an der Holding-Zentrale angesiedelten deutschen Gesellschaften halten im Durchschnitt je Einheit 0,8% der Gesamtmacht und damit mehr als doppelt so viel, wie die asiatischen, amerikanischen und osteuropäischen Tochterunternehmen. Die Gesellschaften aus Westeuropa folgen mit einer durchschnittlichen Macht von 0,5% nach den deutschen Unternehmen. Das Machtgefälle zwischen Zentrale und Peripherie lässt sich somit auch auf Ebene der Tochterunternehmen feststellen.

Die Betrachtung der Machtwerte gemäß Segmentierung S 3 zeigt, dass die Segmente, welche die Mitglieder der Konzernleitung enthalten, am mächtigsten sind (A, B, C, D, G). Eine Ausnahme stellt der Block F mit den Global Product Managern (GPM) dar. Auch diese Akteure verfügen, obwohl ursprünglich ohne formale Entscheidungsmacht ausgestattet, im Durchschnitt über vergleichsweise viel Gesamtmacht. Als am wenigsten mächtig erweist sich das Segment E, das die südamerikanischen sowie die regional isolierten Gesellschaften beinhaltet. Aufgegliedert nach den einzelnen Akteuren ergeben sich für die Konzernleitungsmitglieder wenig überraschende Ergebnisse. Der Vorstandsvorsitzende ist der insgesamt mächtigste Akteur, gefolgt von den übrigen Mitgliedern der Konzernleitung. Danach folgt ein GPM sowie die größte Tochtergesellschaft des Konzerns.

Die Machtdifferenz zwischen der Modelllösung unter Berücksichtigung von Transaktionskosten (S 3) und der Version mit der angenommenen Vollstruktur ist ebenfalls in Tabelle 6-22 verzeichnet und dient auch hier als Maß für Soziales Kapital. Die Konzernleitung erhöht ihre Macht aufgrund ihrer strukturellen Einbettung um 6,7% gegenüber der Vollstruktur. Insgesamt verlieren die Zentralabteilungen und die Tochtergesellschaften gegenüber dem Tausch auf einem vollkommenen Markt. Die Werte des Sozialen Kapitals sind hier negativ. Bei den Tochtergesellschaften profitieren jedoch die deutschen und die westeuropäischen Unternehmen von ihrer Position in den Ressourcennetzwerken und können Soziales Kapital generieren, während dieses für die Gesellschaften aus den übrigen Regionen negative Werte annimmt. Auf der Ebene der einzelnen Akteure sind es zunächst drei Konzernleitungsmitglieder, die am meisten Soziales Kapital halten. Den vierten Platz nimmt die größte Tochtergesellschaft des Konzerns ein, gefolgt von einer Zentralabteilung mit kaufmännischem Aufgabenbereich. Positive Werte weisen auch eine Reihe weiterer westeuropäischer Gesellschaften, ein asiatisches Tochterunternehmen und einige Zentralabteilungen auf. Von den Konzernleitungsmitgliedern erleidet eine Einheit durch den transaktionskostenbehafteten Tausch einen Nutzenverlust, d.h. verfügt über negatives Soziales Kapital. Interessanterweise verfügen die bei beiden Modellversionen vergleichsweise mächtigen Zentralabteilungen in Block F über negatives Soziales Kapital und erleiden einen insgesamt erheblichen Nutzenverlust gegenüber dem Tausch auf einem vollkommenen Markt. Dies liegt daran dass das direkte Ressourcenangebot dieses im wesentlichen mit den GPM's besetzten Segmentes auf die in den Netzwerken relativ isolierten Segmente E und G konzentriert ist. Dadurch fallen beim Tausch auf segmentierten Märkten Transaktionskosten an, um die übrigen Segmente zu beliefern, was zu einem Nutzenverlust gegenüber dem Tausch mit angenommener Vollstruktur führt.

Wie sowohl im theoretischen Teil der Arbeit (vgl. Abschnitt 3.2.3) als auch in Bezug auf die empirischen Ergebnisse bei der BASF (vgl. Abschnitt 6.2.3) ausgeführt, werden bei dem auf dem direkten Machtvergleich basierenden Konzept des Sozialen Kapitals die Preiseffekte, die sich durch den Tausch auf segmentierten Märkten ergeben, ausgeklammert. Bei den Gleichgewichtspreisen für die Ressourcen Information und Unterstützung ergeben sich jedoch, wie in Tabelle 6-23 zu sehen, auch für FUCHS deutliche Unterschiede zwischen den einzelnen Segmenten. In den Segmenten mit besonders kaufkräftigen, da mit vielen Ressourcen ausgestatteten Nachfragern (z.B. Segment A), betragen die Preise ein vielfaches der Preise, welche in den Segmenten erzielt werden, die Akteure mit vergleichsweise geringer kaufkräftiger Nachfrage enthalten (z.B. Segment E).

	Preise in den Segmenten (S 3)								
	Gesamt	A	B	C	D	E	F	G	H
Information	0,196	0,080	0,032	0,032	0,024	0,003	0,005	0,016	0,003
Unterstützung	0,449	0,155	0,009	0,094	0,084	0,009	0,056	0,033	0,007

Tab. 6-23: Segmentspezifische Ressourcenpreise Modellversion S 3 - FUCHS

Die dem Konzept Hennings (2000b, 2002) entsprechenden Werte des Sozialen Kapitals, welche explizit den Preiseffekt berücksichtigen, sind in Tabelle 6-24 eingetragen. Auch hier wurden die Segmentpreise vor der Berechnung des Sozialen Kapitals durch die Anzahl der Lieferungen in das jeweilige Segment geteilt, um den Preis mit der in einem Segment gehandelten Ressourcenmenge abzudiskontieren. Wie schon bei der BASF verfügen sämtliche sowohl nach formalen Akteurskategorien als auch gemäß der informellen Struktur gebildeten Akteursgruppen über positives Soziales Kapital. Da bei der Berechnung über die indirekte Nutzenfunktion nur der zusätzlich durch die strukturelle Einbettung entstehende Nutzen betrachtet und der zur Überwindung der sozialen Distanzen entstehende Aufwand, d.h. die Transaktionskosten, vernachlässigt werden, ergeben sich in Tabelle 6-24 grundsätzlich überhöhte Werte. Die Aussagekraft ist daher begrenzt. Interessant im Vergleich zur BASF ist allerdings, dass es bei FUCHS Akteure gibt, die selbst bei der Berechnung gemäß des indirekten Nutzens über negative Werte verfügen.[11] Diese befinden sich in dem hauptsächlich mit Zentralabteilungen besetzten Segment C, dem Segment E, welches südamerikanische Gesellschaften sowie Tochterunternehmen aus geographisch isolierten Regionen enthält sowie dem Segment H mit den asiatischen Gesellschaften.

Insgesamt weisen von den 63 Akteuren nur drei Einheiten ein negatives Soziales Kapital auf. Im Gegensatz zu dem auf dem direkten Machtvergleich basierenden Konzept, lässt sich hier die Frage, welche Akteure aufgrund ihrer strukturellen Einbettung gewinnen und welche durch die Aufwendung von Transaktionskosten verlieren, nicht beantworten.

---

[11] Der negative Wert bei den südamerikanischen Einheiten wird von einer kleinen Gesellschaft erzielt, die als "Ausreißer" dem Segment E zugeordnet ist, welches ansonsten nur Einheiten mit positiven Werten enthält.

Soziales Kapital	Gesamt	Ø	Minimum	Maximum	Ø S^B_{Info}	Ø $S^B_{Unterstützung}$
Konzernleitung	7,384	0,923	0,317	1,594	0,830	0,824
Zentralabteilungen	3,324	0,196	-0,001	0,874	0,614	0,507
Tochtergesellschaften	2,970	0,078	-0,001	1,410	0,413	0,412
Deutschland	0,363	0,060	-0,001	0,225	0,387	0,382
Westeuropa	1,912	0,174	0,002	1,410	0,433	0,468
Osteuropa	0,085	0,043	0,042	0,043	0,362	0,423
Afrika, Nahost	0,026	0,013	0,005	0,020	0,441	0,466
Amerika	0,106	0,021	0,001	0,046	0,306	0,408
Asien	0,479	0,040	-0,001	0,177	0,455	0,367
Block A *"Konzernleitung (KZL), Frankreich"*	3,124	0,391	0,012	1,159	0,594	0,695
Block B *"KZL, Nordamerika, Deutschland"*	0,595	0,099	0,001	0,412	0,399	0,374
Block C *"KZL, Zentralabteilungen"*	2,646	0,294	-0,001	1,169	0,621	0,604
Block D *"KZL, Westeuropa, Zentralabteilungen"*	2,148	0,195	0,003	1,594	0,485	0,429
Block E *"Südamerika, Isolierte"*	1,608	0,179	-0,001	1,410	0,382	0,417
Block F *"GPM"*	1,451	0,290	0,011	0,874	0,823	0,543
Block G *"KZL, Asien"*	1,750	0,219	0,010	1,472	0,528	0,523
Block H *"Asien"*	0,357	0,051	-0,001	0,177	0,417	0,324

Tab. 6-24: Soziales Kapital - FUCHS

Nachdem die noch ausstehenden Hypothesen bezüglich der Machtverteilung und des Wertes der Ressourcen für FUCHS überprüft wurden, erfolgt im nächsten Abschnitt eine Zusammenfassung der wesentlichen Ergebnisse der empirischen Analysen. Dabei wird herausgestellt, welche Antworten sich auf die beiden grundlegenden inhaltlichen Fragestellungen ergeben haben.

6.4 Ergebnisse der empirischen Analysen

Insgesamt wurde die Mehrzahl der in Abschnitt 2.5 abgeleiteten und in Abschnitt 4.4 spezifizierten Hypothesen bestätigt.[12] Aufgrund der absoluten Anzahl bestätigter und nicht bestätigter Hypothesen lassen sich die beiden Forschungsfragen jedoch nicht beantworten. Zu diesem Zweck muss eine Zuordnung der Ergebnisse zu den Fragen erfolgen. Darüber hinaus unterscheiden sich die einzelnen Hypothesen hinsichtlich ihres Gewichts für die Beantwortung der Forschungsfragen.

---

[12] Von den fünfundzwanzig Hypothesen bezüglich der BASF konnten sieben nicht bestätigt werden und bei weiteren vier Hypothesen war eine Widerlegung aufgrund der Ergebnisse nicht eindeutig möglich. Die übrigen vierzehn Hypothesen stellten sich als zutreffend heraus (vgl. Anhang 1.1). Bei den sechsundzwanzig Hypothesen für FUCHS erwiesen sich vier als falsch, während siebzehn bestätigt werden konnten. Die fünf übrigen Hypothesen konnten nicht eindeutig widerlegt werden (vgl. Anhang 1.2).

Die erste Forschungsfrage wurde aus der betriebswirtschaftlichen Literatur abgeleitet, die sich mit der Organisation und dem Management sogenannter "Netzwerkunternehmen" befasst (vgl. Abschnitt 2.3.2). Von mehreren Autoren wurde postuliert, dass sich mit einer "netzwerkartigen" Organisation die in sich widersprüchlichen Anforderungen in "transnationalen" Wettbewerbsumfeldern" erfüllen lassen. Flexibilität und Marktnähe der weltweit verstreuten Einheiten könnten ebenso erreicht werden wie eine unternehmensweite Koordination im Hinblick auf ein übergeordnetes Unternehmensziel. Da diese Ansätze eher präskriptiver Natur sind und die darin getroffenen Aussagen bezüglich der Struktur "netzwerkartiger" Unternehmen bislang kaum überprüft wurden, stellt sich die Frage, ob sich in der Praxis tatsächlich Unternehmen beobachten lassen, welche die postulierten Merkmale aufweisen.

Um dies empirisch untersuchen zu können, wurden aus den Arbeiten über Netzwerkunternehmen gemeinsame Aussagen bezüglich der Organisationsstruktur identifiziert und entsprechende Hypothesen abgeleitet. Diese Hypothesen beziehen sich auf die Ressourcen- und Machtallokation in den Unternehmen, die Steuerungsrelevanz (den Wert) der Ressourcen, das Ausmaß des den Ressourcentausch beeinflussenden Netzwerkeffektes sowie die strukturellen Ähnlichkeiten zwischen den Netzwerken des Ressourcentausches und den Sozialen Beziehungen. Um die Hypothesen zu überprüfen, wurden zwei Unternehmen ausgewählt, die den formalen Anforderungen (Wettbewerbsumfeld, Internationalisierungsgrad, Organisationsstruktur) von Netzwerkunternehmen entsprechen. Untersucht wurden formale Strukturen und realisierte Netzwerke in Bezug auf strategische Entscheidungen und die Umsetzung derselben. Dabei wurden im Rahmen der Netzwerkanalyse und der Anwendung des Tauschmodells die folgenden wesentlichen Ergebnisse erzielt:

1. Wider Erwarten wurde nicht nur bei FUCHS sondern auch bei der BASF ein eindeutiges Zentrum-Peripherie-Gefälle festgestellt. Dieses folgt jeweils dem hierarchischen Aufbau der Unternehmen. Sämtliche betrachteten Ressourcen werden am meisten von den Einheiten der Zentrale gehalten und angeboten. Beide Unternehmen weisen diesbezüglich nicht die Eigenschaften von Netzwerkunternehmen auf.
2. Da vermutet wurde, dass die Steuerung von Netzwerkunternehmen weniger durch hierarchische Weisungen als vielmehr durch gegenseitiges Aushandeln vollzogen wird, wurde erwartet, dass die Ressourcen Information und Unterstützung eine ebenso wichtige Rolle in Bezug auf strategische Entscheidungen spielen wie formale Entscheidungsmacht. Diese Vermutung wurde insofern übertroffen, als sich in beiden Unternehmen die Unterstützung als die mit Abstand wichtigste Ressource herausstellte. Allerdings wird auch diese Ressource von den Vorständen gehalten, so dass diese keine wirkliche Verhandlungsmasse für die nicht mit formaler Entscheidungsmacht ausgestatteten Akteure darstellt. Auch in dieser Hinsicht entsprechen die untersuchten Fälle nicht dem Idealtyp des Netzwerkunternehmens.

3. Der Allokation der einzelnen Ressourcen entsprechend, ist auch die Gesamtmacht in beiden Unternehmen auf die Vorstände bzw. die Konzernleitung konzentriert. Für das idealtypische Netzwerkunternehmen wurde hingegen postuliert, dass Macht in erheblichem Maße auch von den übrigen Organisationseinheiten gehalten wird.
4. In beiden Unternehmen lässt sich entgegen der Erwartung ein deutlicher Netzwerkeffekt beobachten. Dieser beeinflusst die Ressourcen- und Machtallokation im Gleichgewicht. Die Akteure, welche vom Netzwerkeffekt profitieren und Soziales Kapital generieren können sind in beiden Unternehmen vor allem die Vorstände. Hierarchisch untergeordnete Einheiten wie die Unternehmens- oder Länderbereiche bei der BASF oder die Gesellschaften bei FUCHS verlieren insgesamt durch den Netzwerkeffekt.
5. Die Koordination von Netzwerkunternehmen sollte durch eine ausgeprägte gemeinsam getragene Unternehmenskultur erleichtert werden. Es wird erwartet, dass diese durch ein dichtes Netz sozialer Beziehungen geschaffen und aufrecht erhalten wird. Um den Fluss steuerungsrelevanter Ressourcen zu erleichtern, sollte das Netz der sozialen Beziehungen strukturelle Ähnlichkeiten mit den Ressourcennetzen aufweisen. Dies war für die BASF nicht der Fall, die auch bei diesem Merkmal nicht mit einem Netzwerkunternehmen übereinstimmt. Bei FUCHS hingegen konnte die strukturelle Ähnlichkeit zwischen den Ressourcennetzen und dem Netz der sozialen Beziehungen festgestellt werden.

Insgesamt muss der Schluss gezogen werden, dass die beiden untersuchten Unternehmen nicht dem Idealtyp des Netzwerkunternehmens entsprechen, obwohl sie die formalen Kriterien eines solchen erfüllen. Die in der Hierarchie festgelegte formale Entscheidungsmacht erwies sich zwar nicht als die wichtigste Ressource für die strategische Steuerung, die übrigen Ressourcen Information und Unterstützung sind jedoch ebenfalls in der Unternehmensleitung gebündelt. Insofern ist es unwahrscheinlich, dass die hierarchische Koordination in den Unternehmen durch gegenseitiges Aushandeln ersetzt wird, da eine stark asymmetrische Allokation der relevanten Ressourcen vorliegt. Die erste grundlegende Forschungsfrage wird somit negativ beantwortet. Die bereits von anderen Autoren geäußerte Vermutung, dass es sich bei den Ansätzen zu den Netzwerkunternehmen eher um "Managementmoden" als um ernstzunehmende theoretisch und empirisch fundierte wissenschaftliche Konzepte handelt, scheint sich somit zu erhärten (vgl. Kieser 1996; Melin 1992: 110-111; Riedl 1999: 55-57).

Die zweite grundlegende Forschungsfrage bezieht sich auf den Zusammenhang von formaler Organisationsstruktur und realisierten (informellen) Netzwerken. Das auf Chandler (1962) zurückgehende Strategie-Struktur-Paradigma wurde dahingehend erweitert, dass neben einem *fit* zwischen Unternehmensumwelt, Strategie und formaler Organisationsstruktur eine Übereinstimmung zwischen der formalen und der realisierten (informellen) Struktur gefordert wird. Dies ist insofern von Bedeutung, da sich direkt nur die formalen Strukturen vom Management gestalten lassen. Liegt ein *fit* zwischen formaler und informeller Struktur vor, ist dies ein Hinweis darauf, dass sich die informelle Struktur zumindest indirekt beeinflussen lässt.

Die Verbindung mit der ersten Forschungsfrage ergibt sich daraus, dass sich die Ausführungen über die Organisation von Netzwerkunternehmen weniger auf formale- sondern insbesondere auch auf informelle Strukturen beziehen (vgl. Abschnitt 2.3.2). Der *fit* zwischen formaler Struktur und realisierten Netzwerken wurde schwerpunktmäßig im Rahmen der Netzwerkanalyse im fünften Kapitel überprüft. Zur Untersuchung des *fits* wurden unterschiedliche Verfahren angewandt. Neben dem visuellen Vergleich der Netzwerkstrukturen wurde die strukturelle Ähnlichkeit aufgrund der Multiplexität und Korrelation untersucht. Darüber hinaus wurde eine Blockmodellanalyse durchgeführt und die Hypothesen über den Ressourcenfluss zwischen den gemäß der formalen Struktur gebildeten Blöcken überprüft. In einer weiteren Blockmodellanalyse, bei der die Zuordnung zu den Blöcken nicht vorgegeben, sondern aufgrund der erhobenen Netze identifiziert wurde, wurde überprüft, ob sich in dieser Zuordnung ebenfalls die formale Struktur wiederspiegelt. Die unterschiedlichen Verfahren führten zu sehr ähnlichen Ergebnissen (vgl. Abschnitt 5.3):

6. Sowohl bei der BASF als auch bei FUCHS lässt sich ein *fit* zwischen der formalen Organisation und der informellen Struktur feststellen. Dieser *fit* fällt für die BASF eindeutiger aus als für FUCHS.
7. Als dominierendes Strukturmuster lassen die Netze bei der BASF eine Gliederung gemäß den formalen Kategorien Vorstand, Unternehmens-, Länder-, und Zentralbereiche erkennen. Ein zweites, weniger deutliches Strukturmuster folgt der Ressortzuordnung der Einheiten.
8. Die informellen Netze bei FUCHS sind ebenfalls gemäß der formalen Kategorien Konzernleitung, Zentralabteilungen und Tochtergesellschaften segmentiert. Allerdings liegen eine Reihe von Abweichungen gegenüber der formalen Struktur vor. Als weiteres Strukturmuster lässt sich eine Zuordnung der Tochtergesellschaften gemäß ihrer regionalen Zugehörigkeit erkennen.

Im Gegensatz zu der ersten Frage fällt das Ergebnis bezüglich der zweiten Forschungsfrage positiv aus. In beiden Unternehmen konnte ein *fit* zwischen der von der Unternehmensleitung vorgegebenen (formalen) Soll-Struktur und der tatsächlich realisierten (informellen) Ist-Struktur festgestellt werden.

Im abschließenden Kapitel wird eine Bewertung der Ergebnisse vorgenommen. Da der Netzwerkeffekt in dieser Studie im wesentlichen in seiner Auswirkung auf der Mikroebene einzelner Akteure und Akteursgruppen untersucht wurde, wird zudem die Frage erörtert, ob sich auf Basis der vorliegenden Ergebnisse auch Aussagen hinsichtlich der Wirkung auf der Makroebene treffen lassen.

7 Bewertung der Ergebnisse

Wie von Weyer (2000: 25-26) angemerkt, gehört es "...fast zu einem Ritual in der Netzwerkforschung, eine Theorielücke zu identifizieren bzw. ein Theoriedefizit zu beklagen" (vgl. auch Emirbayer/Goodwin 1994: 1412-1414; Trezzini 1998a: 512-514). Aus soziologischer Perspektive wurde insbesondere das Fehlen einer Theorie bemängelt, die sowohl die Auswirkung der strukturellen Einbettung auf das Handeln individueller Akteure erklärt, als auch die Verbindung des Handelns auf individueller Ebene mit der Makroebene herstellt (vgl. Burt 1982; Wellman 1988).

Neben der empirischen Untersuchung des Ausmaßes und der Wirkung des Netzwerkeffektes war es das Ziel der Arbeit, dieses Theoriedefizit zu schließen. Als Netzwerktheorie wurde ein Modell herangezogen, welches soziales Handeln als strukturell eingebetteten Tausch zwischen individuellen oder korporativen Akteuren abbildet. Dabei wird die Auswirkung der Einbettung auf das Handeln von Akteuren ebenso modelliert wie die Auswirkung derselben auf das Ergebnis auf der Makroebene. Die Vorteile des Modells von Henning liegen auf der Theorieebene in der konsistenten Herleitung unter der Annahme individueller Nutzenmaximierung. Auf Ebene der Empirie liegt ein wesentlicher Vorzug in der Möglichkeit der Anwendung des Modells auf reale Phänomene. Die eher qualitativ geprägten Ansätze zum Netzwerkeffekt und zu Sozialem Kapital (vgl. Granovetter 1985; Coleman 1988; Diekmann 1993: 23) können damit operationalisiert werden. Dadurch wurde es möglich, die Wirkung des Netzwerkeffektes und die Höhe des Sozialen Kapitals in den beiden untersuchten Unternehmen zu bestimmen. Potentielle Anwendungsgebiete des Modells beschränken sich dabei nicht auf internationale Unternehmen, sondern umfassen grundsätzlich sämtliche intra- und interorganisatorischen Strukturen.

Der Schwerpunkt bei der empirischen Anwendung des Modells lag in dieser Studie auf der Mikroebene. Es wurde untersucht, welche Auswirkung der Netzwerkeffekt auf den Ressourcenbesitz einzelner Einheiten beziehungsweise Gruppen von Einheiten hat. Dadurch konnte gezeigt werden, welche Einheiten von dem Netzwerkeffekt profitieren und Soziales Kapital bilden können und welche Einheiten aufgrund einer schlechten Einbettung einen Nutzenverlust erleiden.

Insbesondere aus betriebswirtschaftlicher Perspektive ist zudem von Interesse, welche Wirkung der Netzwerkeffekt auf der Makroebene des gesamten Unternehmens hat. Es stellt sich die Frage, ob die tatsächliche soziale Organisation des Ressourcentauschs, d.h. die beobachtete informelle Struktur, eine effiziente Lösung darstellt oder ob die realisierten Tauschnetzwerke eine im Hinblick auf die Erreichung der Unternehmensziele eher ungeeignete Struktur darstellen. Um diese Frage abschließend zu beantworten, müsste die Auswirkung der strukturellen Merkmale auf den Unternehmenserfolg in einer auf großer Fallzahl basierenden Studie untersucht werden. Neben dem hohen Datenerhebungsaufwand wäre dabei sowohl die

Identifikation von geeigneten (unabhängigen) Strukturvariablen sowie Kontrollvariablen als auch die Identifikation von (abhängigen) Erfolgsvariablen problematisch.

Für die untersuchten Fälle lässt sich jedoch auch auf Basis der in dieser Studie erzielten Ergebnisse die Wirkung des Netzwerkeffektes auf der Makroebene bewerten. Die Ressourcenallokation im Tauschgleichgewicht deutet darauf hin, dass die tatsächlich beobachteten informellen Strukturen in beiden Unternehmen eine effiziente Struktur darstellen. Bei der BASF sind es ebenso wie bei Fuchs im wesentlichen die Vorstände, die von dem Netzwerkeffekt profitieren. Im Vergleich zu der (fiktiven) Vollstruktur aber auch zu der formalen Struktur verfügen diese in der realisierten informellen Struktur über mehr strategisch relevante Ressourcen. Unter Vernachlässigung etwaiger Ressortegoismen kann für die Vorstände davon ausgegangen werden, dass diese stärker an den Zielen des Gesamtunternehmens interessiert sind als die einzelnen Unternehmensbereiche oder Tochtergesellschaften. Bei letzteren ist anzunehmen, dass diese primär an der Erreichung ihrer Bereichsziele orientiert sind. Die Wirkung des Netzwerkeffektes auf der Makroebene kann daher in beiden Unternehmen als positiv bewertet werden, da gerade die Akteure davon profitieren, die für das gesamte Unternehmen verantwortlich sind.

Abschließend sei darauf hingewiesen, dass die tauschtheoretische Modellierung auch für Fragestellungen mit unmittelbarem Praxisbezug geeignet ist. So kann damit die Auswirkung geplanter Reorganisationsvorhaben auf die Ressourcen- und Machtallokation in Organisationen abgeschätzt werden. Dadurch lassen sich beispielsweise Veränderungen, welche durch die Integration neuer Einheiten in das Unternehmen oder die Ausgliederung bestehender Einheiten hervorgerufen werden, simulieren. Die Analyse der Netzwerkstrukturen in Verbindung mit der tauschtheoretischen Modellierung ist daher nicht nur für die Grundlagenforschung relevant. Auch anwendungsorientierte Forschung mit dem Ziel der Ableitung von konkreten Gestaltungsempfehlungen kann davon profitieren.

Literatur

Abraham, Martin, 2001: Die Rolle von Vertrag, Macht und sozialer Einbettung für wirtschaftliche Transaktionen. Das Beispiel des Zahlungsverhaltens. In: Kölner Zeitschrift für Soziologie und Sozialpsychologie, 53 (1), 28-49.

Alchian, Armen A. / Demsetz, Harold, 1972: Production, Information Costs, and Economic Organization. In: American Economic Review, 62 (5), 777-795.

Alter, Catherine / Hage, Jerald, 1993: Organizations Working Together. Newbury Park /London / New Delhi.

Andrews, Steven B. / Basler, Carleen R. / Coller, Xavier, 1999: Organizational Structures, Cultures And Identities: Overlaps And Divergences. In: Bacharach, Samuel B. /Andrews, Steven B. / Knoke, David (eds.): Networks In And Around Organizations. Research In The Sociology Of Organizations, 16, 213-235.

Arrow, Kenneth J., 1963: Social Choice and Individual Values. 2nd edition, New York/ London/Sydney.

Arrow, Kenneth J., 1974: The limits of organization. New York.

Athanassiou, Nicholas, 1999: International Management Research and Social Networks. In: Connections, 22 (2), 12-21.

Axelrod, Robert, 1981: The Emergence of Cooperation among Egoists. In: American Political Science Review, 75 (2), 306-318.

Axelrod, Robert, 1987: Die Evolution der Kooperation. München.

Bacharach, Samuel B. / Lawler, Edward J., 1980: Power and Politics in Organizations. San Fransisco/Washington/London

Baker, Wayne E., 1984: The social structure of a national securities market. In: American Journal of Sociology, 89 (4), 775-811.

Banshaf, John, 1965: Weighted Voting Doesn't Work: A Mathematical Analysis. In: Rutgers Law Review, 19, 317-343.

Barsky, Noah P., 1999: A Core/Periphery Structure in a Corporate Budgeting Process. In: Connections, 22 (2), 22-29.

Bartlett, Christopher A. / Ghoshal, Sumantra, 1989: Managing Across Borders. The Transnational Solution. Boston (Mass.).

Bartlett, Christopher A. / Ghoshal, Sumantra, 1990: Matrix Management: Not a Structure, a Frame of Mind. In: Harvard Business Review, July August, 138-145.

Bartlett, Christopher A. / Ghoshal, Sumantra, 1993: Beyond the M-Form: Toward a Managerial Theory of the Firm. In: Strategic Management Journal, 14, 23-46.

BASF AG, 1990: 125 Jahre BASF Stationen ihrer Geschichte. Zentralabteilung Öffentlichkeitsarbeit, Ludwigshafen.

BASF AG, 2001a: Jahresbericht 2000. Ludwigshafen am Rhein.

BASF AG, 2001b: Der Verbund. Our Process to Progress. Ludwigshafen am Rhein.

BASF AG, 2001c: Daten und Fakten - Charts 2001. Ludwigshafen am Rhein.

Bernhardt, Wolfgang / Witt, Peter, 1995: Holding-Modelle und Holding-Moden. In: Zeitschrift für Betriebswirtschaft, 65 (12), 1341-1364.

Berthel, Jürgen, 1988: Personal-Management. Grundzüge für Konzeptionen betrieblicher Personalarbeit. 2. Auflage, Stuttgart

Blau, Peter M., 1964: Exchange and Power in Social Life. New York.

Bleicher, Knut, 1999: Träger strategischer Unternehmensführung. In: Hahn, Dietger / Taylor, Bernard (Hrsg.): Strategische Unternehmensplanung. Strategische Unternehmensführung. Stand und Entwicklungstendenzen. 8. Auflage, Heidelberg, 739-768.

Bleicher, Knut / Leberl, Diethard / Paul, Herbert, 1989: Unternehmensverfassung und Spitzenorganisation. Führung und Überwachung von Aktiengesellschaften im internationalen Vergleich. Wiesbaden.

Böttcher, Roland, 1996: Global Network Management: Context - Decision-making - Coordination. Wiesbaden.

Böttcher, Roland / Welge, Martin K., 1994: Strategic Information Diagnosis in the Global Organization. In: Management International Review, 34 (1), 7-24.

Bonacich, Phillip, 1987: Power and Centrality: A Family of Measures. In: American Journal of Sociology, 92 (5), 1170-1182.

Bourdieu, Pierre, 1983: Ökonomisches Kapital, kulturelles Kapital, soziales Kapital. In: Kreckel, Reinhard (Hrsg.): Soziale Ungleichheiten. Soziale Welt Sonderband 2, Göttingen, 183-198.

Borg, Ingwer / Groenen, Patrick, 1997: Modern Multidimensional Scaling. Theory and Applications. New York / Berlin / Heidelberg.

Borgatti, Stephen P. / Everett, Martin G., 1999: Models of core / periphery structures. In: Social Networks, 21, 375-395.

Borgatti, Stephen P. / Everett, Martin G., Freeman, Linton C., 1999: Ucinet 5 for Windows. Software for Social Network Analysis. Natick. Analytic Technologies.

Bovasso, Gregory, 1992: A Structural Analysis of the Formation of a Network Organization. In: Group & Organization Management, 17 (1), 86-106.

Bräuninger, Thomas / König, Thomas, 2001: Indices of Power. IOP 2.0 [computer program]. Konstanz: University of Konstanz, http://www.uni-konstanz.de/FuF/Verwiss/koenig/IOP.html.

Brandes, Ulrik / Kenis, Patrick / Raab, Jörg / Schneider, Volker / Wagner, Dorothea, 1999: Explorations Into The Visualization Of Policy Networks. In: Journal of Theoretical Politics, 11 (1), 75-106.

Brass, Daniel J., 1984: Being in the Right Place: A Structural Analysis of Individual Influence in an Organization. In: Administrative Science Quarterly, 29 (4), 518-539.

Brass, Daniel J., 1992: Power In Organizations: A Social Network Perspective. In: Moore, Gwen / Whitt Allen J. (eds.): The Political Consequences Of Social Networks. Research in Politics and Society 4, Greenwich/London, 295-323.

Brass, Daniel J. / Burckhardt, Marlene E., 1993: Potential Power And Power Use: An Investigation Of Structure And Behavior. In: Academy of Management Journal, 36 (3); 441-470.

Brass, Daniel J. / Butterfield, Kenneth D. / Skaggs, Bruce C., 1998: Relationships And Unethical Behavior: A Social Network Perspective. In: Academy of Management Review, 23 (1), 14-31.

Braun, Norman, 1990: Dynamics And Comparative Statics Of Coleman's Exchange Model. In: Journal of Mathematical Sociology, 15 (3-4), 271-276.

Braun, Norman, 1993: Socially restricted exchange. Frankfurt.

Braun, Norman, 1994: Restricted access in exchange systems. In: Journal of Mathematical Sociology, 19 (2), 129-148.

Brechtel, Thomas, 1998: Die Veränderung der Machtverteilung im deutschen Politikfeld Arbeit. Eine empirische Netzwerkanalyse über die Auswirkungen institutioneller Reformen und parteipolitischer Mehrheitsverhältnisse auf die Positionen der arbeits- und sozialpolitischen Organisationen. Aachen.

Brüderl, Josef, 1990: Statics And Dynamics Of The Coleman Model: Comment On Braun. In: Journal of Mathematical Sociology, 15 (3-4), -277-279.
Bühner, Rolf, 1991: Management-Holding - Ein Erfahrungsbericht. In: Die Betriebswirtschaft, 51 (2), 141-151.
Bühner, Rolf, 1992: Management-Holding. Unternehmensstruktur der Zukunft. Landsberg/Lech.
Bühner, Rolf, 1993: Management-Holding: Erfahrungen aus 46 untersuchten Unternehmen. In: Bühner, Rolf (Hrsg.): Erfahrungen mit der Management-Holding. Landsberg (Lech), 9-66.
Burt, Ronald S., 1976: Positions in Networks. In: Social Forces, 55, 93-122.
Burt, Ronald S., 1980: Models of network structure. In: Annual Review of Sociology, 6, 79-141.
Burt, Ronald S., 1982: Toward a Structural Theory of Action. Network Models of Social Structure, Perception, and Action. New York et al.
Burt, Ronald S., 1983a: Studying Status / Role-Sets Using Mass Surveys. In: Burt, Ronald S. / Minor, Michael. J. (eds.): Applied Network Analysis. A Methodological Introduction. Beverly Hills/London/New Delhi, 100-118.
Burt, Ronald S., 1983b: Distinguishing Relational Contents. In: Burt, Ronald S. / Minor, Michael. J. (eds.): Applied Network Analysis. A Methodological Introduction. Beverly Hills/London/New Delhi, 35-74.
Burt, Ronald S., 1992: Structural Holes. The Social Structure of Competition. Cambridge/London.
Burt, Ronald S., 1997: The Contingent Value of Social Capital. In: Administrative Science Quarterly, 42 (2), 339-365.
Burt, Ronald S., 2001: Structural Holes versus Network Closure as Social Capital. In: Lin, Nan / Cook, Karen / Burt, Ronald S. (eds.): Social Capital. Theory and Research. New York, 31-56.
Burt, Ronald S. / Ronchi, Don, 1994: Measuring a large network quickly. In: Social Networks 16, 91-135.
Burt, Ronald S. / Schøtt, Thomas, 1985: Relation Contents in Multiple Networks. In: Social Science Research, 14, 287-308.
Buskens, Vincent W., 1999: Social Networks And Trust. Amsterdam.

Caves, Richard E., 1980: Industrial Organization, Corporate Strategy and Structure. In: Journal of Economic Literature, 18 (1), 64-92.
CEFIC. European Chemical Industry Council: Facts and Figures. Online unter: http://www.cefic.be/ activities/ eco/ FactsFigures/. Zugriff am 27.6.2001.
Chalmers, Alan, 1991: Wege der Wissenschaft: Einführung in die Wissenschaftstheorie. 4. Auflage, Heidelberg.
Chandler, Alfred D., 1962: Strategy and Structure. Cambridge (Mass.).
Carrington, Peter J. / Heil, Greg H. / Berkowitz, Stephen D., 1979/80: A Goodness-of-fit Index for Blockmodels. In: Social Networks, 2, 219-234.
Carrington, Peter J. / Heil, Greg H., 1981: COBLOC: A Hierarchical Method for Blocking Network Data. In: Journal of Mathematical Sociology, 8 (1); 103-131.
Chisholm, Donald, 1989: Coordination Without Hierarchy. Informal Structures In Multiorganizational Systems. Berkeley / Los Angeles / London.
Coase, Ronald H., 1937: The nature of the firm. In: Economica, 4, 386-405.
Coenenberg, Adolf G., 1966: Die Kommunikation in der Unternehmung. Wiesbaden.

Coleman, James S., 1966a: The possibility of a social welfare function. In: American Economic Review, 56, 1105-1122.
Coleman, James S., 1966b: Foundations for a Theory of Collective Decisions. In: American Journal of Sociology, 71, 615-627.
Coleman, James S., 1973: The Mathematics of Collective Action. London.
Coleman, James S., 1979: Macht und Gesellschaftsstruktur. Tübingen.
Coleman, James S., 1986: Individual Interests And Collective Action. Selected Essays. Cambridge/London.
Coleman, James S., 1988: Social Capital in the Creation of Human Capital. In: American Journal of Sociology, 94 (Supplement), S95-S120.
Coleman, James S., 1990: Foundations of Social Theory. Cambridge (Mass.)/London.
Cook, Karen S. / Emerson, Richard M. / Gillmore, Mary R. / Yamagishi, Toshio, 1983: The Distribution of Power in Exchange Networks: Theory and Experimental Results. In: American Journal of Sociology, 89 (2), 275-305.
Cook, Karen S. / Emerson, Richard M., 1984: Exchange Networks And The Analysis Of Complex Organizations. In: Bacharach, Samuel B. / Lawler, Edward J. (eds.): Research In The Sociology Of Organizations. A Research Annual. The Social Psychological Processes. Greenwich (Con.)/London, 1-30.
Cross, Rob / Borgatti, Stephen P. / Parker, Andrew, 2002: Making Invisible Work Visible. Using Social Network Analysis To Support Strategic Collaboration. In: California Management Review, 44 (2), 25-48.

Dahl, Robert A:, 1957: The Concept of Power. In: Behavioral Science, 2, 201-215.
Daniels, John D. / Pitts, Robert A. / Tretter, Marietta J., 1984: Strategy and Structure of U.S. Multinationals: An Exploratory Study. In: Academy of Management Journal, 27 (2), 292-307.
Daniels, John D. / Pitts, Robert A. / Tretter, Marietta J., 1985: Organizing for Dual Strategies of Product Diversity and International Expansion. In: Strategic Management Journal, 6, 223-237.
Davis, Stanley M., 1979: Basic Structures of Multinational Corporations. In: Davis, Stanley M. (ed.): Managing and Organizing Multinational Corporations. New York/Oxford/Toronto et al., 193-211.
Davis, Stanley M. / Lawrence Paul R., 1977: Matrix. Reading (Mass.).
Deaton, Angus / Muellbauer, John, 1996: Economics and consumer behavior. Cambridge.
Degenne, Alian / Forsé, Michel, 1994: Les Réseaux Sociaux. Une analyse structurale en sociologie. Paris
Diekmann, Andreas, 1993: Sozialkapital und das Kooperationsproblem in Sozialen Dilemmata. In: Analyse und Kritik, 15 (1), 22-35.
Dollinger, Marc J., 1984: Environmental Boundary Spanning and Information processing Effects on Organizational Performance. In: Academy of Management Journal, 27 (2), 351-368.
Donaldson, Lex, 1987: Strategy And Structural Adjustment To Regain Fit And Performance: In Defence Of Contingency Theory. In: Journal of Management Studies, 24 (1), 1-24.
Dyer, Jeffrey H. / Singh, Harbir, 1998: The Relational View: Cooperative Strategy And Sources Of Interorganizational Competitive Advantage. In: Academy of Management Review, 23 (4), 660-679.

Ebers, Mark, 1997: Explaining Inter-Organizational Network Formation. In: Ebers, Mark (ed.): The Formation of Inter-Organizational Networks. New York, 3-40.

Ebers, Mark / Gotsch, Wilfried, 1995: Institutionenökonomische Theorien der Organisation. In: Kieser, Alfred (Hrsg.): Organisationstheorien. Stuttgart/Berlin/Köln, 2. Auflage, 185-235.

Eccles, Robert G., 1985: Transfer Pricing as a Problem of Agency. In: Pratt, John W. / Zeckhauser Richard J. (eds.): Principal and Agents: The Structure of Business. Boston (Mass.), 151-186.

Egelhoff, William G., 1982: Strategy and Structure in Multinational Corporations: An Information Processing Approach. In: Administrative Science Quarterly, 27 (3), 435-548.

Egelhoff, William G., 1988: Strategy And Structure In Multinational Corporations: A Revision Of The Stopford And Wells Model. In: Strategic Management Journal, 9, 1-14.

Egelhoff, William G., 1991: Information-Processing Theory And The Multinational Enterprise. In: Journal of International Business Studies, 22 (3), 341-368.

Emerson, Richard M., 1962: Power-Dependence Relations. In: American Sociological Review, 27 (1), 31-41.

Emirbayer, Mustafa, 1997: Manifesto for a Relational Sociology. In: American Journal of Sociology, 103 (2), 281-317.

Emirbayer, Mustafa / Goodwin, Jeff, 1994: Network Analysis, Culture, and the Problem of Agency. In: American Journal of Sociology, 99 (6), 1411-1454.

Esser, Hartmut, 1993: Soziologie. Allgemeine Grundlagen. Frankfurt/New York.

Esser, Hartmut, 2000: Soziologie. Spezielle Grundlagen Band 4: Opportunitäten und Restriktionen. Frankfurt/New York.

Etzioni, Amitai, 1967: Soziologie der Organisation. München.

Faust, Katherine, 1988: Comparison Of Methods For Positional Analysis: Structural And General Equivalences. In: Social Networks, 10, 313-341.

Felsenthal, Dan S. / Machover, Moshé, 1998: The measurement of voting power: theory and practice, problems and paradoxes. Cheltenham.

Flecker, Jörg / Simsa, Ruth, 2001: Co-ordination and control in transnational business and non-profit organizations. In: Pries, Ludgar (ed.): New Transnational Spaces. International migration and transnational companies in the early twenty-first century. London/New York, 164-184.

Fombrun, Charles, J. 1983: Attributions of power across a social network. In: Human Relations, 36, 493-508.

Ford, Robert C. / Randolph, Alan W., 1992: Cross-Functional Structures: A Review and Integration of Matrix Organization and Project Management. In: Journal of Management, 18 (2), 267-294.

Freeman, Linton C., 1977: A set of measures of centrality based on Betweenness. In: Sociometry, 40, 35-41.

Freeman, Linton C., 1978/79: Centrality in Social Networks. Conceptual Clarification. In: Social Networks, 1: 215-239.

Freese, Erich, 1995: Profit Center und Verrechnungspreis. Organisationstheoretische Analyse eines aktuellen Problems. In: Zeitschrift für betriebswirtschaftliche Forschung, 47 (10), 942-954.

Freese, Erich / Blies, Peter, 1997: Konsequenzen der Internationalisierung für Organisation und Management der Muttergesellschaft. In: Macharzina, Klaus / Oesterle, Michael J. (Hrsg.): Handbuch Internationales Management. Grundlagen - Instrumente - Perspektiven. Wiesbaden, 287-306.

Freygang, Lars 1999: Formale und informale Netzwerkstrukturen im Unternehmen. Wiesbaden.

Friedkin, Noah E., 1982: Information Flow Through Strong and Weak Ties in Intraorganizational Social Networks. In: Social Networks, 3, 273-285.

Fuchs Petrolub AG, 2000: Geschäftsbericht 1999. Mannheim.

Fuchs Petrolub AG, 2001: Geschäftsbericht 2000. Mannheim.

Galbraith, Jay R. / Nathanson, Daniel A., 1978: Strategy Implementation: The Role of Structure and Process. St. Paul et al.

Gargiulo, Martin / Benassi, Mario, 1999: The Dark Side Of Social Capital. In: Leenders, Roger T.A.J. / Gabbay, Shaul M. (eds.): Corporate Social Capital. Boston et al., 298-322.

Gargiulo, Martin / Benassi, Mario, 2000: Trapped in Your Own Net ? Network Cohesion, Structural Holes, and the Adaptation of Social Capital. In: Organization Science, 11 (2), 183-196

Gerlach, Michael L., 1992: The Japanese Corporate Network: A Blockmodel Analysis. In: Administrative Science Quarterly, 37 (1), 105-139.

Germann, Harald / Raab, Silke / Setzer, Martin: Messung der Globalisierung: Ein Paradoxon. In: Steger, Ulrich (Hrsg.): Facetten der Globalisierung: Ökonomische, soziale und politische Aspekte. Berlin et al., 1-25.

Ghoshal, Sumantra / Bartlett, Christopher A., 1990: The Multinational Corporation as an Interorganizational Network. In: The Academy of Management Review, 14 (4), 603-625.

Ghoshal, Sumantra / Nohria, Nitin, 1989: Internal Differentiation Within Multinational Corporations. In: Strategic Management Journal, 10, 323-337.

Ghoshal, Sumantra / Nohria, Nitin, 1993: Horses for Courses: Organizational Forms for Multinational Corporations. In: Sloan Management Review, 34, 23-35.

Gould, Roger V., 1987: Measures of Betweenness in non-symmetric networks. In: Social Networks, 9, 277-282.

Gotsch, Wilfried, 1987: Soziologische Steuerungstheorie. In: Glagow, Manfred / Willke, Helmut (Hrsg.): Dezentrale Gesellschaftssteuerung. Probleme der Integration polyzentrischer Gesellschaft. Pfaffenweiler, 27-44.

Granovetter, Mark, 1973: The Strength of Weak Ties. In: American Journal of Sociology, 78 (6), 1360-1380.

Granovetter, Mark, 1983: The Strength of Weak Ties. A Network Theory Revisited. In: Collins, Randall (ed.): Sociological Theory. San Fransisco/London, 201-233.

Granovetter, Mark, 1985: Economic Action and Social Structure: The Problem of Embeddedness. In: American Journal of Sociology, 91 (3), 481-510.

Granovetter, Mark, 1992: Problems of Explanation in Economic Sociology. In: Nohria, Nitin / Eccles, Robert C. (eds.): Networks and Organizations: Structure, Form, And Action. Boston (Mass.), 25-56.

Grant, Robert M. / Jammine, Azar P. / Thomas, Howard, 1988: Diversity, Diversification, And Profitability Among British Manufacturing Companies, 1972-1984. In: Academy of Management Journal, 31 (4), 771-801.

Gupta, Anil K. / Govindarajan, Vijay, 1991: Knowledge Flows And The Structure Of Control Within Multinational Corporations. In: Academy of Management Review, 16 (4), 768-792.

Gupta, Anil K. / Govindarajan, Vijay, 1994: Organizing for Knowledge Flows within MNCs. In: International Business Review, 3 (4), 443-457.

Gupta, Sunil, 1989: Modeling Interactive, Multiple Issue Bargaining. In: Management Science, 35 (7), 788-806.

Habib, Mohammed M. / Victor, Bart, 1991: Strategy, Structure, and Performance of US manufacturing and service MNCs: a comparative analysis. In: Strategic Management Journal, 12 (8), 589-606.

Hahn, Dietger, 1998: Konzepte strategischer Führung. Entwicklungstendenzen in Theorie und Praxis unter besonderer Berücksichtigung der Globalisierung. In: Zeitschrift für Betriebswirtschaft, 68 (6), 563-579.

Hahn, Dietger, 1996: Planung und Kontrolle. Planungs- und Kontrollsysteme. Planungs- und Kontrollrechnung. Controllingkonzepte. 5. Auflage, Wiesbaden.

Håkansson, Håkan, 1987: Product Development In Networks. In: Håkansson, Håkan (ed.): Industrial Technological Development. A Network Approach. London et al., 84-127

Hamilton, Robert T. / Shergill, Gurvinder S., 1993: The logic of New Zealand business: strategy, structure, and performance. Auckland et al.

Hansen, Morten T., 1999: The Search-Transfer Problem: The Role of Weak Ties in Sharing Knowledge across Organization Subunits. In: Administrative Science Quarterly, 44 (1), 82-111.

Hassel, Anke / Höpner, Martin / Kurdelbusch, Antje / Rehder, Britta / Zugehör, Rainer, 2000: Zwei Dimensionen der Internationalisierung: Eine Empirische Analyse deutscher Großunternehmen. In: Kölner Zeitschrift für Soziologie und Sozialpsychologie, 52 (3): 500-519.

Haug, Sonja, 1997: Soziales Kapital. Ein kritischer Überblick über den aktuellen Forschungsstand. Arbeitspapier Nr. 15, AB II, Mannheimer Zentrum für Europäische Sozialforschung, Mannheim.

Hedlund, Gunnar, 1986: The Hypermodern MNC - A Heterarchy ? In: Human Resource Management, 25 (1), 9-35.

Hedlund, Gunnar / Rolander, Dag, 1990: Action in heterarchies - new approaches to managing the MNC. In: Bartlett, Christopher A. / Doz, Yves / Hedlund, Gunnar (eds.): Managing the Global Firm. London/New York, 15-46.

Heenan, David A. / Perlmutter, Howard V., 1979: Multinational Organization Development. a social architectural perspective. Reading (Mass.) et al.

Heinz, John P. / Laumann, Edward O. / Nelson, Robert L. / Salisbury, Robert H., 1993: The Hollow Core. Private Interests in National Policy Making. Cambridge (Mass.) / London.

Hennart, Jean-François, 1993: Control in Multinational Firms: the Role of Price and Hierarchy. In: Ghoshal, Sumantra / Westney, Eleanor D. (eds.): Organization Theory and the Multinational Corporation. New York 157-181.

Henning, Christian H.C.A., 1994: Politische Tauschmodelle auf der Grundlage des LES- und AIDS-Systems. MZES Arbeitspapier, AB II, Br. 5, Mannheim.

Henning, Christian H.C.A., 1996a: A Critical Comment On Brauns's "Restricted Access In Exchange Systems". In: Journal of Mathematical Sociology, 21 (4), 369-377.

Henning, Christian H.C.A., 1996b: Trust as Political Money ? Theoretical Derivation and Empirical Application of a Nested Temporal Social Exchange Model to Legislative Decision Making. Paper presented at the Scientific Conference in Honor of J. Coleman. Bad Homburg.

Henning, Christian H.C.A., 2000a: Macht und Tausch in der europäischen Agrarpolitik. Eine positive Theorie kollektiver Entscheidungen. Frankfurt/New York.

Henning, Christian H.C.A., 2000b: Theoretische Konzeption und Messung von sozialem Kapital in Politiknetzwerken. Habilitationsvortrag an der Sozialwissenschaftlichen Fakultät der Universität Mannheim.

Henning, Christian H.C.A, 2002: Social Capital and Exchange in Networks. Paper Presented at the Annual Meeting of the Public Choice Society and Economic Science Association. March, 22-24, 2002, San Diego (USA).

Henning, Christian H.C.A. / Wald, Andreas, 2000: Zur Theorie der Interessenvermittlung: Ein Netzwerkansatz dargestellt am Beispiel der Gemeinsamen Europäischen Agrarpolitik. In: Politische Vierteljahresschrift, 47 (4), 647-676.

Herbert, Theodore T., 1984: Strategy and Multinational Organization Structure: An Interorganizational Relationships Perspective. In: Academy of Management Review, 9 (2), 259-271.

Hild, Paul, 1997: Netzwerke der lokalen Arbeitsmarktpolitik. Steuerungsprobleme in theoretischer und empirischer Sicht. Berlin.

Himmel, Gerhard, 1996: Die föderalistische Organisation transnationaler Unternehmen. Handlungsleitlinien für die Gestaltung der Mutter-/Tochter-Beziehungen unter Berücksichtigung föderalistischer Gestaltungsprinzipien. Bamberg.

Hirsch-Kreinsen, Hartmut, 1995: Dezentralisierung: Unternehmen zwischen Stabilität und Desintegration. In: Zeitschrift für Soziologie, 24 (6), 422-435.

Hirsch-Kreinsen, Hartmut, 1998a: Internationalisierung der Produktion. In: von Behr, Marhild / Hirsch-Kreinsen, Hartmut (Hg.): Globale Produktion und Industriearbeit. Arbeitsorganisation und Kooperation in Produktionsnetzwerken. München, 17-36.

Hirsch-Kreinsen, Hartmut, 1998b: Organisation und Koordination eines transnationalen Unternehmensnetzwerkes. In: von Behr, Marhild / Hirsch-Kreinsen, Hartmut (Hg.): Globale Produktion und Industriearbeit. Arbeitsorganisation und Kooperation in Produktionsnetzwerken. München, 37-62.

Hofstede, Geert H., 1985: The interaction between national and organizational value systems. In: Journal of Management Studies, 22 (4), 345-357.

Hofstede, Geert H., 1994: Cultures and Organizations. Software of the Mind. Intercultural Cooperation And Its Importance For Survival. London.

Holtmann, Michael, 1989: Personelle Verflechtungen auf Konzernführungsebene. Wiesbaden

Homans, George S., 1972: Elementarformen sozialen Verhaltens. Opladen.

Horváth, Péter / Kaufmann, Lutz, 1998: Balanced Scorecard - ein Werkzeug zur Umsetzung von Strategien. In: Harvard Business Manager, (5), 39-48.

Hubert, Lawrence / Schultz, James, 1976: Quadratic assignment as a general data analysis strategy. In: British Journal of Mathematical and Statistical Psychology, 29, 190-241.

Ibarra, Herminia, 1993: Network Centrality, Power, and Innovation Involvement: Determinants of Technical and Administrative Roles. In: The Academy of Management Journal, 36 (3), 471-501.

Ietto-Gillies, Grazia, 1998: Different Conceptual Frameworks for the Assessments of the Degree of Internationalization: An Empirical Analysis of the Various Indices for the top 100 Transnational Corporations. In: Transnational Corporations 7, 17-39.

Irle, Martin. 1963: Soziale Systeme. Eine kritische Analyse der Theorie von formalen und informalen Organisationen. Göttingen.

Jansen, Dorothea, 1999: Einführung in die Netzwerkanalyse. Grundlagen, Methoden, Anwendungen. Opladen.

Jarillo, Carlos J., 1993: Strategic Networks. Creating the borderless organization. Oxford.

Johanson, Jan / Mattsson, Lars-Gunnar, 1987: Interorganizational Relations in Industrial Systems: A Network Approach Compared with the Transaction-Cost Approach. In: International Studies of Management & Organization, 17 (1), 34-48.

Johanson, Jan / Mattsson, Lars-Gunnar, 1994: The markets-as-networks tradition in Sweden. In: Laurent, Gillies / Lilien, Gary L. / Pras, Bernard (eds.): Research traditions in marketing. Norwell (Mass.), 321-342.

Jones, Candace / Hesterly, William S. / Borgatti, Stephen P., 1997: A General Theory Of Network Governance: Exchange Conditions And Social Mechanisms. In: Academy of Management Review, 22 (4), 911-945.

Kaplan, Robert S. / Norton, David P., 1997: The balanced scorecard: translating strategy into action. Boston (Mass.).

Kappelhoff, Peter, 1987: Blockmodellanalyse: Positionen, Rollen und Rollenstrukturen. In: Pappi, Franz U. (Hrsg.): Methoden der Netzwerkanalyse. München, 101-128.

Kappelhoff, Peter, 1993: Soziale Tauschsysteme. Strukturelle und dynamische Erweiterungen des Marktmodells. München.

Kappelhoff, Peter 1995: Macht in Politiknetzwerken. Modellvergleich und Entwurf eines allgemeinen Entscheidungsmodells. In: Jansen, Dorothea / Schubert, Klaus (Hrsg.): Netzwerke und Politikproduktion. Konzepte, Methoden, Perspektiven. Marburg, 24-51.

Kappelhoff, Peter, 2000a: Der Netzwerkansatz als konzeptueller Rahmen für eine Theorie interorganisatorischer Netzwerke. In: Sydow, J. / Windeler, A. (Hrsg.): Steuerung von Netzwerken. Konzepte und Praktiken. Opladen, 25-57.

Kappelhoff, Peter, 2000b: Komplexitätstheorie und Steuerung von Netzwerken. In: Sydow, J. / Windeler, A. (Hrsg.): Steuerung von Netzwerken. Konzepte und Praktiken. Opladen, 347-389.

Keller, Thomas, 1993: Unternehmensführung mit Holdingkonzepten. 2. Auflage, Köln.

Keller, Thomas, 1997: Holdingkonzepte als organisatorische Lösung bei hohem Internationalisierungsgrad. In: Macharzina, Klaus / Oesterle, Michael J. (Hrsg.): Handbuch Internationales Management: Grundlagen - Instrumente - Perspektiven. Wiesbaden, 705-729.

Kesten, Ulrike, 1998: Informale Organisation und Mitarbeiterlebenszyklus. Der Einfluß sozialer Beziehungen auf Teilnahme und Leistung. Wiesbaden.

Kieser, Alfred, 1995: Der Situative Ansatz. In: Kieser, Alfred (Hrsg.): Organisationstheorien. Stuttgart / Berlin / Köln, 2. Auflage, 155-183.

Kieser, Alfred, 1996: Moden & Mythen des Organisierens. In: Die Betriebswirtschaft, 56 (1), 21-39.

Kieser, Alfred / Kubicek, Herbert, 1992: Organisation. 3. Auflage, Berlin/New York.

Kim, Chan W. / Hwang, Peter / Burgers, William P., 1989: Global Diversification Strategy and Corporate Profit Performance. In: Strategic Management Journal, 10 (1), 45-57.

Kim, Chan W. / Mauborgne, Reneé A., 1991: Implementing Global Strategies: The Role Of Procedural Justice. In: Strategic Management Journal, 12 (1), 125-143.

Kim, Chan W. / Mauborgne, Reneé A., 1993: Effectively Conceiving an Executing Multinationals' Worldwide Strategy. In: Journal of International Business Studies, 24 (3), 419-448.

Kirsch, Werner / Knyphausen, Dodo zu, 1991: Unternehmen als "autopoietische" Systeme? In: Staehle, Wolfgang H. / Sydow, Jörg (Hrsg.): Managementforschung 1. Berlin / New York, 75-101.

Knight, Kenneth, 1988: Matrix-Organisation: ein Überblick. In: Reber, Gerhard / Strehl, Franz (Hrsg.): Matrix-Organisation. Klassische Beiträge zu mehrdimensionalen Organisationsstrukturen. Stuttgart, 83-106.

Knoke, David / Pappi, Franz U. / Broadbent, Jeffrey / Tsujinaka, Yutaka, 1996: Comparing Policy Networks. Labor Politics in the U.S, Germany, and Japan. Cambridge.

König, Thomas, 1992: Entscheidungen im Politiknetzwerk. Der Einfluß von Organisationen auf die arbeits- und sozialrechtliche Gesetzgebung in den 80er Jahren. Wiesbaden.

Kogut, Bruce, 1989: A note on Global Strategies. In: Strategic Management Journal, 10, 383-389.

Kogut, Bruce, 1990: International sequential advantages and network flexibility. In: Bartlett, Christopher A. / Doz, Yves / Hedlund, Gunnar (eds.): Managing the Global Firm. London / New York, 47-94.

Kolodny, Harvey F., 1988: Führung in einer Matrix. In: Reber, Gerhard / Strehl, Franz (Hrsg.): Matrix-Organisation. Klassische Beiträge zu mehrdimensionalen Organisationsstrukturen. Stuttgart, 31-42.

Krackhardt, David, 1987a: Cognitive Social Structures. In: Social Networks, 9, 109-134.

Krackhardt, David, 1987b: QAP Partialling As A Test Of Spuriousness. In: Social Networks, 9, 171-186.

Krackhardt, David, 1988: Predicting With Networks: Nonparametric Multiple Regression Analysis Of Dyadic Data. In: Social Networks, 10, 359-381.

Krackhardt, David, 1990: Assessing the Political Landscape: Structure, Cognition, and Power in Organizations. In: Administrative Science Quarterly, 35 (2), 342-369.

Krackhardt, David, 1992a: The Strength of Strong Ties: The Importance of Philos in Organizations. In: Nohria, Nitin / Eccles, Robert C. (eds.): Networks and Organizations: Structure, Form, And Action. Boston (Mass.), 216-239.

Krackhardt, David, 1992b: A Caveat on the Use of the Quadratic Assignment Procedure. In: Journal of Quantitative Anthropology, 3, 279-296.

Krackhardt, David, 1999: The Ties That Torture: Simmelian Tie Analysis In Organizations. In: Bacharach, Samuel B. / Andrews, Steven B. / Knoke, David (eds.): Networks In And Around Organizations. Research In The Sociology Of Organizations, 16, 183-210.

Krackhardt, David / Blythe, Jim / McGrath, Cathleen, 1994: Krackplot 3.0. An improved Network Drawing Program. In: Connections, 17 (2), 53-55.

Krackhardt, David / Brass, Daniel J., 1994: Intraorganizational Networks. The Micro Side. In: Wasserman, Stanley / Galaskiewicz, Joseph (eds.): Advances In Social Network Analysis. Thousand Oaks / London / New Delhi, 207-229.

Krackhardt, David / Hanson, Jeffrey R., 1993: Informal Networks: The Company Behind The Chart. In: Harvard Business Review, 104-111.

Krebs, Michael / Rock, Reinhard, 1994: Unternehmungsnetzwerke - eine intermediäre oder eigenständige Organisationsform ? In: Sydow, Jörg / Windeler, Arnold (Hrsg.): Management interorganisationaler Beziehungen. Vertrauen, Kontrolle und Informationstechnik. Opladen, 322-345.

Kreikebaum, Hartmut, 1998: Organisationsmanagement internationaler Unternehmen. Grundlagen und neue Strukturen. Wiesbaden.

Krempel, Lothar, 1994: Simple Representations of Complex Networks: Strategies for Visualizing Network Structure. Max-Planck-Institut für Gesellschaftsforschung, Köln.

Kreutle, Ulrich, 1992: Die Marketing-Konzeption in deutschen Chemieunternehmen – eine betriebswirtschaftlich historische Analyse am Beispiel der BASF Ludwigshafen. Frankfurt/New York/Paris.

Kriesi, Hanspeter, 1980: Entscheidungsstrukturen und Entscheidungsprozesse in der Schweizer Politik. Frankfurt/New York.

Krüger, Wilfried, 1985: Bedeutung und Formen der Hierarchie. In: Die Betriebswirtschaftslehre, 45 (3), 292-307.

Kubicek, Herbert / Welter, Günter, 1985: Messung der Organisationsstruktur. Eine Dokumentation von Instrumenten zur quantitativen Erfassung von Organisationsstrukturen. Stuttgart.

Kutschker, Michael, 1985: The multi-organizational interaction approach to industrial marketing. In: Journal of Business Research, 13 (5), 383-403.

Kutschker, Michael, 1999: Internationalisierung der Wirtschaft. In: Kutschker, Michael (Hrsg.): Perspektiven der internationalen Wirtschaft. Wiesbaden, 1-25.

Kutschker, Michael / Schmid, Stefan, 1995: Netzwerke internationaler Unternehmungen. Diskussionsbeiträge der Wirtschaftswissenschaftlichen Fakultät, Nr. 64, Katholische Universität Eichstätt, Ingolstadt.

Laumann, Edward O. / Knoke, David, 1987: The Organizational State. Social Choice in National Policy Domains. Madison.

Laumann, Edward O. / Knoke, David / Kim, Yong-Hak, 1987: Event Outcomes. In: Laumann, Edward O. / Knoke, David: The Organizational State. Social Choice in National Policy Domains. Madison, 343-373.

Laumann, Edward O. / Marsden, Peter V. / Prensky, David, 1983: The Boundary Specification Problem in Network Analysis. In: Burt, Ronald S. / Minor, Michael J. (Eds.): Applied Network Analysis. Beverly Hills / London / New Delhi, 18-34.

Laumann, Edward O. / Pappi, Franz U., 1973: New Directions In The Study Of Community Elites. In: American Sociological Review, 38 (2), 212-230.

Laumann, Edward O. / Pappi, Franz U., 1976: Networks of Collective Action: A Perspective on Community Influence Systems. New York.

Lawrence, Paul R. / Kolodny, Harvey F. / Davis, Stanley M., 1988: Die personale Seite der Matrix. In: Reber, Gerhard / Strehl, Franz (Hrsg.): Matrix-Organisation. Klassische Beiträge zu mehrdimensionalen Organisationsstrukturen. Stuttgart, 127-150.

Lax, David A. / Sebenius, James K., 1986: The Manager as Negotiator. Bargaining for cooperation and Competitive Gain. New York et al.

Lazega, Emmanuel, 1992: Analyse de réseaux d'une organisation collégiale: les avocats d'affaires. In: Revue française de sociologie, 33 (3), 559-589.

Lazega, Emmanuel / Pattison, Philippa E., 1999: Multiplexity, generalized exchange and cooperation in organizations: a case study. In: Social Networks, 21, 67-90.

Leong, Siew Meng / Tan, Chin Tiong, 1993: Managing Across Boarders: An Empirical Test Of The Bartlett And Ghoshal [1989] Organizational Typology. In: Journal Of International Business Studies, 24 (3), 449-464.

Lepsius, Rainer M., 1958: Industrie und Betrieb. In: König, René (Hrsg.). Soziologie. Frankfurt, 122-134.

Lepsius, Rainer M., 1960: Strukturen und Wandlungen im Industriebetrieb. Industriesoziologische Forschung in Deutschland. München.

Lincoln, James R., 1982: Intra- (And Inter-) Organizational Networks. In: Bacharach, Samuel B. (Ed.): Research In The Sociology Of Organizations. A Research Annual. Greenwich (Con.)/London, 1-38.

Linhart, Eric, 2002: Die Erklärungskraft spiel- und tauschtheoretischer Verhandlungsmodelle am Beispiel der Regierungskonferenz 1996 (Vertrag von Amsterdam). Zulassungsarbeit für das 1. Staatsexamen vorgelegt am Lehrstuhl für Politische Wissenschaft I. Universität Mannheim.

Lorrain, François / White, Harrison C., 1971: Structural equivalence of individuals in social networks. In: Journal of Mathematical Sociology, 1, 49-80.

Luh, Wolfgang / Stadtmüller, Karin, 1989: Mathematik für Wirtschaftswissenschaftler. München/Wien.

Macharzina, Klaus, 1999: Unternehmensführung. Das internationale Managementwissen. Konzepte - Methoden - Praxis. 3. Auflage, Wiesbaden.

Macharzina, Klaus / Oesterle, Michael J., 1997: Bestimmungsgrößen und Mechanismen der Koordination von Auslandsgesellschaften. In: Macharzina, Klaus / Oesterle Michael J. (Hrsg.): Handbuch Internationales Management. Grundlagen - Instrumente - Perspektiven. Wiesbaden, 611-640.

Macneil, Ian R., 1978: Contracts: adjustment of long-term economic relations under classical, neoclassical and relational contract law. In: Northwestern Law Review, 72 (6), 854-905.

Mag, Wolfgang, 1970: Die quantitative Erfassung der Kommunikationsstruktur und ihre Bedeutung für die Gestaltung der Unternehmensorganisation. In: Zeitschrift für Betriebswirtschaftliche Forschung, 22 (1), 22-49.

Malnight, Thomas W., 1996: The Transition From Decentralized To Network-Based MNC Structures: An Evolutionary Perspective. In: Journal Of International Business Studies, 27 (1), 43-65.

Manev, Ivan M. / Stevenson, William B., 2001: Balancing Ties: Boundary Spanning and Influence in the Organization's Extended Network of Communication. In: Journal of Business Communication, 38 (2), 183-205.

Marsden, Peter V, 1983: Restricted Access in Networks and Models of Power. In: American Journal of Sociology, 88, 686-717.

Marsden, Peter V. / Laumann, Edward O., 1977: Collective action in a community elite: Exchange, influence resources and issue resolution. In: Liebert, Roland J. / Imersheim, Allan. W., (Eds.): Power, Paradigms, and community Research. Beverly Hills, 199-250.

Matiaske, Wenzel, 1993: Netzwerkanalysen. In: Becker, Fred G. / Martin, Albert (Hrsg.): Empirische Personalforschung. Methoden und Beispiele. München/Mering, 47-67.

Matiaske, Wenzel, 1998: Zur Integration von Tausch- und Machttheorie. In: Berthel, Jürgen (Hrsg.): Unternehmen im Wandel: Konsequenzen für und Unterstützung durch die Personalwirtschaft. München/Mering, 45-82.

Matiaske, Wenzel, 1999: Soziales Kapital in Organisationen. Eine Tauschtheoretische Studie. München/Mering.

Mayhew, Bruce H. / Levinger, Roger L., 1976: Size and Density of Interaction in Human Aggregates. In: American Journal of Sociology, 82 (1), 86-110.

Mayntz, Renate 1958: Die Soziale Organisation des Industriebetriebes. Stuttgart.

Mayntz, Renate, 1992a: Modernisierung und die Logik von interorganisatorischen Netzwerken. In: Journal für Sozialforschung, 32 (1), 19-32.

Mayntz, Renate, 1992b: The Influence of Natural Science Theory on Contemporary Social Science. In: Dierkes, Meinolf / Biervert, Bernd (eds.): European social sciences in transition. 2nd edition, Frankfurt a.M./Boulder (Col.), 27-79.

Mayntz, Renate, 1993: Policy-Netzwerke und die Logik von Verhandlungssystemen. In: Politische Vierteljahresschrift, Sonderheft 23 "Policy-Analyse. Kritik und Neuorientierung", 39-56.

Meffert, Heribert, 1986: Marketing im Spannungsfeld von weltweitem Wettbewerb und nationalen Bedürfnissen. In: Zeitschrift für Betriebswirtschaftslehre, 56 (8), 689-712.

Meffert, Heribert, 1990: Implementierungsprobleme globaler Strategien. In: Welge, Martin K. (Hrsg.): Globales Management. Stuttgart, 93-115.

Melbeck, Christian, 1995: SONIS. Social Network Investigation System. Version 3.0. Benutzerhandbuch. Mannheim.

Melin, Leif, 1992: Internationalization as a Strategy Process. In: Strategic Management Journal, 13 (1), 99-118.

Meyer, Gordon W., 1994: Social Information Processing and Social Networks: A Test of Social Influence Mechanisms. In: Human Relations, 47 (9), 1013-1047.

Meyer, John W. / Rowan, Brian, 1977: Institutionalized Organizations: Formal Structure as Myth and Ceremony. In: American Journal of Sociology, 83 (2) 340-363.

Meyer, Margit, 1994: Die Reorganisation logistischer Systeme in strategischen Netzwerken: Eine Analyse der Position von Systemlieferanten im "Organization-Set der Automobilhersteller". In: Kleinaltenkamp, Michael / Schubert, Klaus (Hrsg.): Netzwerkansätze im Business-To-Business Marketing. Beschaffung, Absatz und Implementierung Neuer Technologien. Wiesbaden, 213-250.

Miles, Raymond E. / Snow, Charles C., 1986: Organizations: New Concepts for New Forms. In: California Management Review, 28 (3), 62-73.

Miles, Raymond E. / Snow, Charles C., 1992: Causes of Failure in Network Organizations. In: California Management Review, 34 (4), 53-72.

Miles, Raymond E. / Snow, Charles C., 1995: The New Network Firm: A Spherical Structure Built on a Human Investment Philosophy. In: Organizational Dynamics, 23 (4), 5-18.

Mirrow, Michael / Aschenbach, Martin / Liebig, Oliver, 1996: Governance Structures im Konzern. Ein systemtheoretischer Beitrag zur Reduktion von Komplexität in multinationalen Konzernen. In: Zeitschrift für Betriebswirtschaft, Ergänzungsheft 3/96 "Governance Structures", 125-144.

Mizruchi, Mark, 1992: The Structure of Corporate Political Action. Interfirm Relations and Their Consequences. Cambridge (Mass.)/London.

Molina, José L., 1995: Analisis De Redes Y Cultura Organizativa: Una Propuesta Metodologica. In: Revista española de investigaciones sociológicas, (71-71), 249-263.

Molina, José L., 2000: El organigrama informal en las organizaciones. Una aproximación desde el análisis de redes sociales. In: Revista Catalana de Sociologia, 11, 65-86 [katalanisch im Original].

Monge, Peter R. / Contractor, Noshir S., 2001: Emergence of Communication Networks. In: Jablin, Frederic I. / Putnam, Linda (eds.): The new handbook of organizational communication: Advances in theory, research, and methods. Thousand Oaks/London, 440-502.

Moreno, Jacob L., 1934: Who shall survive? Foundations of Sociometry, Group Psychotherapy, and Sociodrama. Washington (D.C.).

Moreno, Jacob L., 1954: Die Grundlagen der Soziometrie. Opladen.

Muhl, Patrick A., 2001: Der walrasianische Auktionator - wer ist das eigentlich ? In: Wirtschaftswissenschaftliches Studium, (1), 37-39.

Nahapiet, Janine / Ghoshal, Sumantra, 1998: Social Capital, Intellectual Capital And The Organizational Advantage. In: Academy of Management Review, 23 (2), 242-266.

Nash, John F., 1950: The Bargaining Problem. In: Econometrica, 18 (1), 155-162.

Nelson, Reed E., 2001: On the Shape of Verbal Networks in Organizations. In: Organization Studies, 22 (5), 797-823.

Nohria, Nitin, 1992: Is a Network Perspective a Useful Way of Studying Organizations? In: Nohria, Nitin / Eccles, Robert G. (Eds.): Networks And Organizations: Structure, Form, And Action. Boston (Mass.), 1-22.

Obring, Kai, 1992: Strategische Unternehmensführung und polyzentrische Strukturen. München.

Oechsler, Walter, 1997: Personal und Arbeit. Grundlagen des Human Resource Management und der Arbeitgeber-Arbeitnehmer-Beziehungen. 7. Auflage, München/Wien.

Oesterle, Michael J. / Fisch, Jan H., 2000: Globalization Can Be Measured - Unveiling Tales of Mystery and Globalization with a New Integrative and Metric Measurement Concept: In: Hagedoorn, John / Lundan, Sarianna (eds.): European Business in the Global Network. Proceedings of the 26th Annual Conference of the European International Business Academy. Maastricht.

Oliver, Amalya L. / Ebers, Mark, 1998: Networking Network Studies: An Analysis of Conceptual Configurations in the Study of Inter-organizational Relationships. In: Organizations Studies, 19 (4), 549-583.

Opitz, Otto, 1989: Mathematik. Lehrbuch für Ökonomen. München/Wien.

Ouchi, William G., 1980: Markets, Bureaucracies, and Clans. In: Administrative Science Quarterly, 25 (1), 129-141.

Ossadnik, Wolfgang, 1996: Koordination internationaler Konzerne über Verrechnungspreise. In: Betriebswirtschaftliche Forschung und Praxis, 48 (1), 123-135.

Osterloh, Margit / Weibel, Antoinette, 1996: Handlungsspielräume eines multinationalen Unternehmens - Das Beispiel ABB. In: Meil, Pamela (Hrsg.): Globalisierung industrieller Produktion. Strategien und Strukturen. Ergebnisse des Expertenkreises "Zukunftsstrategien", Band II, Frankfurt/New York, 123-148.

Pappi, Franz U. (Hrsg.) 1987: Methoden der Netzwerkanalyse. München.

Pappi, Franz U. 1993: Policy-Netze: Erscheinungsform moderner Politiksteuerung oder methodischer Ansatz ? In: Politische Vierteljahresschrift, Sonderheft 23 "Policy-Analyse. Kritik und Neuorientierung", 84-94.

Pappi, Franz U. / Henning, Christian H.C.A, 1998a: Policy Networks: More Than A Metaphor? In: Journal of Theoretical Politics, 10 (4), 553-575.

Pappi, Franz U. / Henning, Christian H.C.A, 1998b: Europäische Agrarpolitik. Politikfeldnetze und politischer Tausch. Abschlußbericht des DFG-Projektes Pa 173/15-1, Mannheim.

Pappi, Franz U. / Henning, Christian H.C.A., 1999: The organization of influence on the EC's common agricultural policy: A network approach. In: European Journal of Political Research, 36, 257-281.

Pappi, Franz U. / Kappelhoff, Peter, 1984: Abhängigkeit, Tausch und kollektive Entscheidung in einer Gemeindeelite. In: Zeitschrift für Soziologie, 13 (2), 87-117.

Pappi, Franz U. / Kappelhoff, Peter / Melbeck, Christian, 1987: Die Struktur der Unternehmensverflechtungen in der Bundesrepublik. Eine Blockmodellanalyse der Personal- und Kapitalverflechtungen zwischen den größten Unternehmen. In: Kölner Zeitschrift für Soziologie und Sozialpsychologie, 39 (3), 669-692.

Pappi, Franz U. / König, Thomas / Knoke, David, 1995: Entscheidungsprozesse in der Arbeits- und Sozialpolitik. Der Zugang der Interessengruppen zum Regierungssystem über Politikfeldnetze. Ein deutsch-amerikanischer Vergleich. Frankfurt/New York.

Pappi, Franz U. / Melbeck, Christian, 1984: Das Machtpotential von Organisationen in der Gemeindepolitik. In: Kölner Zeitschrift für Soziologie und Sozialpsychologie, 36, 557-584.

Perlitz, Manfred, 2000: Internationales Management. 4. Auflage, Stuttgart.

Perlitz, Manfred / Peske, Thorsten / Krohmer, Carlos, 1999: Interne Märkte und Verrechnungspreise: Instrumente zur Steuerung international tätiger Konzerne. Mannheim, Arbeitspapier Nr. 7, Fakultät für Betriebswirtschaftslehre, Universität Mannheim.

Perlmutter, Howard V., 1969: The Tortuous Evolution of the Multinational Corporation. In: Columbia Journal Of World Business, 4 (1), 9-18.

Perrow, Charles, 1986: Complex Organizations. 3rd edition, New York.

Pfeffer, Jeffrey, 1981: Power in Organizations. Boston/London/Melbourne/Toronto.

Picot, Arnold, 1982: Der Transaktionskostenansatz in der Organisationstheorie: Stand der Diskussion und Aussagenwert. In: Die Betriebswirtschaft, 42 (2), 267-284

Popper, Karl R., 1982: Die Logik der Forschung. 7. Auflage, Tübingen.

Powell, Walter W., 1996: Weder Markt noch Hierarchie: Netzwerkartige Organisationsformen. In: Kenis, Patrick / Schneider, Volker (Hrsg.): Organisation und Netzwerk. Institutionelle Steuerung in Wirtschaft und Politik. Frankfurt/New York, 213-271.

Powell, Walter W. / Koput, Kenneth W. / Smith-Doerr, Laurel, 1996: Interorganizational Collaboration and the Locus of Innovation: Networks of Learning in Biotechnology. In: Administrative Science Quarterly, 41 (1), 116-145.

Prahalad, Coimbatore K., 1975: The Strategic Process in a Multinational Corporation. Harvard University, unpublished dissertation.

Prahalad, Coimbatore K. / Doz, Yves L., 1987: The multinational mission: balancing local demands and global vision. New York/London.

Prahalad, Coimbatore K., 1988: Konzept und Leistungsfähigkeit mehrdimensionaler Organisationen. In: Reber, Gerhard / Strehl, Franz (Hrsg.): Matrix-Organisation. Klassische Beiträge zu mehrdimensionalen Organisationsstrukturen. Stuttgart, 107-125.

Przeworski, Adam / Teune, Henry, 1970: The logic of comparative social inquiry. New York/ London/Toronto/Sydney.

Pugh, Derek S. / Hickson, David J. / Hinings, C. R. / Turner C., 1968: Dimensions of Organization Structure. In: Administrative Science Quarterly, 13 (1), 65-105.

Putnam, Robert D., 1993: Making Democracy Work. Princeton.

Quadbeck-Seeger, Hans J., 1990: Chemie für die Zukunft - Standortbestimmung und Perspektiven. In: Angewandte Chemie, 102 (11), 1213-1414.

Rall, Wilhelm, 1997: Der Netzwerkansatz als Alternative zum zentralen hierarchisch gestützten Management der Mutter-Tochter-Beziehungen. In: Macharzina, Klaus / Oesterle Michael J. (Hrsg.): Handbuch Internationales Management. Grundlagen - Instrumente - Perspektiven. Wiesbaden, 663-679.

Rank, Olaf N., 2000: Rollentypologien für Tochtergesellschaften: Ansätze und strategische Implikationen für das internationale Management. Stuttgart.

Renz, Timo, 1998: Management in internationalen Unternehmensnetzwerken. Wiesbaden.

Riedl, Clemens, 1999: Organisatorischer Wandel durch Globalisierung. Optionen für multinationale Unternehmen. Berlin et al.

Roethlisberger, Fritz J. / Dickson, William J., 1949: Management And The Worker. An Account of a Research Program Conducted by the Western Electric Company, Hawthorne Works, Chicago. Cambridge (Mass.), 9th edition.

Rugman, Alan, 2000: The end of globalization. London.

Ruigrok, Winfried / Tulder, Rob van, 1995: The logic of international restructuring. London.

Rumelt, Richard, 1974: Strategy, Structure and Economic Performance. Boston.

Sailer, Lee D., 1978: Structural equivalence: Meaning and definition, computation and application. In: Social Networks, 1, 73-90.

Scharpf, Fritz W., 1993: Positive und negative Koordination in Verhandlungssystemen. In: Politische Vierteljahresschrift, Sonderheft 23 "Policy-Analyse. Kritik und Neuorientierung", 57-83.

Scharpf, Fritz W., 1997: Games Real Actors Play. Actor Centered Institutionalism in Policy Research. Boulder (Col.)/Cumnor Hill.

Schneider, Volker, 1992: The Structure of Policy Networks. A Comparison of the "Chemicals Control" and "Telecommunications" Policy Domains in Germany. In: European Journal of Political Research, 21, 109-129.

Schneider, Volker / Kenis, Patrick, 1996: Verteilte Kontrolle: Institutionelle Steuerung in modernen Gesellschaften. In: Kenis, Patrick / Schneider, Volker (Hrsg.): Organisation und Netzwerk. Institutionelle Steuerung in Wirtschaft und Politik. Frankfurt/New York, 9-43.

Schewe, Gerhard, 1999: Unternehmensstrategie und Organisationsstruktur. In: Die Betriebswirtschaft, 59 (1), 61-75.

Schmid, Stefan / Bäurle, Iris / Kutschker, Michael, 1998: Tochtergesellschaften in international tätigen Unternehmungen - Ein "State-of-the-Art" unterschiedlicher Rollentypologien. Diskussionsbeiträge der Wirtschaftswissenschaftlichen Fakultät Ingolstadt, Nr. 104. Katholische Universität Eichstätt, Ingolstadt.

Schnorpfeil, Willi, 1996: Sozialpolitische Entscheidungen der Europäischen Union. Modellierung und empirische Analyse kollektiver Entscheidungen des europäischen Verhandlungssystems. Berlin.

Scott, John, 1991: Social Network Analysis. A Handbook. London/Newbury Park/New Delhi.

Semmelinger, Klaus, 1993: Effizienz und Autonomie in Zulieferungsnetzwerken - Zum strategischen Gehalt von Kooperation. In: Sydow, Jörg / Staehle, Wolfgang (Hrsg.): Managementforschung, 3, 309-354.

Shapley, Lloyd S. / Shubik, Martin, 1954: A Method For Evaluating The Distribution Of Power In A Committee System. In: American Political Science Review, 48 (3), 787-792.

Siebert, Holger, 1991: Ökonomische Analyse von Unternehmensnetzwerken. In: Staehle Wolfgang H. / Sydow, Jörg (Hrsg.): Managementforschung 1. Berlin/New York, 291-311.

Simmel, Georg, 1950: Individual and Society. In: Wolf, Kurt H. (ed.): The Sociology of Georg Simmel. New York, 135-169.

Simon, Herbert A., 1951: A Formal Theory Of Employment Relationships. In: Econometrica, 19 (3), 293-305.

Simon, Herbert A., 1976: Administrative Behavior. A Study of Decision-Making Processes in Administrative Organization. 3. ed., New York/London.

Simon, Herbert A., 1991: Organizations and Markets. In: Journal of Economic Perspectives, 5 (2), 25-44.

Snijders, Tom A.B., 1981: The Degree Variance: An Index of Graph Heterogenity. In: Social Networks, 3, 163-174.

Snow, Charles C. / Miles, Raymond E. / Coleman, Henry J., 1992: Managing 21st Century Network Organizations. In: Organizational Dynamics, 23 (4), 5-18.

Sommer, Klaus, 1968: Die Bedeutung interpersonaler Beziehungen für die Organisation der Unternehmung: Ein Beitrag zur betriebswirtschaftlichen Organisationslehre unter Verwendung der Symbolik der Mengenlehre und der Resultate der Kleingruppenforschung. Berlin.

Staber, Udo, 2000: Steuerung von Unternehmensnetzwerken: Organisationstheoretische Perspektiven und soziale Mechanismen. In: Sydow, J. / Windeler, A. (Hrsg.): Steuerung von Netzwerken. Konzepte und Praktiken. Opladen, 58-87.

Stevenson, William B., 1990: Formal Structure and Networks of Interaction within Organizations. In: Social Science Research, 19, 113-131.

Stinchcombe, Arthur L., 1985: Contracts As Hierarchical Documents. In: Stinchcombe, Arthur L. / Heimer, Carol A. (eds.): Organization Theory and Project Management. Administering Uncertainty in Norwegian Offshore Oil. Oxford, 121-171.

Stopford, John M. / Wells, Louis T., 1972: Managing the Multinational Enterprise. Organization of the Firm and Ownership of the Subsidiaries. New York.

Stokman, Frans N. / van den Bos, Jan M.M., 1992: A Two-Stage Model Of Policymaking With An Empirical Test In The U.S. Energy-Policy Domain. In: Moore, Gwen / Whitt, Allen J. (eds.): The Political Consequences of Social Networks. Research in Politics and Society. Greenwich (Con.)/London, 4, 219-253

Stokman, Frans N. / van Oosten, Rainier, 1994: The Exchange of Voting Positions: An Object-Orientated Model of Policy Networks. In: Bueno de Mesquita, Bruce / Stokman, Frans N. (eds.): European Community Decision Making. Models, Applications, and Comparisons. New Haven/London, 105-127.

Sullivan, Daniel, 1994: Measuring the Degree Of Internationalization Of A Firm. In: Journal of International Business Studies, 25 (2), 325-342.

Sydow, Jörg, 1992: Strategische Netzwerke. Evolution und Organisation. Wiesbaden.

Taggart, James H. / MacDermott, Michael C., 1993: The essence of international business. New York.

Takayama, Takashi / Judge, George G., 1971: Spatial and temporal price and allocation models. Amsterdam.

Taylor, Alan D., 1995: Mathematics And Politics. Strategy, Voting, Power and Proof. New York et al.

Teubner, Gunther, 1991: Das Konzernrecht in der neuen Dezentralität der Unternehmensgruppen. In: Zeitschrift für Unternehmens- und Gesellschaftsrecht, 20, 189-217.

Teubner, Gunther, 1992: Die vielköpfige Hydra: Netzwerke als kollektive Akteure höherer Ordnung. In: Krohn, Wolfgang / Knüppers, Günter (Hrsg.): Die Entstehung von Ordnung. Organisation und Bedeutung. Frankfurt a.M., 189-216.

Theisen, Manuel R., 1997: Management-Holding. In: Die Betriebswirtschaft, 57 (3), 429-432.

Thomas, Robert J., 1995: Interviewing Important People in Big Companies. In: Hertz, Rosanna / Imber, Jonathan B. (eds.): Studying Elites Using Qualitative Methods. Thousand Oaks et al., 3-17.

Thorelli, Hans B., 1986: Networks: Between Markets and Hierarchies. In: Strategic Management Journal, 7, 37-51.

Tichy, Noel / Fombrun, Charles, 1979: Network Analysis in Organizational Settings. In: Human Relations, 32, 923-965.

Tichy, Noel / Tushman, Michael L. / Fombrun, Charles J., 1979: Social Network Analysis for Organizations. In: The Academy of Management Review, 4 (4), 507-519.

Trezzini, Bruno, 1998a: Theoretische Aspekte Der Sozialwissenschaftlichen Netzwerkanalyse. In: Schweizerische Zeitschrift für Soziologie, 24 (3), 511-544.

Trezzini, Bruno, 1998b: Konzepte und Methoden der sozialwissenschaftlichen Netzwerkanalyse: Eine aktuelle Übersicht. In: Zeitschrift für Soziologie, 27 (5), 378-394.
Tsai, Wenpin, 1998: Strategic Linking Capability in Intra-Organizational Networks. In: Academy of Management Best Paper Proceedings, E1-E7.
Tsai, Wenpin, 2000: Social Capital, Strategic Relatedness And The Formation Of Intraorganizational Linkages. In: Strategic Management Journal, 21, 925-939.
Tsai, Wenpin, 2001: Knowledge Transfer In Organizational Networks: Effects Of Network Position And Absorptive Capacity On Business Unit Innovation And Performance. In Academy of Management Journal, 44 (5), 996-1004.
Tsai, Wenpin / Ghoshal, Sumantra, 1998: Social Capital And Value Creation: The Role Of Intrafirm Networks. In: Academy of Management Journal, 41 (4), 464-476.
Tushman, Michael L. / Nadler, David A., 1978: Information Processing as an Integrating Concept in Organizational Design. In: Academy of Management Review, 3 (3), 613-623.

UNCTAD, 1999: World Investment Report. Foreign Direct Investment and the Challenge of Development. New York/Geneva.
Uzzi, Brian, 1996: The Sources And Consequences Of Embeddedness For The Economic Performance Of Organizations: The Network Effect. In: American Sociological Review, 61 (4), 674-698.
Uzzi, Brian, 1997: Social structure and competition in interfirm networks: The paradox of embeddedness. In: Administrative Science Quarterly, 42 (1); 35-67.

Vanberg, Viktor, 1982: Markt und Organisation. Individualistische Sozialtheorie und das Problem korporativen Handelns. Tübingen.
Vancil, Richard F. / Lorange, Peter, 1999: Strategic Planning in Diversified Companies. In: Hahn, Dietger / Taylor, Bernard (Hrsg.): Strategische Unternehmensplanung. Strategische Unternehmensführung. Stand und Entwicklungstendenzen. 8. Auflage, Heidelberg, 830-843.
Vanhaverbeke, Wim / Noorderhaven, Niels G. (2001): Competition between Alliance Blocks: The Case of the RISC Microprocessor Technology. In: Organization Studies, 22 (1), 1-30.

Wald, Andreas, 1996: Die Erklärung von Ministerratsentscheidungen der EU mit dem Tauschmodell von Stokman und Van Ooosten. Anwendung auf neue Daten und Vergleich mit bisherigen Anwendungen. Magisterarbeit vorgelegt am Lehrstuhl für Politische Wissenschaft I. Universität Mannheim.
Wald, Andreas, 2000: Die Netzwerkanalyse zur Untersuchung von Organisationsstrukturen. In: Wirtschaftswissenschaftliches Studium, (12), 647-650.
Walker, Gordon, 1985: Network Position and Cognition in a Computer Software Firm. In: Administrative Science Quarterly, 30 (1), 103-130.
Walker, Gordon, 1988: Network Analysis for Cooperative Relationships. In: Contractor, Farok J. / Lorange, Peter (eds.): Cooperative Strategies in International Business. Lexington (Mass.)/Toronto, 227-240.
Walras, Léon M. E., 1889: Eléments d'économie politique pure ou théorie de la richesse sociale. 2. édition, Lausanne.
Wasserman, Stanley / Faust, Katherine, 1994: Social Network Analysis. Methods and Applications. Cambridge.

Weber, Max, 1956: Wirtschaft und Gesellschaft. Grundriss Der Verstehenden Soziologie. 4. Auflage, 2. Halbband, Tübingen
Weber, Max, 1984: Soziologische Grundbegriffe. 6. Auflage, Tübingen.
Weick, Karl E., 1976: Educational Organizations as Loosely Coupled Systems. In: Administrative Science Quarterly, 21, 1-19.
Weiss, Linda, 1998: The Myth of the Powerless State. Governing the Economy in a Global Era. Cambridge/Oxford.
Welge, Martin, 1987: Unternehmensführung. Band 2: Organisation. Unter Mitwirkung von Herbert Kubicek, Stuttgart.
Welge, Martin / Al-Laham, Andreas, 1998: Strukturmuster in Strategieprozessen. Ergebnisse einer explorativen empirischen Studie. In: Zeitschrift für Betriebswirtschaft, 68 (8), 871-898.
Wellman, Barry, 1988: Structural analysis: from method and metaphor to theory and substance. In: Wellman, Barry / Berkowitz, Stephen D. (eds.): Social structures: a network approach. Cambridge et al., 19-61.
Werder, Axel von, 1989: Vorstands-Doppelmandate im Konzern. Bewertung und Gestaltungsalternativen aus organisatorischer Sicht. In: Die Betriebswirtschaft, 49 (1), 37-54.
Westney Eleanor D., 1999: Organisational Evolution of the Multinational Enterprise: An Organisational Sociology Perspective. In: Management International Review, Special Issue 1999/1, 55-75.
Weyer, Johannes, 2000: Zum Stand der Netzwerkforschung in den Sozialwissenschaften. In: Weyer, Johannes (Hrsg.): Soziale Netzwerke. Konzeption und Methoden der sozialwissenschaftlichen Netzwerkforschung. München. 1-34.
White, Harrison C. / Boorman, Scott A. / Breiger, Ronald L., 1976: Social Structure from Multiple Networks. I. Blockmodels of Roles and Positions. In: American Journal of Sociology, 81 (4), 730-780.
White, Roderick. E. / Poynter, Thomas A., 1989a: Organizing For Worldwide Advantage. In: Business Quarterly, (2), 84-89.
White, Roderick. E. / Poynter, Thomas A., 1989b: Achieving Worldwide Advantage with the Horizontal Organization. In: Business Quarterly, (3), 55-60.
White, Roderick. E. / Poynter, Thomas A., 1990: Organizing for World-Wide Advantage. In: Bartlett Christopher C. / Doz, Yves / Hedlund, Gunnar (eds.): Managing the global firm. London / New York, 95-113.
Wilkesman, Uwe, 1995: Macht, Kooperation und Lernen in Netzwerken und Verhandlungssystemen. In: Jansen, Dorothea / Schubert, Klaus (Hrsg.): Netzwerke und Politikproduktion. Konzepte, Methoden, Perspektiven. Marburg, 52-73.
Williamson, Oliver E., 1975: Markets and Hierarchies New York.
Williamson, Oliver E., 1990: Die ökonomischen Institutionen des Kapitalismus. Unternehmen, Märkte, Kooperationen. Tübingen.
Williamson, Oliver E., 1991: Comparative Economic Organization: The Analysis of Discrete Structural Alternatives. In: Administrative Science Quarterly, 36 (2), 269-296.
Williamson, Oliver E. / Bhargava, N., 1972: Assessing and Classifying the Internal Structure and Control Apparatus of the Modern Corporation. In: Cowling, Keith (ed.): Market structure and corporate behaviour: theory and empirical analysis of the firm. London, 125-148.
Wolf, Joachim, 2000: Strategie und Struktur 1955-1995. Ein Kapitel der Geschichte deutscher nationaler und internationaler Unternehmen. Wiesbaden.
Wolf, Joachim / Egelhoff, William G., 2002: A Reexamination And Extension Of International Strategy-Structure Theory. In: Strategic Management Journal, 23 (2), 181-189.

Yin, Robert K., 1984: Case Study Research. Design and Methods. Beverly Hills et al.

Zhang, Hong, 1996: Ein Netzwerkansatz zur Modellierung, Analyse und Gestaltung von Konzernen. Hannover.

Anhang 1.1

Hypothesen und Ergebnisse BASF Gruppe			
Hypothesen bezüglich:			
1. Netzwerkdichten			
Dichten Insgesamt	Bestätigt	Teilweise bestätigt	Nicht bestätigt
H 2.1-B	X		
Dichten Differenziert			
H 2.1.1-B	X		
H 2.1.2-B		X	
H 2.1.3-B	X		
H 2.1.4-B	X		
H 2.1.5-B	X		
H 2.1.6-B	X		
H 2.1.7-B	X		
H 2.1.8-B		X	
H 2.1.9-B		X	
H 2.1.10-B		X	
H 2.1.11-B	X		
H 2.1.12-B	X		
H 2.1.13-B	X		
Gesamt	10	4	0
2. Zentrum-Peripherie-Struktur / Ressourcenallokation / Preis der Ressourcen			
	Bestätigt	Teilweise bestätigt	Nicht bestätigt
H 2.2.1-B			X
H 2.2.2-B			X
H 2.2.3-B			X
H 2.2.4-B			X
Gesamt	0	0	4
3. Macht			
	Bestätigt	Teilweise bestätigt	Nicht bestätigt
H 2.3.1-B	X		
II 2.3.2-B	X		
H 2.3.3-B			X
Gesamt	2	0	1
4. Netzwerkeffekte / Segmentierung der Netze			
	Bestätigt	Teilweise bestätigt	Nicht bestätigt
H 2.4.1-B			X
H 2.4.2-B	X		
Gesamt	1	0	1
5. Netz der Sozialen Beziehungen			
	Bestätigt	Teilweise bestätigt	Nicht bestätigt
H 2.5.1-B	X		
H 2.5.2-B			X
Gesamt	1	0	1
Insgesamt	**14**	**4**	**7**

Anhang 1.2

Hypothesen und Ergebnisse Fuchs Petrolub AG			
Hypothesen bezüglich:			
1. Netzwerkdichten			
Dichten Insgesamt	Bestätigt	Teilweise bestätigt	Nicht bestätigt
H 2.1-F	X		
Dichten Differenziert			
H 2.1.1-F	X		
H 2.1.2-F	X		
H 2.1.3-F			X
H 2.1.4-F	X		
H 2.1.5-F	X		
H 2.1.6-F	X		
H 2.1.7-F			X
H 2.1.8-F	X		
H 2.1.9-F	X		
H 2.1.10-F		X	
H 2.1.11-F	X		
H 2.1.12-F		X	
H 2.1.13-F	X		
H 2.1.14-F			X
Gesamt	10	2	3
2. Zentrum-Peripherie-Struktur / Ressourcenallokation / Preis der Ressourcen			
	Bestätigt	Teilweise bestätigt	Nicht bestätigt
H 2.2.1-F	X		
H 2.2.2-F		X	
H 2.2.3-F		X	
H 2.2.4-F	X		
H 2.2.5-F			X
Gesamt	2	2	1
3. Macht			
	Bestätigt	Teilweise bestätigt	Nicht bestätigt
H 2.3.1-F	X		
H 2.3.2-F	X		
Gesamt	2	0	0
4. Netzwerkeffekte / Segmentierung der Netze			
	Bestätigt	Teilweise bestätigt	Nicht bestätigt
H 2.4.1-F	X		
H 2.4.2-F		X	
Gesamt	1	1	0
5. Netz der Sozialen Beziehungen			
	Bestätigt	Teilweise bestätigt	Nicht bestätigt
H 2.5.1-F	X		
H 2.5.2-F	X		
Gesamt	2	0	0
Insgesamt	**17**	**5**	**4**

International Business immer aktuell

Kostenloses Probeheft unter:
Tel. 06 11.78 78-129
Fax 06 11.78 78-423

mir
Management International Review

- **mir** wendet sich an Sie als Wissenschaftler und Führungskraft, die sich auf internationale Wirtschaft spezialisiert hat.

- **mir** verbreitet die aktuellen Ergebnisse der internationalen angewandten Forschung aus Unternehmensführung und Betriebswirtschaftslehre.

- **mir** fördert den Austausch von Forschungsergebnissen und Erfahrungen zwischen Wissenschaft und Praxis.

- **mir** zeigt, wie Sie wissenschaftliche Modelle und Methoden in die Praxis umsetzen können.

- **mir** bietet Ihnen als Leser die Möglichkeit, in einem speziell dafür vorgesehenen „Executive Forum" zu den wissenschaftlichen Beiträgen und zu aktuell interessierenden Problemen aus der Sicht der Praxis Stellung zu nehmen.

- **mir** erscheint 4x jährlich.

Wenn Sie mehr wissen wollen:
www.uni-hohenheim.de/~mir
www.mir-online.de

Änderungen vorbehalten. Stand: Oktober 2002.
Gabler Verlag · Abraham-Lincoln-Str. 46 · 65189 Wiesbaden · www.gabler.de

Fachinformation auf Mausklick

Das Internet-Angebot der Verlage **Gabler, Vieweg, Westdeutscher Verlag, B. G. Teubner** sowie des **Deutschen Universitätsverlages** bietet frei zugängliche Informationen über Bücher, Zeitschriften, Neue Medien und die Seminare der Verlage. Die Produkte sind über einen Online-Shop recherchier- und bestellbar.

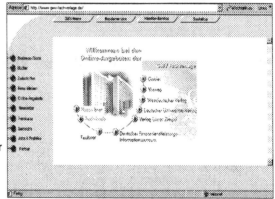

Für ausgewählte Produkte werden Demoversionen zum Download, Leseproben, weitere Informationsquellen im Internet und Rezensionen bereitgestellt. So ist zum Beispiel eine Online-Variante des Gabler Wirtschafts-Lexikon mit über 500 Stichworten voll recherchierbar auf der Homepage integriert.

Über die Homepage finden Sie auch den Einstieg in die Online-Angebote der Verlagsgruppe, so etwa zum Business-Guide, der die Informationsangebote der Gabler-Wirtschaftspresse unter einem Dach vereint, oder zu den Börsen- und Wirtschaftsinfos des Platow Briefes und der Fuchsbriefe.

Selbstverständlich bietet die Homepage dem Nutzer auch die Möglichkeit mit den Mitarbeitern in den Verlagen via E-Mail zu kommunizieren. In unterschiedlichen Foren ist darüber hinaus die Möglichkeit gegeben, sich mit einer „community of interest" online auszutauschen.

... wir freuen uns auf Ihren Besuch!

www.gabler.de
www.vieweg.de
www.westdeutschervlg.de
www.teubner.de
www.duv.de

Abraham-Lincoln-Str. 46
65189 Wiesbaden
Fax: 06 11.78 78-400